야사로 보는
조선의 역사 2

| 최범서 지음 |

야사로 보는 조선의 역사 2

초판 1쇄 펴낸 날 2003. 3. 3
초판 4쇄 펴낸 날 2007. 2. 22

지은이 최범서
펴낸이 홍정우
펴낸곳 도서출판 가람기획
등록 제17-241(2007. 3. 17)
주소 (121-841)서울시 마포구 서교동 465-11 동진빌딩 3층
전화 (02)3275-2915~7
전송 (02)3275-2918
전자우편 garam815@chol.com

ISBN 89-8435-143-1 (04910)
ISBN 89-8435-141-7 (전2권)
ⓒ 최범서, 2003

선조 시대(1567~1608)

광해군 시대(1608~1623)

인조 시대(1623~1649)

효종 시대(1649~1659)

선조 시대
(1567~1608)

임금 재목은 따로 있다

명종에게는 외아들 순회세자가 있었다. 세자로 책봉되었으나 일찍 죽어 후사가 끊기고 말았다. 그때부터 명종은 후사를 정하기 위해 여러 왕손들을 궁궐에 불러 왕재를 골랐다.

어느 날 명종은 하원군·하성군·풍산군 등을 불러놓고 임금의 익선관을 써보라고 했다.

"너희들의 머리가 큰지 작은지 알아보려고 하느니라. 차례로 써보거라."

두 왕자는 커다란 익선관을 써놓고 시시덕거렸다.

나이가 제일 어린 하성군(선조) 차례가 되었다. 하성군은 두 손으로 관을 받들어 어전에 가져다놓고 말했다.

"전하, 이 관을 어찌 보통 사람들이 쓰겠나이까. 영을 거두어주소서."

명종은 하성군의 궁량을 보고 내심 기뻐했다.

하루는 명종이 왕손들에게 글씨를 써서 올리라고 했다. 대개 짧은 시를 쓰고 혹은 연구聯句를 써서 올렸다. 하지만 하성군은 달랐다.

'충성과 효도는 본시 둘이 아니다(忠孝本無二致).'

하성군은 여섯 자를 써서 올렸다. 명종은 하성군을 기특하게 여기고 사랑하여 자주 불러 학문을 시험해보고 은전을 베풀었다. 별도로 선생을 들여 가르쳤다. 한윤명·정지연 등이 하성군의 사부가 되었다.

명종이 병을 앓았다. 조정이 근심에 싸였다. 아직 세자를 정하지 않아 온 나라가 불안하고 걱정스러웠다.

판서 민기가 정승 이준경에게 말했다.

"주상의 환후가 생각보다 오래 가옵니다. 대감은 이 나라의 어른이시니 사직에 대해 말씀하실 때가 아닌지요?"

준경은 그제서야 깊이 깨닫고 후사 문제에 관심을 두었다.

준경은 중전인 인순왕후를 뵙고 세자 문제를 넌지시 거론했다.

"마마, 아직 세자가 정해지지 않아 조정 신료들의 걱정이 태산같사옵나이다."

인순왕후가 한숨을 쉬며 말했다.

"순회세자가 세상을 떠난 후 주상께서 하성군을 보시고 탄식하시며 '참 임금 될 인물이 있거늘 순회세자의 죽음은 천명이었구나' 하셨소이다."

"주상의 뜻이 하성군에게 계셨나이까?"

인순왕후는 대답이 없었다.

이준경은 장수를 불러 하성군의 집을 지키라고 명령을 내렸다. 명종도 모르는 일이었다.

명종의 병이 차도가 있어 경연을 열었다. 민기가 자청하여 특진관으로 입시하고, 준경도 그 자리에 참석했다. 준경이 어렵게 입을 열었다.

"전하, 옥후 편찮으실 때 온 나라가 국본을 세우지 않아 근심하였나이다. 신은 종사를 위해 계책을 세우지 않을 수 없나이다."

명종의 안색이 굳어졌다.

"과인이 죽을 병이라도 들었단 말이오?"

이때 민기가 소매 속에서 〈대학연의〉를 꺼내어 '국본을 정하다' 의 장을 보이며 말했다.

"전하, 대신이 국사를 위해 어찌 몸을 돌보겠나이까? 예나 지금이나 나라가 어지럽고 망하는 것은 항상 후사가 정해지지 않아 일어나는 일이나이다."

명종이 '국본을 정하다' 의 장을 보고 나서 마음이 풀렸다.

"재상이 목숨을 걸고 나라를 위하려 하였으니 충신이오."

명종은 민기에게 경연에서 〈대학연의〉를 강의하게 하고, 표범가죽 옷을 하사했다. 이때부터 경연에서 〈대학연의〉를 강의했다.

그러나 후사를 정하지 않고 명종은 다시 병석에 누웠다. 이준경이 병문안을 갔다. 명종이 침상 가까이 오라고 손짓했다. 명종이 준경의 손을 잡고 눈물을 흘렸다. 준경도 울면서 말했다.

"전하, 후사가 정해지지 않고 환후가 이 같으시니 큰일이나이다. 속히 후사를 정하시옵소서."

명종은 말을 하지 못하고 손으로 안쪽의 병풍을 가리켰다. 병풍 뒤에 인순왕비가 앉아 있었다.

준경은 명종이 중전에게 물으라는 뜻으로 병풍을 가리킨 것으로 판단하고 병풍 앞으로 다가가 말했다.

"중전마마, 전하의 환후가 심하옵나이다. 후사로 정해진 분이 있을 터이니 말씀해주시옵소서."

"덕흥군의 셋째아들 하성군을 마음에 두셨소."

"알겠나이다."

준경은 서둘렀다. 다른 중신들과 3사의 장을 불러 명종의 전교를 듣기로 했다. 그리고 사관에게 '덕흥군의 셋째아들 하성군으로 대통을 잇게 하라' 는 글을 써서 누워 있는 명종에게 보이도록 했다.

준경이 말했다.

"전하, 중전께 여쭌 후 중전의 말씀이 이 같아 전하께 다시 여쭙나이다.

하성군이 맞사옵나이까?"

명종은 눈물을 머금고 고개를 끄덕였다. 이날 새벽 명종이 승하했다. 아슬아슬한 순간이었다. 만약 후사를 정해주지 않고 명종이 승하했더라면 나라에 큰 혼란이 올 뻔했다. 왕실의 왕자들이 그 얼마인가. 이들에게 야심이 없다면 거짓말일 것이다.

대신들이 경회루 남문에 모여 도승지 이양원, 동부승지 박소립, 주서 황대립을 시켜, 궁궐을 호위하는 군졸들을 데리고 덕흥군의 집으로 가서 하성군을 모셔오도록 했다.

이양원은 덕흥군 집에 가서 모셔오라는 소리만 들었다. 어느 왕자를 모셔올 것인지 알지 못했다.

"도승지 영감, 대체 어느 왕자를 모시고 올 작정입니까?"

황대수가 물었다.

"이미 결정된 것 아니오?"

"덕흥군의 몇째 아드님으로 결정되었소?"

"덕흥군에게 아드님이 몇이나 되오?"

"3형제가 계신 것으로 알고 있소이다."

"예? 큰일날 뻔했군. 대신들께 여쭈어보시오."

그리하여 황대수는 되돌아가 대신들에게 물었다.

"덕흥군의 몇째 아드님을 모셔올까요?"

"저런 변이 있나! 셋째아드님 하성군이오."

이양원 등이 대궐 문을 나섰다. 타고 갈 말이 보이지 않았다. 덕흥군의 집은 사직동에 있었다.

"그냥 걸어갑시다."

양원이 말했다. 황대수가 펄쩍 뛰었다.

"비록 창졸간에 이뤄진 일일지라도 체면을 잃어서는 아니되오. 말이 있어야 합니다."

"어디 가서 말을 가져오겠소?"

"신하들이 속속 대궐로 입궐할 것이외다. 아마 구종들이 대궐 밖에 말을 매어두고 주인을 기다릴 것이오. 그 말들을 좀 빌립시다."

"좋은 생각이오."

황대수가 말을 얻어왔다. 이양원 등은 덕흥군 집으로 달려갔다. 호위할 군졸들이 초라했다. 잠시 후 병조판서 원혼이 호위할 군사를 몰고 덕흥군의 집으로 달려왔다.

이양원은 하성군의 외삼촌 정창서를 불러 말했다.

"새 임금을 모시러 왔소."

"누구를 뵙자는 것이오? 이같이 큰일에 이런 모호한 말이 어디 있소. 예전 사람 같으면 발을 걷고 임금의 얼굴을 본 뒤에야 절 한 이도 있소. 이곳에 왕손이 세 분이나 계시오. 분명히 말하시오!"

"어느 왕손이 준비하고 계시오?"

"이준경 대감께서 하성군께 차비를 하라 하셨소. 맞는 게요?"

"그런가 보오."

이양원이 끝까지 어느 왕손이라고 밝히지 않은 것은 혹시 뜻밖의 변고에 대비한 것이다.

인종이 돌아가셨을 때 명종이 대통을 계승했다. 그때 여러 간신들이 '어진 이를 고르려고 했다'는 소문을 내어 그후 사람들을 내쳤다.

이번에는 인심이 의심하고 고명이 분명치 않아, 만약 간신이 다른 왕손을 추대하여 변괴라도 생긴다면 임금을 모시러 갔던 자는 죽을 수밖에 없었다. 후사를 다급하게 정하는 일은 여러 모로 위험이 따랐다.

하성군은 경복궁 근정전에서 즉위하고 바로 명종의 상복을 입었다.

하성군은 덕흥군의 셋째아들이다. 덕흥군은 중종의 서자로 창빈 안씨 소생이다. 하성군, 즉 선조는 중종의 손자요, 명종의 조카였다.

붕당을 예언한 정승

영의정을 지낸 이준경李浚慶은 정승 자리에 올라 명망이 있었다. 다만 재주와 식견이 부족하고 성질이 곧고 거만하여, 선비를 높이고 말을 받아들이는 도량은 없었다. 재해를 입어 인심이 흉흉할 때에도 임금에게 아무것도 청하지 않아 선비들의 비난을 받았다. 그리하여 신진사류들과 원만한 관계를 유지하지 못했다.

신진사류 기대승은 재기발랄하여 일을 의논할 때 과감하고 날카로워 준경과 점점 틈이 생겼다. 기대승은 화를 못 참고 벼슬을 버리고 고향으로 돌아가다가 죽고 말았다. 이준경에 대한 신진사류들의 불만이 많았다.

백인걸이 평했다.

"지금 조정에서 신·구가 불화하는 것은 대신은 안정에만 힘쓰는 데에 그 폐단이 있고, 사류는 무엇을 하려고만 힘쓰므로 과격한 데에 그 폐단이 있다. 마땅히 조정이 중도를 지켜야 할 것이다. 내가 전하께 아뢰겠다."

사류들은 인걸의 말이 번다하여, 본의를 잃어 도리어 임금이 붕당을 의심하지 않을까 두려워했다.

그 무렵, 사류들이 대거 조정에 진출했지만, 많은 대신들이 속류俗流들이었다. 자연히 대관·소관 사이에 의견이 맞지 않아 조정이 늘 시끄러웠다. 소인배들은 그 틈을 노렸다. 그러다가 오겸·박충원 등이 잇따라 탄핵당하자 용렬한 자들의 불평이 심화되었다.

백인걸이 이준경의 인격에 감화를 받아, 사류들이 준경을 따르지 않는 것을 불만스럽게 여겼다. 심지어는 기대승·심의겸을 좋아하지 않아, 그들의 잘못을 들추어내어 사류들이 자못 의심했다.

준경의 재종 동생 원경이 관직을 잃고 분통을 터뜨리며 조정에 무슨 일이 일어나기를 바라고 있었다. 선조의 외숙 정창서도 권세를 한번 잡아보려고 박순·이후백·오건 등 10여 명을 공격하여 내쫓으려고 했다.

원경은 준경을 등에 업고 준경의 말이라고 둘러대며, 박순 등의 과실을 들추어내어 백인걸을 움직이려 했다. 어느 날 원경이 인걸에게 말했다.

"주상께서 박순과 이후백을 매우 싫어하시니 조정에서 쫓아내려면 쉬울 것이오."

인걸은 민기문에게 사실 여부를 물었다. 기문은 노수신의 집을 방문했다. 뜻밖에도 원경이 와 있었다. 기문이 노수신에게 말했다.

"인걸이 망녕된 짓을 하려 하니 대감께서 말리셔야 할 것이외다."

원경이 발끈했다.

"그가 사생결단으로 거사하려는데 다른 사람의 말로 중지할 것 같소?"

기문이 불쾌하여 자리를 떠버렸다. 원경이 수신에게 말했다.

"숙도(기문의 자)는 믿을 사람이 못됩니다. 오늘 나하고 인걸의 말을 듣고 와서 대감께 말리라고 말하는 자올시다."

그후 노수신이 백인걸을 만났다. 인걸이 말했다.

"사림 중 연소한 자들의 기가 자못 성하니 억제해야 되겠소이다."

"말씀 삼가시오. 서로 편을 갈라 공격하면 조정 꼴이 뭐가 되겠소."

노수신이 말했다.

그런데 이예란 사람이 원경이 창서에게 한 편지를 심의겸의 형 인겸에게 보였다. 의겸 형제는 명종의 비 인순왕후의 동생이었다. 편지의 내용은 이러했다.

'먼저 영중추부사(이준경)를 보고 다음에 백인걸을 만나니, 이 일이 금명간에 일어날 것이오. 대궐에 내통하는 것을 불가불 빨리 해야 할 것이오.'

이 편지가 도화선이 되어 조정 여론이 한쪽으로 쏠렸다.

"인걸이 장차 사림을 해치려고 하는데 준경도 뜻을 함께했다."

이택이 이 말을 듣고 박수를 시켜 백인걸에게 그 진의를 물었다. 인걸이 깜짝 놀라 말했다.

"내 어찌 사림을 해치겠소. 다만 방숙(의겸의 자)이 좋지 않다는 것뿐이오."

"공을 사람들이 기묘사화를 일으킨 남곤에 비유하고 있소이다."

"사림들이 나를 그렇게까지 의심한단 말이오?"

인걸은 권철(권율 장군의 아버지)과 박순을 차례로 찾아가 변명하고, 벼슬을 사직하고 파주로 내려가버렸다. 인걸이 은퇴한 후 사림들이 원경을 죄주려고 했다가, 조정이 불안해질까 봐 그만두었다. 조정에 심상찮은 기류가 흘렀다.

준경이 천수를 다하고 병이 들어 자리에 누웠다. 병석에서 일어날 것 같지 않았다. 아들을 불러 말했다.

"천명이 이에 다했거늘 어찌 약을 먹어 생명을 연장시키랴. 단지 주상께 한 말씀 올려야겠다."

준경이 부르고 아들이 받아썼다. 재상의 유차遺箚였다. 유차에 준경은 선조에게 학문에 힘쓰고, 신하를 대할 때 위의를 갖춰야 하고, 군자와 소인을 구별하라고 당부한 다음 뜻밖의 말을 했다.

'…넷째, 붕당朋黨의 사私를 깨뜨려야 할 것이옵나이다. 지금 세상 사람들은 혹시 잘못이 없고 일에 허물이 없는 이라도, 자기네와 한마디 말이라도 합하지 아니하면 배척하여 용납 못하게 하나이다. 자기들은 영검을 닦지 아니하고 글읽기에 힘쓰지 아니하며, 거리낌없이 큰소리치며 당파를 지으면서, 그것이 높은 것이라고 허위의 기풍을 양성하고 있나이다. 따라서 이들이 군자이면 병존並存하여 의심 마시고 소인이거든 버려두어 저희끼리 흘러가게 하심이 좋을 것이나이다. 이제야말로 전하께오서 공평하게 듣고 공평하게 보아주시어 힘써 이 폐단을 없애기에 힘쓰실 때이옵나이다. 그렇지 아니하면 나라를 구하기 어려운 근심이 될 것이옵나이다…'

이준경은 이 유차를 남기고 세상을 떠났다.

심의겸은 인순대비의 동생으로 권세를 깔고 앉아 조정을 마음대로 주무르려고 사림을 농락했다. 장차 붕당이 조성될 징조가 보여 이준경은 전부터 걱정했다.

준경의 유차가 조정에 풍파를 일으켰다. 3사에서 준경이 사림에게 화가 되게 한다고 관작을 추탈하자는 말까지 나왔다.

"준경이 근거도 없이 붕당이란 말을 지어내어 임금의 마음을 현혹시켰다."

아침 경연 자리에서 율곡 이이가 준경을 소인배로 몰아붙였다.

"준경이 머리를 감추고 형상을 숨기고 귀역처럼 지껄였나이다. 그의 말은 시기와 질투의 앞잡이요, 음해하는 표본이나이다. 옛 사람은 죽을 때에는 그 말이 선했사오나 오늘날은 죽을 때에도 그 말이 악하나이다. 참으로 황당하나이다."

3사에서 죄를 주어야 한다고 들고일어났다. 사태가 걷잡을 수 없이 죽은 이준경을 매도하는 곳으로 흘렀다. 유성룡이 나섰다.

"대신이 죽을 때에 말씀 올린 것에 부당함이 있으면 변명할 것이거늘, 죄를 주자고 청하는 것은 조정에서 대신을 대접하는 체면이 아니니 여러분은 너무 심한 짓은 하지 마오."

좌의정 홍섬도 준경을 두둔하고 나섰다.

"전하, 준경이 붕당이라 말한 것은 잘못된 것이오나, 신과 함께 조정에 가장 오래 있었나이다. 평소에 늘 군자라 자처하고 성격이 강직하고 식견이 높았사오니, 이제 와서 그를 학식이 없다고는 말할 수 없으며, 나라를 근심하는 한 마음이 죽을 때까지 변함이 없었사온데, 어찌 사람에게 화를 끼칠 마음이 있어서 그런 말을 했겠사옵나이까? 세상 사람들은 준경의 공덕을 한韓·부富에 비교하고 있나이다. 통촉하시옵소서."

한과 부는 송나라의 한기·부필 두 어진 대신을 말한다. 이들은 새 임금을 들여세운 공이 많았다. 후세에 어진 대신을 말할 때 한기·부필을 표본으로 삼았다.

"정녕 붕당의 조짐이 있는 게요?"

선조가 물었다.

"천부당만부당한 말씀이옵나이다."

조정 대신들이 입을 모아 대답했다.

"준경의 일을 불문에 부치겠노라!"

판서 오상이 사신으로 북경에 가는 도중에 이 소식을 듣고 시를 지었다.

공적은 나라에 있고 혜택은 백성에게 있는데
능히 시종始終을 온전히 한 분은 이분뿐일세
백년도 못 가서 공론이 정하여질 것을
오늘에 옳다 그르다 하는 것이 어찌 땅속 사람에게 상관이랴

이준경이 죽은 지 백 년은커녕 3년 만에 동서로 갈리는 붕당이 생겼다. 이이는 이준경을 심하게 비판한 것을 여러 사람 앞에 솔직히 사과했다. 그는 대신의 선견지명을 알아보지 못하는 우를 범했다.

동서로 갈리다

붕당의 조짐이 노골화되었다. 선조가 심의겸을 대사헌으로 임명했다.
정언 정희석이 경연에서 말했다.
"전하, 특명特命을 외척에게 쓰는 것은 부당하나이다."
선조가 화를 냈다.
"오로지 그 사람의 어질고 어질지 못함에 있을 뿐, 외가 친척이 무슨 관계인가!"
집의 신응시가 선조를 두둔했다.
"전하, 희석의 말은 공론이오나, 지나치게 꺾여서는 아니되나이다."
이런 일이 있은 후 대사간 허엽이 심의겸과 친한 박순을 논박했다.
"전하, 우의정 박순이 옥사를 처리할 때 체신을 잃었사오니 그 허물을 추고하시옵소서."
심의겸을 반대하는 세력들이 그 정체를 드러내어 공격의 포문을 열었다.

명종 시대 때 심의겸이 공무로 권신 윤원형의 집에 간 일이 있었다. 원형의 사위 이조민은 의겸과 잘 아는 사이였다. 의겸을 서재로 데리고 들어갔다. 의겸이 서재에 침구가 많은 것을 보고 물었다.

"이것이 다 누구 것이오?"

"이 가운데 김효원의 것도 있소이다."

김효원은 아직 등과 전이었다. 문장으로는 이미 이름이 나 있었다.

의겸이 마음속으로 언짢게 여겼다. 그는 다른 선비들에게 김효원을 헐뜯었다.

"어찌 글하는 선비로서 권세 있는 집의 무식한 자제들과 함께 거처할 수 있다는 말인가. 결코 절개 있는 선비가 아니다."

그후 효원은 장원급제하여 재능 있는 선비로 명성을 날렸다. 몸가짐이 법도 있고 청백했으며, 맡은 바 책무를 다하여 조정에서 따르는 신료들이 많았다. 오건이 그를 전랑銓郞을 시키려고 추천했다.

한편, 심의겸은 윤원형의 권력 전횡 시대에 선비들을 보호한 일이 있어 선비의 선배들이 칭찬을 아끼지 않았다. 따라서 당시에 권력을 쥐어볼 만한 희망이 있었다.

김효원은 낭관으로 있은 지 6, 7년 후에야 비로소 전랑이 되었다. 전랑이란 이조의 정랑(정5품)·좌랑(정6품)을 통틀어 일컫는 말로, 내외 관원을 천거하고 전형하는 데 가장 큰 권리를 행사하는 관직이었다. 그리하여 전랑이라는 별칭이 붙게 된 것이다.

조선의 관제제도는 3공(영의정·좌의정·우의정) 6경卿(6조 판서)을 두었지만 관리 등용은 3공에 있지 않고 모두 이조에 속해 있었다. 이 이조의 권력이 커질 것을 염려하여 당시 가장 중시되던 3사의 관원 임명 등은 이조판서의 아래에 있는 정랑과 좌랑이 좌우했다. 이조판서에게도 이 부분에 관해서는 권한이 없었다. 그리하여 이 전랑은 3사 가운데 학식 있고 명망 높은 관원이 뽑혔다.

이조판서도 관여하지 못하는 전랑 추천권은 전랑 스스로가 후임 추천권을 갖고 있었다. 이것을 전랑천대권 또는 전랑권이라고 했다. 이 전랑직을 거치면 큰 과실이 없는 한 대개는 순조롭게 재상까지 오를 수 있었다. 그야 말로 요직 중의 요직이었다.

김효원이 전랑이 된 후 심의겸은 그의 전력을 들어 자격 시비를 벌였다. 권신 윤원형의 집에 의탁했었다며 선비의 자질을 질타했다. 그러나 김효원이 전랑이 되는 길을 막을 수는 없었다.

김효원은 심의겸을 대수롭지 않게 여겨 그를 비판했다.

"의겸은 미련하고 성질이 거칠어 크게 쓸 인물이 못된다."

그후 의겸의 아우 충겸을 어떤 사람이 전랑으로 추천하자 효원이 한마디로 잘랐다.

"전랑이 외척 집안의 물건이냐! 심씨 문중에서 차지해야 될 까닭이 없다."

두 사람 간의 알력이 확대되었다. 의겸과 가깝게 지내던 관리들이 '효원이 의겸에게 원한을 품고 보복하려는 것'으로 보고, 효원을 소인으로 비아 냥거렸다.

효원과 가깝게 지내는 관리들은 의겸을 '바른 관리를 해치는 못된 외척'이라고 비난했다. 이처럼 사림의 선·후배가 화합하지 못하고 둘로 나누어 질 조짐이 보였다.

그후 효원이 사간원의 사간이 되고, 허엽은 대사간이 되었다. 허엽은 선배였다. 김효원의 사람됨을 신뢰하여 그의 뒷배를 봐주었다. 나이 젊은 선비들이 허엽을 따랐다.

한편, 우의정 박순은 처신이 깨끗하여 조정 안팎의 명망이 두터웠다. 그가 심의겸과 가까워, 관리들은 심의겸의 사람이라고 의심했다.

그 무렵, 재령에서 종이 주인을 죽이는 옥사가 일어났다. 그런데 시체 검증이 잘못되어 죽은 원인을 알 수 없었다. 3성三省(의정부·의금부·대간)에서 번갈아 국문했다. 의금부지사 홍담은 옥사의 억울함을 애써 변명했다. 분명한 증거가 없었기 때문이었다.

이 옥사를 맡은 위관 박순은 단호히 말했다.

"강상綱常에 관계되는 큰 옥사요. 증거가 없다고 경솔히 풀어줄 수는 없소."

홍담이 박순을 공박하면서 기어이 풀어주려고 했다.

박순은 시체 검증을 다시 하자고 주장했다. 그런데 시체를 재검증한 지방관들이 윗사람들의 뜻에 맞추어, 적당히 병이 나서 죽은 것으로 보고했다.

박순은 조정의 의견을 수렴하여 처리하려고 했다. 이에 노수신은 경솔하게 놓아줄 수 없다고 주장했다. 선조의 의견은 달랐다.

"시체 검증 문서가 서로 틀리니 옥사를 처단할 근거가 없다. 범인을 풀어주라!"

이에 정언 김응남은 다시 국문할 것을 청했고, 대사간 유희춘은 그만 종료할 것을 주장했다. 홍문관에서는 상소를 올려 다시 심문해야 한다는 의견을 분명히 했다. 그러면서 이참에 사간원의 김응남 외에 대사간부터 죄다 경질해야 한다는 의견을 내놓았다.

선조는 홍문관의 의견에 따라 사간원의 인사를 단행하여 허엽을 대사간으로 임명했다. 허엽은 죽은 주인과 친족 사이였다. 허엽은 박순이 처음부터 성의 없이 사건을 다루어 이 지경에까지 왔다고 박순을 몰아붙였다.

박순은 옥사를 처리할 때 체통을 잃었다. 박순은 말없이 사직서를 내고 물러가버렸다. 조정 여론이 효원이 박순을 공격함으로써 의겸의 세력을 고립시키려 한다는 쪽으로 돌았다.

신응시·정철이 홍문관 부제학 이이에게 말했다.

"사간원에서 대신을 추고推考하기를 청하여 체통을 잃었거늘 어찌하여 탄핵하지 않는 게요?"

박순의 편을 들고 나섰다. 이이는 듣지 않았다.

"사간원의 관리를 바꾼 지 얼마나 된다고 내치자는 겁니까? 그리는 할 수 없소."

"그렇다면 이조판서라도 바꿉시다."

이조판서 정종영은 인망이 두텁지 못한데다가 김효원과 친하게 지내어 관료들의 비난이 따랐다. 정철이 그 틈을 노린 것이다. 이이는 이것도 거절했다.

"더 두고 보는 것이 옳지 않소?"

정철이 답답하다는 듯 시를 읊었다.

군자는 정승 자리 물러나고
소인이 이조를 차지하는구나
군자와 소인이 들고나는데
부제학은 마음이 담담하네

"허허허… 시재가 뛰어나구려, 송강."

이이는 웃고 말했다.

명종 시대에 심의겸의 공이 많았다. 사림들이 이양의 화를 입게 되자, 외삼촌인 양을 탄핵하고 사림들을 구하여 칭찬이 자자했다. 의겸은 이이·성혼 등과 사귀고, 한수·남언경·기대승·윤두수·근수 형제, 김계휘 등과 친구로 사귀었다.

전랑 추천으로 불편한 관계가 된 심의겸과 김효원은 사사건건 부딪쳤다. 그들을 따르는 관리들도 두 편으로 갈려 서로를 적대감으로 대했다. 이때부터 동인·서인이라는 말이 나왔다. 김효원의 집은 동쪽 건천동에 있었고, 심의겸의 집은 서쪽 정릉동에 있어서 그들을 따르는 관리들이 붙인 것이다.

동인 가운데는 나이가 젊고 총명·민첩하며 학행이 출중하고 명예와 절개를 다듬는 선비들이 많았다. 서인들 중에는 어진 사대부도 있었지만, 이익을 탐내는 무리들도 섞여 있었다. 서인으로 지목되는 인사들 중 박순·

김계휘 · 홍성민 · 이해수 · 윤두수 · 윤근수 · 이산보 같은 이들은 나랏일을 함께할 만한 인물이었다. 성혼 · 한수 · 남언경은 서인 편을 들고, 이이는 조정설을 꺼냈으나, 동인 편에서 도리어 구차한 짓이라고 공격하며 조금도 양보하지 않았다. 서인의 자제는 모두 이이 · 성혼의 문하생들이었다.

이조참의 박근원이 동인들의 비위를 맞추려고 김계휘를 평안감사로 내보내고, 이후백을 함경감사로 추천했다. 이들은 조정에 명망이 있었으나, 서인으로 지목된 인물이었다. 두 사람이 지방으로 나가자 김효원은 심한 비난을 받았다. 동서의 대립이 날로 심화되어갔다. 조정이 시끄러웠다.

대사간 정지연이 이이와 의논했다.

"조정이 시끄럽소이다. 장차 어찌했으면 좋겠소?"

"이조에 사람이 없기 때문이오. 공박하지 말고 조용히 진정시켜야 하오. 탄핵하여 박근원만 갈면 될 것이오."

지연이 그대로 따르려 했으나, 사간원 간원들이 이조를 공격하여 전랑을 모두 갈아치웠다. 대신 허봉 · 이성중이 전랑이 되었다. 두 사람 다 효원의 사람이었다. 특히 허봉은 허엽의 아들이었다.

이이가 우의정 노수신을 만나 조정의 심각한 사태를 의논했다.

"우상 어른, 심 · 김은 모두 학문하는 선비들입니다. 흑과 백, 사邪와 정正으로 구분할 수는 없소이다. 두 사람이 틈이 벌어지기는 했지만, 서로 해치려는 것은 아닐 거외다. 다만 말세의 풍속이 시끄럽고 말이 많아, 소문으로 이간질하여 조정이 시끄럽나이다. 심과 김을 외직으로 내보내어 조정을 진정시켜야 되지 않겠나이까? 우상께서 경연 자리에서 그 사유를 말씀드리고 두 사람을 외직으로 돌리시옵소서."

"경연에서 말씀드렸다가 더욱 소란해지면 어쩌겠소?"

"더 나빠지기 전에 막아야 하나이다."

노수신은 내심 의겸의 세력이 성해질까 봐 경연 자리에서 선조에게 아뢰었다.

"전하, 요사이 심의겸·김효원 두 사람이 서로 헐뜯어 말이 많아져서 선비들간에 불안하게 될 징조가 보이나이다. 두 사람을 외직으로 보내어 시끄러운 조정을 가라앉혀주시옵소서."

"조정에 붕당이라도 생겼다는 말이오?"

선조는 민감한 반응을 보였다.

"아니옵나이다. 두 사람만의 문제이옵나이다. 두 사람이 서로 지난날의 허물을 가지고 헐뜯는 것이옵나이다."

"헌데 조정이 왜 시끄럽다는 게요?"

"두 사람을 놓고 뜬소문이 꼬리를 물어서 그러하나이다."

"한 조정에 있는 선비로서 서로 화합해도 모자라거늘 헐뜯다니 말이나 되는가! 두 사람을 외직에 보내도록 하리라!"

심의겸은 전주부윤으로, 김효원은 삼척부사로 내보냈다. 이이의 안이한 대책이었다. 동서 붕당은 이미 뿌리를 내린 상태였다. 두 사람이 외직으로 나간다고 하여 해결될 문제가 아니었다. 선조는 그때까지 조정이 동과 서로 나뉘어진 것을 까맣게 모르고 있었다. 동과 서는 서로 세력을 키워 상대를 죽이고 권력을 잡기 위해 음모를 서슴지 않았다.

정여립의 헛된 꿈

황해감사 한준의 비밀장계 한 통이 고요한 궁궐의 밤을 소란케 했다. 한밤에 선조는 삼정승·육승지·의금부 당상관 들을 급히 소집했다. 그리고 총관·옥당(홍문관) 상하번 들도 모두 소집했으나, 오직 홍문관 검열 이진길만은 제외시켰다.

선조가 모인 신료들에게 황해감사의 비밀장계를 내보였다. 안악·재령·신천 군수 등이 역적모의를 고변한 것이었다.

'전홍문관 수찬(정6품) 정여립鄭汝立이 모반의 괴수로서 그 세를 조직적으로 넓혀가고 있는 바, 이 사실을 그 일당인 안악의 조구라는 자가 밀고하여 조사하여 본즉 사실로 드러났나이다.'

큰일이었다. 조정에서는 급히 대책을 세워, 의금부도사를 정여립이 살고 있는 전라도 전주와 그 일당이 훈련받고 있다는 황해도로 보냈다. 선조가 이진길을 부르지 않은 것은 그가 정여립의 생질이었기 때문이다.

정여립의 아버지 희증은 대대로 전주 남문 밖에 살고 있었다. 여립을 잉태했을 때 고려 의종 때 무신의 난을 일으켜 정권을 잡은 정중부를 꿈에서 보았고, 여립이 태어날 때에도 같은 꿈을 꾸었다. 친구들이 득남을 축하했으나 희증은 기뻐하지 않았다.

여립이 여덟 살 된 무렵이었다. 아이들과 놀면서 까치 새끼를 잡아, 주둥이부터 발끝까지 뼈를 부러뜨리고 살을 찢었다. 희증이 그것을 보고 물었다.

"누가 이런 짓을 했다더냐?"

한 여종이 대답했다.

"도련님이 그랬습니다."

희증이 여립을 심하게 나무랐다.

그날 밤 고자질한 여종의 부모는 방아를 찧으러 나가고 여종이 혼자 집을 지켰다. 여립은 칼로 여종의 배를 갈라 죽여버렸다.

부모가 돌아와 끔찍한 광경을 보고 발을 굴리면서 통곡을 터뜨렸다. 이웃들이 갑작스러운 사태에 놀라 모여들었다. 사람들이 웅성거렸다.

여립이 나타나 말했다.

"내가 죽였으니 괴이쩍게 여기지 마시오!"

모인 사람들이 여립의 그 같은 태도에 치를 떨었다.

"틀림없이 악질 장군이 될 게야."

모두들 수군거렸다.

그후 희증이 현감이 되어 부임했다. 그런데 여립이 따라가 그 고을을 제

마음대로 다스렸다. 아전들이 하나같이 여립의 말을 따르니, 희중은 혀를 찰 뿐이었다.

여립은 금구에 장가들어 그곳에서 살았다.

과거에 급제한 후 이이의 문하에 출입하여 명망이 꽤 높았다. 그러나 이이가 죽고 동인이 조정을 장악하게 되자, 동인 편에 서서 동인들이 증오하던 이이를 비난하고 동인들의 힘으로 수찬을 지냈다. 하지만 선조의 눈에 거슬려 그는 벼슬을 그만두고 고향으로 돌아왔다.

많은 선비들을 접촉하는 동안 그의 명성이 높아져갔다.

정여립은 야심을 품었다.

"천하는 공물公物이니, 어찌 일정한 주인이 있으리오. 요 · 순 · 우가 임금 자리를 서로 전한 것은 성인이 아닌가."

그는 항상 이 같은 말을 했다.

여립은 잡술에 능하여 장차 나라에 변이 일어날 것을 알고 기회를 타서 난을 일으키려고 마음먹었다. 전주 · 금구 · 태인 등 이웃 고을의 여러 무사들과 공사천公私賤의 노비 등 계급의 상하를 통하여 계를 조직하고 대동계大同契라 칭했다. 매월 보름이 되면 계원들이 모두 여립의 집에 모여 활쏘기 등을 연습했다.

여립은 지함두와 중 의연 · 도잠 · 설청 등과 함께 황해도 구월산 등 여러 산을 두루 돌아다녔다. 돌아오는 길에 충청도에 들러 계룡산을 구경하고 폐사된 절에서 하룻밤 묵으며 시 한 수를 지어 벽에 붙여놓았다.

　　남쪽 나라 두루 다녔더니

　　계룡산에서 눈이 처음 밝도다

　　뛰는 말이 채찍에 놀란 형세요

　　고개 돌린 용이 조산祖山(풍수 용어)을 돌아보는 형국이니

　　아름다운 기운이 모였고

　　상서로운 구름이 나도다

무戊 · 기근 양년에 좋은 운수가 열릴 것이니

태평세월을 이룩하기 무엇이 어려우랴

야욕을 불태우는 시였다.

그는 전부터 전해오는 '목자木子(李)는 망하고 전읍奠邑(鄭)은 흥한다', 즉 '이씨는 망하고 정씨는 흥한다'는 글을 목판에 새겨, 중 의연을 시켜 지리산 석굴 속에 감춰두게 했다. 그리고는 뒷날 지리산 구경을 갔다가 우연히 목판을 발견한 것처럼 꾸몄다. 동행한 변숭복 · 박연령 등이 현혹되어 '시대의 운기에 맞춰 태어난 사람'이라며 정여립을 굳게 믿었다.

또 여립은 의연과 함께 자기 집 후원에서 뽕나무 껍질을 갈라 말갈기를 박아놓아, 두어 시간이 흐른 뒤 뽕나무 껍질이 굳어지게 만들었다.

그 사이 이런 내용의 동요가 나돌았다.

"뽕나무에 말갈기가 나면 그 집 주인은 임금이 된다네."

여립은 이웃 사람들에게 후원의 말갈기를 보여주고 나서 그것을 없애버린 후 입단속을 시켰다.

"이것을 본 사람은 어디 가서 이 말을 하면 천기누설을 하는 게요. 입조심하시오!"

그러나 소문은 꼬리를 물고 퍼져나갔다. 모두 여립의 고도의 술법에 모두 속은 것이다.

정여립의 오른팔 지함두는 서울 사람이었다. 젊은 시절 가까운 친척을 간통하여 이 사실이 뒤늦게 발각되자 이름을 고치고 도망다녔다. 그는 글을 조금 알아 스스로 처사연했다. 그는 일찍이 여립의 서찰을 지니고 지방 수령을 찾아다녔다.

전라감사 이광이 순천의 환선정에서 군사를 사열할 때였다. 지함두가 나타나 연통을 넣어 만나기를 청했다. 이광이 무시해버렸다.

지함두는 누런 큰 갓을 쓰고 도사의 옷차림으로 나귀를 타고 환선정 앞을 지나갔다. 군사들이 잡아다가 감사 앞에 무릎을 꿇리었다.

함두는 소매에서 여립의 편지를 꺼내어 감사에게 주었다. 이광은 편지를 읽고 함두를 극진히 모셨다. 속세를 떠난 도사로 알았던 것이다. 전라도에서 여립의 영향력이 이 정도였다.

중 의연은 운봉의 평민의 아들이었다. 그는 스스로 요동 사람이라고 사칭하면서 각 지방을 두루 돌며 말했다.

"내가 요동에 있을 때 동쪽 나라에 왕기王氣가 있음을 보고 한양에 이르니, 왕기는 전라도에 있고, 전라도에 오니 그 기운이 전주 남문 밖에 있었다."

그는 바람잡이였다.

정여립은 기축년(1589) 겨울에 황해도와 전라도 지방에서 일제히 군사를 일으켜 바로 서울을 덮치려고 했다. 황해도 구월산의 중들도 호응하는 자가 많았다. 황해도는 안악 사람 변숭복과 박연령이 맡았다.

구월산 중 의암이 이 사실을 알고 재령군수 박충간에게 밀고했다. 충간은 사실의 진위를 의심하고 주저하여 나서지 못했다.

안악 교생 조구가 정여립의 제자라면서 도당을 모아 술을 마시고 하는 행동이 수상쩍었다. 안악군수 이축이 조구를 잡아 족쳤다. 조구는 사실대로 죄다 털어놓았다. 그리하여 황해감사를 통해 급한 장계가 대궐에 올라간 것이다.

정여립은 동인 편에 섰다. 역적모의 사건이 터지자, 동인의 영수 이산해·정언신 등 정승과, 이발·백유양 등 중진들이 여립 편을 들었다.

"전하, 여립이 그런 일을 꾸밀 리 없사옵나이다. 아마 율곡의 제자들이 꾸민 무고일 것이옵나이다."

이발 등의 주장에 우의정 정언신이 어전에서 웃으며 받았다.

"그렇사옵나이다. 여립이 어찌 역적이 될 수 있겠나이까?"

"여립이 대체 어떤 사람이오?"

선조가 물었다. 영의정 이산해와 좌의정 유전이 입을 모았다.

"신들은 그 위인을 잘 알 수 없나이다."

실은 이산해가 이발과 함께 정여립을 수찬으로 추천했던 것이다. 이산해는 불리해지자 오리발을 내밀었다.

"우의정이 말해보오."

"신은 오직 그가 글 읽는 선비인 줄 알고 있나이다. 그밖에는 아는 것이 없나이다."

"글 읽는 선비의 짓이 이 모양인가!"

선조는 황해감사의 장계를 상 아래로 던져버렸다. 모두 다 목을 움츠렸다.

금부도사에 이어 선전관 이용준과 내관 김양보가 전주로 달려갔다. 여립은 소식을 듣고 금구 별장에 있다가, 아들 옥남, 박연령의 아들 춘룡, 안악에 사는 변숭복 등과 진안 죽도로 숨어들었다.

진안현감 민인백이 관군을 거느리고 가서 죽도를 포위해버렸다. 여립 등은 바위틈에 몸을 숨기고 있었다.

민인백은 여립을 생포하려고 관료들에게 가까이 접근하지 말라고 일렀다.

여립은 이미 사태가 급박했음을 알고, 변숭복을 죽이고 자신의 아들 옥남과 박연령의 아들 춘룡을 차례로 베었다. 자신은 칼을 목에 꽂고 몸째로 엎어졌다. 칼이 여립의 목을 뚫었다. 그는 죽으면서 황소울음 소리를 냈다.

관군은 이미 죽은 정여립·변숭복의 시체와 아직 살아 있는 옥남·춘룡을 급히 후송했다.

옥남의 나이 열일곱 살이었다. 옥남은 태어날 때부터 얼굴이 준수하고, 눈동자가 두 개씩이요, 두 어깨에 사마귀가 일월日月 형상으로 박혀 있었다. 여립이 모반을 꿈꾼 것은 옥남을 믿은 까닭이다. 여립의 헛된 꿈은 죽음으로 막을 내렸다.

길삼봉을 잡아라

기축옥사己丑獄事, 즉 정여립의 모반 사건에 연루되어 억울하게 죽은 선비가 더러 있으나, 그 가운데 최영경崔永慶은 길삼봉으로 엮여 죽임을 당해 선비들의 분노를 샀다.

길삼봉은 기축옥사가 일어나기 수십 년 전 천안 땅의 종이었다. 그는 용맹하고 화적질을 잘했다. 관군이 출동하면 그때마다 신출귀몰하게 행동해 나라 안에 소문이 파다했다.

정여립이 지함두를 시켜 황해도 지방에 소문을 퍼뜨렸다.

"길삼봉·길삼산 형제는 신병神兵을 거느리고 지리산에도 들어가고 계룡산에도 들어간다. 그 형제와 정팔용이란 사람이 손을 잡고 곧 나라를 바로잡을 것이다. 팔용이 임금이 된다."

팔용은 여립의 어릴 적 이름이었다. 길삼봉은 신출귀몰한 인물로 알려져 백성들 사이에 인기를 끌었다.

그 길삼봉이 최영경이라는 것이다. 기축옥사의 여죄를 묻는 과정에서 강해와 양천경이라는 사람이 전라감사 홍여순에게 '길삼봉은 곧 최영경이다'라고 장계를 올려 최영경이 한데 엮인 것이다.

최영경의 자는 효원孝元이며, 호는 수우守愚였다. 그는 특이한 자질이 있었다. 상소리를 전혀 입에 담지 않았고, 걸음걸이에도 법도가 있었다. 효성이 지극하였는데, 친상을 당해 애통함이 지나쳐 살아남지 못할 지경에 이르렀다.

3년 동안 시묘살이를 할 적에 조석으로 상식上食을 올릴 때 어육을 빼놓지 않았다. 한번은 큰비가 와서 냇물이 넘쳤다. 시장에 갈 수 없어 묘소에서 울고 있었다. 그런데 이변이 일어났다. 범이 산돼지를 잡아다가 상석 위에 놓고 갔다.

또 진주에 살 때였다. 제삿날이 닥쳤는데도 돈이 없어 어육을 살 수 없었다. 종일 근심하고 있던 차에 노루 한 마리가 후원에 들어와, 그걸 잡아 제상을 차렸다. 그의 효심에 하늘이 감동하여 생긴 일이었다.

그는 여러 벼슬을 제수받았으나 나가지 않았다. 집이 가난하여 끼니를 잇지 못하자, 어떤 사람이 둑 공사를 벌여 돈을 벌자고 권했다. 최영경은 한마디로 거절했다.

"빈부는 하늘이 정한 것이거늘, 둑을 쌓는 일은 내게 맞는 일이 아니다."

그는 옷 한 벌 온전한 것이 없어, 출입할 때는 남의 것을 빌려 입는 형편 이었으나 걱정이 없었다.

진주에는 송곳을 꽂을 땅뙈기 하나 없었다. 아우 여경이 진주로 장가들어 아우의 집에 몸을 의탁했다. 그 집 앞에 큰 못이 있었다. 여경은 날마다 연못에서 고기를 잡았다. 크기가 쟁반만하였으나 영경은 절대로 먹지 않았다. 사람들이 연유를 물었다.

"전에 내가 가난해서 어머니 봉양을 제대로 못했소. 어머니는 돌아가셨으나, 그때의 일이 생각나서 맛있는 물고기를 먹지 못하오."

당시 조정은 동서로 나뉘어 선비들이 명리名利만을 좇으므로, 그는 벼슬길을 외면해버렸다.

영경이 서울에 잠시 머물 때 성혼과 교분이 있었다. 성혼이 파주에서 서울에 와 있다는 소문을 듣고 영경이 찾아가보려고 했다. 그런데 성혼이 서인인 심의겸과 교분이 두텁다는 소문을 듣고 가지 않았다.

이이가 처음 조정에 출사했을 때 많은 선비들이 '옛날 어진 사람이 나왔다' 고 칭찬했으나 영경은 고개를 저었다.

"그렇지 않다."

이이는 결국 당파 싸움에 휘말렸다.

그가 사림 사이에 명성이 나기 시작한 것은 성혼의 덕이었다. 그전에 선조가 6품 벼슬을 제수했으나 받지 않은 일로 이름이 나 있었으나, 그의 진면목은 성혼이 알렸다.

영경이 서울에 있을 때 남과 교제를 끊어 아는 사람이 별로 없었다. 그마을 사람들이 모두 '고집쟁이 선비' 라고 했다. 안민학이 이 소문을 듣고 영경을 찾았다. 보통 선비와는 다른 기상이었다.

안민학이 성혼에게 말했다.

"우리 마을에 이인異人이 있소이다. 한번 만나보지 않겠습니까?"

"이인이라니, 어떤 사람이오? 한번 보고 싶소."

성혼이 영경을 찾았다. 대문을 두들기자 한참 만에 여종이 나와 맞이했다. 뜰에 잡풀이 무성했다.

한참 뒤 영경이 방 안에서 나왔다. 베옷에 떨어진 신을 신은 궁상맞은 차림새였으나, 얼굴만은 위엄이 가득하여 함부로 범할 수 없는 기상이 흘렀다.

성혼과 영경은 학문에서부터 시국까지 다각도로 얘기했다. 영경은 막히는 곳이 없었다. 성혼은 영경을 만난 것이 매우 기뻤다.

성혼이 이이를 만나 말했다.

"내가 최영경이란 사람을 만났소이다. 홀연히 맑은 바람이 소매에 가득함을 깨달았소."

"참선비인가 보구려."

"보기 드문 선비였소."

이때부터 영경의 이름이 사림 사이에 널리 퍼졌다.

일찍이 정인홍의 처남 양홍주가 남명 조식을 이황보다 학덕이 높은 학자로 치켜올렸다. 정인홍은 조식의 수제자였다. 성혼이 반박했다.

"퇴계의 학문은 깊다. 아마 남명은 그와 같지는 못할 것이다."

영경이 성혼의 말을 듣고 분개하고 탄식하며, 성혼의 말이 틀렸다고 여러 차례 변명했다. 영경은 남명의 제자였다.

양홍주는 성혼의 문하에 출입했다. 홍주의 아들 양황도 성혼의 문하에서 배워 정인홍은 홍주와 원수 사이가 되어버렸다. 성혼이 이 사실을 알고 인홍을 언짢게 말했다.

"홍주의 하는 일이 설사 옳지 않더라도 인홍이 처남 남매 간에 인연을 끊는 것은 옳지 않다."

인홍은 성혼에게 감정의 골이 깊어 온갖 방법으로 성혼을 헐뜯으려고
했다.

영경이 정여립 모반 사건에 길삼봉으로 엮여 진주에서 잡혀 현지의 옥에
갇혔다. 거의 1천여 명에 육박하는 선비들이 옥문 밖에 몰려들었다. 영경
은 그들을 한 사람도 만나주지 않았다. 선비들은 옥문 밖에 노숙하며 여러
날 동안 흩어지지 않았다. 선비의 대표가 영경을 만났다.

"선생은 옥중에 계시면서 조금이라도 동요한 적이 없으시나이까?"

"나는 죽고 사는 것을 잊은 지 벌써 30년일세."

"무엇이 그리웠나이까?"

"식욕일세. 내가 잡혀서 옥에 들어오는 길에 동문을 지나는데 길가에 상
추가 파랗게 보이더구먼. 그 잎에 밥을 싸서 한번 먹었으면 하는 마음이 자
연히 나더구먼."

영경이 크게 웃었다. 가난에 찌든 선비의 진솔한 마음이었다.

영경이 서울로 압송되었다. 죄인을 심문하는 총책임자를 정철이 맡았다.
유성룡이 정철을 만나 물었다.

"영경의 옥사가 어찌되어가나이까?"

정철은 대낮부터 술에 취하여 손으로 자기의 목을 가리키면서 말했다.

"그가 일찍이 내 목을 찍어 넘기려 했소이다."

정철이 영경을 미워하는 까닭은 영경이 그를 악담했기 때문이다.

"박순과 정철의 목을 베어 장대에 매달아야 한다."

심수경이 정철과 유성룡의 대화를 듣고 정철을 언짢게 여겼다.

"사람이 죽어가는 것을 보면 측은한 마음이 드는 것 아니오? 대감은 어
찌 그런 말을 입 밖에 내시오이까?"

"모르면 잠자코 있게나."

정철이 윽박질렀다.

영경은 금부옥에서도 옥리들을 감탄시켰다. 금부에서 국청으로 잡혀가는 데 마치 하늘에서 학이 내려오는 듯했다. 그는 흰머리와 흰 수염이 일품이었다.

이항복이 영경의 의연한 모습을 보고 정철에게 말했다.

"대감, 오늘날 이 노인을 보지 못했더라면 평생을 헛지낼 뻔했소이다."

정철은 빙그레 웃고 대꾸가 없었다.

좌상 김명원도 영경을 극찬했다.

"비록 오랏줄에 묶여 있으나 늠연하여 공경하는 마음이 생겼다."

영경은 옥중에 있을 때에도 대궐 쪽을 향해 앉아 있었다. 영경의 종이 함께 잡혀 있었다. 어떤 선비가 면회 와서 일렀다.

"종놈이 만약 말을 잘못하면 그 화가 선생께 미칠 터이니, 미리 말을 맞추어두는 것이 어떨까요?"

"쓸데없는 소리 마오. 그 사람 자신이 알아서 할 일이지, 내가 관여할 바가 아니오."

위관들이 그 종을 고문하여 허위자백을 받아내려고 했으나, 종은 한마디도 허튼소리를 하지 않았다.

위관들은 여립의 종을 닦달했다.

"최삼봉이란 사람이 너희 집에 왕래하는 것을 보았느냐?"

"보았사온데 머리털이 반은 희었사옵니다."

위관들은 최영경에게 옷을 세 번이나 바꿔 입게 하여 여러 죄수 사이에 섞어놓고, 여립의 종에게 최삼봉을 가려내라고 했다. 그러나 끝내 찾아내지 못했다.

영경이 일찍이 이발의 소개로 정여립과 만난 적이 있었다. 훗날 이발에게 편지를 보낼 때 여립의 안부를 물은 적이 있었다. 이발이 여립 사건에 연루되어 그 편지가 발견되었다. 그 편지가 국청에 내려왔다.

그때 심문관은 이항복이었다. 항복은 영경이 이 편지를 모른다고 잡아떼면 살아날 수 없을 것 같아 꾀를 냈다. 소피를 보러 간다고 핑계 대고 최영경 앞을 지나며 중얼거렸다.

"최영경이 이제 죽게 되었구나. 이발의 편지에 여립의 안부를 물었으니 어찌 살아남겠는가."

영경이 깨닫고 심문관이 그 편지에 대해 묻자 사실대로 말해 죽음을 면했다. 영경은 물증이 없어 일단 옥에서 풀려나 서울 남의 집에 묵고 있었다. 성혼이 아들 문준을 시켜 쌀을 가져다주도록 했다.

"이 쌀을 팔아 고향으로 돌아갈 노자를 마련하십시오."

영경은 아무 말이 없었다.

"선생께서는 무엇 때문에 사람들에게 미움을 받아서 이 지경을 당하십니까?"

"이게 다 자네 아버지에게 미움을 받아서 이렇다네."

문준은 어이가 없었다.

사헌부에서 영경을 다시 국문하라는 상소가 빗발쳤다. 영경은 재차 옥에 갇혔다. 그런데 영경에게 악재가 생겼다. 김여물이 남도에서 올라와 영경이 삼봉임을 증명하는 상소를 올리려 했다.

성혼이 그 말을 듣고 여물을 찾아가 말렸다.

"영경이 비록 작은 잘못은 저질렀을지 몰라도, 선비로서 어찌 군신의 대의를 모르겠소. 상소를 올리지 마시오."

"하오면 선생께서 그가 다른 뜻이 없다는 것을 증명해보시겠나이까?"

성혼은 말문이 막혔다. 상소를 막을 재간이 없었다.

선조가 친국을 벌였다. 영경이 떳떳이 말했다.

"삼봉이란 말은 가당하지 않나이다. 무릇 사람의 별호는 반드시 평생의 공부에 관한 것이거나 혹은 사는 곳의 산천 이름을 따서 짓는 것이나이다. 신이 사는 곳은 축축하고 습기 많은 못가이옵나이다. 어찌 삼봉이란 별호를 갖겠나이까? 또한 삼봉은 간신 정도전의 별호인데, 신이 어찌 그것을 취하겠나이까. 간당의 무리들이 신의 죄를 조작하여 거리에 방을 붙이고 혹은 모함하는 소를 올려 반드시 죽이려고 하니, 이 조그만 몸이 어찌 스스로 밝힐 수 있겠나이까. 믿느니 오직 전하뿐이옵나이다."

선조는 여립이 영경에게 보낸 편지 두어 장을 보이면서 말했다.

"이것이 증명하는데 과인을 어찌 속이려 드느냐!"

"병이 들어 정신이 혼미하여 생각이 잘 나지 않았나이다. 신은 인편이 없어서 답장한 일이 없나이다."

"전하, 노인이 혹 잊기도 하려니와, 만약 역적의 문서 중에 그의 답서가 없다 해도 죄인의 거짓말이 아님을 알 수 없나이다."

정철이 말했다.

"전하, 이이가 선비들 사이에 명망이 두터워, 한때 젊은 무리들이 그에게 붙어서 벼슬길을 틔우려고 신에게 와서 칭찬하므로 신은 웃으면서 대꾸하지 않았나이다. 이것으로 신이 이이를 헐뜯었다 하고, 여러 사람의 신에 대한 비방이 일어나 오늘날 신이 화를 얻게 되었나이다. 통촉하여주시옵소서."

그러나 최영경은 끝내 옥에서 풀려나지 못하고 죽어서 나왔다.

성혼은 정철에게 보낸 편지에 이렇게 썼다.

'듣건대 영경이 죽었다니 상심과 탄식을 금할 수 없구려. 영경은 노경에 이르러 착란된 점이 없지 않으나, 고고한 선비였음에 틀림없소. 범죄 사실이 없으면 일찍 풀어줘야 옳았소. 대간의 논의가 다시 일어나 옥에서 죽었으니 그를 따르는 수많은 선비들의 인심을 어찌할 것이오. 참으로 아까운 일이오.'

그후 임란 중에 정철과 유성룡이 안주에서 만났다. 정철이 오랫동안 묵혀두었던 말을 꺼냈다.

"남들이 내게 이런 말을 했소. '유성룡이, 정철이 최영경을 사감으로 죽였다 하더라.' 정말 그리 생각하시오?"

성룡이 웃으며 대답했다.

"그때는 그런 듯한 행적을 보아 내가 그런 말을 했소이다."

정철은 깜짝 놀랐다. 그는 세상의 소문처럼 영경을 죽이려고 한 것이 아니라, 위관으로 있으면서 여러 번 살리려고 애썼던 것이다.

임진왜란의 전조

남사고南師古는 호가 격암格菴으로, 명종 때의 예언자였다. 풍수·천문·점·관상에 이르기까지 세상에 알려지지 않은 비결을 많이 알아서 그가 말하는 것은 반드시 맞아떨어졌다.

명종 말에 그가 말했다.

"머잖아 조정에는 당파가 생길 것이며, 오래지 않아 왜변이 일어날 것이다. 만약 진년辰年에 일어나면 오히려 구할 길이 있지만, 사년巳年에 일어나면 구하기 어렵다."

또 그는 선조의 등장을 예언하기도 했다.

"사직동에 왕기가 있어 서방을 태평케 할 임금이 거기에서 나올 것이다."

그의 예언은 적중했다. 조정에 당파가 생기고 왜란은 임진, 즉 진년에 일어났으며, 선조는 사직동 잠저에서 대궐에 들어와 대통을 이었다.

남사고는 울진에서 살았다. 여러 차례 향시에는 뽑혔으나, 끝내 과거 급제는 못했다. 어떤 사람이 물었다.

"자네는 남의 운명은 잘 알면서도 자네의 운명은 알지 못하고 해마다 과거에 허방이 웬말인가?"

그가 웃으면서 대답했다.

"사심이 동하면 술법이 어두워지네."

후에 천문학 교수가 되어 한양에 있을 때였다. 갑자기 태사성太史星이 흐려졌다. 이때 관상감정으로 있던 이번신이 나이가 가장 많았다. 이번신이 말했다.

"내가 죽을 징조일세."

남사고가 웃으면서 말했다.

"따라 죽을 사람이 있소이다."

이번신이 죽은 지 두어 달 만에 남사고가 죽었다.

그의 예언처럼 조선에 전운이 돌았다. 왜군이 쳐들어올 조짐이 여기저기에서 나타났다.

전례에 따라 대마도 왜인이 조선에 조공하러 오면, 변방 관리들은 그들이 타고 온 배의 크고 작음을 척량하여 차등 있게 식량을 주었다. 왜인들은 후하게 받는 것을 탐내면서도 큰 배는 풍파에 불리하므로 큰 배가 오는 일은 드물었다. 그런데 무진년에 대마도주가 배를 척량하지 말도록 조선에 청했다. 조선 조정은 찬성했다. 그뒤부터 왜인들은 모두 작은 배를 타고 와서 큰 배의 식량을 받아갔다. 경상도에서는 각 고을에 쌓아둔 군량으로 이를 충당할 수가 없었다. 조정에서는 이를 걱정하여 옛 규정을 복구하려고 했다. 유성룡의 아버지 중영이 아뢰었다.

"전하, 왜놈들은 경망스럽고 조급한데, 이미 그 청을 들어주었다가 까닭 없이 고치려 들면 그 잘못이 우리에게 있사온즉, 반드시 트집을 잡을 것이옵나이다. 신의 생각으로는 승문원에 영을 내리시어 먼저 글로 타이르기를 '배를 척량하는 일은 원래 약정된 일이나, 전일 대마도주의 청을 받아들인 것은 도주가 스스로 배의 대소를 분간해서 문서에 분명히 기록하여 속임이 없게 하자 한 것인데, 지금 와서는 거짓이 날로 더하여 부당하게 받아가는 것이 더욱 심해져서 그대로 둘 수 없으니, 도주는 이제부터 부하에게 엄중 경계하여 당초 약조대로 하게 하면 다행이려니와, 그렇지 못하면 부득이 변장邊將을 시켜서 당초대로 배를 척량하겠다' 하시옵소서. 그리하면 우리의 말이 올바르고, 잘못은 저들에게 있을 것이나이다."

조정은 그대로 따랐으나 왠지 석연치 않았다.

왜인 도요토미 히데요시(豊臣秀吉)는 오와리 국 출신의 종이었다. 산에서 나무를 하다가 관백 오다 노부다가(織田信長)를 만났다. 노부나가의 부하들이 죽이려 하는 것을 노부나가는 히데요시의 얼굴이 기이하게 생겨 죽이지 않았다. 히데요시는 노부나가에게 잘 보여 장수가 되었고, 싸움터에 나가 공을 세워 대장이 되었다.

히데요시는 권력을 잡아 노부나가의 허락을 받고 먼 지방까지 토벌하여 영토를 넓혔다. 그런데 백성들은 노부나가의 학정에 못 이겨 드디어 궐기, 노부나가를 죽이고 말았다. 히데요시는 승전하고 돌아와 이내 노부나가의 오다 씨들을 섬멸하고 스스로 관백이 되었다.

그는 원정을 가는 곳마다 승리하며 일본 66주를 통합, 일본 역사상 가장 융성한 시대를 열었다. 정병 1백만 명을 거느리는 최강의 관백이 된 것이다.

히데요시는 의기양양하여 전쟁을 하지 않으면 내란이 일어날까 봐 중국을 넘보았다. 그전 관백들도 여러 차례 중국의 절강 지방을 침략했으나, 뜻을 이루지 못했다.

그는 먼저 조선을 친 뒤에 육로로 진격하여 요동과 연경을 침략하려는 원대한 계획을 세웠다. 조선에서는 그러한 사태를 까맣게 모르고 있었다.

히데요시가 조선에 국서를 보냈다. 그 내용이 오만하기 짝이 없었다.

'…천하가 짐의 손아귀에 들어와 있다….'

실로 천인공로할 자만이었다.

사신으로 온 다치바나 야스히로(橘康廣)는 나이 50여 세로, 얼굴이 환하고 행동이 자못 거만스러웠다. 다른 왜국 사신들과는 판이했다. 그가 경상도 인동을 지나며 창을 잡은 우리 군졸을 보고 말했다.

"너의 창자루가 짧구나."

또 상주를 통과할 때 목사 송응형이 영접하는 자리에서 통역을 시켜 목사를 조롱했다.

"나는 십수 년 전쟁터를 누벼 머리가 희었는데, 목사는 기생 속에 파묻혀

한 일이 없는데 오히려 머리털이 나보다 흰 것은 어인 일이오?'

그는 서울에 와서도 행동이 방자했다. 예조에서 베푼 연회에서 다치바나는 후추를 자리에 흩뜨렸다. 기생들이 다투어 가져가는 것을 보고 그가 역관에게 말했다.

"너희 나라는 망하겠다. 기강이 무너졌구나."

조선 조정에서는 일본에 사신을 보내지 않았다. 바닷길이 멀다는 단순한 이유였다.

도요토미 히데요시는 조선의 트집거리를 찾고 있었다. 전쟁을 일으킬 명분을 노렸던 것이다. 그는 핑곗거리를 마련했다.

'장차 중국으로 들어가려 하니 조선에서 길을 좀 빌려주시오.'

조선에서는 당연히 거절했다. 그러면서도 전혀 대책이 없었다.

왜는 대마도주 평의지와 평조신, 그리고 중 겐소(玄蘇)를 사신으로 보내어, 서로 사절을 교환하고 국교를 맺자고 청해왔다. 겐소는 모사꾼이었고, 평조신은 용감한 장수였다. 이들은 사신을 핑계로 조선을 염탐하러 온 것이다.

선조는 이상한 기미를 느끼고 이덕형을 영접사로 삼아 부산포로 내려보냈다. 이때 평의지가 공작 한 쌍, 조총·창·칼 등을 선물로 가져왔다. 서울 백성들은 공작을 처음 보고 남녀노소 할 것 없이 구경 나와 한강 나루터에서 대궐 문 밖까지 장사진을 이루었다. 여염집이 거의 비다시피 했다.

조정에서는 히데요시가 사신을 자주 보내는 것을 놓고 의견이 분분했다. 그가 섬사람들이 잘 복종하지 않으므로 조선과 수호하여 위신을 세우려는 것뿐, 별다른 뜻은 없을 것이라는 의논이 모아졌다. 따라서 조선이 사신을 보내 그들의 허와 실을 탐지해온다면 큰 도움이 될 것이므로, 사신을 보내자고 의견을 모았다.

그리하여 황윤길을 정사로, 김성일을 부사로, 허성을 서장관으로 삼아 일본 사절을 딸려보냈다.

그런데 조선 사절들은 일본에서 푸대접을 받았다. 일본에 온 지 5개월 만에 겨우 국서를 전했다.

그 사이 도요토미는 단 한 번 사절과 만났다. 그는 사절을 위해 연회도 베풀지 않고 안하무인이었다. 탁자 하나를 앞에 놓고 떡 한 그릇과 질그릇 잔으로 술을 주는데, 술은 탁주였다. 그것도 두어 순배 돌리고 그만이었다.

도요토미는 안으로 들어갔다. 거기에 모인 일본 관료들이 꼼짝하지 않았다. 조금 뒤 히데요시는 어린이를 안고 나와 마루를 거닐다가 난간에 기대어, 조선의 악사를 불러 연주하게 하고 거만을 떨었다.

조선 사절들이 돌아오려 했으나, 답서를 주지 않고 숙소에 나가 기다리라고만 했다. 한참을 기다려서 조선 사절이 받은 국서의 내용은 황당했다.

… 햇빛 비치는 곳에는 내가 비치지 않음이 없을 것이며, 장성하면 반드시 천하에 어질다는 소문이 들릴 것이며, 사해四海에 위엄이 떨치라는 것이 관상쟁이의 말이었소 … 사람이 한 번 이 세상에 태어나면 백 세를 채우기 어렵거늘 어찌 답답하게 여기 왜국에만 있겠습니까 … 대명제국에 한 번 들어가 우리 나라 풍속으로 중국 400여 주를 바꾸어보고, 천자의 도성에서 정치와 문화를 억만 년이나 베풀어보려는 것이 내 마음 가운데 있으니, 귀국이 앞장서서 명나라에 들어가준다면 장래의 희망이 있고 목하 걱정이 없을 것입니다….

침략의 야욕이 그대로 드러나는 내용이었다. 분명히 전쟁을 일으키겠다는 선전포고였다.

그런데 일본에서 돌아온 정사와 부사가 도요토미를 보는 시각이 서로 전혀 달랐다.

선조가 두 사람에게 물었다.

"전쟁을 일으킬 것 같소?"

"그들이 반드시 쳐들어올 것이나이다."

정사 황윤길의 말에 부사 김성일이 아니라고 부정했다.

"전하, 일본은 군사를 일으킬 기색이 보이지 않았나이다. 걱정을 놓으소서."

황윤길은 기가 차고 말문이 막혔다. 이에 더해 김성일은 인신공격까지 했다.

"전하, 정사께서 과장되게 아뢰어 인심을 동요시킨 것은 큰 잘못이라 사료되나이다."

"도요토미의 모습이 어떠했소?"

선조가 정사에게 물었다.

"그의 눈에 광채가 있었나이다. 필시 담력과 지략이 있어 보였나이다."

"아니옵나이다. 그 눈이 쥐와 같았사옵나이다. 두려울 것이 없나이다."

"서장관이 말해보라."

"전하, 도요토미는 언젠가는 전쟁을 일으킬 야심가였나이다."

"허허, 어찌하여 세 사람의 의견이 각기 다르단 말인가?"

유성룡이 끼어들었다.

"전하, 설령 히데요시가 침범하다 하더라도 그 모양과 행동을 들어볼 때 두려울 것이 없을 것 같사옵나이다. 더구나 그 국서는 협박하는 것에 불과할 것이오니, 아직 근거가 없는 것을 명나라에 알렸다가는 변방에 소요만 일으킬 것이므로 미안한 일이옵나이다. 또한 복건성이 일본과 멀지 않아, 만약 우리가 중국에 알린 것이 일본 사람의 귀에 들어간다면 의혹을 살지 모르오니, 결코 명나라에 알릴 필요가 없나이다."

유성룡은 성일의 지론을 주장했다. 김성일은 성룡과 같은 동인이었고, 황윤길은 서인에 속했다.

선조는 유성룡의 말을 믿었다.

어전에서 나와 성룡과 성일이 따로 만났다.

"이보게 학봉(성일의 호). 자네의 말이 윤길의 말과 다른데, 일본놈들이 쳐들어오면 어찌하겠는가?"

"내가 왜놈들이 오지 않으리라는 확신이 있어서 한 말은 아닐세. 단지 윤길의 말이 너무 지나치다 싶어, 민심이 흉흉해질 것을 염려하여 그리 말한 것뿐이라네."

도요토미 히데요시의 국서 내용을 명나라에 알리느냐 마느냐 하는 의논이 나왔을 때도 국익보다 먼저 당파의 의견을 앞세운 기세 싸움으로 흘렀다. 동인의 이산해·유성룡은 경솔하게 알려 황제의 꾸중을 자초할 수 없다는 것이었고, 서인 윤두수는 명나라에 알리자고 했다. 선조는 서인의 손을 들어주었다. 뒷날의 화가 두려워 명나라에 알리기로 결정한 것이다.

대마도주 일행이 서울에 와서 동평관에 묵었다. 이들은 끊임없이 조선을 염탐하러 드나들었다. 선조는 그들 일행에게 술과 안주를 내려 노고를 위로했다. 일행 중 겐소가 접반사로 나간 김성일에게 귀띔했다.

"중국이 오랫동안 일본과 통교를 끊어 조공할 길이 없어, 도요토미가 분하고 부끄러운 마음으로 군사를 일으키려 하오. 조선이 먼저 중국에 알려 조공할 일을 통하게 해주면, 조선도 무사할 것이고 일본 백성들도 전쟁 걱정을 면하게 될 것이오."

성일은 대의에 옳지 못하다고 겐소를 설득했으나 전쟁은 기정사실이 되어갔다. 그런데도 김성일은 이 문제를 귓등으로 흘려버렸다.

겐소는 서울에 머물 때 그가 묵던 동평관 벽에 이런 시를 써놓았다.

매미는 사마귀가 저 잡으려는지 모르고 울기만 하고
고기는 놀기만 하고 갈매기 잠자는 것 좋아한다
이 땅이 어느 땅이냐
다른 때 거듭 연회 자리 펴리라

또 그들은 돌아갈 때 동래 객관에 시를 써놓았다.

명년에 만약 동풍편을 얻게 되면
67주가 웃음으로 말하는 가운데이리라

해가 바뀌어 임진년이 되었다. 왜의 소식이 전쟁을 일으킬 기미가 확실했다. 선조는 비변사에 명하여 장수가 될 만한 인재를 추천토록 했다. 이때 좌의정 유성룡의 추천으로 가리포첨사 이순신을 전라좌수사로 발탁했다. 그리고 변방을 아는 신하들을 골라 하삼도(경상·전라·충청)를 순찰토록 했다.

선조는 그제서야 이이의 '10만 양병설'을 떠올렸다. 이이가 병조판서 시절 북변 이탕개의 난을 평정하고 국방의 허술함을 절실히 느껴, 선조에게 10만 명의 군사를 기르자고 건의한 적이 있었다.

"전하, 미리 10만 군병을 양성하여 완급에 대비해야 하나이다. 그러지 못하면 10년을 넘기지 못하고 장차 국토가 무너지는 난이 있을 것이옵나이다."

유성룡이 반대하고 나섰다.

"전하, 태평무사할 때 군사를 양성하는 것은 곧 화를 기르는 것이 되옵나이다."

이이가 어전을 나와 성룡에게 말했다.

"국사가 달걀을 포개놓은 것보다 더 위태하거늘, 속된 선비는 시무時務를 모르니 그들에게는 바랄 것이 없지만, 그대가 어찌 반대한단 말이오. 미리 양병하지 않으면 훗날 후회해도 소용없을 게요."

이이가 세상 떠난 지 8년, 10년도 되지 않아 그의 말이 현실로 나타나고 있었다. 성룡도 이제야 이이의 말에 따르지 않은 것을 후회했다. '이공은 과연 성인聖人이다'라는 극찬으로 자기 위안을 삼고 있었다.

임진년 들어 이상한 현상들이 도처에서 나타났다. 도성 안 선비들이 떼를 지어, 미치광이나 괴물처럼 차리고 노래하고 춤추며 웃다가 울고 하며 부끄러운 줄을 몰랐다. 또한 도깨비나 무당 흉내를 내며 흉칙하고 놀랄 만한 짓거리를 해대니 민심이 사나워졌다.

이들이 부르는 노래를 '등등곡登登曲'이라 일컬었다. 명문가의 자제 정효성·백진민·유극신·김두남·이경전·정협·김성집 등 30여 명이 주동이 되었다. 특히 김성집은 허균의 누이 허난설헌의 남편이었다. 백성들은 난리가 날 징조라며 걱정이 태산같았다.

백성들 사이에 말세 풍조가 일었다. 봄·가을로 산과 들에 나가 풍악을 울리며 해가 지도록 놀았다.

"오래지 않아 세상이 바뀐다. 생전에 취하고 배부르면 그만이다."

놀이에 미쳐 가정 파탄이 수없이 생겨났다.

임진년 3월 보름, 능 제사 때였다. 태조의 능인 건원릉에서 슬프게 흐느끼는 소리가 들리는 듯했다. 사람들이 건원릉 쪽으로 다가가 보았다. 울음소리는 건원릉 안에서 들려왔다. 그 울음소리는 하루에 한 번, 혹은 며칠 만에 한 번씩, 한 달이 지나도 끊이지 않았다. 능참봉과 능을 지키는 군사들은 귀에 익어 예사로 알았다.

5월에 왜적이 건원릉에 침입해와 정자각에 섶을 쌓아놓고 불을 질렀으나, 섶만 타고 불은 꺼져버렸다. 기둥과 들보에는 불이 붙지 않았다. 서너 차례 불을 질렀으나 끝내 불이 붙지 않았다. 왜적은 귀신이 붙었다며 겁을 내고 달아났다.

임진왜란이 일어나던 날 아침, 대궐의 샘에서 푸른 무지개가 피어올라 선조에게 뻗쳤다. 선조가 무지개를 피하려고 해도 따라다녔다.

운봉 팔량티에 피바위가 있었다. 이것은 태조가 왜적장 아기발도를 쳐죽인 곳으로, 돌에 아롱진 피가 아직껏 생생했다. 임진왜란이 나기 며칠 전 그 바위에서 피가 흘렀다.

임진년 4월 13일, 왜적이 부산을 공격했다. 도요토미 히데요시가 보낸 25만 명의 왜군을 고니시 유키나가·가토 기요마사·구로다 나가마사·무네

요시토모 등의 장수들이 나누어 거느리고, 새벽안개를 뚫고 병선 4만여 척에 실고 와서 부산을 덮쳐버렸다.

난리는 나고 임금은 도망치고

부산첨사 정발은 절영도에서 사냥을 하다가, 배가 새까맣게 몰려드는 것을 보고 처음에는 조공선쯤으로 여겼다. 그러나 대마도 쪽에 배가 많은 것을 보고 서둘러 성에 돌아왔으나 뒤따라온 왜적들에게 성은 함락되고 정발은 전사했다. 시작부터 비참했다.

좌수사 박홍은 왜적이 몰려왔다는 소식을 듣고, 군기와 식량을 불사른 뒤에 성을 버리고 동래로 달아났다가, 성에 들어가지 않고 어디론가 종적을 감추어버렸다.

왜적이 서평·다대포에 진을 쳤다. 다대포 첨사 윤흥신이 힘껏 싸우다가 전사했다.

좌병사 이각은 왜적의 소식을 듣고 동래에 들어갔다가 부산이 함락되자 겁을 먹고 달아나 소산역에 진을 쳤다.

동래부사 송상현은 적이 쳐들어온다는 첩보를 접하고 이웃 고을 군사를 모아 성을 지켰다. 송상현은 남문루에 올라 군사들을 지휘했다. 적이 취병장에 진을 치고 목판에 글을 써서 보였다.

'싸우려면 싸우고, 싸우지 않으려면 우리에게 길을 열어달라!'

상현이 목판에 글을 써서 대답했다.

'죽기는 쉽고, 길을 열기는 어렵다!'

왜적이 동래성을 세 겹으로 포위하고 공격을 퍼부었다. 상현은 반나절을 버티었다. 그러나 중과부적이었다.

15일 새벽, 적이 성 뒷산으로 홍수처럼 쏟아져내렸다. 그들은 허수아비를 만들어 붉은 옷에 푸른 수건을 씌우고, 등에 붉은 기를 짊어지게 하고, 긴 칼을 옆구리에 채워서 긴 장대에 매워 성안으로 디밀었다. 성안 백성들이 놀라 울부짖었다. 그 틈을 노려 적들이 칼을 빼어들고 성안으로 진입했다. 조방장 홍윤관, 양사군수 조영규, 대장 송봉수, 교수 노개방 등이 차례로 죽어나갔다.

상현은 적을 물리칠 수 없음을 느끼고, 전투복 위에 조복을 걸쳐 입었다. 그리고 남문루 걸상에 앉아 적이 가까이 오자 크게 꾸짖었다.

"이웃 나라 도리가 이렇더냐! 우리는 너희에게 홀대한 적이 없거늘, 너희들은 어찌하여 이러느냐!"

적이 화가 나서 달려들었다. 상현이 적병 두세 명의 목을 쳤다. 적병들이 한꺼번에 달려들어 상현의 몸을 난도질했다.

상현은 왜적의 침입을 예측하고 준비를 해두었다. 군사를 훈련시키고, 성밖 사면에 구덩이를 파고 울타리를 만들어 견고하게 하고 잡목을 많이 심어두었다.

적의 기세를 꺾을 수 없게 되자 조방장 홍윤관이 말했다.

"사또, 소산으로 잠시 후퇴하십시다. 그곳 성이 견고하니 물러나 그곳에서 적을 막으시지요."

"우리가 간들 어디로 가겠는가! 죽음으로 성을 지킬 뿐이오."

"나도 사또와 같이 싸우다 죽겠소."

그들은 용맹을 다해 싸우다가 전사했다.

동래성이 함락될 때, 일찍이 조신을 따라 조선을 왕래하며 상현과 사귄 평조익이 함께 있었다. 평조익이 상현에게 눈짓으로 성 옆의 으슥한 곳으로 피하라며, 달려가 옷자락을 잡아끌었다. 상현은 듣지 않았다. 그는 상현의 죽음을 누구보다도 안타깝게 여겼다.

상현은 적이 부산을 덮쳤다는 소식을 듣고 미리 아버지께 작별의 편지를 써놓았다.

외로운 성에는 달이 흐린데

이웃 고을에서는 평안히 누워 돌보지 않나이다
임금과 신하의 의는 중하고
부자간의 은의恩義는 경하나이다

왜장 무네 요시토모와 중 겐소가 상현의 죽음 소식을 듣고 슬퍼하고 애석해했다. 무네 요시토모는 상현의 목을 친 자를 찾아내어 목을 베어버렸다. 그리고 시체를 첩과 함께 묻어주었다. 그들이 조선의 포로에게 말했다.

"너희 나라 충신은 오직 동래부사 한 사람뿐이다."

상현과 함께 묻힌 첩은 함흥기생 김섬이었다. 그녀는 상현이 급히 조복을 가져가는 것을 보고, 여종 금춘을 데리고 남문루로 달려갔다. 상현은 이미 싸늘한 시체로 변해 있었다. 그녀는 적군을 꾸짖고 욕하다가 목이 달아났다. 적들은 김섬을 기특하게 여겨 상현과 함께 묻어주었다.

울산군수 이언함은 왜적을 기다렸다는 듯이 항복하고 말았다. 왜적은 부녀자들을 모아 누에 올라 풍악을 울리고 술을 마시며, 창고의 곡식을 저희 나라로 실어 보냈다.

16일에 적은 양산과 울산을 함락시키고 길을 나누어 진군했다. 한 패는 언양을 거쳐 경주로, 다른 한 패는 밀양을 범했다.

밀양부사 박진은 황산 다리 길을 질러 막고 있었다. 적장이 은으로 만든 가마와 은빛 일산을 펴고 진군하는 것을 진이 힘껏 싸워 적의 머리 몇 수를 베었다. 적이 재를 넘어 진의 퇴로를 막았다. 진은 본부로 돌아와 창고를 불태우고 포위를 뚫고 달아났다.

17일 이른 아침에 남녘의 전쟁 소식이 조정에 전해졌다. 좌수사 박홍이 장계를 올린 것이다. 잠시 후 부산이 함락되었다는 보고가 들어왔다.

18일이 되자 여러 고을이 함락되었다는 패전보고가 연달아 들어왔다.

이튿날 선조는 전교를 내렸다.

'이런 변란시에는 법만을 고집할 수 없다. 죄를 지어 파직되고 산직散職된 신료들을 모두 대기시키고, 무신들 중 상복을 입고 집에 있는 자들을 모두 부르도록 하라!

판윤 신립을 도순변사로 삼았다. 김여물은 옥에 갇혀 있다가 신립을 수행하게 되었다.

경상도 우병사 김성일을 잡아오도록 했다.

"김성일이 왜적은 반드시 오지 않는다고 큰소리쳐서 변방의 방비를 허술히 한 탓으로 오늘날 이런 사태를 초래했으니, 과인이 친국을 하겠노라!"

김성일이 경상우도에서 식읍을 잃고 적을 상대로 혈전을 벌이고 있었다. 그 소식이 조정에 전해졌다. 김성일은 충청도 직산까지 끌려오다가 방면령이 내려, 경상북도 초유사(군사를 모집하고 백성들을 위무하는 임시 직책)를 제수받고 되돌아갔다.

전쟁의 와중에서도 승차에 눈먼 현감이 있었다. 용궁현감 우복룡은 군사를 거느리고 병영으로 가는 길가에서 음식을 먹고 있었다. 하양현 대장代將이 군사 수백 명을 거느리고 방어사에 소속되어 올라가는 길에 우복룡의 앞을 지나갔다. 군사들이 말에서 내리지 않고 지나쳤다고 복룡이 성을 내며 잡다가 반란군이라고 꾸짖었다. 하양 군사들이 병사의 공물을 보이고 변명하려는 순간, 복룡이 자기 군사들에게 명령을 내려 죄다 죽여버렸다.

복룡이 토적을 잡아서 목을 베었다고 방어사에게 알렸다. 순찰사는 복룡의 공을 한껏 부풀려 조정에 장계를 올렸다. 복룡은 그 공으로 안동부사로 승차했다. 후에 하양의 부모 잃은 고아와 남편을 잃은 과부들이 어사의 행차를 만나 말머리를 막고 원통함을 호소해도, 복룡이 당시에 명망이 있어 하양 사람들을 신원해주는 이가 없었다.

25일에 적이 상주를 함락시켰다. 순변사 이일이 충주로 도망쳐왔다. 이일은 서울에서 출발할 때 안정병 300명을 거느리고 가려고, 병조에서 골라놓은 병안兵案을 가져다 보았다. 모두 여염 시정의 백도(훈련받지 않은 장정들)·서리·유생 들이 반이나 되었다. 임시 점고해보니, 유생들은 관복을 갖추고 시권詩卷을 갖고, 아전들은 평정건平頂巾을 쓰고 병역을 면하고자 하소연을 늘어놓은 자가 뜰에 꽉 차서 차출할 사람이 없었다. 이일은 3일이

나 기다리다가 결국 혼자 먼저 적진으로 떠나고, 별장 유옥이 나중에 데리고 뒤따라갔으나 쓸모가 없었다.

조정에서는 선조의 피난을 두고 논란이 일었다. 종친들이 합문 밖에 모여 통곡하면서 서울을 버리지 말라고 아우성이었다.

"종묘와 사직이 서울에 있거늘 과인이 어디로 떠난단 말인가!"

선조는 큰소리를 쳤다.

전 이조판서 유홍이 상소를 올렸다. 궁궐에서 미투리와 백금을 사재기하고 있어서였다.

'전하, 서울을 굳게 지켜 임금과 신하가 사직과 함께 해야 할 것이나이다. 하온데 미투리는 궁궐에서 쓰이는 것이 아니옵고, 백금은 적을 막는 물건이 아니온데, 이런 것들을 궁궐에서 사들이니, 전하께오서 어찌하여 이런 망국의 일을 하시나이까.'

그런데 이토록 울분을 토한 유홍은 알고 보니 그 가족을 일찌감치 시골로 피난시켜놓고 있었다. 이 사실을 안 신료들이 유홍의 간교함에 혀를 찼다.

26일, 전쟁의 와중에서도 양사에서는 영의정 이산해를 탄핵했다.

"영의정 이산해는 수상의 몸으로 인심을 진정시키지 못하고 나라를 이 지경으로 만들었사오니 축출하시옵소서."

이산해가 선조의 피난 제의를 먼저 했기 때문에 양사에서 들고일어난 것이다. 서인 윤두수가 귀양길에서 풀려 서인들의 입김이 세어졌다.

이조판서 이원익은 만용을 부려 신료들의 빈축을 샀다.

"전하, 신이 용감한 사람 10여 명과 생사를 함께하기로 약속했나이다. 이들과 함께 적진에 들어가 적장의 머리를 베어 국가의 위태로움을 조금 늦춰볼까 하나이다."

조정 신료들이 그 말을 우습게 여겼다.

그때까지 세자가 없었다. 선조는 후궁의 왕자들만 두었을 뿐, 왕비 소생의 대군이 없었다. 그리하여 차일피일 미루다가 전란을 당하게 되었다. 이제는 미룰 수 없었다. 28일에 광해군을 세자로 책봉했으나, 백관의 축하는 커녕 인장과 교서도 없는 초라한 세자였다.

25일에 적이 상주를 함락시키고 이튿날 문경에 들어섰다. 문경현감 신길원이 도망치다가 적의 추격을 받았다.

"항복하라!"

적이 외쳤다. 신길원은 끝까지 도망치다가 붙잡혀 목이 떨어졌다.

적은 의심 없이 새재를 넘었다. 새재를 넘기 전에 적장은 척후병을 보냈다. 척후병들이 새재를 넘는데 여기저기에서 꿩이 날았다. 적장에게 보고했다.

"조선 장수들은 미련하다. 꿩이 날아다니는 것을 보니 매복병이 없다. 안심하고 새재를 넘어라!"

도원수 신립은 새재에서 막으려다가 말을 달리고 활쏘기가 불편하다고 충주의 탄금대에 진을 쳤다. 달래강을 등 뒤에 두고 배수의 진을 친 것이다. 이일이 상주에서 달려와 신립에게 말했다.

"장군, 이번의 적은 북쪽 오랑캐처럼 쉽게 막을 수 없소이다. 새재에 매복병을 두고 기습을 노려야 승산이 있소이다. 새재를 지키지 못하면 충주를 지키지 못하오. 지금이라도 늦지 않았소. 매복작전을 쓰기 바라오."

"패장이 무슨 말을 하느냐! 네가 너의 목을 칠 것이로되 살려두는 것은 공을 세워 속죄하라는 뜻이니라."

"장군! 이 넓은 들판에서는 그 많은 적을 당해낼 도리가 없소이다."

"바다를 건너온 적은 능히 달리지 못한다!"

"소장은 차라리 뒤로 물러나 한강 수비나 하겠소이다."

"듣기 싫다!"

"장군, 이 장군의 말에도 일리가 있소이다. 재고해보시오."

참모 김여물이 거들었다.

"적은 보병이고 우리는 기병이오. 넓은 들판에서 맞아 기병으로 짓밟으면 우리가 이길 것이오."

28일 적이 새재를 넘어 충주로 밀물처럼 밀어닥쳤다.

"장군! 선공격으로 나갑시다."

김여물이 말했다.

"배수의 진이 최선책이오."

신립은 고집을 부렸다.

한판 싸움은 싱겁게 끝나버렸다. 적이 파죽지세로 밀어붙이자 아군은 혼비백산하여 달래강으로 뛰어들었다. 전의를 잃고 허둥대는 아군을 왜적은 마구잡이로 조총을 쏘고 칼과 창으로 찍어댔다. 작살로 물고기를 잡는 것 같았다.

신립은 적병을 닥치는 대로 베었다. 김여물도 혼신의 힘을 다해 싸웠다. 두 장수는 지쳐버렸다. 대세는 기울었다. 김여물은 전황을 보고하는 장계를 쓰기 위해 붓을 꺼내들었다. 사방에서 비 오듯 화살과 총탄이 쏟아지는 속에서도 그의 붓글은 조금도 흐트러짐이 없었다. 놀랍도록 정돈된 인격이 아닐 수 없었다.

"그대는 살려고 하는가?"

신립이 물었다. 여물이 싱긋 웃었다.

"어찌 내가 목숨을 아낄 것이라 생각하시오?"

두 사람은 탄금대 밑의 적 수십 명을 죽이고 스스로 달래강 속으로 뛰어들어버렸다.

신립이 조정을 떠날 때 빈청의 대신들과 하직인사를 나누고 섬돌을 내려가는데, 머리 위의 사모가 느닷없이 떨어져 보는 대신들의 마음이 섬찟했다. 이미 오늘의 불행한 사태를 예고한 것이다. 북쪽 오랑캐 니탕개를 잡아 죽인 신립은 명성만큼 지장이 아니라, 그저 그런 용장이었다. 적에게 새재를 무사통과시키는 병법이라면 문제가 있는 장수였다.

이일은 몸을 빠져나와 산중으로 도망쳐 있다가, 적 두셋을 만나 활로 쏘아 죽이고, 적의 목을 베어가지고 강을 건너 급히 장계를 올렸다. 이일의 장계로 충주가 무너지고 신립이 전사했다는 소식을 듣고 조정은 극도의 혼란 속으로 빠져들었다. 조정에서는 신립 도원수에게 희망을 걸고 있었다. 이제 희망 없는 싸움이 되고 말았다.

금세 소문이 퍼져 위에서는 조관으로부터 아래로는 군교에 이르기까지 도망치느라고 밤에도 성문이 닫히지 않았다. 따라서 시각을 알리는 야루도 치지 않았다.

인마가 인정전 뜰에 잡다했다. 상하 모두 울부짖으며 어찌할 바를 모르고 있었다. 임금의 행차가 이미 떠났다는 소문이 퍼졌다. 그러나 선조는 궁 안에 있었다.

이일의 장계가 또 도착했다. 적이 곧 한양에 입성할 것이라는 장계였다. 조정에서 손을 놓고 가만히 있을 수는 없었다. 선조는 병조판서 김응남에게 표신標信을 주어 군사권을 일임했다.

김응남이 목에 표신을 걸고 지휘했으나 아무도 따르지 않았다.

그믐날 밤 3경이었다. 임금의 행차가 궁을 빠져나가려 하는데 군인이 없었다. 병조좌랑 이홍로가 표신을 가지고 사위영을 두루 돌아다녔다. 위장 성수익 한 사람뿐이었다. 때마침 비가 내리기 시작했다. 밤은 칠흑같이 어두웠다.

선조는 두세 젊은 내관들과 판방板房에 앉아 있었다. 무뢰한들이 대궐을 침범하여 약탈을 자행했다. 시녀들은 옷이 벗긴 채 빗속에 쓰러져 있고, 혹은 궁문을 뛰쳐나갔다. 천지를 분간할 수 없었다.

이홍로는 작은 촛불에 의지하여 선조를 인도해 나오고, 왕비와 비빈들은 뚜껑 있는 가마를 탔다. 교군들이 5, 6명으로, 3경을 지나 4경에 비로소 궁문을 나섰다. 선조는 융복(군복)을 입고 말을 타고 채찍을 쥐고 있었다.

선조의 행차는 종묘와 사직의 위패를 받들고 돈의문을 나섰다. 문무백관들은 새떼 흩어지듯 도망치고, 따르는 자가 겨우 백여 명이었다. 새벽녘에 모래내재(沙峴)에 닿았으나, 비가 그치지 않아 천지는 어둠에 싸여 있었다.

경기감사 권징이 선조의 몽진을 도우려고 달려왔다. 비가 심해졌다. 행차는 벽제역에 닿아, 선조가 잠시 비를 피하려고 역참에 들어갔다. 빗줄기가 약해진 틈을 타서 다시 북으로의 피난길을 재촉했다. 시종들과 내관들이 많이 뒤처졌다.

혜음령을 지날 때 다시 빗줄기가 굵어져 동이로 퍼붓듯 쏟아졌다. 밤이 되어 행차는 임진강 가에 닿았다. 상하 관료들이 길을 잃고, 선조의 행차를 찾아 헤맸다.

이항복이 흙탕물 속을 분주히 돌아다니며 신료들을 불러모았다. 나루터는 흙탕물 구르는 소리뿐 온통 칠흑 어둠이었다. 나루터 남쪽에 화석정이 있었다. 율곡 이이가 머물던 곳이었다. 이이는 오늘이 올 것을 알고 화석정 기둥에 온통 송진을 발라놓았다. 그 화석정에 불을 질렀다. 송진이 묻은 정자는 빗줄기도 아랑곳없이 속시원히 타올랐다. 대낮같이 밝아 임진강의 꿈틀거리며 흐르는 물빛이 환하게 보였다. 도강을 서둘렀다.

임진강을 건너 동파역에 이르렀다. 파주목사 허진과 장단부사 구호연이 늦은 식사를 차렸다. 호위 군사와 신료 들이 하루 종일 굶어 부엌에 마구 들어가 난장판을 이루었다. 삽시간에 식사가 바닥이 나버렸다. 선조의 수라상을 차릴 밥이 없었다. 허진 등이 겁을 내어 도망쳐버렸다.

이튿날 선조는 이항복을 불렀다.

"영의정과 좌의정을 부르시오. 그리고 윤두수가 유배지에서 도착했으면 함께 들라 하시오."

윤두수는 연안 유배지에서 행재소(임금이 임시 머무르는 곳)에 와 있었다.

선조는 대신들을 대하고 채찍으로 땅을 두들기며 눈물을 흘렸다.

"이산해·유성룡·윤두수·이항복! 일이 이 지경이니 계책을 내놓아야 할 것 아니오!"

선조는 대신들의 이름을 마구 불러댔다. 이항복이 아뢰었다.

"전하, 아뢰옵기 황공하오나 우리 나라는 원래 약하여 적을 당해낼 도리가 없나이다. 오직 서쪽으로 가서 명나라에 하소연하는 수밖에 없나이다."

"과인의 뜻도 그렇소."

다른 대신들은 할 말이 없었다.

"어디로 가면 되겠소?"

선조가 이항복에게 물었다.

"의주에 가시어, 만약 조선 8도가 함락될 지경에 이르면 명나라에 가서 호소할 길밖에 없나이다."

"아니되옵나이다. 만약 전하의 어가가 나라 밖으로 한 걸음이라도 옮겨진다면 조선은 우리 나라가 아니나이다."

윤두수가 반대했다.

"그럼 이 상황을 어쩌자는 것이오?"

이항복이 대들었다.

"지금 관동과 북도의 병력이 그대로 있고, 호남에서 충의의 의병들이 곧 벌떼처럼 일어날 것이오. 어찌 감히 나라 밖으로 가자는 말을 하는가!"

항복은 고개를 떨어뜨렸다.

그 사이 한양은 불바다가 되었다. 성난 백성들이 먼저 장예원과 형조에 불을 질렀다. 두 곳에 노비문서가 있었다. 내탕고를 열어 값진 물건과 비단을 마구잡이로 약탈해가고, 경복궁 · 창덕궁 · 창경궁을 불질러버렸다. 역대로 내려온 유물, 홍문관에 쌓아둔 서적, 승문원 일기가 모두 불타버렸다. 또 임해군과 홍여순의 집을 불태워버렸다. 왜란도 문제였지만, 백성들의 분노가 더 큰 문제였다.

선조의 행차는 개성에 닿아 겨우 숨을 돌렸다. 그러나 그것도 잠시, 곧 백성들의 저항을 받았다. 백성들이 모여들어 통곡을 터뜨렸고 울부짖었다.

"임금이 백성들을 생각지 않고 후궁들만 부자 만들기로 일삼고, 김공량(인빈 김씨의 오라비) 같은 자만을 끼고 돌다가 이 지경이 되었소. 어찌 공량을 시켜 적을 토벌하지 않는 게요!"

선조는 개성에서 긴급 대책회의를 열었다. 대간들이 영의정 이산해와 김공량을 벌주라고 아우성이었다. 싸울 계책을 의논하는 것이 아니라, 전쟁 중에도 당파 싸움의 조짐이 보였다. 인신공격은 끝이 보이지 않았다.

5월 3일, 선조는 개성 남문루에서 백성들을 만나보았다.

"할 말이 있거든 하라!"

"오늘 일은 모두 이산해와 김공량이 안팎으로 일을 저질러, 경향의 백성들이 다 같이 원망과 분노를 품어 왜적을 들어오게 만든 것이옵니다. 또한 상감께서 인빈 김씨에게 빠져 정사를 소홀히 한 책임도 크옵니다."

선비 10여 명이 무섭게 질책했다. 선조는 할 말을 잃었다. 대간에서는 좌의정 유성룡을 탄핵했다. 나랏일을 그르쳤다는 이유였다. 선조는 사면초가였다. 백성과 신료 들이 마음대로 질타해도 할 말을 찾지 못했다.

선조가 개성에서 백성들의 소리를 듣는 순간, 왜적이 한양을 짓밟았다. 왜적은 전열을 가다듬고 선조의 뒤를 쫓았다. 한양 함락 소식을 듣고 선조는 개성을 버렸다. 평양으로 향했다. 4일 만에 평양에 닿은 선조는 속수무책이었다. 한 일이라고는 영의정 이산해를 평해로 귀양 보내고, 김공량을 도망치게 한 것뿐이었다.

게다가 판단 잘못으로 부원수 신각을 죽이는 사태까지 몰고 왔다.

한강 군사가 무너질 때, 신각이 이양원을 따라 양주에 와서 흩어진 군사를 수습했다. 남병사 이혼이 합류하여, 양주 해현에서 적을 만나 공격을 퍼부어 적의 머리 70수를 베었다. 왜적이 침략한 후에 아군의 첫 승리였다. 이양원은 이때 산골에 숨어 소식이 끊겼다. 그는 임진강에 이르러, 부원수 신각이 명령을 어기고 마음대로 다른 진에 가서 불러도 오지 않는다고 장계를 올려 죄를 주라고 했다.

조정에서는 신각을 죽여야 한다고 아우성이었다. 선조는 진위를 알아보지도 않고 참하라는 영을 내렸다. 선전관이 신각을 참하려고 떠난 뒤에 신각의 승전보가 날아들었다. 조정에서는 신각을 죽이지 말라는 파발을 보냈으나, 한발 늦어 신각을 목 벤 후였다.

고니시 유키나가와 가토 기요마사가 임진강을 건너 가토는 함경도로, 고니시는 평안도로 진로를 잡았다. 임진강 전선이 무너지자 선조는 멀리 의주로 도망쳤다.

계월향의 순국

왜적의 선봉이 대동강 가에 이르렀다. 왜적이 포로를 시켜 한음 이덕형에게 편지를 보냈다. 조정에서는 왜적을 만나야 되느냐 말아야 되느냐를 놓고 또 한바탕 격론을 벌였다. 결국 이덕형은 대동강에서 적을 만났다. 편지를 보낸 자는 겐소였다.

"일본이 길을 빌려 중국에 조공하려 하는데, 조선이 허락지 않아 일이 이렇게 된 것이오. 지금이라도 길만 빌려주면 조선은 무사할 것이오."

"말이 안되는 소리요. 거사의 명분을 확실히 밝히시오!"

"조선과 서로 통할 말이 있었으나, 동래에서 서울을 거쳐 평양까지 오는 동안 아무도 만나지 못했소."

"지금 나를 만났으니, 군사부터 돌려주시오."

"일본은 앞으로만 갈 뿐 뒤로는 물러설 줄 모르오."

"얘기는 끝난 것 같구려. 일본은 반드시 후회하게 될 것이오."

협상은 싱겁게 결렬되었다. 평양이 함락되자 선조는 어찌할 바를 몰랐다. 강을 건너면 명나라 땅이었다. 선조는 중신들을 모아놓고 계책을 의논했다.

"사세가 급하게 되었나이다. 명나라에 달려가 구원병을 얻어와야 하나이다."

이항복의 말에 이덕형이 거들었다.

"그 방법이 최선이나이다."

"누가 명나라에 가서 막중한 임무를 수행할 수 있단 말이오?"

"신들이 단기로 달려가겠나이다."

항복과 덕형이 청했다.

"경은 병조판서의 직에 있으니 나라 밖으로 나갈 수 없소."

이항복은 갈 수 없었다. 이덕형이 명나라에 가기로 결정되었다.

이덕형이 떠나는 날 항복은 자기가 타던 날랜 말을 주었다.

"명나라 군사가 조선에 파병되지 않으면 서로 죽어서나 만나게 될 걸세."

"파병이 오지 않는다면 나는 압록강을 건너지 않을 것일세."

두 사람은 눈물을 흘리며 작별했다. 오성 이항복과 한음 이덕형 두 사람의 깊은 우정은 세상에 '오성과 한음'으로 널리 회자되고 있다.

선조는 이덕형을 명나라로 떠나보낸 후, 조정 신하들이 괘씸하고 걱정되어 관산정에 올라 침통한 심정을 한 수의 시로 표현했다.

나랏일이 창황할 때
뉘라서 이광필·곽자의 같은 충성을 능히 할꼬
도성을 버린 것은 국가 대계를 위함이었고
회복하기는 여러 신하들을 믿도다
관산달에 통곡하고 압록강 바람에 상심한 조정 신하들
오늘 뒤에도 다시 서인이니 동인이니 할까

그러나 전쟁중에도 골이 깊은 동인·서인의 갈등은 이따금씩 표출되었다. 동인 유영길이 서인 정철과 윤두수를 공격했다.

"전하, 정철이 남도에 있을 때 주색에 빠져 나랏일은 뒷전이었고, 윤두수는 일에 실상이 없어 전하의 형세가 날로 외롭고 국사가 날로 급하게 되었나이다. 조처하소서."

한심한 작태였다. 선조는 불문에 부쳤다.

그 사이 이원익 등은 날랜 군사 수천 명을 거느리고 조방장 김응서, 별장 박명현 등은 용강·삼화·중산·강서 외 바닷가 여러 고을 군사 만여 명을 거느리고 20여 둔으로 벌려 평양 서쪽을 압박했다.

별장 김억추는 수군을 거느리고 중화를 지켰다. 의주 조정에서는 평양의 적세가 약하므로, 명나라 군대가 오기 전에 진격하라고 독촉했다. 그리하여 세 길로 군사가 함께 나아가 평양성 보통문 밖까지 육박했다. 적의 선봉을 만나 수십 명을 사살했다. 갑자기 왜적이 새까맣게 덤벼들었다. 아군은 풍비박산되어 사방으로 흩어졌다. 들판에 아군의 시체가 무더기로 쌓였다.

이원익은 패하여 순안으로 돌아갔다. 그런데 웅서의 부대가 돌아오지 않았다. 원익은 웅서가 죽은 줄 알았다.

평양성을 함락시킨 고니시 유키나가의 부장은 용감하고 절륜한 자였다. 언제나 선봉이 되어 성을 함락시켜 고니시의 신임이 두터웠다.

평양기생 계월향이 그 부장에게 잡혔다. 그가 계월향을 무척 아꼈으나, 계월향은 성을 빠져나갈 궁리뿐이었다.

계월향은 미리 박웅서와 내통하고, 서문에 나아가 오빠를 데려오겠다고 말했다. 부장이 쾌히 승낙했다. 계월향이 서문 성루에 올라 슬픈 목소리로 불렀다.

"우리 오빠는 어디 계십니까? 어서 나오세요."

웅서가 변장을 하고 숲에서 나타났다. 계월향은 웅서를 친오빠라고 속이고 성안으로 데리고 들어왔다.

그날 밤, 적들이 깊이 잠든 틈을 타서 계월향이 웅서를 부장이 있는 곳으로 안내했다. 부장은 걸상에 앉아 두 눈을 부릅뜬 채 쌍검을 쥐고 잠들어 있었다. 보기만 해도 소름이 끼쳤다.

웅서는 칼로 부장의 목을 쳤다. 머리가 바닥에 떨어졌다. 그런데 쌍검이 날았다. 하나는 벽에 꽂히고 다른 하나는 기둥에 꽂혔다. 칼날이 반이나 들어가 박혔다. 머리 없는 부장이 던진 것이었다.

웅서가 부장의 머리를 들고 나왔다. 계월향이 뒤를 따랐다. 아무래도 두 사람이 살아서 성을 빠져나가기는 어려울 것 같았다.

"미안하이. 인연 있으면 저승에서 만나세."

웅서가 계월향의 목을 쳤다. 웅서 혼자 성밖으로 나와 순안으로 달려갔다. 죽은 줄 알았던 웅서가 부장의 머리와 백마를 훔쳐 돌아왔다. 아군의 사기가 하늘을 찔렀다. 평양성은 부장의 뜻밖의 죽음으로 소동이 일고 사기가 떨어졌다. 계월향의 공이 컸다.

그러나 전세는 왜적의 일방적인 승리였다. 가슴이 확 트이는 승전보는 날아오지 않았다.

그런데 바다에서 의주로 통쾌한 승전보가 날아왔다. 조정에 오랜만에 웃음이 번졌다.

바다의 승리

처음 왜군은 거제로 향했다. 경상우수사 원균이 우후를 시켜 병영을 지키게 하고 백천사白川寺에 달려갔는데, 우리 어선을 적선인 줄 알고 당황한 나머지 노량으로 물러났다. 우후가 소문을 듣고 성안의 노약자들을 나가라고 독촉하는 바람에 적에게 죽은 자가 많았다. 한 섬의 군사는 그 광경을 보고 달아나버렸다.

해남현령 기효근은 창고를 불태우고 달아나버렸다. 원균은 여러 성이 함락되었다는 말을 듣고 가덕도로 향하다가, 적선이 바다를 가득 덮으며 몰려오는 것을 보고 퇴각해버렸다. 여러 장수들이 흩어졌다.

원균은 육지로 도망치려고 했다. 옥포만호 이운룡이 이를 보고 원균에게 항의했다.

"사또, 나라의 중책을 맡아 의리로 봐도 관할 경내에서 죽어야 할 것이오. 여기는 호남·호서의 중요한 기지로서, 여기를 적에게 넘겨주면 호남·호서가 위태롭소. 지금 우리 군사들이 비록 흩어졌으나 다시 모을 수 있고, 호남 수군에게 지원병을 청할 수 있소. 이곳을 사수해야 하오!"

원균은 이운룡과 함께 노량에 머물렀다. 적이 뒤따라왔다.

전라좌수사 이순신은 우수사 이억기와 함께 수군을 거느리고 전라좌수영 앞바다에 있었다. 이운룡이 이순신에게 지원병을 요청했다. 이순신은 즉시 배를 타고 노량으로 달려왔다.

"장군, 왜적이 벌써 사천·남해 바다에 꽉 차고 여러 진鎭이 무너졌소. 경상우수사 원균의 힘으로는 역부족이오. 장군께서 왜적의 선봉을 꺾어주시오. 그렇지 않으면 화가 호남에 미칠 것이오."

이순신은 선뜻 대답할 수 없었다. 서로 눈치를 보았다. 광양현감 어영담이 큰 소리로 울분을 터뜨렸다.

"영남은 우리 나라 땅이 아니오? 영남 여러 진이 함락되고 단지 배 두어 척만이 우리 경계에 머물고 있소이다. 우리가 한 도의 완전한 군사를 보고서 청원하건대, 영남 수군의 패하는 모습을 구경만 해야 옳단 말이오!"

모인 장수들이 어영담을 믿게 보았다.

이순신은 아무 말이 없었다. 이튿날 이순신이 어영담을 불렀다.

"현감의 말이 옳소. 허나 물길을 잘 아는 장수가 없으니 걱정이오."

"사또, 그 일이라면 소관이 맡겠소. 사또를 위해 선봉에 서겠소."

이순신은 기뻐했다. 어영담을 향도로 삼고, 귀선장龜船將 신여량을 척후 삼고, 순천부사 권준과 가리포 첨사 구사직으로 좌우위장을 삼아, 5월 4일 이검기와 더불어 전선 80여 척을 몰고 영남 바다로 내려갔다.

노량에서 원균을 만난 이순신은 바다에 적선 5, 6척이 떠 있는 것을 발견하고 공격했다. 적선은 육지로 달아났다. 적선 5, 6척을 포획하자 아군의 사기가 올랐다.

이튿날 새벽에 바다로 나간 척후 신여량이 왜적에게 포위당하고 말았다. 이순신은 바다가 좁은 것을 보고 느릿느릿 순항했다. 뒤를 따르는 배들도 조심했다.

이억기가 주도柱島 밖으로 달아났다. 방답첨사 이순신李純臣이 이순신李舜臣에게 큰 소리로 외쳤다.

"사또, 우리 배를 버리시렵니까!"

이순신은 대답하지 않았다. 왜적이 우리 배가 물러나는 것을 보고 뒤를 쫓아 옥포 앞바다에까지 왔다. 이순신이 일시에 기를 휘두르면서 뱃머리를 돌리고, 이억기도 노에 박차를 가해 옥포 앞바다로 몰려왔다. 천지가 흔들리고 바다에 조총 소리가 낭자했다. 싸운 지 얼마 되지 않아 적선이 불타고 물에 잠겼다. 이순신과 이억기의 작전이 성공하여 대승을 거두었다. 어영 담이 선봉이 되어 진해 앞바다를 지나다가 적선 25척을 만나, 복병선 2척과 연합작전을 펴 죄다 수장시켜버렸다.

이튿날 원균의 전선은 보성寶城의 배와 연합하여 적의 큰 배 한 척을 쳐서 불태워버렸다. 또 적이 율포로부터 곡식을 탈취하여 일본으로 향하는 배를 삼도 수군이 가덕도 앞바다까지 추격, 적선 100여 척을 부숴버렸다.

적의 수급 수백 수를 베고 큰 배 한 척을 사로잡아 살펴보았다. 배 안에 층각層閣을 만들어놓았는데, 그 높이가 서너 길이 되고, 그 위에 10여 명이 앉을 수 있었다. 층각 밖에는 붉은 비단 장막을 드리우고, 안에는 금과 은으로 수놓은 병풍이 둘러쳐져 있었다. 적장이 타는 배였다.

배 안에 둥근 부채가 하나 있었다. 부채에 '히데요시(秀吉)'라는 서명이 있고, 서명 오른쪽에 '우시축전수羽柴筑前守', 왼편에는 '타정류류수은'이라 씌어 있었다. 히데요시가 신표(符信)로 준 물건으로, 죽은 적장은 '축전수'였다.

옥포대첩의 승전보가 선조에게 전해졌다. 선조는 이순신에게 가선대부를 가자加資하고, 원균·억기에게도 가선대부를 가자했다. 이 싸움으로 조선 수군이 제해권을 장악하게 되었다.

이순신·원균·이억기가 노량에 모여 있었다. 그때 적선 70여 척이 견내량에 머물러 있다는 첩보가 날아들었다. 우리 배가 나가자 적선은 겁을 먹고 뱃머리를 돌려 항구로 들어갔다. 항구 가운데는 원래 옛날 우리 수군 병영 자리가 있었다. 적의 배 70여 척이 여기저기 진을 치고 있었다. 항구가 얕고 좁은데다가, 물밑에 숨은 암초가 많아 배가 다니기 어려웠다.

이순신이 약간의 전선을 내어 적을 유인했다. 적이 모두 바다로 나와 추격했다. 이순신은 싸우면서 후퇴하는 작전을 폈다. 적이 순신의 의도대로 따라주었다. 순신은 적을 한산 바다 한가운데로 끌고 나온 후, 돌연 뱃머리를 돌려 역습을 가했다. 북 치고 소리지르며 불화살과 포를 한꺼번에 쏘아댔다. 적은 기가 죽어 주춤 물러났다. 여러 장수와 군사들이 환호성을 지르며 적선 63척을 순식간에 부숴버렸다. 남은 적 400여 명이 배를 버리고 육지로 달아났다.

우리 수군이 웅천 안골포 앞으로 나갔다. 적선 40여 척이 눈에 띄었다. 그 가운데 3척은 층각이 있는 장군선이었다. 적은 우리 배를 보고 싸울 엄두를 내지 못했다. 포구의 후미진 곳에 숨어서 전전긍긍이었다.

이순신은 수군을 독촉하여 쉬어가면서 공격했다. 날이 저물었다. 안개가 덮쳐왔다. 적이 그 틈을 노려 닻을 끊고 달아났다. 이 싸움의 승리로 순신은 정헌대부가 되었다. 바다는 안심해도 되었다.

전쟁중의 반란

함경도 회령부의 아전 국경인이 반란을 일으켰다. 함경도는 가토 기요마사의 군대가 짓밟고 안변에 주둔하고 있었다. 임해군·순화군 등 두 왕자가 반란군에 붙잡히고, 왕자를 수행하던 김귀영·황정욱·황혁, 그리고 남병사 이영, 회령부사 문몽헌, 온성부사 이수, 병조좌랑 서성 등이 결박당했다.

국경인은 전주에서 북변으로 귀양 온 자였다. 경인의 숙부 세필은 경성부 아전이었다. 명천 아전 정말수 등과 모의하여, 북변에 귀양 와서 원한을 품고 있는 자들을 규합했다. 게다가 임해군은 회령으로 피란 와서 몇 달을 묵는 동안 하인들을 풀어 민가를 노략질하고 수령들을 괴롭혀 크게 인심을 잃었다.

뜻밖의 반란에 함경도 북부지방이 혼란에 빠졌다. 몇몇 고을이 반란군에게 함락되었다. 함경감사 유탁연이 왜적에게 쫓겨 삼수 별해보 산중으로 숨었다. 그때 반란이 일어 강원도에서 함경도 연흥에 이르기까지 5리마다 말뚝이 서 있었다. 그 말뚝에 '이덕형이 왕이 되고 김성일이 장수가 된다'

고 써 있었다. 그리하여 민심이 흉흉하고 겁에 질려 있었다.

회령판관 이염은 반란이 일어나자 문루에 목을 매어 죽으려고 했다. 옆에 있던 병사가 줄을 끊어 살린 다음 성을 넘어 달아났다.

종성부사 정현종은 반란군에게 항복하려고 바칠 표문을 썼다.

'나를 위무해주면 임금이며, 나를 학대하면 원수이니, 누구를 부린들 신하가 아니며, 누구를 섬긴들 임금이 아니랴.'

판관 임순과 함께 항복하려고 했으나 임순은 도망쳐버렸다.

경성판관 이홍업은 반란군에게 붙들려 캄캄한 방에 갇히고, 아내 이씨와 며느리 윤씨는 자살해버렸다. 반란군이 홍업을 강화 특사로 삼아 의주 행재소로 보냈다. 조정 대신들은 불문곡직 반란군의 편지를 가져와서 나라를 욕되게 한다며 죽이자고 했다. 홍업은 옥에 갇혀 세 차례나 글을 올려 왕자들의 급박한 사정을 말했다.

선조는 정상을 참작하여 홍업을 죽이지 않고 귀양 보냈다.

반란군은 왕자 등을 잡아 왜적에게 넘기려고 했다. 대장 가토 기요마사가 안변에서 회령으로 달려왔다. 그는 짐짓 나무라는 척했다.

"너희들이 이런 짓을 하다니, 당연히 목을 벨 것이로되, 결코 상은 줄 수 없다."

반란군들이 잡아놓은 인질들을 죄다 풀어주었다. 그리고 경인에게 회령을, 세필에게 경성을 맡겨 앞잡이로 삼았다.

경성 사람 이붕수가 분연히 일어났다.

"나라가 비록 이 지경에 이르렀으나 역도들을 용납할 수 없다!"

비밀히 최배천·지달원·강문우 등과 의병을 일으켜, 평사 정문부를 추대하여 의병장으로 삼았다. 종성부사 정현종은 항복하려다가, 판관이 도망치는 바람에 함께 도망쳐 의병 부장이 되었다. 경원부사 오응태도 부장을 맡았다. 이들은 피를 섞어 마시고 의義를 맹세했다.

정문부는 왜적과 싸우다가 조총을 맞고 이리저리 피해다니다가, 성명을 바꾸고 무당집 하인이 되어 있었다. 정문부는 의병장이 되어 분연히 일어섰다. 때마침 시끄러운 틈을 노려 야인들이 북변을 노략질했다. 문부가 계교를 냈다.

경성을 맡고 있는 역도 국세필을 꾀었다. 사람을 보내어 북쪽 야인을 막자고 꾀었다.

"일본이 이 강토를 잘 지켜주니 평화로운데 북변 오랑캐들이 말썽이구려. 우리 힘을 합쳐 오랑캐들을 섬멸하면 어떻겠소?"

뜻밖의 제안에 세필은 기뻐했다. 공을 세워 가토에게 인정받고 싶었다.

이튿날, 문부는 의병을 거느리고 경성 남쪽 성루에서 세필을 만나기로 했다. 세필이 거드름을 피우며 성루로 올라왔다. 문부가 강문우에게 눈짓했다. 세필을 눈 깜짝할 새에 결박짓고 목을 쳐버렸다. 세필의 목을 성안에 조리돌렸다. 경성이 반란군의 손에서 벗어났다.

정문부는 명천으로 달려가 정말수 등을 잡아 죽였다.

국경인은 회령에서 일어난 신세준에게 목이 달아나 경성 정문부에게 보내졌다. 이로써 반란군이 어렵지 않게 진압되었다.

정문부는 의병을 이끌고 왜군과 싸웠다.

왜장 가토는 비장을 시켜 길주를 지키게 하고, 자기는 왜군을 거느리고 안변에서 옮겨 남관에 주둔하고 있었다. 문부는 길주 탈환작전 계획을 세웠다. 적을 가파역에서 만나 쳐부수려고 부서를 정했다.

정현룡은 중위장을 시켜 백탑에 주둔케 하고, 응태와 원충서는 복병장을 시켜 석성과 모회에 나누어 주둔케 했다. 유경천은 우위장을 시켜 날하에, 김국신·허진은 척후장을 시켜 임명과 방치에 각각 주둔케 했다.

문부가 가파로 나갔다. 왜적은 길주성에서 소식을 듣고 기세 좋게 성을 나왔다. 그러나 왜적은 승승장구한 터라, 이기는 데 습성이 들어 방비가 허술했다. 문부는 총력으로 공격하여 적을 쳐부수었다. 적장 다섯 명의 머리를 베고 졸개들을 수없이 죽이고 사로잡았다. 적은 꽁지가 빠지게 도망쳐 길주성으로 들어가 꼼짝하지 않았다. 가파 승리의 소식을 듣고 모인 의병이 무려 7천 명이나 되었다.

성진에 주둔한 적이 임명에 와서 노략질했다. 임명에 있는 척후장 김국신의 급보를 받고, 문부는 기병을 출동시켜 습격하고 비산에 복병을 숨겨두었다가 도망치는 적을 수백 명이나 잡아 목을 베었다. 또 쌍포진 싸움에 크게 이기고 단천 싸움에 세 번이나 이겨 문부의 의병이 크게 이름을 떨쳤다.

길주의 왜군들이 성을 비우고 돌아간다는 첩보가 날아들었다. 문부가 퇴각하는 왜군을 추격하여 백탑 남쪽 옻나무 밭에 이르렀다. 이 싸움에서 이붕수가 조총에 맞아 쓰러지고, 허대성·이희성 등 참모들이 희생되었다. 문부는 길주성에 입성했다.

문부는 최배천을 행재소로 보내어 승전보를 전하도록 했다. 선조는 최배천의 보고를 받고 감격의 눈물을 흘렸다. 전사한 붕수에게 감찰을 증직하고, 배천에게 조산대부(종4품)를 가자하고 명주 한 필을 하사했다. 그리고 문부를 길주목사로 삼았다.

정문부의 자는 자허子虛이고, 호는 농포農圃였다. 젊어서 글읽기를 즐기고 문장이 뛰어났다. 생원시에 합격한 후 왜란시에 큰 공을 세웠으나, 평란 뒤 조정에서 추천하는 사람이 없어 한직에 머물렀다.

그후 인조 조에 무고로 억울하게 죽은 후 신원되어 충의 시호를 받았다.

명나라의 참전

왜란이 일어나자 조정에서는 요동에 알렸다. 그뒤에는 경황이 없어 속보를 보내지 못했다. 선조가 평양으로 피란을 온 후에 통역관만을 보내어 사태가 급함을 알렸다.

명나라 관전총병이 의주목사 황진을 불렀다.

"조선이 왜의 침략을 받고 있으니 우리가 구원병을 보내지 않을 수 없소. 내가 불원간 군사를 이끌고 압록강을 건널 테니 속히 조선 조정에 전해주시오."

"비록 우리가 창졸간에 침공을 받았다고는 하나 우리의 병력으로 적을 당해낼 수가 있소. 어찌 구원의 노고를 끼치겠소."

"그래요?"

총병은 웃고 말았다.

이 사실이 뒤늦게 평양에 알려져 황진이 곤욕을 치렀다. 나중에 황진의 고의가 아니었음이 밝혀져 무사할 수 있었다. 평양 조정에서는 예조참판 유근을 급히 명나라에 보내 구원병을 청하고, 뒤이어 신점·정곤수·이원익 등을 보냈다.

명의 구원병이 오게 된 데는 명나라 병부상서 석성의 힘이 컸지만, 그 석성을 움직인 여인이 있었다. 여인은 역관 홍순언洪純彦과의 기연이 있었다.

홍순언은 역관으로 명나라에 여러 차례 왕래했다. 사절단의 통역을 맡아 수행했던 것이다.

선조 초 홍순언이 사행길에 나서 중국 땅 통주通州에서 하룻밤 묵게 되었다. 고향을 떠난 지 달포 가까이 되는지라 마누라 생각도 나고 술 생각도 났다. 홍순언은 통주의 청루 거리를 기웃거렸다. 이곳저곳 기웃거리다가 한 청루에 나붙은 방을 보았다.

'아리따운 여인과 첫날밤의 행운을 누리시라!'

홍순언은 구미가 당겼다. 선뜻 청루로 들어섰다. 그는 2층 넓은 방에서 중국 기녀들을 감상했다. 그의 눈에 소복 차림의 여인이 눈에 띄었다. 순언의 눈이 번쩍 뜨였다.

그는 소복 여인과 하룻밤 인연을 맺으려고 주인과 흥정을 했다. 화대를 지불하고 그녀의 방으로 들어갔다. 여인은 다소곳이 순언을 맞았다. 황촉불 밑에서 자세히 보니 여인의 얼굴에 수심이 가득했다.

"무슨 사연이 있어 보이는구려."

순언이 수작을 붙였다.

"걱정한들 무엇하겠나이까. 다만 이 밤이 사내를 맞이하는 첫밤이옵니다.”

“뭣이야? 그럼 바깥의 방은 아가씨를 두고 붙인 게요?”

“주인의 장삿속이겠지요.”

“어디 아가씨의 그늘진 사연이나 들어봅시다.”

여인은 땅이 꺼져라 한숨을 쉬고 나서 속내를 털어놓았다.

“저는 원래 남쪽 절강성이 고향입니다. 아버님이 북경에서 관청에 나가시다가 며칠 전 세상을 떠났나이다. 어머님과 함께 절강성에서 달려와 아버님의 시신을 모시고 가려고 했는데, 어머님마저 아버님의 뒤를 따라가셨나이다. 저는 졸지에 고아가 되고, 아무도 없는 이곳에서 장례비용을 마련할 길이 없어 오늘 청루에 나온 것이나이다.”

“어머님의 몸이 채 식기도 전에 말이오?”

“막다른 선택이었나이다. 어느 누가 소녀에게 300냥의 거금을 내놓겠나이까?”

“필요한 비용이 300냥이오?”

“그렇습니다.”

홍순언은 역관이었지만 풍류를 아는 한량이었다. 여인의 딱한 사정을 외면할 수 없었다. 자기 돈에 공금을 합해 300냥을 선뜻 내놓았다.

“이 돈으로 부모님의 영구를 모시고 고향으로 내려가시오.”

“아무 조건 없이 소녀가 어찌 이 거금을 받겠나이까?”

“소저는 하늘이 낸 효녀요. 그런 효녀에게 조건이란 당치 않소. 내가 소저를 돕게 되어 오히려 영광이오.”

순언은 기분이 좋아 자리에서 일어났다.

“대인, 소녀가 드릴 것은 몸뚱이뿐이옵니다. 소녀를 품에 안으소서.”

“허허, 나를 욕보이고 싶소? 어서 고향으로 가시오.”

“소녀 대인의 존함을 알고 싶나이다.”

“부질없는 일이오.”

“존함을 알려주지 않고는 이 방을 나가시지 못하나이다.”

처녀가 순언의 다리를 잡았다. 순언은 할 수 없이 자기의 신분을 밝혔다.

"나는 멀리 조선에서 온 통역관으로 성은 홍이오."

"대인, 고맙나이다. 이 은혜는 소녀가 살아 생전에 갚지 못하면 죽어서라도 갚겠나이다."

홍순언은 귀국하여 공금 횡령죄로 벌을 받았다. 끝내 공금을 축낸 사연을 말할 수 없었다. 그러나 중국에서는 홍순언의 미담이 청루에서 퍼져나가 화젯거리가 되었다.

오랜 세월이 흘렀다. 홍순언은 그동안 공을 세워 담릉군의 봉작까지 받았다.

임진왜란이 터져 통역관의 활약이 절실히 요구되었다. 그는 진주사 정곤수의 사절단에 편입되어 명나라에 들어갔다. 정곤수는 병부상서 석성을 잡고 늘어졌다. 석성의 반응은 호의적이었다. 뒤이어 이원익이 북경에 들어와 석성을 구워삶았다.

"황제의 결심이 구원병을 보내는 쪽으로 굳어지고 있소. 염려 놓으시오."

"우리 조선이 왜적의 수중에 떨어진다면 명나라도 그들과 일전을 각오해야 할 것입니다. 구원병을 조선에 파병하여 전화를 조선 땅에서 진화해야 합니다."

이원익의 말에 석성은 고개를 끄덕였다.

"나도 그 점을 황제께 강조했소. 기다려봅시다."

희망적이었다.

어느 날이었다. 석성이 이원익과 정곤수를 자기 집으로 초대했다.

"홍순언 역관을 꼭 데리고 오시오. 애타게 기다리는 사람이 있소."

석성이 두 사람에게 신신당부했다. 두 사람은 이상하게 생각했으나, 영문을 알 길이 없었다.

초대받은 날 저녁, 홍순언도 함께 갔다.

명나라 병부상서 석성의 집은 작은 궁궐 같이 으리으리하고 화려했다.

일행이 안내를 받아 집 안으로 들어갔다. 마당에 시중드는 남녀 하인들이 늘어서 있었다. 고상하게 치장한 품위 있는 여인이 이원익과 정곤수는 제쳐놓고 홍순언 앞에 쓰러져 울먹였다.

"대인! 절 받으소서."

홍순언은 까무라칠 뻔했다. 여인이 일어나 순언의 손을 잡아 안으로 안내했다.

"저를 모르겠나이까?"

"글쎄요, 어디서 본 듯한데 기억이 없소이다."

"상좌로 앉으시지요. 오늘은 우리 안사람이 홍 통역관을 초대한 자리랍니다."

석성이 늙은 역관 홍순언을 상좌로 앉혔다. 순언은 송구하여 얼굴을 들지 못하면서도 여인을 훔쳐보았다. 분명히 낯이 익었다.

"대인, 정녕 저를 잊으셨나이까?"

"기억이 가물가물하오이다."

"통주의 일을 상기해보소서."

"오, 소복 입은 소저가?"

"그러합니다, 다예(아버지)!"

석성의 부인은 아버지를 외치며 울음을 터뜨렸다.

"참으로 훌륭하십니다. 늦게나마 성공을 감축드립니다."

"그날 밤, 다예가 아니었다면 오늘의 저는 없습니다. 다예, 제가 다예를 찾으려고 그 얼마나 오매불망한 줄 아십니까?"

"제가 뭘 했다고 이러십니까. 그저 황감할 뿐입니다."

"다예! 감사합니다, 감사합니다."

석성의 아내는 다시 일어나 큰절을 올렸다. 감격적인 순간이었다. 이원익과 정곤수는 석성이 구원병에 대해 호의적인 이유를 알 것 같았다.

그날 밤, 조선 사절은 석성의 집에서 후대를 받았다.

"나는 아내를 위해서라도 조선에 구원병을 보내어 왜적을 물리치고 싶소. 조선에 홍 대인 같은 사람이 있다는 것은 큰 행운이오."

석성의 말에 부인이 받았다.

"보은하고 싶었나이다. 다예에게 꼭 보은하고 싶어 제가 우리 대감을 졸랐나이다. 구원병에 관한 일은 잘될 것이니 마음놓고 객고를 푸십시오."

헤어져 나올 때 석성의 아내가 순언에게 선물 보따리를 내밀었다.

"다예! 제가 다예를 생각하며 손수 짠 비단입니다. 받으소서."

"과한 것 같습니다. 제가 한 일이 무엇이라고 이러십니까?"

"앞으로 은혜를 두고두고 갚겠나이다."

홍순언이 서울에 와서 선물 보따리를 풀었다. '보은'이라고 수놓여진 비단이 여러 필 들어 있었다.

요동 부총병 조승훈이 군사 5천 명을 거느리고 사유를 선봉장으로 삼아 강을 건넜다. 명나라 제1차 구원병이었다.

조승훈은 요동의 용장이었다. 북쪽 오랑캐들 사이에서는 호랑이로 알려져 있었다. 가산에 도착한 그는 우리 나라 접반사에게 물었다.

"평양에 왜적이 아직도 있는 게요?"

"그렇소이다."

"하늘이 나로 하여금 큰 공을 세우게 하려는 것 같소이다."

그는 큰소리를 쳤다. 순안에 닿았다. 밤중에 군사를 움직여 수십 리를 행군하다가 멈추고서 문득 점쟁이 왕만자를 불러 점을 치게 했다.

"장군, 오늘이 가장 길한 날입니다."

"좋다. 평양성으로 진군한다!"

때마침 큰비가 내렸다. 비를 이용하여 칠성문을 공격했다. 적이 성안에서 몰려나와 조총을 쏘아댔다. 선봉장 사유가 조총에 맞아 전사했다. 대조변·장세충·마세윤 등 장수들이 쓰러졌다.

조승훈은 거우 몸만 빠져나와 남은 군사를 수습한 후 하룻밤에 200리를 후퇴하여 안주를 지나서야 겨우 숨을 돌렸다.

"사유가 죽고 비마저 그치지 않으니 병력을 재정비하여 다시 와야겠다."

그는 요동으로 들어가버렸다. 어이없는 참패에 조선 조정은 몹시 당황했다.

명나라에서는 유격장군 심유경을 왜의 진영에 사자로 보내 왜와 협상을 벌였다. 유경이 적장 고니시 유키나가에게 말했다.

"여기는 중국의 지방이오. 왜군은 마땅히 군진을 뒤로 물리고 중국 황실의 명령을 기다리는 것이 옳소."

고니시가 지도를 보이면서 말했다.

"여기는 분명 조선 땅인데 무슨 말을 하는 게요?"

"평상시에 천자의 조서를 여기에서 영접하는 까닭에 많은 궁궐이 있는 거요. 비록 조선 지방이라도 바로 중국의 지경地境이니, 왜군이 여기에 머물러서는 아니되오."

"우리가 회보할 테니 기다리시구려."

협상은 결렬되었다.

명나라에서 드디어 크게 군사를 일으켰다. 병부시랑 송응창을 경략으로 삼고 이여송을 도독군무로 삼아, 수하에 용장 60여 명을 거느리게 했다.

이여송의 할아버지는 조선 사람이었다. 조선 이산의 독로강에서 살았다. 실수하여 사람을 죽이고 철령위로 도망쳤다. 여송의 아버지 성량이 변방에서 공을 세워 명나라의 유격장군으로 명나라 조정에 진출하게 되었다. 그 뒤 성량은 공을 세워 총병이 되고, 땅을 천 리나 넓혀서 다섯 개의 작은 보堡를 세웠다. 그 공으로 성량은 백작이 되었고, 아들과 사위 가운데 고관이 된 자가 10여 명이었다. 여송의 아우 여백·여장·여매·여오·여정이 모두 벼슬이 총병에 이르러 가문이 번성했다.

이여송은 10만 대군을 이끌고 조선으로 들어와 고니시가 차지하고 있는 평양성을 공격하여 일거에 탈환해버렸다. 그 여세를 몰아 임진강을 건너 벽제 싸움에서 크게 패하고, 다시 임진강을 건너와 동파역에 진을 쳤다. 왜적은 한양에 집결했다. 그 사이 행주 싸움에서 권율이 크게 승리를 거두었다. 왜군은 사기가 떨어져 한양을 버리고 남쪽으로 물러났다. 이여송이 텅

빈 한양으로 입성했다.

유성룡이 추격작전을 청했다. 여송은 마지못해 동생 여백에게 1만 명의 군사를 주어 한강으로 나가게 했다. 여백은 한강에 나갔으나 병을 핑계로 돌아오고 말았다. 이여송은 심유경을 남쪽으로 내려보내 왜적과 협상을 벌이도록 조처했다.

이듬해 10월 4일, 선조는 폐허가 된 서울로 돌아왔다. 들어갈 궁이 없었다. 죄다 잿더미로 변해버렸다. 선조는 정릉동의 양천도정 집과 계림군의 집을 대전으로, 심의겸의 집을 동궁으로, 심연원의 집을 종묘로 정했다. 그리고 부근에 있는 크고 작은 집을 궐내 각사로 정했다.

한양은 지옥도였다. 시체가 성안에 가득하고, 하루에도 굶어죽는 백성이 수백 명이었다. 선조는 답답하여 이러한 안을 냈다.

"요사이 굶주린 백성들을 구제할 방책이 없어 과인이 하늘을 우러러 탄식할 뿐이다. 먼저 죽고 싶어도 마음대로 할 수 없어 안타까울 뿐이다. 날마다 과인에게 쌀 여섯 되를 주는데, 과인은 본디 세 끼를 먹지 않는다. 석 되의 쌀인들 어찌 다 먹겠느냐. 쌀 석 되씩을 덜어 백성들의 구휼에 보태어라."

나라꼴이 이 지경이었다.

각지의 의병들

임진왜란 당시 의병들의 활약상을 빼놓을 수 없다. 그 당시 3도의 병사·수사 들이 모두 백성들의 인심을 잃고 있었다. 백성들은 병정과 군량의 징발을 독촉하는 사람을 밉게 보았다. 게다가 관군은 적에게 쉽게 무너져, 큰 문중門中의 이름 있는 사람과 유생들이 의병을 일으켰다.

비록 의병들이 행주·진주 대첩처럼 크게 이기지는 못했으나, 백성들의 마음과 나라의 명맥이 여기에 힘입어 유지되었다. 영남 유생 곽재우·정인홍, 호남의 고경명·김천일, 호서의 조헌 등이 맨 먼저 의병을 일으켰다.

곽재우는 의병을 일으키기 전 아버지의 무덤 앞에 나가 울며 하직했다.

"아버님께서 살아 계셨더라면 왜놈들의 창궐이 어찌 걱정되겠나이까."

그는 스스로를 '천강홍의대장군天降紅衣大將軍' 즉, '하늘에서 내려온 붉은 옷을 입은 대장군' 이라 일컫고 적과 맞섰다.

태평소를 불 줄 아는 사람을 많이 모아 붉은 옷을 입히고 여러 산꼭대기에 배치해놓았다가, 적병이 오면 태평소 소리가 사방에서 들리게 했다. 그리고 산꼭대기 뒤에 복병을 숨겨놓았다가 급습하는 작전을 구사하여 적의 간담을 서늘케 했다.

현풍·창녕·영산에 진을 치고 있던 적병이 매우 성했다. 잇따라 적병은 성주에까지 진을 쳤다. 재우가 의병을 일으켜 차례로 공격했다. 현풍·창녕의 적병들은 의병들의 기세에 꺾여 모두 도망쳤으나, 영산의 적은 움직이지 않았다.

재우는 윤탁과 더불어 세 고을의 의병을 거느리고 영산을 공격했다. 적은 힘껏 버티다가 힘이 달려 물러났다. 그뒤부터 창녕에는 적의 발자취가 사라져버렸고, 경상우도가 평정되었다.

곽재우는 의령 사람이었다. 나이 40이 넘자 과거를 단념하고 낚시로 세월을 낚다가, 왜란을 당하자 의병을 일으켜 나라에 큰 공을 세웠다. 왜란이 끝나자 그는 이런 말을 남기고 세상과 인연을 끊었다.

"고양이를 기르는 것은 쥐를 잡기 위해서이다. 이제 적이 이미 물러갔으니 내 할 일이 없다. 나는 가는 것이 옳다."

그는 산중에 들어가 곡기를 끊고 신선 되는 술법을 연마했다. 날마다 조그맣게 뭉친 송홧가루로 연명했다. '홍의장군' 이라는 그의 명성만이 전설처럼 퍼져갔다.

정인홍은 합천 사람으로, 남명의 수제자였다. 사헌부 장령(종4품) 벼슬을 지내다가 고향에 내려와 잠시 머무는 사이에 전쟁을 만났다. 전현감 박성,

전좌랑 김면, 유생 곽준·곽율 그리고 그의 제자 하혼·조응인·문경호·권양·박이장·문홍도 등과 더불어 군사를 모아 합치고, 전첨절제사 손인갑을 얻어 중위장을 삼았다. 경상도관찰사 김수가 삼가·초계·성주·고령의 군사를 인홍에게 배속시켜주었다.

성주·현풍의 적병들이 강가를 따라 목책을 설치했다. 중위장 손인갑이 인홍에게 계책을 말했다.

"장군, 교원동과 안언 등지에 복병을 둘 만하오."

"좋소. 중위장이 직접 가시오!"

손인갑은 활 잘 쏘는 의병 수백 명을 뽑아 어둠을 틈타 출발하면서 김면에게 지원병을 청했다. 김면 진영에 있는 장수와 사졸 등이 좋아하지 않았다. 김면이 송인갑에게 출병을 중지하라고 권했다. 인갑은 듣지 않았다.

적병 300여 명이 성주에서 강을 따라 내려왔다. 인갑이 복병들에게 명령을 내렸다.

"포 소리를 기다렸다가 일제히 화살을 날려라!"

그런데 박응성·장호 등이 적을 보고 그냥 뛰쳐나가 싸웠다. 두 사람은 싸우다가 전사하고 아군은 여지없이 패하고 말았다. 두 사람은 명령을 어기고 제멋대로 싸우다가 어이없이 패한 것이다.

손인갑에게 책임 추궁이 따랐다. 인갑은 그 나름대로 김면이 지원병을 내주지 않아 참패했다며 불만을 터뜨렸다. 김면은 손인갑을 비판했다.

"중위장이 여러 사람의 의사를 어기고 제멋대로 싸우다가 패했다! 마땅히 책임을 져야 한다!"

"지원병을 내주지 않고 앉아서 남을 헐뜯는다!"

두 사람 사이에 틈이 생겼다. 정인홍은 김면과 갈라섰다.

손인갑은 초계로 적병이 들어온다는 정보를 입수했다. 별빛이 밝은 밤에 의병을 진군시켰다. 초계의 관군이 이미 적을 섬멸시킨 후여서 인갑은 빈손으로 돌아왔다. 그는 말안장을 풀 겨를도 없이 많은 왜적이 초계에서 강을 따라 내려온다는 급보를 들었다. 인갑이 인홍에게 보고했다. 인홍은 날이 새끼를 기다렸다.

적의 배 열두 척이 초계의 앞강을 지나가고 있었다. 초계·고령의 관군이 잡지 못했다.

인갑이 관군과 합세하여 적과 싸워 섬멸시켰다. 한 적병이 급히 도망치고 있었다. 모래 여울에 물이 얕아서 배를 빨리 젓지 못했다. 인갑이 물에 들어가 말을 몰아 적병을 쫓는데, 모래가 물러서 꺼져내렸다. 인갑이 말과 함께 모래 속으로 빨려들어갔다. 속수무책이었다. 그는 말과 함께 죽고 말았다.

김준민은 의병 2800명을 거느렸으나, 아직 싸워보지 못했다. 성주·고령·합천 등지의 의병이 모두 인홍의 명령에 따르고 있었다. 인홍이 명령을 내렸다.

"반드시 많은 적병을 만나거든 공격하라!"

인홍은 성주의 대매곳에 진을 쳤다. 때마침 큰비가 내려, 부득이 진을 고령의 시골집으로 옮겼다. 인홍이 울먹이며 말했다.

"우리가 의병을 일으킨 것은 한번 싸워 크게 이기려 함이었거늘 하늘이 돕지 않으니, 나라를 위하는 정성이 부족한 탓인 것 같구나."

김준민이 인홍에게 절을 올리고 말했다.

"오늘 일은 어찌할 수 없나이다. 내일 날이 개면 죽을힘을 다하겠나이다."

인홍과 준민은 그날 밤 작전을 변경하고 교원동·안언의 길 옆 6, 7군데에 의병을 숨겨놓았다.

인홍은 높은 언덕에 진을 치고 지휘했다. 이튿날 적이 무계에서 출발하여 성주로 향했다. 약 400여 명이 마소 백여 마리에 짐을 싣고 깃발을 펄럭였다. 어떤 자는 금빛 은빛의 탈을 쓰고, 금빛 은빛의 갑옷과 투구를 갖추었으며, 어떤 자는 닭털로 만든 옷을 입고 있었다.

김준민·정방준 등이 궁사 1천여 명을 거느리고 산을 달려 내려왔다. 인홍이 언덕에서 대포를 쏘았다. 그것을 신호로 궁사들이 활을 쏘아댔다. 적은 칼을 휘두르며 달려왔다.

맨 앞에 선 왜장 하나가 준마를 타고 금빛 탈을 쓰고 붉은 자루의 긴 칼을 휘두르며 지휘했다. 적병 수백 명이 칼을 들고 함성을 지르며 뛰어나왔다.

우리 군사는 겁에 질려 뒤로 물러섰다. 왜장의 말이 마치 날듯 언덕으로 달렸다. 우리 궁수가 화살을 쏘아 말 뒷다리를 맞혔다. 말이 앞다리를 들고 뛰어올랐다. 그 바람에 왜장이 굴러떨어져 우리 군사 앞에 나뒹굴었다.

말을 빼앗고 왜장의 목을 쳤다. 적병들이 이 광경을 보고 혼비백산하여 도망쳤다. 고령·성주의 군사가 남쪽과 북쪽에서 달려들고, 준민·방준 등이 죽을 힘을 다해 싸웠다. 복병이 사방에서 쏟아져나와 화살을 쏘아댔다. 적은 칼과 총으로 뒤를 막으면서 성현을 향해 도망쳤다.

인홍이 언덕에서 장군기를 들고 이리저리 흔들며 독전했다. 이때 가천의 관군이 불시에 나타났다. 적은 다급한 나머지 군수품을 다 버리고 달아났다. 의병과 관군이 그들을 30리까지 추격하여 목을 베었다. 왜장에게 빼앗은 준마를 준민이 싸울 때마다 타고 나갔다.

인홍은 성주에 머물고 있는 적이 고립되었다는 정보를 입수했다. 김면과 더불어 그들을 치자고 약속했다. 준민은 성주에서 5리 떨어진 곳에 진을 치고 먼저 싸움을 걸었으나 적은 움직이지 않았다. 준민은 날이 저물어 허탕치고 돌아왔다.

김면이 배설에게 부상현에 복병하여 개령에서 구원하러 오는 적의 진로를 막으라고 했다. 배설은 겉으로는 '예' 하고 나왔으나 다른 사람 앞에서는 투덜거렸다.

"내 어찌 일개 서생을 위해 복병을 숨겨두겠는가!"

배설은 가지 않았다.

이날 밤 성주의 적이 개령에 알려 적이 성주로 많이 이동했다.

우리의 의병은 그런 줄도 모르고 성을 공격할 사다리 등을 수리하고 있었다. 갑자기 성안의 적이 성문을 열고 나와 양쪽으로 공격해왔다. 김면은 말을 타고 달아나고 의병들도 흩어졌다. 정인홍은 움직이지 않았다. 의병

장수와 의병들이 서둘러 인홍을 말에 태우고 진을 빠져나왔다. 추격해오는 적은 많아 고군분투했다. 아군의 피해가 헤아릴 수 없이 많았다.

정인홍은 나중에 대북파의 영수가 되어, 이이첨과 함께 광해 시대를 전횡하여 인조반정仁祖反正을 초래, 참형을 당한다.

고경명은 과거에 장원급제한 후 벼슬살이를 하다가 물러나와 전라도 광주 시골에 있었다. 임금이 피란을 떠났다는 소식을 듣고 밤낮으로 통곡하다가, 전라감사 이광의 군사가 금강에 이르러 해산했다는 말을 듣고 이광에게 글을 보내어 호되게 책망했다.

그는 윤팽로와 함께 의병을 일으킬 것을 의논하고 담양에 모였다. 팽로 등이 경명을 의병대장으로 추대했다. 고경명은 추대를 수락하고 도내의 선비들과 일반 백성들에게 이 사실을 알렸다. 순식간에 의병 6천여 명이 모였다. 그는 각도에 격문을 보내고, 제주목사 양대수에게 글을 보내어 말을 보내라고 했다.

고경명의 밑에 모인 참모들은 윤팽로를 비롯하여 양대박·이대윤·최상중·양사형·양희적·오자·김인혼 등이었다. 보성 사람 오유는 의병을 모아 경명의 휘하로 들어왔다.

고경명은 의병을 일으킨 후, 양산숙을 의주 행재소로 보내 선조에게 남쪽의 사태를 알렸다. 선조는 처음으로 의병활동을 접하고 감격했다. 돌아가는 양산숙에게 말했다.

"돌아가 고경명·김천일에게 전하라! 너희들이 하루빨리 강토를 수복하여 과인이 너희들의 얼굴을 볼 수 있기를 원한다고 전해다오."

선조는 경명을 공조참의 겸 초토사에 임명했다.

경명은 곽영의 의병과 합쳤다. 경명의 두 아들 종후·인후가 아버지를 도와 남원·김제·임피 등 각 고을의 군량과 의병을 모아 여산에 총집합하여 그대로 밀고 올라가 충청도·경기도를 거쳐 평양까지 진군하기로 결정했다.

경명이 은진에 이르러 황간·영동의 적병들이 금산으로 들어갔다는 소식을 들었다. 경명의 휘하 참모들이 되돌아가 전라도를 지키자고 했다. 때마침 전주의 형세가 급하다는 급보가 들어왔다. 부득이 의병을 진산으로 옮겨 곽영과 더불어 좌·우익이 되어 금산 10리 밖에 주둔했다.

경명이 정예 기병 수백 명을 보내어 적을 쳤다. 군관 김정욱의 말이 부상당해 물러나자 의병들이 약간 후퇴했다. 저녁에 고경명이 광대 30명을 성 밑의 토성에 접근시켜, 성밖의 관청 민가를 불사르고 지천뢰를 터뜨려 성내의 창고와 노적을 불질렀다. 적의 사상자가 많았다.

곽영이 경명에게 사람을 보내어 내일 합전合戰을 약속했다. 아들 종후가 아버지에게 말했다.

"오늘 우리 군사가 승리했습니다. 이 여세를 몰아 군사를 온전히 보전했다가 기회를 봐서 싸우는 것이 좋겠습니다. 적병과 진지를 마주하고 들에서 잔다면 밤중에 습격당할 우려가 있습니다."

"네가 부자간의 정의로 내가 죽을까 걱정이더냐? 나는 나라를 위해 한 번 죽는 것이 본분이니라."

종후는 감히 말을 잇지 못했다.

새벽에 성 밖으로 진군했다. 경명이 기병 800여 명을 보내어 싸움을 걸었다. 아니나 다를까, 적이 성을 비우고 나와 먼저 관군에게 덤벼들었다. 영암군수 김성헌이 먼저 줄행랑을 놓았다. 적이 관군의 진이 허술한 것을 알고 다시 광주·흥덕 두 고을의 관군에게 달려들었다. 방어사 곽영의 진에서는 멀리 바라만 보고 있다가 흩어져버렸다.

고경명이 혼자 당해낼 생각으로 의병들을 단속했다. 그때였다. 갑자기 떠드는 소리가 들렸다.

"방어사의 진이 무너졌다!"

의병들이 흔들렸다.

"장군, 작전상 후퇴해야겠소. 서두르세요."

"내 어찌 구차스럽게 죽음을 모면하려 하겠소!"

참모들이 억지로 경명을 말에 태웠으나 금세 말에서 떨어졌다. 말은 달아나버렸다. 유생 안영이 자기의 말을 내주고 뒤를 따랐다. 적병이 고경명에게 달려들었다. 팽로가 앞서 가다가 뒤돌아보고 달려왔다.

"나는 면치 못할 것이야. 그대는 빨리 달아나 앞날을 도모하게."

"아니될 말씀이오. 대장을 놓고 달아나는 장수도 있소? 힘내시오."

적의 칼이 눈앞에 다가왔다. 팽로가 몸으로 막았다. 경명·안영이 적을 맞아 싸웠으나 역부족이었다. 세 사람이 한꺼번에 전사했다. 인후도 아버지를 따라 전사하고, 종후가 아버지의 시체를 거두었다.

김천일은 나주에 있다가 선조가 피란을 떠났다는 소식을 접하고 울부짖으며 슬퍼하다가 정신을 차리고 분연히 말했다.

"울기만 하면 무엇하겠는가. 나라에 환란이 있어 임금이 파천했거늘 나는 대대로 벼슬을 해온 신하로서 새(鳥)처럼 도망쳐 살기를 바랄 수 없다."

그는 글을 써서 고경명·박광옥·최경회 등 여러 사람에게 통고했다. 의기 있는 선비들이 소문을 듣고 달려왔다. 그는 송세민·양산룡·양산숙·임환·이광주·서정후 등과 피를 섞어 맹세한 후 의병을 일으켰다.

각도의 군사가 무너졌다는 소문을 듣고 의병들이 위축되었다. 천일이 그들을 타일렀다.

"우리는 의를 위해 나섰다. 전진이 있을 뿐, 후퇴는 없다. 떠나고자 하는 자들은 말리지 않겠다."

의병들은 그를 믿고 도망치지 않았다. 호서지방에 이르렀을 때, 휘하 의병이 수천 명이었다. 그는 수원으로 진군했다. 독산의 옛 성에 주둔하고 왜적에게 붙어 해를 끼친 백성들을 찾아내어 목을 베었다. 인근 백성들이 지원하여 모여들었다. 그는 수원 땅인 금령의 적을 습격하여 쉽게 처부쉈다.

천일은 한강 양화나루까지 의병을 몰고 가 그 위세를 보였다. 그리고 도요토미 히데요시의 죄상을 낱낱이 적어 방을 붙이는 등 성안의 적에게 도전했으나, 적은 움직이지 않았다.

이여송이 서울에 있는 적을 치려고 할 때, 천일은 선유봉에 진을 치고 이여송을 위해 성원했다. 적이 서울을 내놓고 물러간 후 천일은 서울에 입성했다. 조정에서는 적을 추격하라는 명령을 내렸다.

천일은 병을 앓다가 벌떡 일어나 전의를 불태웠다.

"내가 이제야 죽을 곳을 얻었다."

김천일의 의병은 여러 관군에게 빼앗겨 남은 수가 수백 명이었다.

"호남은 우리 나라의 밑뿌리요, 진주는 호남의 병풍이요 울타리다."

그는 진주에 들어갔다. 진주성은 여러 차례의 싸움으로 성은 허물어지고 쓸 만한 병기조차 없었다. 천일은 최경회·황진 등과 함께 죽음으로 성을 지킬 것을 약속했다.

적의 대군이 진주성을 공격했다. 천일은 임기응변으로 대처했다. 얼마 버티지 못하고 성이 무너졌다.

천일은 촉석루에 있었다. 아들 삼건과 참모 양산숙이 울면서 말했다.

"이 일을 어찌하겠습니까?"

"의병을 일으키던 날 이미 나는 목숨을 나라에 바쳤다. 너희들이 가엾구나."

천일은 북쪽 행재소를 향해 절하고 나서 병기를 남강 물에 던져버렸다. 그리고 삼건과 서로 안고 촉석루 아래 깊은 물에 뛰어들었다. 그들을 따라 죽은 장수가 수십 명이었다.

조헌은 귀양에서 은사되어 옥천의 시골집에서 지냈다. 낮에는 밭을 갈고 밤에는 글을 읽었다. 한양이 함락되었다는 소식을 듣고 슬피 울며 분주히 뛰어다니며 의병을 모았다. 손수 격문을 써서 3도에 전했다. 의병 1천여 명이 모였다.

조헌의 선영이 김포에 있었다. 그가 임란이 나기 전 해 가을에 성묘를 와서 날마다 통곡했다. 사람을 만나면 그는 탄식하면서 이런 말을 했다.

"명년에는 반드시 병란이 있을 것이오. 다시 보기 어렵겠소."

조헌의 아저씨 조안현이 그를 불러 말했다.

"들건대 자네가 대궐 앞에서 거적을 깔고 도끼를 가지고 대죄하면서, 명년에는 병란이 일어난다고 한 것을 비웃고 손가락질하는 이들이 많은데, 지금 또 어찌하여 망령된 말을 하여 고을 사람들을 선동하는가!"

"제가 천문을 살펴보니 명년의 병란은 우리 나라가 생긴 이후 일찍이 없었던 큰 변란입니다. 아저씨, 내 말을 망령되이 생각마시고 미리 피란 준비나 하십시오."

그의 예언은 적중했다. 그가 군사를 일으키던 날 멀고 가까운 데서 모두 말했다.

"조헌이 일어났다. 어찌 왜적이 평정되지 않음을 근심할 것인가!"

평안도·황해도 사람들은 조헌의 소문을 듣고 신뢰감을 보였다.

"이 사람이 일찍이 도끼를 가지고 대궐 앞에 엎드렸던 사람인가?"

그는 임진왜란이 일어나기 전 일본 사신이 왔다는 말을 듣고, 시골에서 올라와 대궐 앞에 거적을 깔고는 도끼를 옆에 놓고 일본의 침략 야욕에 대비하라고 시위를 벌인 일이 있었다. 이런 일로 그는 이미 8도에 널리 알려져 있었다.

그는 의병을 몰고 충청우도로 갔다. 이광륜 등 너댓 사람이 의병을 모아 조헌에게 모여들었다. 의병이 무려 1,700명이나 되었다. 그는 부대를 나누어 정산·온양 등지를 순회하며 민심을 달래었다. 적이 청주에 들어와 있었다. 방어사 이옥과 조방장 윤경기의 군사가 잇따라 무너지고, 승장 영규가 홀로 적을 상대로 여러 날 대치하고 있었다. 조헌이 듣고 급히 청주로 달려갔다.

그는 영규와 연락을 취하고 청주 서문으로 육박하여 온종일 싸웠다. 조헌은 총탄과 화살을 아랑곳하지 않고 싸움을 독려했다. 치열한 접전이었다. 드디어 적이 견디지 못하고 청주성을 내주었다. 그날 밤 소나기가 억수로 쏟아져 싸움은 이전투구였다. 적의 시체 타는 냄새가 사흘을 넘겼다.

조헌은 고경명이 전사했다는 소식을 듣고 울분을 터뜨렸다.

"금산의 적은 뱃속에 있는 병과 같다."

영규에게 글을 보내고 곧 금산 지경에 나아가 진을 쳤다.

별장 하나가 말했다.

"적이 을묘년 호남의 패전을 복수하려 하기 때문에, 지금 금산에 있는 적은 정예군이 수만 명이나 됩니다. 어찌하시려고 조직과 훈련이 없는 오합지졸로 대결하려 하십니까."

조헌이 울면서 말했다.

"지금 주상이 어디 계시는가? 임금이 욕을 당하면 신하는 죽는 것이다. 나는 죽음만을 알 뿐이다."

조헌은 영규와 더불어 군사를 연합하여 전진했다.

그리고 전라감사 권율과 더불어 일제히 협공하기로 약속이 되어 있었다.

권율이 느닷없이 협공 시기를 늦추자는 기별을 보내왔다. 그러나 헌은 이미 금산 10리 밖까지 진격했다. 적이 조헌이 진을 치기 전에 세 부대로 나누어 쳐들어왔다. 아군이 당황하여 허둥대었다.

"오늘은 오직 죽음이 있을 뿐이다. 도망치면 살아남을 수 있는가? 죽고 살고 나아가고 물러감에 오로지 의에 부끄러움이 없도록 하라!"

의병들은 전열을 가다듬어 싸웠다. 적군이 세 번이나 물러났다. 그 사이 아군은 화살을 죄다 써버리고 말았다.

적군이 아군의 기미를 알아채고 거침없이 쳐들어왔다. 참모들이 조헌에게 피하라고 재촉했다. 헌이 웃고서 말안장을 풀었다.

"이곳이 내가 순절할 땅이다. 장부는 죽을지언정 난亂에 임하여 구차히 모면해서는 안된다."

헌은 싸움을 독려했다. 의병들이 목숨을 내걸고 달려들어 맨주먹으로 싸우면서도 결코 물러서지 않았다.

조헌의 아들 완기는 생김새와 몸이 웅건하고, 성품과 도량이 남보다 뛰어났다. 이때 부러 의관을 화려하게 차려 입고 아버지를 대신하여 죽으려고 했다. 적군이 완기를 의병장으로 알고 그의 목을 노렸다.

헌은 끝까지 싸우다가 다른 의병처럼 쓰러졌다. 그를 따라 의병들도 왜적을 상대로 죽기로 싸워 모두 숨졌다. 적의 시체도 아군 못지않았다. 적군은 의병을 완전히 섬멸한 뒤 남은 군사를 정비하여 왜군 진영으로 돌아갔다. 적은 이 싸움에 혼쭐이 나서, 시체를 다 거두지도 못하고 무주에 있던 적과 더불어 모두 달아나버렸다. 호서와 호남이 이 싸움으로 안전하게 되었다.

조헌의 전사 소식에 충청우도에서는 미천한 하인들도 고기를 입에 대지 않았고, 곡성이 고을을 덮었다. 이날 싸움에 조헌·영규 대사를 비롯하여 700명의 의병이 장렬하게 전사했다. 700명의 시체를 수습하여 한 무덤을 만들고 '7백 의사의 무덤(七百義士塚)'이라고 표시하고, 그 옆에 비석을 세워 '온 군사가 의에 순사한 비(一軍殉義碑)'라고 썼다.

당대의 현유賢儒요 시인인 권필이 조헌에게 헌시를 바쳤다.

> 몇 번이나 주운朱雲처럼 대궐 난간을 꺾었던고
> 오래도록 초택楚澤에 깨어 있음을 읊었도다
> 대군자는 조그마한 소조정小朝庭에 서지 않는데
> 곧은 기개는 하늘과 땅에 드높도다
> 외로운 충성은 해와 별같이 빛나고
> 우뚝 솟아 있는 금산의 산빛은
> 만고에 푸르기만 하여라

여기에서 '주운'은 한漢나라 사람으로, 황제에게 바른말을 간하다가 잡혀나갈 때 나가지 않으려고 궁궐의 난간을 붙들고 늘어졌더니 난간이 꺾어졌다는 고사에서 인용한 것이다.

또 '초택'에 얽힌 고사도 있다. 초나라 굴원이 황제에게 쫓겨나서 못가를 홀로 중얼거리며 거닐고 있을 때, 한 어부가 쫓겨난 까닭을 물으니 굴원이 대답했다.

"온 세상이 모두 취해 있는데 나 홀로 깨어 있으므로 쫓겨났다."

홍언수는 수원에서 의병을 일으켜 적과 싸워 여러 차례 공을 세웠다. 언수에게 계남이라는 첩실 아들이 있었다. 계남은 용맹과 힘이 남다르고, 말 타기와 활쏘기에 능해 금군이 되었다. 그는 통신사의 군관이 되어 일본에 다녀온 적이 있었다. 그리하여 적의 정황을 어느 정도 파악하고 있었다.

아버지를 따라 의병을 일으켜 여러 번 싸워 번번이 승리했다. 적의 수급을 베어 바친 것이 백여 급이었다. 이런 공으로 계남은 경기 조방장에 임명되었다. 계남이 조방장이 되어 다른 군진에 간 사이에, 왜군이 언수의 의병을 공격하여 언수를 죽이고 그 시체를 가져가버렸다.

계남은 이 소식을 듣고 달려와 단기필마로 적진에 뛰어들었다.

"너희들이 내 아버지를 죽였으니 나 또한 너희들에게 죽겠다!"

왜군이 계남을 포위하고 아버지의 시체를 내주었다. 계남은 왼손으로 아버지의 시체를 안고 오른손으로 칼을 휘둘렀다. 그 기세가 하늘을 찌르는 듯하여 왜군이 감히 달려들지 못했다.

계남은 아버지의 시체를 아군의 진에 모셔다놓고 분이 삭지 않아, 적진으로 뛰어들어 단칼에 왜군 두 놈의 목을 베었다. 왜군은 멀리 달아나버렸다. 이런 일이 있은 뒤부터 왜군이 마을에 들어가 노략질할 때 사람들은 계남을 입에 담았다.

"홍계남 장군이 너희들에게 복수하고 말 거다."

왜군은 홍계남의 이름을 입에 담으면 금방 그가 나타난 듯이 황급히 도망쳐버렸다.

이밖에 영남·호남·호서·경기·해서·관서에서 의병들과 승군僧軍들이 들불처럼 일어나 나라를 지켰다.

영남 의병으로는 신령에서 일으킨 권응수가 있다. 처음에는 노복들을 이끌고 왜적과 맞섰다. 그후 여러 장정을 모아 적을 공격했다. 그는 정대임·정세아·조성·신해 등과 함께 박연에서 적을 무찔렀다.

함안 사람 조종도는 전감을 지낸 관료 출신으로 이로와 함께 서울에 있다가 왜란 소식을 듣고 경상도로 내려와 통문을 돌려 의병을 일으켰다. 그는 왜적과 싸우다가 황석산성 전투에서 전사했다.

경상좌도의 유중개가 고을 의병 수백 명을 모집하여 산중에 진을 쳤다. 강원도의 왜군이 광비촌을 넘어온다는 첩보를 접하고 윤흠신·윤흠도 등과 의병을 이끌고 산중을 나섰다. 유중개는 왜군을 만나 도망치지 않고 끝까지 싸우다가 전사했다.

이밖에도 예안의 김해·이숙량, 고령의 박정완, 삼가의 박사제 형제와 노흠·권양, 단성의 권세춘·권제, 김산의 여대로·권응성, 창녕의 신방즙·성천희·성만의·곽찬·조열, 경주의 김호·주사호·최신린, 고성의 최강, 상주의 김각·이준, 인동의 장사진 성주의 제말 등도 의병을 일으켜 싸우다가 목숨을 잃었다.

호남 의병으로는 김덕령이 단연 돋보였다. 그는 담양에서 의병을 모아 수천 명을 얻었다. 도원수 권율의 인장을 얻어 초승사超承使라고 인장을 쓰고, 또 비장은 부절赴節이라고 스스로 호를 지었다. 그러나 공을 세운 바 없고, 이몽학의 난에 연루되어 허망하게 목숨을 잃었다.

이밖에 보성의 임계영, 남원의 변사정·정엽, 순천의 강희열, 해남의 임희진·성천지, 영광의 심우언, 태인의 민여운, 임파의 채겸진·이이남, 화순의 최경장이 알려져 있다. 경장은 최경회의 아우이고, 경회는 김천일과 함께 진주성 싸움에서 전사했다.

호서에서는 토정 이지함의 서자 이산겸이 조헌이 전사한 후 남은 군사를 모아 적군을 토벌했다.

한산의 신담, 충주의 조웅·박춘무·조덕공·이봉·김홍민 등도 의병을 일으켰다. 이들은 모두 전직 관료라는 공통점이 있었다.

경기도는 수원에서 정숙하·최흘·이산휘·남언경·김탁·유대진·이실·왕옥 등 전직 관료와 선비들이 일어섰다.

강화·인천 등지에서 우성전이 의병을 일으켰으나, 성전의 태도가 애매모호했다. 그는 허엽의 사위이며, 이황의 제자였다. 동인으로 언론이 밝아 동인의 대변인격이었다. 왜란이 일어나기 전 해에 정철의 사건에 연루되어, 북인에게 배척당해 관작을 삭탈당했다.

우성전은 '의' 자를 군호로 삼아 자못 군세가 성했다. 조정에서는 그가 의병을 일으켰다는 보고를 받고 대사성에 임명했다.

선조는 성전에게 의병을 거느리고 평안도로 와서 김명원 군사와 합칠 것을 명했다. 성전은 병을 핑계 대고 강화를 벗어나지 않았다.

선조가 화가 나서 말했다.

"성전은 의병을 모아 자신만 호위하며 형세를 관망하면서 나오지 않고, 김천일 등은 편안히 앉아서 담소만 하고 있으니, 국가에 무슨 이익이 있겠느냐?"

윤두수가 옆에 있다가 그들을 두둔했다.

"천일은 고립된 군사로 능히 해볼 만한 기회를 얻지 못했고, 성전은 본래 중병이었음을 모두 아는 터이옵나이다. 어찌 관망할 수가 있겠나이까."

석연치 않은 난세의 처세가 아닐까 싶다.

원균의 아우 원정, 김적이 삭녕에서 의병을 일으켰다.

특히 이산휘는 기지와 계략이 뛰어났다. 하루는 서울에 있는 왜군 네 명이 노략질하기 위해 정토사에 왔다. 이산휘는 스님과 짜고 왜군을 기꺼이 맞아들였다. 왜군들이 즐거워했다. 놈들을 법당으로 안내하여 들이고 점심을 대접했다. 늙은 스님이 그들을 상대했다. 밥을 다 먹고 물을 찾았다.

스님 넷이 큰 바가지에 펄펄 끓는 물을 담아가지고 법당에 나타나 왜군의 얼굴에 끼얹어버렸다. 놈들이 비명을 지르며 나뒹굴었다. 이산휘 등이 나타나 그들을 몽둥이로 때려죽였다.

해서에서는 황주의 황하수·윤담, 봉산의 김만수, 해주의 조광정 등이 의병을 일으켰다.

특히 김만수는 아우 천수·구수·백수, 최섭·이옹 등과 함께 의병을 일으켜 한양으로 진군했다. 백수는 파주 전투에서 유극량과 함께 전사했다. 이때 파주에는 군수가 공석이었다. 순찰사 이일이 만수를 군수로 삼았다.

관서에서는 중화의 김진수·임중량, 평양의 양덕록·양의직·이덕암, 강동의 조호익이 의병을 일으켰다.

조호익은 강동에서 귀양살이를 하고 있었다. 퇴계 문하에서 글을 읽다가 경상도사 최황에게 반항한 죄로 강동에 유배된 것이다.

선조가 평양에 머물 때 그의 소식을 듣고 평양으로 불러 금부도사의 관직을 주고 소모관召募官에 임명했다. 소모에 착수하기 전에 선조는 이미 평양을 떠나 의주로 향했고, 강을 지키던 관료들도 흩어져버렸다. 호익은 행재소로 가다가 길에서 유성룡을 만났다. 임금의 몽진길 얘기가 나오자 호익은 눈물을 펑펑 쏟았다.

"그대를 보니 국록을 먹는 신하의 충성이 초야의 그대보다 못하네."

유성룡의 말에 호익은 더더욱 흐느껴 울었다.

"근왕勤王하는 것이 적을 토벌하는 것만 같지 못하니, 그대는 돌아가서 의병을 모아 서울 수복을 도모하게나."

호익이 강동으로 되돌아와 의병을 모았다. 500여 명이 모였다. 매달 초하루마다 군사들과 함께 행재소 쪽으로 머리를 조아려 네 번 절하고, 호익은 밤새도록 통곡했다. 그는 중화 상원 사이에 진을 치고, 뒤에 처진 왜군을 습격하여 많은 전과를 올렸다.

왜란 당시 승장으로는 서산대사와 사명대사를 꼽는다.

서산대사의 법명은 휴정休靜이며, 속성은 완산 최씨이다. 자는 현응玄應, 호는 청허淸虛·서산西山이다.

그는 덕행이 높고 계율이 엄하며 불경을 깊이 알고 문장에도 능했다. 그의 제자들이 온 나라에 고루 퍼져 있었다. 서산은 제자 수천 명을 거느리고 파천하는 선조를 만났다.

"대사, 나라의 환란이 이와 같거늘, 대사는 어찌하여 불법대로 넓게 구제하지 못하오?"

"국내의 중들 가운데 늙고 병든 자는 각기 있는 곳에서 불공을 드려 부처님과 신의 도움을 기도하도록 이미 전했사옵고, 그외에는 소승이 모두 불러모아 왔사온데, 군진에 나가고자 하나이다. 소승 등은 이미 일반 백성은 아니오나 이 나라에 생장하여 임금의 은혜를 받사옵거늘, 어찌 한 번 죽기를 아끼오리까. 충성된 마음으로 힘쓸 것을 원하나이다."

선조는 기뻐하며 서산에게 '8도 도총섭'이라는 칭호를 내렸다.

서산은 제자 의엄義嚴을 총섭으로 삼아 그 무리를 거느리고, 순안 법흥사에 주둔하면서 관군을 지원했다. 그리고 8도의 사찰에 격문을 보내자, 건장하고 용기 있는 중이 다투어 달려왔다. 그의 이름 높은 제자 처영處英은 호남에서, 유정惟政은 관동에서 승병을 일으켰다.

유정의 속성은 임任씨요, 자는 이환離幻, 호는 송운松雲·사명泗溟이다. 얼굴이 헌걸스럽고, 수염을 깎지 않았다.

그는 금강산 표훈사에 있다가 왜군이 쳐들어오자, 다른 중들은 모두 달아나는데도 움직이지 않았다. 왜군은 그의 위엄에 눌려 감히 횡포를 부리지 못하고 합장으로 공경의 뜻을 표했다. 근왕하라는 교서와 휴정의 격문을 받고는, 불탁 위에 그것들을 펼쳐놓고 여러 중들에게 보여주며 눈물을 흘렸다. 그는 산중에 있는 중들을 모두 동원하며 서쪽으로 가면서 격문을 사방에 띄웠다. 평양에 도착할 때는 승병의 무리가 무려 1천여 명이나 되었다. 평양성 동쪽에 주둔하여 접전은 하지 않았으나, 경비를 잘하고 노역을 도맡아 했다.

그가 영남에 진을 치고 있을 때였다. 왜장 가토 기요마사가 만나자고 청했다. 유정이 허락하고 왜의 진영으로 갔다. 적은 십리 밖까지 늘어서 있었다. 마치 창검을 묶어 세워놓은 것 같았다.

유정은 두려워하는 빛이 없었다. 가토가 물었다.

"조선에 보물이 있소이까?"

"있고말고. 우리 나라에서 네 머리를 바치면 금 천 근과 만 호는 고을을 봉하여 주겠다고 현상을 걸었으니, 그보다 큰 보물이 또 어디에 있겠느냐!"

가토가 소리 내어 웃었다. 그자도 보통은 아니었다.

그는 유정을 곱게 보내주었다. 유정은 10년 뒤 강화사신으로 일본에 가서 많은 일화를 남겼다.

오늘은 진실로 죽기로 결심했으니―이순신의 최후

명나라의 심유경이 그동안 일본과 꾸준히 협상을 벌였으나 결렬되고 말았다. 도요토미 히데요시의 요구가 너무도 허무맹랑하여 도저히 들어줄 수 없었다. 명나라 공주를 일본의 왕비로 허락할 것, 조선 8도 중 4도를 일본에 넘겨줄 것, 조선의 왕자와 대신을 볼모로 보낼 것 등, 명나라나 조선으로서는 천인공노할 요구조건이었다. 이것은 화의를 전제로 한 협상이 아니라, 강압적인 위협이었다.

명나라에서는 봉공안封貢案을 내세웠다. 명나라에서 도요토미를 일본 국왕으로 책봉하고 일본의 왕래를 허락한다는 것이었다. 명나라에서는 양방형을 정사로, 심유경을 부사로 삼아 도요토미를 일본 국왕으로 봉한다는 책봉서와 금인金印을 가지고 일본으로 건너갔다. 조선에서도 황신을 정사로, 박홍장을 부사로 삼아 명나라 사신의 뒤를 따르게 했다.

대판성(오사카)에 닿은 조·명 사신 일행이 히데요시를 만났다. 명나라 사신이 책봉서와 금인을 히데요시에게 주었다. 그는 책봉서를 읽고 화가 나서 찢어버렸다. '그대를 일본 국왕으로 봉하노라' 라는 구절에 히데요시가 화낼 만도 했다. 우리의 사신들은 축객 신세였다. 냉대가 자심했다.

선조 30년 정유년 정월, 가토 기요마사 등이 일본에 들어갔다가 병선 1만여 척을 몰고 와서, 서생·도산 등의 옛 진을 수축하면서 요구조건을 내걸었다.

"조선 왕자는 와서 사례하라."

조정에서는 권협 등을 명나라에 급히 보내어 사태의 시급함을 알렸다.

이 무렵, 이순신은 모함에 빠져 옥에 갇히고, 원균이 수군의 총지휘관이 되어 있었다.

이순신은 왜장들의 이간책에 걸려 당하고 만 것이다. 왜는 이순신을 바다에 둔 채 싸움을 할 수 없었다.

고니시·무네 요시토모 등이 음모를 꾸며, 요시라를 경상좌병사 박응서에게 보냈다. 함양에서 강화를 하자는 것이었다. 박응서가 원수부에 보고했다. 도원수 권율이 조정에 보고했다. 조정에서는 응서에게 함안에 가서 적의 동향을 살펴보라는 밀지를 내렸다.

박응서는 군사 1백여 명을 거느리고 함양으로 갔다. 현소·죽계·조신 등이 먼저 와 있고, 뒤이어 고니시·무네 등이 왜군 3천여 명을 거느리고 대포 세 방을 쏘고 나서 회의장으로 들어왔다.

회의는 박응서와 고니시 등의 상견례로 끝났다. 요시라가 박응서를 상대로 협상을 벌였다.

"이번 본국에서 일본과 명나라 간의 강화가 결렬된 것은 가토 때문이오. 우리는 기요마사를 미워하오. 전쟁이 끝나야 두 나라가 평화로울 것 아니겠소? 기요마사는 전쟁을 즐기고 있소. 곧 또다시 많은 전선을 몰고 올 것이오. 조선은 수전水戰을 잘하니, 그를 바다에서 박살내버리고 전쟁을 끝냅시다."

응서는 이 사실을 조정에 장계를 올렸다. 조정에서는 긴급회의가 열렸다.

"이 기회를 놓쳐서는 아니되오."

"적들 사이에 사사로운 감정이 있다고 일급 기밀을 조선에 흘린다는 것은 상식 밖이오. 무언가 함정이 있소."

선조가 유성룡에게 물었다.

"경의 의향은 어떻소?"

"이순신에게 맡기는 것이 좋을 듯하나이다."

선조는 고개를 끄덕였다. 유성룡은 황신을 위유사로 삼아 이순신에게 보내어 의향을 물었다.

이순신의 대답은 반대쪽이었다.

"바닷길이 험난하여 적은 반드시 복병을 섬 여기저기에 두고 기다릴 것이오. 우리가 많은 배로 공격하면 복병에 쉽게 노출되고, 적은 배로 공격하면 습격을 당할 것이오."

이순신은 움직이지 않을 뜻을 분명히 했다. 이순신이 움직이지 않자 요시라가 또다시 박응서를 찾아와 속삭였다.

"아니, 왜 조선 수군이 보고만 있는 게요? 가토가 벌써 육지에 내리고 있소. 어째서 바다에서 치지 않았소?"

응서는 이 사실을 장계로 알리지 않을 수 없었다. 조정에서는 이순신을 탄핵하고 잡아서 국문하라고 아우성이었다. 오는 적을 보고만 있었다는 것이다. 선조는 진위를 파악하기 위해 남이신을 한산으로 보내어 염탐케 했다. 그의 보고는 이순신을 궁지로 몰아버렸다.

"가토가 바다에서 7일 동안이나 머물렀다 하옵나이다. 우리 군사가 출전했더라면 적들을 줄줄이 묶어올 수 있었사오나, 순신이 방관하다가 기회를 놓쳤다고 하나이다."

이순신은 한순간에 죄인이 되어 한양으로 압송되었다. 이순신을 바다에서 제거한 왜군은 안심하고 쳐들어왔다.

정유재란이 터지자 도원수 권율이 온양으로 내려갔다. 원균은 왜적이 두려워 바다에 나아가지 않으려고 했다. 권율이 원균에게 곤장을 때렸다.

"나라에서 너에게 높은 벼슬을 주었거늘, 너는 어찌 일신의 평안만을 누리려 하느냐!"

원균은 곤장을 맞고 화가 나서 한산으로 돌아와 유방병留防兵까지 쓸다시피 다 거느리고 부산으로 내려갔다. 적선 1천여 척이 마중나오듯 싸움을 걸었다. 이 싸움에서 크게 패하고 원균은 겨우 목숨을 부지했다. 재해권이 무너져버린 것이다.

패전 소식이 조정에 전해지자 크게 술렁거렸다. 선조는 비국備局(비변사 備邊司로 합의기관)의 여러 신하들을 모아 대책을 의논했다.

"당장의 계책으로는 순신을 다시 수군통제사로 기용하는 길뿐이옵나이다."

이항복이 강력히 청했다.

이때 이순신은 백의종군의 영을 받고 남쪽으로 내려가다가 통제사에 복직되었다는 교지를 받았다. 이순신은 진주를 거쳐 서쪽으로 구례로 향하다가, 적선이 이미 나주에 있는 것을 보고 곡성을 지나 서해로 향했다.

배설이 병선 열두 척을 갖고 진도 벽파정에 있다는 소식을 듣고 그곳으로 달려갔다. 병선 열두 척으로 정유재란의 왜군을 막아야 했다.

적선이 악양 앞바다에 정박해 있었는데, 영남 앞바다 5, 6십 리에 배가 꽉 차서 바닷물이 보이지 않았다. 왜적이 섬진강을 경유하여 한산에 들어가, 1천여 척의 배를 이끌고 서해로 향했다.

적장 구루시마가 적선 수백 척을 거느리고 먼저 진도에 도착했다. 이순신은 명량에 머물러 진을 치고 피란선 백여 척을 모아서 병선으로 위장했다. 적이 싸움을 걸었다. 이순신은 응하지 않았다. 적은 아군의 군세가 약한 것을 보고 포위 공격해왔다. 그때 장군선에서 태평소 소리가 나고 깃발이 일제히 펄럭였다. 마침 바람이 적선 쪽으로 불어 불화살을 쏘아댔다. 적선에 불이 붙어갔다. 이순신은 싸움의 기선을 잡아 총공격령을 내렸다. 왜선에 불이 붙어 온통 불바다를 이루었다.

적장 구루시마의 머리를 돛대 위에 달았다. 우리 수군들은 힘이 나고 왜적은 풀이 죽었다. 명량에서 대승을 거두었다는 보고가 조정에 전해졌다. 재해권을 되찾기 시작한 것이다.

명나라에서는 양호를 경리 조선군무로, 행개를 총독군문으로, 마귀를 제독으로, 양원을 부총병으로 삼아, 5천 병력과 오유충·우백영·진우충 들이 총 7천 병력을 몰고 조선으로 달려왔다.

양원이 남원에서 패전하여, 왜군은 전주를 거쳐 충청도 청주까지 진격해왔다. 한양이 피란준비에 소란스러웠다.

도원수 권율은 한양으로 달아났다. 전국이 불리하여 온 나라가 뒤숭숭했다. 명나라에서는 남원 패전 소식을 듣고, 도독 동일원·유정, 수군도독 진린에게 병마와 수군을 내주어 왜군을 치도록 했다. 왜장 흑전장정은 승승장구하여 직산 홍경원까지 진출했다. 여기에서 명나라 해생 장군에게 패하여 남으로 꽁지가 빠지게 도망쳤다. 조정은 한숨 돌렸다.

한편, 이순신은 왜적을 고금도에서 또 한 차례 크게 쳐부쉈다. 이때는 병선을 제법 갖추었다. 고금도의 싸움을 명나라 수군제독 진린이 관전했다. 순신은 때마침 진린을 맞아 연회를 베풀고 있었다. 왜적이 몰려온다는 급보가 날아들었다. 잔치를 파하고 제장들에게 전투준비를 명령했다.

새벽 무렵, 적이 대거 몰려왔다. 이순신은 진린을 높은 곳으로 피신시키고, 자신은 병선을 거느리고 바다로 나갔다. 순신의 장군선이 그대로 적선의 중앙을 뚫고 들어가 종횡으로 달리며 화포·화살·돌을 퍼부어댔다. 순식간에 적선 50여 척이 불타버렸다. 적선은 도망치기에 바빴다.

이 광경을 높은 곳에서 내려다보고 진린이 칭찬을 아끼지 않았다.

"이순신은 과연 신장이로다. 옛날의 명장인들 이순신보다 낫겠는가!"

고니시가 청주까지 진격했다가 직산에서 구로다 나가마사가 참패하여 순천까지 내려와버렸다. 순천의 왜교에 진을 쳤다. 이순신은 백 리 거리에 진을 쳤다. 진린이 수군 5천 병력을 몰고 와 순천 동쪽에 진을 쳤다. 장차 수륙 양군이 합동작전으로 고니시를 칠 계획이었다.

그런데 문제가 생겼다. 명나라 군사가 우리 군사 진영을 침노하여 성가시게 굴었다. 이순신은 화가 나서 우리의 진을 철수시켜버렸다. 진린이 수상하게 여겨 물었다.

"장군, 어인 일이오?"

"나는 명나라 군대를 부모님처럼 맞이했소. 헌데 명군들이 조선 진영을 시도 때도 없이 침노하므로 멀리 옮기려 하오."

진린이 깜짝 놀라 만류했다.

"장군, 내 불찰이오. 다시는 그런 일 없을 것이오. 내가 보장하겠소."

그뒤부터는 그런 일이 없었다.

11월 16일, 유정이 대군을 거느리고 왜교를 향해 전진했다. 고니시는 영해의 여러 진에 소식을 전하려고 돈으로 사람을 구했다. 그는 밤 조수를 타고 사천·남해에 화급한 사정을 전하도록 하는 한편, 사람을 시켜 유정을 매수, 서로 퇴각하기로 약속했다. 행장이 유정에게 말했다.

"수군이 핍박해오므로 우리가 가고 싶어도 갈 수 없소. 육군이 우리를 호송해주시오."

이에 유정은 오광에게 병사 40명을 주어 행장에게 보냈다. 그리고 유정은 진린에게 통지했다.

"고니시가 철병하여 돌아가려 하니 놓아보내는 것이 좋겠소."

"수군과 육군이 다르니 마땅히 각자 할 바를 알아서 할 따름이오."

진린의 대답이었다.

적선 10여 척이 묘도에 건너왔다. 진린은 모두 불태워버렸다. 고니시가 화가 나서, 명나라 포로 40여 명을 오라로 묶고 그 가운데 두 사람의 팔을 유정에게 잘라 보내면서 전했다.

"너희가 이같이 속이니 나는 가지 않겠다."

"진린 제독에게 강화하기를 빌면 될 것이다."

유정이 권했다.

고니시 유키나가는 진린에게 은 백 냥, 보도寶刀 50자루를 편지와 함께 보냈다.

'피차간 피를 보지 않는 것이 좋을 것이오. 청컨대 길을 빌려서 돌아가게 해주시오.'

진린이 이를 허락했다.

고니시가 배 몇 척을 출발시켰다. 그런데 이순신이 불살라버렸다. 다시 행장이 진린에게 사정했다.

"어찌된 일이오? 강화화기로 하지 않았소? 제발 길을 내주시오."

"내가 알 바 아니오. 이순신 장군이 한 일이오."

고니시는 당황했다. 사천에 있는 의홍과 남해에 있는 조신에게 구원을 청했다. 이들은 노약자와 포로를 먼저 배에 태워 출발시키고, 자기들은 수백 척을 거느리고 밤 조수를 이용하여 고니시 유키나가에게 왔다.

이순신이 이를 알고 빠른 배를 보내어 진린에게 알렸다.

"제독께서는 배를 거느리고 좌우형이 되십시오."

우리 수군은 남해 관음포에 진을 치고, 명나라 수군은 곤양 죽도 앞바다에 진을 쳤다.

밤중에 적이 구름 몰리듯 광주로부터 왜교로 향했다. 우리 수군과 명군이 덮치듯 공격하고, 불을 붙인 섶과 불화살을 쏘았다. 왜선 태반이 불타고 파손되었다. 적은 관음포로 물러갔다.

11월 19일 아침, 이순신이 친히 북채를 잡았다. 이순신을 겨냥하여 적이 일제히 조총을 쏘았다. 순신이 탄환을 맞았다.

이순신이 아들 회에게 말했다.

"나를 방패로 가리고, 절대로 곡소리를 내어서는 아니된다. 명심하라!"

회는 아버지의 뜻을 알아차리고, 아버지의 북채를 대신 들고 북을 울리며 깃발을 휘둘러 독전했다.

해는 아직 낮때가 되지 않았다. 물에 빠져 죽거나 돌과 화살을 맞아 죽는 적의 수가 헤아릴 수 없이 많았다. 도망친 적선은 겨우 50여 척이었다.

고니시 등은 싸움이 한창일 때 몰래 묘도 서량에서 달아났고, 남해의 적은 육로로 미조항에 들어와 의홍이 거두어 배에 싣고 갔다.

유정은 왜교에서 포화가 이는 것을 보고 달려갔으나, 적진은 이미 텅 비어 있었다. 진린은 군사를 거느리고 남해에 들어가 식량 1만여 석을 거두고, 소·말을 헤아릴 수 없이 노획했다. 수군이 죽이고 잡은 수가 1천여 명이 넘었다. 이때 우리 나라 사람이 왜군으로 잘못 알려져 죽은 자가 많았다.

왜군은 도요토미 히데요시의 죽음으로 살아서 도망치려고 발버둥쳤다. 이순신은 그들을 끝까지 응징하려다가 최후를 맞았다. 이 마지막 싸움이 노량해전이다. 이순신은 이날 싸우기 전에 이렇게 빌었다.

"오늘은 진실로 죽기로 결심했으니, 하늘은 반드시 왜적을 섬멸시켜주시기를 원하나이다."

도요토미 히데요시의 독살설

동래부사 송상현이 전사할 적에 함께 목숨을 잃은 양조한이라는 사람이 있었다. 그에게는 부하라는 12세 되는 손자가 있었다. 그는 대마도로 잡혀가 목창木槍을 세우고 그 끝에 이렇게 써놓았다.

'조선의 양가良家 자제가 관백關伯에게 헌신하겠다.'

대마도주가 기특하게 여겨 도요토미에게 보냈다. 도요토미가 부하를 자세히 뜯어보았다.

"조선 아이도 일본 아이와 같구나."

그는 일본인 통역관을 불러 으름장을 놓았다.

"지금부터 조선 아이의 스승이 되어 일본말을 가르쳐라. 만약 저 아이가 일본말에 통달하지 못하면 네놈의 목을 벨 것이니라."

통역관은 벌벌 떨며 촛불을 켜고 밤을 세워가며 부하에게 일본말을 가르쳤다. 그 보람이 있어 부하는 석 달 만에 일본말을 깨우쳤다.

히데요시가 부하를 시험했다. 말을 알아듣고 또 쉽게 하므로, 히데요시는 부하를 옆에 두고 사랑했다.

히데요시는 3층 높이의 병풍을 둘러치고 왼편에는 포와 칼을, 오른편에는 활과 화살을 놓아두고, 벽에는 창을 걸어두었다. 그는 조선에 군사를 파병해놓고 할 일이 없어 가까운 신하들과 옛이야기를 나누거나 주연을 베풀어 즐기고 있었다.

몇 해 후 부하는 중국 사신과 조선 사신이 왔다는 말을 듣고 도요토미에게 청하여 만나보았다. 사신들을 객관에 가두다시피하고 감시가 살벌했다.

중국 사신은 심유경이었다. 심유경이 양부하를 만나 청을 했다.

"그대는 조선 사람이 아닌가?"

"그렇다."

"나를 도요토미에게 안내할 방도가 없겠는가?"

"계교를 쓰면 안되겠는가?"

"어찌하면 되겠는가?"

"객관에서 곡소리를 내어라. 그러면 내가 도요토미에게 그대를 불러 사연을 묻도록 하겠다."

객관에서 때아닌 곡소리가 들렸다. 부하가 도요토미에게 심유경을 불러 연유를 물어보라고 말했다.

"어인 연유인가?"

"바다 만리를 와서 습기에 상해 병이 걸린 사신 일행들이 통곡을 터뜨리고 있나이다."

"방법이 없겠나?"

"다행히도 제가 먹는 환약 한 개를 먹으면 몸이 가벼워집니다."

심유경은 환약 한 개를 도요토미 앞에서 먹었다.

"나도 앞서 다른 섬에서 돌아왔더니 기운이 떨어진 듯하오. 그 약을 먹을 수 없을까?"

"반쪽만 잡수시고 몸이 편안해지는지 시험해보소서."

도요토미는 반쪽을 먹고 편해지는 듯한 느낌을 받았다.

"내일은 한 알을 먹겠소."

"그리하소서."

이튿날 유경은 사람의 몸을 약하게 만드는 독약을 도요토미에게 먹였다. 아편이었다. 도요토미는 약 기운이 있을 동안은 신이 나서 행동하다가, 약 기운이 떨어지면 약을 찾았다. 그는 점점 몸이 말라갔다. 의원에게 보였으나 효험이 없었다. 침을 맞고 뜸을 떠보았으나 소용이 없었다.

"살아 있는 사람이 어찌 진액이 이리도 빠진단 말이냐."

그 사이 심유경 등은 일본을 빠져나왔다. 도요토미는 끝내 죽음에 이르렀다.

"내가 일어나지 못할 것 같다. 말꼬리 두어 움큼과 깨끗한 물 한 독을 들여놓았다가, 내가 죽거든 상을 알리지 말고 내 배를 쪼개어 창자를 끄집어내고 장부를 씻은 다음, 말꼬리로 꿰매어서 시체를 술독에 담그라."

도요토미 히데요시는 첩들에게 유언을 남기고 죽었다. 그대로 시행했다.

몇 달 지내는 사이 시체 썩는 냄새가 진동하여 더이상 숨길 수 없었다. 그리하여 도요토미의 사망소식을 국내외에 알렸다. 조선을 침략한 왜장들에게는 그가 죽은 뒤 수개월 후에야 그 소식이 알려졌다.

이 이야기는 양부하가 조선으로 돌아와 알려지게 되었으나, 진실 여부는 알 수 없다.

광해냐 영창이냐

전쟁은 끝났다. 그러나 조선 조정은 동서남북으로 나뉘어 치열한 당권 경쟁에 들어갔다. 기왕에 갈라진 동인과 서인에서, 또 동인끼리 쪼개져 남인과 북인으로 갈라졌다. 북인은 또 대북과 소북으로 갈라져, 정권 싸움이 치열해졌다.

대북은 정인홍·이이첨·이경전·김대래·기자헌·허균·홍여순 등이 주류를 이루었고, 소북은 유영경·남이공·김신국·유희분·박승종 등이 주류를 이루었다.

소북의 유영경이 영의정이 되어 선조의 비위를 잘 맞추었다. 선조 즉위 39년이 되는데 40년이라며, 유영경은 백관을 거느리고 하례식을 거행하고 증광시增廣試(과거의 정원은 33명이다. 정원을 늘리는 과거를 일컫는다)까지 설치하여 즉위 때와 같이 경축했다. 대북의 반발이 심했다. 그러나 생사여탈권이 유영경에게 있을 만큼 권력이 세어 감히 드러내놓고 말하지 않았다. 남쪽 지방의 지방관들이 뇌물로 보내는 쌀이 훈련도감에 압수될 정도로 유영경은 막강한 권력을 쥐고 전횡을 일삼았다. 유영경을 풍자한 시가 시중에 나돌았다.

광해가 세자로 책봉되었으나, 어찌된 영문인지 명나라에서는 책명冊名(책봉 명령)이 내려오지 않았다. 세자 책봉을 청할 때마다 핑계를 대고 황제의 책명을 얻어오는 데 실패했다. 임란 때 도와준 명나라가 조선의 세자 책봉까지 자기들 뜻대로 하려는 내정 간섭의 징조임이 분명했다. 그러나 조선으로서는 속수무책이었다.

그런데 조선 조정에서는 또 하나 난처한 일이 생겼다. 선조와 재취 인목대비 사이에 영창대군이 태어난 것이다. 선조는 스스로 적자 승계가 아니어서 그에 대한 열등감을 뼈저리게 느꼈다. 그리하여 적자 승계를 은근히 바라고 있었다. 이 틈새를 영의정 유영경이 노렸다.

유영경은 영창대군이 태어나자 백관을 거느리고 축하의식을 거행하려다가, 좌의정과 우의정의 반대로 뜻을 이루지 못했다.

"왕자로서 이미 세자를 정했거늘, 대군의 출생에 백관이 하례까지 할 필요가 있겠소?"

유영경의 생각은 달랐다. 적자 승계할 대군이 태어났고, 명나라에서는 세자 책명을 내리지 않아 아직 세자 자리가 정해지지 않은 것이라는 명분을 내세워 무리수를 두고 있었다.

선조가 병이 들어 자리에 누웠다. 아무래도 영창대군의 나이가 어려 적자 승계는 어려워보였다.

선조는 병이 차도를 보이자 3정승들을 불러 은밀히 말했다.

"과인은 본래 지병이 있는지라 평일에도 벅찬 나랏일을 감당하기 어려웠소. 과인이 병에 걸린 지 1년이 다 되어가는데 자리보존만 하고 있으니 임금의 자리를 지킬 수 없소. 세자에게 전위하고자 하오. 만약 전위가 어렵다면 섭정이라도 하려 하오."

그러나 3정승은 영을 받을 수 없다고 상소를 올려 선조의 청을 물리쳤다. 이 사실이 알려져 대북의 영수 정인홍이 영남 시골집에서 상소를 올렸다. 그는 영경의 음모와 흉계로 영을 따르지 않는 것이라며, 유영경의 당을 모조리 흉신(凶臣)으로 몰아붙였다.

이에 유영경이 해명 상소를 올렸다. 선조는 유영경을 굳게 신임하는 터였다. 유영경과는 사돈간이기도 했다. 유영경의 손자가 선조의 사위였다.

대북과 소북이 정면으로 부딪쳤다. 선조는 유영경의 손을 들어주었다.

'인홍의 상소를 보니 매우 흉악하여 볼 수가 없도다. 과인이 병이 있어 인홍의 말하는 뜻을 알 수 없도다. 인홍이 까닭 없이 임금의 마음을 동요케 하고 영의정을 모함하니, 생각건대 여러 소인 중에 영상을 모함하려고 유언비어를 지어내어 영남에 퍼뜨린 것으로 인홍이 주워서 상소를 올린 것이다. 이 상소로 조정이 불안하게 된다면 큰 불행이다.'

선조는 인홍이 막상 세자에게 전위하라는 상소를 올리자 화가 나서 견딜 수 없었다. 자기 스스로 전위를 말해놓고 말을 뒤집은 것이다. 분명 선조의 가슴에 딴 뜻이 있었다.

'인홍의 상소에 실성한 사람들이 있으니, 신하가 되어 차마 구군을 물러가게 하는 것을 능사로 삼을 수 있느냐!'

이런 비답으로 신하들을 어리둥절하게 만들었다. 이후부터 선조는 세자 광해가 문안을 올 때마다 책망이었다.

"네가 어찌 세자의 문안이라 이르느냐? 너는 난리통에 임시로 봉한 것이니, 다시는 여기에 오지 말라!"

세자는 이 말에 피를 토하며 통곡했다. 정인홍의 상소를 계기로 충주의 진사 이정원, 진주의 생원 하서 등이 유영경의 죄를 다스리라고 상소를 올렸다. 이에 발맞춰 언관인 구혜·이경기·남북규·황근중 등이 사직서를 내고 유영경을 탄핵했다.

선조는 요지부동이었다.

'…너희들이 백 번 소를 올린다 하더라도 과인의 마음이 혹하겠느냐? 한 갓 너희들의 간사한 폐와 간을 스스로 드러낼 뿐이다. 너희들이 누구의 사주를 받고 상소를 올리느냐! 밝은 해가 위에서 굽어보고 있도다!'

조정이 떠들썩했다. 선조는 대북파인 정인홍·이이첨을 귀양 조치했다. 그러나 이이첨은 유배지로 떠나지 않고, 선조가 곧 죽을 것이라는 말을 듣고 한양에 버티고 있었다.

선조가 약밥을 먹고 갑자기 승하했다. 유영경으로서는 청천벽력이었다. 선조가 병석이나마 몇 년만 더 버텨주었으면 대군으로 적자 승계의 꿈을 이룰 수 있었다. 이제 유영경에게는 죽음만이 기다리고 있었다.

선조가 병란 후에 그린 대나무가 퍽 상징적이었다. 바위 밑에 왕죽이 늙어 많은 풍상을 겪어 꺾이고 말라가는 모습이었다. 또 하나는 악죽惡竹이 왕죽 곁으로 뻗어나와, 가지와 잎사귀가 무성하여 긴 마디가 한 치를 지나며 널리 반석을 점거하고 구부러진 채 서리서리 엉긴 모습이었다. 또 하나는 연한 죽순이 돌 위에 왕죽의 원줄기로부터 뽑혀나와, 어린 가지와 연한 잎이 장성하지는 못했으나, 싱싱하고 운치 있는 바른 죽순이 하늘을 찌르고 달을 희롱하는 기상이었다.

왕죽은 선조 자신이었고, 악죽은 광해, 죽순은 영창대군이었다. 영창대군에 대한 집념이 강해, 선조는 공연히 조정에 화의 불씨를 남기고 세상을 떠났다. 광해는 대북과 함께 철저한 복수전에 들어가 결국 국사를 그르치고야 말았다.

유영경과 친형을 죽이다

대북의 소북에 대한 복수극이 벌어졌다. 대북은 명실공히 광해를 임금으로 세우는 데 공로가 큰 당파였다. 소북은 유영경을 비롯하여 영창대군을 보위에 앉히려다가 실패한 당파가 되고 말았다. 주인이 바뀌자 그 머슴들이 주인 행세를 하는 식이었다. 대북은 자신들과 당이 다른 사람들을 무자비하게 제거해나갔다.

유영경을 처음 탄핵한 사람은 종친부의 완산군 이축이었다. 종친부에서 광해에게 호감을 보여, 조정을 어지럽게 만든 장본인이라며 유영경에게 죄를 주라고 청했다. 이를 신호로 영남 사람 김응성·강린이 잇따라 상소를 올려 유영경 타도의 대열에 나섰다.

유영경 탄핵의 분위기가 조정 밖에서부터 무르익어 조정에 바람을 일으켰다. 사간 송석경이 언관들을 대표하여 포문을 열었다. 그러자 기다렸다는 듯이 양사의 합계가 들어왔다.

영의정 유영경은 본래 음험한 인물로서, 외람되게 정승의 자리를 차지하여, 안으로는 궁중과 결탁하고 밖으로는 사당을 만들어 제 마음대로 권력을 농단하고, 임금의 이목을 가려 세력의 불꽃이 하늘을 끄슬리듯 했으며, 흉악한 마음을 품어서, 마음속에는 임금이 없고, 국가를 저버린 죄는 천지간에 용납하지 못할 것으로 아오니, 유영경의 관직을 삭탈하고 문 밖으로 내쫓기를 청하옵나이다. 원흉이 악한 짓을 하는 데는 반드시 간특한 무리들이 우익이 되는 것으로, 김대래·이유홍·이효원·성준구 등이 심복이 되고, 혹은 발톱과 어금니가 되어 주야로 모이고, 홍식·송전이 또한 사주를 받아 조정을 어지럽혔사오니, 아울러 관직을 삭탈하고 문 밖으로 내쫓으시옵소서.

그러나 광해는 허락하지 않았다. 그러자 홍문관에서 탄핵소가 올라오고, 양사에서 또다시 합계를 올렸다. 광해는 그제야 명분을 찾아 영을 내렸다.
"대신이 탄핵을 받고 있으니 정무를 보기 어렵다. 이원익을 영의정에 임명하노라."

유영경을 경질하는 선에서 마무리지으려고 했다. 그러나 소용없었다. 양사에서 유영경과 그 일당들을 처벌하라고 아우성이었다.

광해는 유영경의 소북을 조정에서 축출해버렸다. 유영경을 경흥에, 김대로를 종성에, 이홍로를 대정에 안치시켰다. 그밖에 이효원·이유홍·성준구 등을 절에 안치시키고, 구혜·남복규·홍식·송전 등을 멀리 귀양 보냈다. 또한 이정·이경기 등 10명의 관직을 삭탈하고, 황근중 등 4명을 파직시켰다. 그리고 김신국 등 6명의 벼슬을 갈고, 황유첨·구인지를 사림 명부에서 삭제하고 금고시켰다. 대대적인 물갈이였다.

대북은 여기에서 멈추지 않았다. 유영경 등을 끝까지 물고 늘어져, 김대래·이홍로와 함께 유배지에 사약을 내려 없애버렸다.

이제 화살은 광해의 친형인 임해군에게 돌려졌다. 임해군은 임진왜란 때 백성들이 집에 불을 지를 정도로 인심을 잃었다. 선조의 왕자 중에서 가장 나이가 많아 승계 순위로는 당연히 1위였다. 그러나 본래 허물이 많고, 불량배들을 끌어모아 광해의 의심을 샀다. 광해는 선조가 승하하자 임해군이 무슨 일을 벌일까 두려워, 군사들로 하여금 궁궐을 에워싸게 하고 한 달이 넘도록 궁문을 열지 않았다.

한 간관이 이항복에게 가서 이 일을 의논했다. 임해군을 모반죄로 다스리려고 했다. 항복이 놀라 손을 내저었다.

"그 무슨 소린가. 임해군은 빈소에 있고 모반한 증거가 없는데, 무얼 어쩌자는 겐가? 절대로 아니되네."

며칠 뒤 3사에서 비밀리에 임해군이 역모를 꾸민다는 상소를 올렸다. 이 상소 소식이 임해군에게 전해지자 그는 옷으로 머리를 싸매어 여자처럼 꾸미고, 궁궐을 교묘하게 빠져나가려다가 병조 낭청에서 붙잡혀 궐문 밖에 감금되었다. 임해군은 스스로 못난 짓을 하여 혐의를 뒤집어쓰고 말았다.

임해군의 측근들이 줄줄이 엮였다. 무장 고언백·양학서·양즙·민열도와 종실 운정 도정요, 서흥군·수산수 등이 곤장을 맞고 죽었다. 이밖에 임해군의 비복으로 죽은 자가 100여 명이나 되었다. 임해군은 빠져나가기 힘들게 되었다.

이원익·이항복·이덕형 등 조정의 원로들은 형제간의 의리를 중히 여겨 임해군을 다치지 않게 하려고 노력하다가, 오히려 죄인을 두둔한다는 대북의 공격을 받았다. 이이첨·정인홍 등은 끈질기게 물고 늘어졌다.

광해는 버티는 척하다가 임해군을 교동도로 귀양 보냈다.

그런데 명나라에서 이 사실을 알고, 만애민·엄일괴를 조선에 보내어 진상 조사를 시켰다. 정인홍·이이첨 등은 임해군을 죽여야 한다고 청했다. 그러자 3사에서 복합 상소를 올리고, 대신들에게 임금께 청하라고 압박을 넣었다. 광해는 만애민·엄일괴 등에게 뇌물을 주어 돌려보냈다. 명나라 사신에게 임금이 사사로이 뇌물을 준 것은 조선 역사상 처음이었다.

광해는 친형을 죽일 마음이 없었다. 유배지에서 적당히 세월을 보내게 한 연후에 한양으로 올려와 여생을 편안히 보내도록 할 참이었다.

이항복은 임해군을 살리려고 두둔하다가 호역(역적을 두둔하는 것)으로 몰려 포천 농장에 가 있었다. 도롱이를 입고 삿갓을 쓰고 들에 나가서 농민들과 이야기를 나누며 지냈다.

"그대들은 무슨 일로 걱정하는가?"

"대감, 우리는 군역이 제일 두렵습니다."

"한양은 호역이 중한 벌로 다스려진다네."

"호역이 무엇입니까?"

"그런 게 있네. 사람도 송피松皮와 같은데, 송피는 두들기면 떡이 되고 사람은 두들기면 역적이 되는 세상일세."

임해군을 죽이라는 상소는 그치지 않았다. 광해는 동요하지 않았다. 귀양을 보냈으니 이빨 빠진 호랑이꼴인 친형을 굳이 죽여 민심을 잃고 싶지 않았다.

이이첨 등은 광해의 단호한 의지를 알고 다른 방법을 동원했다.

임해군이 유배된 교동도의 현령 이현령은 이이첨의 인척이었다. 어느 날 이현령에게 비밀 편지가 전해졌다.

'역적 임해를 쥐도 새도 모르게 죽여 화근을 없애라.'

이현령은 펄쩍 뛰었다.

"이자가 권력을 쥐더니 하늘 무서운 줄 모르는구먼."

이현령은 이이첨의 밀령을 무시해버렸다. 어느 날 금부도사가 교동으로 내려왔다.

"죄인 이현령은 영을 받으라!"

이현령이 영문을 모른 채 엎드렸다.

"현령은 죄인을 지키는 데 게을리했다. 의금부로 압송하라!"

현령은 졸지에 죄인이 되어 의금부에 갇혔다. 이현령의 후임으로 이직이 부임되었다. 이직은 이이첨에게 충성을 맹세한 심복이었다. 부임할 때 미리 지령을 내렸다.

"모름지기 감쪽같아야 하네. 만에 하나 들통나는 날에는 자네의 목숨은 말할 것도 없거니와, 내 목숨 또한 온데간데없을 것이야."

"염려 놓으소서. 쥐도 새도 모르게 해치우겠소이다."

이직은 교동도에 부임 즉시 임해가 있는 집을 철저히 봉쇄했다. 그리고 밥의 양을 줄였다. 임해는 하는 일은 없었으나 배가 고파 미칠 지경이었다. 나중에는 그것도 하루에 한 끼밖에 먹지 못했다. 임해는 창자가 달라붙어 자리에 누웠다. 이때부터는 아예 밥을 주지 않았다. 임해군은 맹물로 버티다가 굶어죽고 말았다. 임해의 사망은 병사로 보고되었다.

궁류시인宮柳詩人의 억울한 죽음

어느 해 봄, 봉산군수 신율이 도적 김제세라는 자를 잡아 국문했다. 제세는 혹독한 고문에 못 이겨, 죽음을 면해보려고 김직재가 반역을 도모한다고 무고했다. 신율은 이 사실을 황해병사 유공량에게 알렸다. 유공량은 감사 윤선에게 알리고 조정에 보고했다. 그리고 곧 직재를 잡아 의금부로 올려보냈다.

김직재를 국문했다. 직재는 고문을 견디지 못하여 황혁과 음모를 꾸미고 진릉군 태경을 세우려 했다고 허위 자백을 했다. 황혁의 딸이 선조의 서자 순화군의 아내이고, 태경은 순화군의 양자였다.

김직재는 과거에 급제하여 성균관 학유 시절 임진왜란을 만났다. 그는 아버지와 함께 왜군에게 잡혔다. 왜군이 아버지를 삶아죽였으나, 직재는 그 광경을 보고도 전혀 슬픈 기색이 없었다. 이 일이 있은 후 그는 세상에서 버림을 받았고, 사판仕版(관원 병부)에서 제명되어 벼슬길에 나아갈 수 없게 되었다.

한편 신율은 김제세의 옥사가 거짓이었음이 드러날까 봐 두려워, 유팽석이라는 자를 매수하여 의금부로 보내면서 신신당부했다.

"이번 일만 깔끔히 마무리되면 너에게 평생을 먹고 놀 만큼 재물을 주마. 꼭 신천의 황혁을 잡아넣어야 한다."

황혁은 신천에서 귀양살이를 하고 있었다.

팽석은 의금부에 오자마자 황혁을 끌어들여 모반의 괴수라고 보고했다. 황혁이 잡혀와 고문을 받다가 죽었다. 그의 서얼 곤·건, 손자 상·첩, 노비 수십 명이 매맞아 죽었다. 그러나 이들 중 모반을 시인한 사람은 한 사람도 없었다. 황혁의 집을 수색하자 권필權韠이 보낸 편지가 발각되었다. 권필이 의금부에 잡혀와 고문을 받았다.

이이첨이 권필의 문명을 듣고 여러 차례 사귀려고 시도했으나, 권필은 이이첨을 간흉으로 취급하여 상대하지 않았다. 이이첨이 앙심을 품고 엮어 넣은 것이다.

그전에 이런 일이 있었다. 진사 임숙영이 과거시험에 당시의 정사를 풍자·비평하여 신료들의 간담을 서늘케 했다. 고시 관원들이 두려워서 급제 시켜놓고, 감히 임숙영의 시지試紙를 버리지도 내보일 수도 없어 망설였다. 광해가 시지를 보고 화가 나서 급제 방榜에서 임숙영의 이름을 삭제하라고 불호령을 내렸다.

양사에서 광해가 잘못이라고 논쟁하여, 봄부터 여름이 다 가도록 방을 붙이지 않았다. 가을에 비로소 그대로 발표할 것을 허락했다.

권필은 당대의 시인으로서, 작은 예절에 구애받지 않고 세상을 더럽게 여겨 과거시험을 치르지 않았다. 임숙영의 이름을 방에서 뺀다는 소문을 듣고 시를 지었다. 이것이 세상에 널리 알려진 궁류시이다.

궁宮 버들 청청한데 꾀꼬리 요란하게 나는구나
성城에 찬 관개冠蓋(벼슬아치를 가리킴)가 봄볕에 상긋거리네
조정에서는 함께 태평의 즐거움을 하례하는 판에
누가 시켜 위태한 말이 포의(선비)의 입에서 나오게 하였나

이 시에서 궁 버들은 왕비의 친정인 유柳씨를 지적한 것이고, 포의는 임숙영을 가리킨 것이다.

광해는 황혁의 편지에서 이 시를 보고 권필을 잡아다가 국문한 것이다.

권필은 대대로 현석촌玄石村에 살았다. 스스로 호를 석주石州라고 했다. 젊어서 정철의 풍류를 사모하여, 정철이 강계로 귀양 갔을 때 이안눌과 함께 그곳에 가서 정철을 만났다. 정철이 크게 기뻐하며 두 사람에게 말했다.

"이번에 천상의 두 적선謫仙을 보았구려."

이때부터 권필의 명성이 드높아졌다. 이안눌은 뒤에 예조 · 형조 판서를 지냈다. 당시 조정에서 청렴근면한 신료 다섯 명을 뽑는 데, 이안눌이 여기에 뽑혀 숭록대부의 가자를 받았다.

권필이 일찍이 친척집에 가서 술을 마시고 취해서 누워 있었다. 때마침 광해의 처남(왕비의 동생) 유희분이 그 집에 왔다. 주인이 필의 팔을 나꿔채면서 말했다.

"문창 대감께서 오셨소."

권필이 눈을 부릅뜨고 한참 보다가 꾸짖었다.

"네가 유희분이냐? 네가 부귀를 누리면서 국사를 이 지경으로 만들었느냐! 나라가 망하면 네 집도 망할 것이니, 도끼가 네 목에는 박히지 않을까 보냐!'

희분은 새파랗게 질려 도망치듯 가버렸다.

조정에서 권필의 구명운동을 벌였다. 이항복이 광해 앞에 엎드렸다.

"전하, 선비의 한때 망녕된 시로써 어찌 곤장을 치기에 이르렀으며, 그가 역옥에 관계된 것도 아닌데 만약 국문을 하다가 죽기라도 한다면 전하의 성덕에 누가 되지 않을까 염려되나이다. 시를 무심하게 지은 것이 아니고, 비록 지적한 곳은 있으나 어찌 중형으로 다스릴 것이나이까?

광해는 권필을 북방으로 귀양 보냈다. 그러나 권필은 고문으로 이미 초죽음이 되어 있었다.

그는 귀양길에 올랐다. 동대문 밖에서 하룻밤을 묵게 되었다. 필이 묵는 방 벽에 시 한 수가 적혀 있었다.

그대에게 한 잔 술 나누기를 다시 권하오
흙이 유령의 무덤 위 흙에 이르지 않으니
3월은 거의 다 가고 4월이 오는데
복사꽃 어지러이 떨어져 붉은 비 같구나

여기에서 유령은 중국 죽림칠현의 한 사람으로, 술을 즐겼다 한다. 이태백의 시에 이와 같이 씌어 있다.

시를 보고 권필이 중얼거렸다.

"이것이 시참詩讖(무심코 지은 시가 예언으로 맞아떨어짐)이로구나. 내가 죽을 자리가 여기인가?"

권필은 집주인에게 술을 청했다. 주인이 술을 구해다주었다.

권필은 의금부에 잡혀가기 훨씬 전에, 시고를 보자기에 싸서 생질에게 맡기면서 절구 한 수를 보자기 겉에 써놓았다. 문득 그 시가 떠올랐다.

평생에 우스개 글귀를 지어서
인간 만 입의 숙덕거림을 끌어 일으켰네
이제부터는 입을 봉하고 생을 마칠거나
옛날에 공부자(공자)께서도 말 없고자 하셨지

권필은 저녁에 술을 마시고 새벽에 자리에 누웠다. 그리고 영원히 눈을 뜨지 않았다. 광해가 이 소식을 듣고 중얼거렸다.

"하룻밤 사이에 어찌 갑자기 죽는단 말인가."

분명 후회하는 말이었다.

복수전의 희생양, 영창대군의 죽음

대북당들의 정적에 대한 복수전은 상상을 초월했다. 광해는 차차 대북당의 농간에 놀아나기 시작했다. 광해의 태생적 한계가 드러났다. 대북당의 성원으로 왕위에 오른 광해는 그들의 기득권을 어느 정도 인정하고 들어갈 수밖에 없었다.

대북은 유영경과 임해군 일파를 제거한 뒤, 화살을 영창대군과 인목대비 및 영창의 외할아버지 김제남에게 돌렸다.

그 무렵, 양반 서자 출신들이 이천 및 소양강 주변에 모여 자신들의 딱한 신세를 하소연하며 울분을 토하고 있었다. 이들을 세상에서는 '강변칠우江邊七友' 또는 중국의 죽림칠현을 본떠 '죽림칠현'이라고 불렀다. 전 정승 박순의 서자 박응서, 목사 서익의 서자 서양갑, 병사 이제신의 서자 이경준, 전 형조참판 박충간의 서자 형제 박치인·박치의, 심전의 서자 심우영, 사계 김장생의 이복동생 김경손 등이었다.

이들은 소양강 위쪽에 모여 살면서 노닐던 곳을 무륜당無倫堂이라 짓고, 시를 읊고 술 마시는 일로 낙을 삼았다. 이들이 도둑으로 변하여 문경새재에서 한양 장사꾼을 죽이고 물건을 빼앗았다가, 박응서가 제일 먼저 포도청에 잡혀들어왔다. 나머지 잔당을 잡아들이는 것은 시간문제였다.

대북당의 이이첨이 영창대군 등을 제거할 기회를 노리고 있던 참에 이 사건이 터진 것이다. 이첨은 포도대장 한희길과 심문관 정항을 꾀어 일을 꾸몄다. 한희길이 이첨의 사주를 받고 박응서를 꾀었다.

"네가 큰일을 도모하기 위해 강도질을 했다고 고백하면 죽음을 면할 뿐만이 아니라, 큰 공이 되어 출세할 수 있을 게야. 깊이 생각해보아라."

그러나 박응서는 그럴 수 없다고 여겼다. 그가 망설이고 있는데 이첨이 친척되는 이의숭을 박응서에게 보냈다.

"네 죄는 사형을 면치 못할 게야. 포도대장의 말을 들었겠지? 상소를 올려 반역을 고발하면 너는 공신이 될 수 있다."

응서는 대답이 없었다. 그 사이 심우영·서양갑 등이 줄줄이 잡혀 들어왔다. 이들은 강도짓만을 자백할 뿐이었다. 박치인·김경손·박치의·이경준 등도 처음에는 이첨의 농간에 넘어가지 않았다.

국문이 악랄해졌다. 서양갑의 경우 늙은 어머니가 매맞아 죽고, 심우영은 14세 된 아들까지 잡혀가 고문으로 죽었다. 심우영은 악이 받쳤다. 이판사판이었다. 의리 따위가 하찮게 보였다. 그때 박응서가 역모를 고변했다는 소문이 돌았다. 이이첨의 농간이었다.

이들은 문예를 즐기고 병서를 공부하여 허균·이재영·이사호 등과 사귀었다. 또 강변칠우의 연명서로 과거에 응시할 수 있도록 서얼에게 기회를 달라고 호소했으나 무시당하고 말았다. 한이 많은 인생살이였다.

박응서가 국문장에 나와 폭탄 선언을 했다.

"우리는 단순 강도가 아니오. 장차 큰일을 벌일 생각으로 양식과 병기를 준비하려고 장사꾼을 턴 것이오."

"누구를 추대하려 했느냐?"

"당연히 영창대군이 아니겠소!"

심문관 정항이 광해에게 달려가 보고했다. 광해가 친국에 나섰다.

그 사이 이첨의 농간으로 역모의 증거를 만들었다. 역모에 쓰일 격문을 지었다. 그 격문에는 '참용이 일어나기 전에 가짜 여우가 먼저 운다'는 내용이 담겨져 있었다.

사건에 연루된 허홍인의 처 선이가 잡혀와 광해 앞에서 국문을 받았다.

"너는 남편에게 무슨 말을 들었느냐?"

"예, 남편이 말하기를 양갑·우영과 함께 내년에 대궐을 범하기로 약속했다고 했소."

광해가 양갑·우영 등에게 물었다.

"격문 내용 중 참용은 누구이고, 가짜 여우는 누구더냐?"

"그걸 몰라서 묻는 게요!"

양갑이 큰 소리로 대들듯이 말했다.

"누군지 네 입으로 말하라!"

"참용은 영창대군이고 여우는 주상이오. 이제야 알겠소?"

"저런 쳐죽일 놈이 있나!"

"주상은 세 가지 큰 죄악이 있기에 우리들이 군사를 일으켜 주상을 토벌하려고 했소. 반역이라니 가당치도 않소!"

"내 죄악이 무엇이냐!"

"꼭 내 입으로 말해야겠소? 듣고 싶다면 말하리다. 첫째 아버지(선조 : 갑작스러운 죽음)를 죽이고, 둘째 친형을 죽이고, 셋째 친족의 윗항렬 부인을 간음한 죄가 어찌 가볍단 말이오!"

"저, 저, 저놈의 입을 닫아버려라!"

"너희들과 통한 놈이 누구냐?"

박응서에게 물었다.

"김제남과 몰래 통하여 영창대군을 모시려고 했소."

이이첨의 각본대로 잘 엮어졌다. 광해는 친국을 하여 반역이 거짓이 아님을 확인했다. 강변칠우는 박응서만을 제외하고 하나씩 죽어나갔다.

이이첨은 먼저 김제남 제거 작전에 들어갔다. 사간원 간관들을 동원하여 김제남을 탄핵했다.

"김제남의 관직을 삭탈하라!"

광해가 영을 내렸다. 그러나 여기에서 그칠 일이 아니었다. 게다가 김제남은 인심마저 잃고 있었다. 사림에서 배척되고, 그가 궁지에 몰리자 선비들이 돌을 던지는 상황이었다.

이이첨은 영창대군을 죽이기 위해 하수인 이위경을 시켜 영창을 죽이라는 상소를 올리도록 했다. 조정 여론이 복잡하게 돌아갔다. 광해는 김제남을 희생시키고 8세의 어린 영창은 살릴 생각이었다.

김제남을 반역죄로 몰아 서소문 안 사형장에서 목을 베었다. 제남의 아들 셋이 모두 화를 입었다. 제남의 며느리 정씨는 홀로 두 고아를 데리고 화를 면했다. 그러나 끝내 지켜낼 방도가 없어, 어느 날 그 아들 천석이 죽었다고 소문을 내고, 거짓 관을 선산에 묻었다. 그리고 천석에게 누추한 옷을 입혀 중에게 맡겼다. 천석은 11년 동안 몸을 숨기고 있다가 인조반정 후 세상에 나왔다.

대북당은 김제남을 제거한 후 이번에는 영창대군 제거 작전에 들어갔다. 이첨이 삼사를 사주하여 번갈아 상소를 올려, 영창대군 의를 죽이라고 아우성이었다. 또 조정의 여론을 조작했다.

"3정승이 마땅히 백관을 거느리고 주상께 청해야 하는데, 의정부에서는 역적의 무리를 제거하는 데 방관하고 있다."

그뿐만이 아니었다. 이이첨의 하수인이 이항복의 집에 가서 공갈 협박하는 무례를 서슴없이 저질렀다.

"대감, 의를 죽이는 데 반대하면 화를 당하고 찬성하면 복을 받을 것이오. 선택은 대감이 하시오!"

"그만, 그만하게!"

"온 가족을 생각하시오."

"나는 선대 임금의 후한 은혜를 입어 벼슬이 정승에까지 이르렀네. 지금 늙어서 죽게 된 처지에 내 뜻을 굽혀서 스스로 내 이름을 더럽힐 수 없네."

이항복은 대북의 손을 들어줄 수 없었다. 조작극인 줄 알면서도 범인들이 임금 앞에서 역모를 토설하여 영창의 편에 서지 못하는 것이 한이었다.

어느 날 대사간 이충이 광해가 없는 사이에 전상에서 큰 소리로 말했다.

"조정 의논이 모두 대신이 즉시 복합 상소를 하지 않음을 그르다고 하니, 감히 고하지 않을 수 없소."

이 말을 듣고 이항복이 밖으로 나갔다.

이덕형도 따라나갔다. 덕형이 물었다.

"조정 의논이 심상치 않으이. 우리에게 화가 미칠 모양 같구먼. 그대는 앞으로 어쩔 셈인가?"

"내 뜻은 정해져 있네."

"죽을 것인가?"

"〈예기〉에 '내란에는 참여하지 않는다' 고 했네. 내가 어찌 영창을 위해 죽겠는가?"

"그렇다면 어떻게 할 참인가?"

"자네는 수상으로서 마땅히 이 의논을 결단해야 할 것일세. 만약 영창을 궐 밖으로 나가 있도록 한다면 나는 마땅히 머리를 굽히고 따르겠지만, 만약 3사의 의논처럼 반드시 법대로 죽인다면 나는 이론을 세우지 않을 수 없네. 죽고 사는 것은 명이 아니겠나?"

덕형이 웃으면서 대답했다.

"바로 나의 뜻일세."

이튿날 이덕형은 백관을 거느리고 대궐 문 밖에 나가 엎드려 영창을 대궐 문 밖에 나가 살도록 청을 올렸다. 영창을 살리기 위한 고육책이었다.

이이첨이 대신들에게 항의했다.

"조정 의논은 형을 시행하려고 하는데 대신은 나가 있도록 청하니 이는 종사를 위하는 것이 아니오."

광해는 영창대군을 폐하여 서인으로 남도록 명했다. 영창은 궐 밖으로 쫓겨났다.

영의정 이덕형이 영창의 일을 극력 반대코자 했으나, 화가 늙은 아버지에게 미칠까 두려워 망설이고 있었다. 아버지는 이를 알고 용기를 주었다.

"네가 벼슬이 영의정 자리에 있으니, 죽고 살고 즐겁고 걱정됨을 나라와 같이할 것이지, 어찌 입을 다물고 평소에 임금께 충성을 다하고 나라를 사랑하던 뜻을 저버릴 수 있느냐?"

이덕형은 아버지에게 절을 올리고 울면서 고별했다. 그리고 비장한 마음으로 상소를 올렸다.

신은 오늘날 전에 없던 변을 당하여 항상 전하께오서 형제간의 일로 마음 아파하시는 전교를 받들게 되니, 간담이 오그라지는 것 같아 잠도 못 자고 먹지도 못하나이다 … 의가 죽으면 화근이 끊어져서 나라가 편안해지고, 의가 죽지 않으면 인심이 의심하고 조정이 위태할 것이므로 무릇 지식이 있는 이는 빨리 처단하고자 하니, 조정의 제신들도 누군들 이 걱정이 없겠습니까마는, 비록 반역의 모의에 참여해 알았더라도 나이가 차지 않으면 법으로는 형을 쓸 수 없나이다. 영창의 나이 겨우 여덟 살이옵나이다. 신이 다른 신하들과 뜻을 같이하지 못하는 것도 바로 이 때문이나이다. 만약 명나라에 이 사실이 알려지면 앞날이 어찌될지 걱정이 앞서나이다 … 부디 어린 영창을 더는 형으로써 다스려서는 아니되나이다…

3사에서 이덕형의 상소를 문제삼아 탄핵이 빗발쳤다. 덕형은 서울을 떠나버렸다. 서울을 떠나던 날 이상한 사람이 강머리에서 덕형을 기다리고 있다가 시 한 수를 지어주었다.

집이 광릉에 있는데
강 서쪽 국화가 곱게 피어 절후가 늦으니
낙엽은 소소하고 바람조차 차구나
창 앞의 두견새가 돌아가기를 재촉하니
유인幽人의 옛 집 그리워함을 아는 듯해라

덕형은 용진의 시골집에 내려가 집 천장만 올려다보고 울면서 식음을 전폐하다 병이 들었다. 그는 그 길로 세상을 떠났다. 그가 세상을 떠나던 날 형형색색의 구름이 하늘을 가려 사람들이 눈이 부셔 쳐다보지 못했다.

영창을 강화도로 귀양 보냈다. 광해는 이이첨 등의 농간에 휘둘리고 있었다. 여기에서 그치지 않았다. 이이첨은 자기의 심복 정항을 강화부사로 내보냈다. 정항은 이이첨의 지시에 따라 영창대군의 방을 뜨겁게 달구어 영창을 쪄죽였다. 그리고 병사라고 보고를 올렸다.

대북당들의 만행은 끝이 보이지 않았다. 인목대비, 즉 광해의 계모를 폐출시키려는 음모를 꾸몄다. 원로대신인 이원익·이항복 등의 반대도 만만찮았다. 이이첨의 하수인인 이위경·정조·윤인 등이 '모후母后가 안으로는 무고를 일삼고 밖으로는 반역의 모의에 응했으므로, 어머니의 도리가 끊어졌다'고 주장했다. 여론몰이를 해가고 있었다.

이원익이 집에 칩거하다가 광해에게 인목대비에게 효도를 다하라고 상소를 올렸다. 광해는 화가 나서 사람을 보내어 원익을 꾸짖었다. 광해의 마음을 읽은 3사의 언관들이 이원익의 관직을 삭탈하고 성문 밖으로 내쫓으라고 아우성이었다. 조정 분위기가 심상찮았다. 이원익을 홍주로 귀양 보냈다.

인목대비는 서궁(경운궁)으로 쫓겨나 감금당하다시피 살았다. 이이첨은 허균의 약점을 잡고 대비를 폐출시키는 데 앞장서라고 으름장을 놓았다. 허균은 강변칠우와 가까운 사이였으나 손끝 하나 다치지 않았다. 얼마든지 엮어넣을 수 있었다.

허균은 이첨의 하수인이 되었다. 그는 폐모론에 반대하는 선비들을 모조리 잡아넣으려고 익명서를 서궁에 쏘아넣었다. 거기에 삼청결의三淸結義가 나왔는데, 삼청은 김유가 사는 동네였다. 즉, 삼청동에 사는 김유가 홍서봉·김상헌·장유·조희길 등과 모의하여 장차 일을 꾀하려 했다는 것이었다. 터무니없는 날조였다. 허균의 날조라는 사실이 밝혀지자 사건은 유야무야되고 말았다.

인목대비를 폐출시키려는 음모가 숨어 있는 이러한 사건이 꼬리를 물고 일어났다. 또 허균은 김개·이강을 시켜 호남·영남의 무뢰배를 꾀어 거짓으로 유생처럼 가장, 잇따라 상소를 올려 화근인 인목대비를 형벌로 다스리고, 대비를 두둔하는 영의정 기자헌의 죄를 물어야 한다고 아우성이었다. 조정에서도 보조를 맞춰, 3사의 이이첨 하수인들이 인목대비의 죄를 정식으로 거론하고 나섰다.

영의정 기자헌은 생각다 못해 신료들을 모아놓고 논의해야 한다는 의견을 내놓았다. 일이 이이첨의 계획대로 진행되었다. 이때 신·구 관료들

930여 명이 참여했다. 이중에는 종실 170여 명도 포함되어 있었다. 폐모에 반대한 신료는 이항복을 비롯하여 손가락으로 헤아릴 정도였다. 그토록 대북의 권력이 넘쳤던 것이다.

대북당은 이항복과 기자헌을 가만두지 않았다. 기자헌도 폐모론에는 반대했다. 3사 합계로 이들을 귀양 보내라고 아우성이었다. 광해는 대북당의 의견에 따를 수밖에 없는 지경에 와 있었다. 그들이 아우성을 치면 안되는 일이 없었다. 광해는 이항복을 경원으로, 기자헌을 회령으로 귀양 보냈다.

이항복은 동강에 있다가 청파로 옮겨 어명을 받았다. 제자 이시백의 집이었다. 항복은 태연했다. 그날 밤 시백이 항복을 모시고 한방에서 잤다. 항복은 코를 드르릉 곯며 편히 잤으나, 시백은 뜬눈으로 밤을 세웠다.

"아직 자지 않았느냐?"

새벽에 깬 항복이 시백에게 물었다.

"오늘 선생님을 떠나보내야 하거늘 어찌 편안히 잠들 수 있겠나이까?"

항복이 웃으면서 받았다.

"낸들 마음이 편하겠느냐? 그렇다고 근심한들 달라질 게 뭐가 있겠느냐? 한숨 자거라."

항복이 헤어질 때 전송 나온 사람들에게 말했다.

"명년 8월에는 다시 돌아오겠지만, 그때 서로 보게 될지 알 수 없소이다."

산모퉁이에서 헤어졌다. 전송하는 사람들이 눈물을 흘렸다. 후에 대제학·좌찬성을 지낸 이호민이 시 한 수를 지어 항복을 떠나보냈다.

　　이 땅에서 해마다 손을 전송하니
　　산단山壇에 술잔을 들어 잉어를 제수로 제사했는데
　　내 걸음이 가장 늦어 어느 곳에 갈 것인지
　　다시는 친구도 와서 작별할 이 없겠네

항복이 답사를 읊었다.

　구름 낀 해가 쓸쓸해서 대낮이 어두운데
　북풍은 멀리 떠나는 옷자락을 불어 찢는구나
　요동의 성곽은 응당 옛날과 같겠지만
　다만 영위令威는 가서 돌아오지 못할까 염려로세

항복은 철령에 올라 시조 한 수를 읊었다.

　철령 높은 재에 자고 가는 저 구름아
　고신 원루를 비삼아 띄워다가
　님 계신 구중 심처에 뿌려본들 어떠리

이항복은 경원 유배지에서 살아서 돌아오지 못하고, 병사하여 죽은 몸으로 한양에 돌아왔다.

눈엣가시들을 제거한 대북당들은 폐모를 빠르게 진행시켰다. 이때 정청에 나가 찬성한 백관들은 좌의정 한효순, 우의정 민몽룡을 비롯하여 780여 명이었다. 여기에 참여하지 않은 종친들은 의창군 광 등 30여 명이었다.

이이첨 등은 여기에서 그치지 않았다. 인목대비를 아주 없애기로 하고 모의했다. 강원감사 백대행이 이이첨 · 한찬남 · 정조 · 윤인 · 이위경 들과 은밀히 만났다.

"서궁이 살아 있으면 우리 무리들은 아마 장사지낼 땅도 없이 될지도 모르오."

"맞아요. 뒤에 뉘우쳐도 소용없소. 먼저 일을 단행합시다."

이들은 섣달 그믐날을 이용하여 대비를 살해하기로 의견을 모았다. 이날은 각궁마다 잡귀를 쫓는 행사가 있었다.

백대행과 이위경이 잡귀 쫓는 놀이를 핑계로 무리들을 거느리고 경운궁으로 들어갔다. 이들은 풍물을 치며 대비가 있는 곳으로 접근해갔다.

이날 밤 초저녁, 대비가 설핏 잠이 들었다. 꿈에 선조가 나타나 슬픈 얼굴로 말했다.

"도적의 무리가 죽이러 오는데 뭘 하고 있소? 빨리 피하시오!"

대비가 깜짝 놀라 잠을 깨어 시녀를 불렀다. 대비는 울면서 시녀에게 꿈 얘기를 했다.

"마마, 서둘러 피하소서. 소녀가 대비마마인 양 침전에서 도적들을 맞겠나이다."

대비는 서둘러 후원 바위 뒤로 몸을 숨겼다. 도적들이 대비의 침전에 들어 불문곡직 칼로 시녀를 난도질했다. 그들은 대비의 얼굴을 확인하지도 않고 풍물을 치며 유유히 사라졌다.

이 사실이 광해에게 전해졌다. 광해는 화근이 완전히 제거되어 한시름 덜게 되었다. 그리하여 광해는 인조반정이 나던 날, 대비가 살아 있다는 말을 듣고 이를 직접 확인하려고 했다. 아마 악의 뿌리는 꼭 천벌을 받는다는 교훈을 얻었을 것이다.

광해군의 북방외교

청나라 태조 누르하치의 성은 퉁(佟)이고, 그들 부족은 옛 건주建州에 속해 있었다.

누르하치는 장해張海와 색실色失 등 여러 추장을 쳐서 북쪽으로 누에가 뽕잎 뜯어먹듯 영토를 점거해갔다. 때로는 노략질하여 잡아온 한인들을 돌려보내 명나라와 결탁했다. 얼마 후 하부河部의 오랑캐 극오십 등이 시하보에 침략하여, 지도자 유부를 죽이고 건주로 달아났다. 누르하치는 극오십을 베어 명나라에 바치고 상 주기를 바랐다. 또 오랑캐의 말을 바치면서,

그의 아버지와 할아버지가 모두 아태阿台의 난에 죽었다고 진술했다.

명나라는 누르하치에게 용호장군의 칭호를 주었다. 누르하치는 이때부터 동이東夷에게 자신의 지위를 뽐내고 세력이 점차 키워나갔다. 그 밑에 모여든 활을 잘 쏘는 군사가 수만 명에 이르렀다.

누르하치는 야심만만한 그의 아우 속아하치를 죽이고, 동생의 군사를 병합하여 올라의 여러 추장을 쳤다. 그리고 무순에 잠입하여 명나라 유격대장 이영방을 사로잡았다. 무순성은 함락되고 총병 장승윤 등이 전사하여 전군이 섬멸되었다. 누르하치는 곧 청하를 함락시켰다.

급보에 접한 명나라는 양호로 하여금 요동을 다스리게 했다. 그리고 조선에 파병을 요구했다. 총독 왕가수가 4만 병사를 요청하자, 양호가 조선 사정을 감안하여 1만 명으로 감해주었다. 조선은 파병으로써 양호를 도우라는 황제의 명이 떨어졌다. 양호가 조선 조정에 편지를 보내왔다.

'북관의 김태석 · 백양고 두 추장이 아직도 병마 1만을 갖춰 오랑캐의 목을 움켜쥐고 있으니, 귀국에서 그 등을 치면 무엇이 어렵겠소? 만일 수만 명의 군사를 갑자기 징발하기 어렵고 한 지역을 홀로 담당하기 어렵거든, 1만 명의 정예병을 미리 뽑아 열흘 양식을 준비하여 국경에 나와 기다리시오.'

총독 왕가수의 격문도 계속 이어졌다. 그리고 명나라 황제의 칙서가 내려졌다.

'…속히 군사를 징발하여 토벌에 나서 소탕하는 공을 이룰지어다…'

조정에서 긴급회의가 열렸다. 하나같이 명나라를 도와 파병을 서둘러야 된다고 읍소했다. 광해가 보기에 신하 가운데 중원의 세력을 제대로 파악하는 자가 하나도 없는 것 같았다. 광해는 실망이 컸다. 임진왜란 때 명나라가 조선을 도왔다고 하여 '어버이 나라'니 '은혜국'이니 하며 제 집에 불이 난 것처럼 서두르는 신하들의 꼬락서니를 보니 광해는 한심하고 절망스러웠다.

즉시 강홍립을 5도 도원수로 삼고, 평안병사 김응서를 부원수로, 정호서·이민환·이정남·정응정 등을 문무종사로 삼아 5도에서 2만 명의 병사를 모집하여 평안도로 보냈다. 그리고 경상·강원도에서 모집한 병사는 함경도로 보냈다.

광해는 강홍립이 떠나기 전에 따로 불렀다. 이이첨이 함께한 자리였다.

"도원수는 누르하치의 군사를 어찌 보고 있소?"

"그까짓 오랑캐들이 명나라 군사를 당하겠나이까?"

"예판(예조판서 이이첨)은 어찌 보시오?"

"신도 도원수의 생각과 같사옵나이다."

"과인의 견해는 다르오."

"예에?"

"과인은 임진왜란을 겪으면서 명나라 군사를 충분히 접해보았소. 그 장수들은 허풍이 심하고 병사들은 오합지졸이었소. 과인이 보기에 후금 누르하치가 앞으로 중원을 차지할 게요."

"전하, 당치도 않사옵나이다. 누르하치는 한낱 오랑캐로서 한 떼의 도적에 불과하나이다."

이이첨이 목청을 높였다.

"두고 보시오. 이번 전쟁은 누르하치가 승리할 것이며, 명나라는 기울게 될 것이오."

"전하, 황제의 나라를 어찌하여 그리 폄훼하시나이까?"

"예판, 폄훼가 아니라 현실이 그렇다는 말이외다."

광해가 버럭 고함을 질렀다. 그리고 갑자기 목소리를 낮췄다.

"도원수, 과인의 말을 명심하시오. 전쟁에 나가 힘써 싸우지 마시오. 명과 후금의 전세를 보고 있다가 강한 쪽을 따르시오. 명나라 군을 무조건 따르지 말란 말이외다."

"예에? 그래도 되겠나이까?"

"앞으로 중원의 판도가 달라질 것이오. 명나라보다 후금에 정성을 쏟아야 우리가 살아남을 것이오."

"명심 또 명심하겠나이다."

강홍립은 광해와 밀약을 하고 북쪽으로 말을 달렸다.

이듬해 정월, 누르하치가 북관을 침범했다. 양호가 유정에게 창성에서 120리 떨어진 양마전에 진을 치도록 하고 조선 파병 5천 명을 요구했다. 홍립은 양마전과 별결박 사이에 있는 묘동으로 달려가, 부원수 경서에게 3영의 장수를 거느리고 앞으로 전진하도록 명령을 내렸다. 온 산천에 두 자 (60cm) 정도의 눈이 쌓여 있었다.

다행히도 후금군이 북관에서 물러나자 양호는 각군에게 본진으로 돌아가라는 명령을 내렸다. 그리고 은 3천 냥을 각군에 보냈다. 홍립은 창성에 이르러 은을 군진에 나누어주었다. 여기에서 조선 파병을 10영으로 나누어 부서장을 임명하여 진용을 다시 짰다.

중군에 전첨사 오신남, 종사관에 군기부정 정응정·이정남, 중영장에 정주목사 문희성, 좌영장에 선천군수 김응하, 우병장에 순천군수 이일원, 연영장에 청성첨사 이찬, 별장에는 숙천부사 이인경, 절충에 이국·박난영·유태첨·신홍수, 향도장에 하서국 등을 임명했다.

눈이 녹기를 기다려 유정은 양마전에서 관전으로 나가고, 도사 교일기는 조선 파병 1만여 명을 독촉하여 강홍립·김경서·이민환·문희성·김응하 등과 함께 적의 동쪽을 쳤다. 유정은 마가채 어귀를 지나 300여 리 정도를 깊숙이 들어가서 10여 채寨를 쳤다. 그러나 이튿날 적이 한졸漢卒의 복장을 하고 유인하는 바람에 속아, 포위망에 명군이 무너지고 유정·유소촌·교일기 등이 전사하고 말았다. 이때 조선의 좌영장 김응하가 전사했다.

조선 파병이 유정의 뒤를 따라 우미령을 넘었다. 영을 넘을 때 늙은 할멈이 지나가며 혼자 중얼거렸다.

"군사들이 이 영을 넘으면 안되는데, 왜 잠시 멈추지 않는고?"

응하는 상서롭지 못하다 하여 늙은 할멈을 목 베어버렸다. 그리고 영을 넘었다. 도원수의 영은 우미령 위에 있었다. 좌영은 평지에 있었다.

이튿날 날이 밝았다. 적의 유인작전에 속아넘어간 명군은 상처를 입고 피를 흘리며 조선 진영으로 들어왔다. 조선 진영은 명군을 받아들이지 않으려고 떠들썩했다.

이러는 새에 적이 밀어닥쳐 조선군의 좌영을 덮쳤다. 다급해진 김응하가 거마목(나무로 말이 넘어오지 못하게 만든 목책)을 진 앞에 둘러치고 대열을 나누어 포를 쏘았다. 적의 기병이 거마목을 뚫지 못하고 여러 차례 공격을 시도했다.

강홍립은 전군을 이끌고 영 뒤에서 한 발짝도 움직이지 않았다.

적의 기병들은 명군의 패군의 말을 연이어 매어 말을 몰아 그뒤에 따라오면서 병기로 공격했다. 말이 앞으로 내달아 거마목을 무너뜨렸다. 좌영 군사들이 포를 쏘았으나 중과부적이었다. 군사의 수가 너무 많아 얼마 버티지 못하고 무너졌다.

김응하는 말을 잃고 큰 버드나무를 의지하여 적을 쏘았다. 그 수가 수십 명을 넘었다. 적은 응하를 에워싸고 감히 접근하지 못했다. 그는 몸과 얼굴이 크고 소 다리 하나를 한꺼번에 먹는 장사였다. 명궁으로 소문이 나 있는 그가 쏜 화살은 빗나가는 일이 없었다. 그는 호마를 타고 달리며 등에서 투구·갑옷·활집·전통 등을 벗어 땅에 던지고, 말 배 밑에 붙어서 일일이 주워서 말등으로 뛰어오르는 재주를 부렸다.

응하가 적을 맞아 싸우기를 한 시간 남짓, 점점 탈진되어갔다. 틈새를 노린 적이 떼로 달려들어 그를 베었다. 장렬한 전사였다.

이 싸움에서 명군은 대패했다. 홍립은 조국을 떠날 때 은밀히 말해주던 광해의 충고가 떠올랐다.

'강한 편에 서라.'

후금군이 명군보다 월등 강했다. 명군은 장수들이 거드름을 피우고 허풍이 셀 뿐 실력이 없었다. 결과는 뻔했다. 강홍립은 후금과 은밀히 내통했다. 통사 하서국을 따라 후금 장수가 홍립의 진영에 와서 몰래 만나고 갔다.

"조선이 후금과 원수진 일이 없거늘 무엇 때문에 싸우겠소. 우리가 여기까지 온 것은 부득이한 것임을 후금에서도 잘 알 것이라 믿소."

교섭이 잘 이루어져 김경서가 갑옷을 벗고 표피豹皮 옷으로 갈아입고 추장을 만났다. 추장은 술을 내어 대접하며 호의를 보였다.

며칠 후 새벽에 강홍립은 전군을 이끌고 후금 진영으로 가서 항복했다. 후금은 조선 군사의 무장을 해제시켰다.

이튿날 강홍립은 누르하치를 만났다. 황포와 비단옷을 입고 삼간 대청 위에 앉아 있었다. 좌우에는 첩실이 30여 명이고, 귀걸이·목걸이를 하고 둘러선 자가 2천여 명이었다. 성대하게 잔치를 베풀어 먼저 강홍립과 김경서를 불러 5층 뜰 밑에서 예를 행하도록 했다. 홍립이 말했다.

"우리는 조선에서 벼슬이 높은 사람이오. 뜰 밑에서 예를 행할 수 없소."

강홍립은 뜰 위 계단으로 올라가 읍했다. 누르하치가 꾸짖었다.

"네 이놈! 네가 사신으로 왔다면 마땅히 대청으로 와서 읍하는 것이 가하나 너는 항복한 장수가 아니냐! 너는 나를 모욕하고 있는 것이다!"

강홍립과 김경서는 찔끔 놀라 두 번 절했다. 그제야 누르하치는 두 장수를 마루로 불러올려 동쪽에 앉히고 술을 권했다. 드디어 조선 군사가 살 길을 찾은 것이다.

조정에서는 영문도 모르고 강홍립의 항복 소식에 또 한바탕 소란을 피웠다. 명나라를 배반하는 것은 바로 죽음을 의미하는 것이었다. 그러나 광해는 강홍립의 선택을 마음속으로 기뻐했다. 조선 군사들을 명분 때문에 죽일 수는 없었다.

그후 강홍립은 인질로 잡혀 고국에 돌아오지 못하고, 정묘호란 때 적군의 선도를 맡아 고국에 왔었고, 사신으로 강화에 와서 화의를 주선했다. 정묘호란이 끝난 후 고국에 남게 되었으나, 조정에서 그가 역신인지 충신인지를 따지는 격론이 벌어져, 결국 역신으로 규정되자 단식 끝에 세상을 떠났다. 병자호란이 나기 10년 전이었다. 그가 살아 있었더라면 병자호란의 치욕을 면하지 않았을까? 그러나 역사에 가정은 금물이다.

교하 천도론

이의신李懿信이라는 술사術士가 있었다. 그는 임진왜란과 역적의 반란이 잇따라 일어나고 조정이 사색 당으로 갈라지는 것을 보고 광해에게 상소를 올렸다.

'전하, 한양의 지기가 쇠하여 마땅히 천도를 해야 될 줄로 아나이다. 옮겨갈 도읍지로는 교하 땅이 길지이나이다.'

광해는 의신의 상소에 혹하여 해당 관청에 의논하여 아뢰라는 영을 내렸다. 이에 예조판서 이정귀가 아뢰었다.

"한양은 뒤에 북악이 웅거하고 앞에는 한강이 있어 토지가 평탄하고 도로의 이수里數가 균정하나이다. 이는 중국 사신들이 오는 이마다 칭찬하는 곳이나이다. 국도를 옮기는 일은 더할 수 없이 중차대한 일이옵나이다. 어찌 한 개인의 허망한 말을 듣고 200년 동안 공고한 터전과 안정되게 사는 백성들을 하루아침에 불안케 하옵나이까? 고려 말기에 요승 묘청이 송도의 기업基業이 쇠진했으므로 왕기가 왕성한 서경(평양)으로 도읍을 옮겨야 옳다고 하여서 궁궐을 임원역에 지었나이다. 하오나 유감의 난이 일어났나이다. 지난 일이 경계가 될 것이나이다."

광해는 그래도 미련을 버리지 못했다. 선조가 신임하던 내관 이봉정을 불러 은밀히 물었다.

"과인은 천도를 찬성한다. 헌데 2품 이상 대신들은 모두 반대한다. 네 의견은 어떤지 묻고 싶구나."

"전하, 임금이 하고자 하는 일이면 무슨 일인들 못하겠나이까. 다만 도읍이 이루어져도 옮기는 데까지는 미치지 못할 것을 두려워하나이다."

"그 무슨 말인고?"

"신은 백성의 실정에 어긋나고도 능히 일이 이루어지는 것을 보지 못했나이다."

광해는 아무 말이 없다가 슬쩍 말을 바꾸었다.

"대내大內가 연기 때문에 항상 괴롭구나. 선대 왕 때에도 그랬느냐?"

"선대에는 정전正殿 외에는 모두 마루를 놓았나이다. 연기가 많을 리가 없었나이다."

한참 있다가 광해는 또 슬쩍 다른 말로 이봉정의 마음을 떠보았다.

"대내가 몹시 시끄럽다. 선대에도 그랬느냐?"

"선대에는 상궁 이하는 모두 버선발로 전내殿內의 뜰을 다니고 감히 신을 신지 못했나이다. 지금은 신을 신고 신 밑에 못을 박아 끄는 소리가 딱딱하여 어찌 시끄럽지 않겠나이까."

이번에는 광해가 엉뚱한 질문을 던졌다.

"너는 선대에는 비쩍 말라 있더니 지금은 살찌고 건강해 보이는구나."

"오로지 전하의 은혜이옵나이다. 선대에는 정사를 하는 데 부지런하여 밤이 깊어서야 취침하고 닭이 울면 일어나 정사를 돌보기 때문에, 늙은 종의 무리들이 옷을 입은 그대로 자고 방울을 흔들면 곧장 일어났으니 어찌 살찔 수 있었겠나이까. 지금은 낮에 때맞춰 밥 먹고 밤에 편안히 잠을 자니 살이 찌지 않을 수 없나이다."

이봉정의 풍자에 광해는 화를 낼 수 없었다. 광해는 이봉정과의 대화를 통해 많은 것을 느꼈다. 그러나 아직도 천도 쪽에 마음이 기울어 있었다.

조정에서는 광해의 마음을 읽고 있었다. 그래서 이의신이 더 미웠다.

승정원에서 이의신을 처벌하라고 주청했다.

"전하, 이의신의 상소를 물리치고 민심을 안정시키옵소서."

그러자 양사에서 합계를 올려 이의신을 처벌하라고 상소를 올렸다. 광해는 의신을 두둔했다.

"주나라 때의 낙양은 만세가 우러러보는 도읍지인데, 그때도 호경鎬京과 낙양 두 군데였다. 명나라에도 남경과 북경 두 서울이 있지 아니하냐. 의신은 국가를 위해 큰 계책을 진술하여 이궁을 세우고자 한 것에 불과하다. 과인이 한번 의논해보아 영을 내렸거늘, 대신들이 불같이 화를 내니 이로써 인심이 불길한 것을 알겠다. 게다가 의신을 벌주라고 청하니 그렇다면 나

라를 위해 충성된 말을 하는 자는 모두 베어야 하겠느냐?'

이의신은 광해의 비호 아래 손끝 하나 다치지 않았다. 결국 교하 천도는 대신들의 반대로 무산되었으나 백성들이 받은 충격은 매우 컸다.

광해군을 망친 풍년

광해군 시대에 외척과 대북당 권신들의 비리는 하늘이 노하고 땅이 한숨을 쉴 정도였다. 오죽했으면 궁인宮人의 입에서 이런 말이 나왔겠는가.

"풍년이 광해의 원수로다."

광해 즉위 후 백성들의 복으로 해마다 풍년이 들어 곡식과 온갖 물건들이 풍성했다. 대궐에서는 사치를 일삼고, 임금의 인척들은 날마다 노래와 춤으로 업으로 삼아 광해에게는 늘 태평성대라고 아뢰었다. 명종 때의 궁인이 그때까지 살아 있었다. 그 늙은 궁인이 탄식하며 말했다.

"풍년이 어진 임금 시절에 들었어야 하는데 오늘날 해마다 드니, 임금에게 사치스러운 마음이 들게 하고 나라를 잃게 만드는구나."

풍년이 들면 먹을 것이 많아지고 부패 관료들이 뇌물을 챙기는 데에 더욱 유리하다. 늙은 궁인은 이를 한탄하여 '풍년이 원수'라고 탄식했던 것이다.

특히 왕비 유씨의 친정이 성하여 권필이 궁류시를 지어 풍자할 정도였다. 유희량·유희발·유효립 등이 1년에 잇따라 과거에 오르고, 정인홍의 당이 총애를 받아 등용되었다. 따라서 유와 정에게 권세가 나누어져 서로 견제하는 추세였다.

특히 옥사가 많이 일어나, 옥에 갇힌 사람은 뇌물이 아니면 풀려날 수 없었다. 아무리 과거에 급제했다 해도 뇌물이 아니면 벼슬길에 쉽사리 나아갈 수 없었고, 나갔다 해도 요직을 맡을 수 없었다. 벼슬을 하는 데는 뇌물의 액수에 따라 요직이 정해졌다. 보통 병사兵使와 수사水使는 가격이 천

냥에 이르렀다.

조정·이충 등은 귀한 보물과 맛있는 음식으로 궁중과 통하여 정승·판서를 얻었다.

인경·경덕 두 궁궐을 지을 때였다. 백성의 집 수천 채가 철거되고, 재정이 부족하여 집터·돌·쇠·은 등을 바치는 사람에게 그 양에 따라 벼슬의 등급을 정해주었다. 감독하는 대소 감독들은 그들대로 재목과 기와를 몰래 훔쳐다가 제 집을 호화롭게 가꾸었다.

지응곤·왕명회·김순·권충남 등이 조도사調度使라는 직함으로 지방으로 흩어져 강제로 관작을 팔아 그것으로 은을 샀는데, 그 절반이 궁으로 흘러들어갔다. 돈으로 벼슬을 산 지방관들은 본전의 몇 배를 얻어내기 위해 백성들의 뼈와 살을 발랐다.

광해가 총애하는 상궁 김씨 어미의 기둥서방 유몽옥과 그 조카사위 정몽필은 조정 대신들에게 뇌물을 바치고 지방관들에게는 착취를 일삼았다. 이조참의 이정원이 몽필을 양양현감으로 추천하려고 했다. 그러자 이조에서 민사행정을 보는 아전 정애남이 말했다.

"양양이 현으로 강등된 바 있으나 실은 부府입니다. 몽필은 내 동생 정남의 아들로서 천한 몸인데, 어찌 양양에 추천하여 조정의 위상을 실추시키는 것입니까?"

이정원은 부끄럽게 여기고 뒤로 물러났다.

몽필이 조경의 노비를 빼앗으려고 경을 자기 집으로 잡아와 협박했다. 윤지경이 사인舍人으로 있으면서 몽필의 집에 가서 말렸다.

"조경은 이름 있는 선비니라. 네가 감히 이따위 짓을 하고도 살아남기를 바라느냐! 내가 너를 조금이라도 아끼기에 이러느니라."

몽필은 그제서야 제정신이 들어 조경을 풀어주고 사죄했다. 인조반정 후 몽옥·몽필·정원·응곤·명회·김순·충남 등의 목이 모두 달아났다.

큰 옥사가 해마다 일어났다. 갑자기 출세하는 신료들은 모두 고변자들이었다. 고변자들은 대부분 무고가 많았으나, 크게는 공신으로 정승·판서가 되고, 작게는 관복을 입고 거들먹거렸다. 이 길을 택하지 않는 신료들은 모두 곤궁하고 몰락하여, 심하면 죄를 얻어 죽음을 면하더라도 추방당했다. 이익을 탐하고 밝히는 자들은 상전에 달라붙어 그 아첨이 끝이 없었다. 심지어는 잡채 판서·김치 정승이라는 말까지 세상에 전해졌다. 맛있는 잡채와 김치를 광해에게 바쳐서 총애를 받았다고 하여 붙여진 이름이다.

무관武官과 음관蔭官(과거에 붙지 않고 채용된 관리)의 높고 낮은 벼슬의 임명은, 밖에서는 이조에서 추천받는 것과 안에서는 임금에게 낙점받는 것으로서, 어느 경우든 모두 뇌물이 오갔다. 시중의 장사치들이 전주錢主가 되어, 만약 어떤 벼슬을 원하는 자가 있으면 장사치가 먼저 그 벼슬의 좋고 나쁨을 보아 값이 많고 적음을 정한다. 돈을 약간 내어 한번 이조에 바치면 추천받는 게재가 되고, 또 한 가지는 여러 궁녀에게 뇌물을 바치면 낙점받는 길이 되었다. 뇌물을 먹여놓으면 벼슬은 따놓은 당상이다. 병사·수사·목사·부사로부터 군·현·진·보에 이르기까지 뇌물을 바치지 않고는 벼슬을 얻을 수 없었다.

돈을 대준 장사치가 벼슬을 받은 사람과 같이 현지에 부임하면, 그날부터 백성들에게 긁어모아 벼슬값의 배를 갚았다. 100냥을 낸 장사치는 200냥을 받고 수천 냥짜리도 역시 그러했다. 벼슬을 얻은 자가 벼슬값을 갚지 못하고 실패하거나 불의의 사고로 죽게 되면 장사꾼은 그 집에 가서 요구했다. 그 집에서는 집·토지·종까지 팔아 갚고 알거지가 되기 십상이었다.

이정표는 무반 출신의 무뢰배였다. 임해와 영창을 죽일 때 공을 세우고 강화부사가 되었다. 그 역시 장사치에게 은 수백 냥을 얻어 바치고 통제사가 되었으나, 진소鎭所에 가서 곧 병으로 죽었다. 그 장사치가 그의 전주 집에 가서 두 배로 받아냈다.

어느 해 명나라 사신이 조선에 들어온 때가 되었다. 국고가 텅 비어 사신을 접대하기가 곤란할 정도로 궁색했다. 조정에서는 귀양 간 사람들에게 은을 바치고 풀려나도록 했다. 귀양을 간 집에서는 여기저기 연줄을 대려고 야단법석이었다.

신흠·서성·박동량·한준겸 등은 왕실과 혼인관계를 맺고 있어, 각각 은 수백 냥을 바치고 석방되었다. 인조 때 이조·병조 판서를 지낸 김시양이 이를 두고 말했다.

"비록 그들이 명망은 있으나 선비들의 공론은 천하다고 여길 것이다."

특히 서성은 임진왜란 때 임해군·순화군과 함께 회령에 들어갔다가 국경인의 반란으로 붙잡히자, 반란군에게 뇌물을 먹이고 혼자서 빠져나온 전과가 있었다. 뇌물을 쓰는 데 서성을 따라갈 만한 대신이 드물었다.

부정부패로 온 나라가 시궁창이 되어 있을 때 명나라 장수 조도사趙都司가 한양에 와서 백성들의 고초와 관료들의 향락을 보고 시를 남겼다. 광해에게 정신차리라는 내용이었다.

맑은 향기 나는 맛있는 술은 천 사람이 짜낸 피요
가늘게 썬 좋은 안주는 만 백성의 기름일세
촛불 눈물 떨어질 때 사람 눈물 떨어지고
노래 소리 높은 곳에 원망 소리 높도다

뒷날 예조·공조 판서를 지낸 신정이 젊었을 때 어느 빈 집에서 글을 읽었다. 그 집의 옛날 주인은 광해 시대에 재상을 지낸 사람이었다. 그 집 벽 사이에 긴 편지 한 장이 끼어 있었다.

임금은 색을 탐하고 정사를 어지럽히며, 김순의 무리는 재물을 거두고 백성의 살을 깎으며, 궁중의 법이 엄하지 못해 뒷문이 크게 열렸는데, 김상궁과 임소용任昭容의 이름은 멀리 지방에 퍼져 있다. 변방 장수와 수령 들이 각각 정한 값이 있으며 벼슬아치를 임명하고 자르는 것을 뇌물로 정하니, 모두 나라가 빨리 망하기를 바라는 마음이다. 서인들이 이를 갈고 남인들이 원망을 품고 소북들이 좋아하지 않는다.

이미 반정을 예고한 글이었다.

광해는 폭넓게 후궁을 뽑았다. 이것도 부패를 부추기는 원인이 되었다. 허 숙의는 부사 경의 딸이며, 윤 숙의는 현감 홍업의 딸이었다. 홍 숙의는 군수 매의 딸이며, 원 숙의는 수사 수신의 딸이고, 임소용은 부제학 몽정의 첩의 딸이었다. 정 숙원은 한지의 누이이고, 김상궁은 천한 종의 딸이었다. 이들의 아버지 오빠에게 벼슬을 사려고 뇌물을 바치니 권세가 어떠했겠는가. 염치를 아는 선비들은 그들 주변에 얼씬거리지도 않았다.

과거시험의 폐단과 부패는 이루 말할 수 없었다. 경술년 겨울 별시別試(임시로 보던 과거) 때에 박승종·이이첨·정조·허균·조탁 등이 고시관이었다. 박자흥·조길·허요 등이 모두 과거에 붙었다. 자흥은 승종의 아들이며 이첨이 사위요, 정조의 가까운 이웃이었다. 길은 조탁의 동생이며, 요는 허균의 조카였다.

그때 변헌도 급제했는데, 그는 중이었다가 환속한 사람이었다. 세상 사람들이 이를 두고 비아냥거렸다.

"문중 경사 자리에 산골 중이 어떻게 그 사이에 끼어들었는가?"

허균은 조카를 급제시켰다 하여 함열로 유배되었고, 요와 헌은 삭제되었다.

이이첨은 사당을 만들어 과거시에 사당을 급제시키려고 미리 시제를 노출시켜 공부하게 하는 등 악랄한 행위를 일삼았다.

무오년 증광과(나라에 경사가 있을 때 치르던 임시 과거) 초시 때에 여러 유생들이 수근거렸다.

"이번에는 이런 시제가 나올 것이야."

"정통한가?"

"암, 누구의 입에서 나온 말인데 정통하지 않겠는가!"

소문대로 시제가 나왔다. 유생들이 들고일어났다.

"시제가 유출되었다. 다시 출제하라!"

유생들의 요구대로 시제를 다시 냈다. 마찬가지였다. 새로 낸 시제가 또 다시 유생들 사이에 알려졌다. 유생들은 고시장을 박차고 나와버렸다. 남은 유생들은 이이첨의 당과 시골에서 올라온 유생들뿐이었다.

어느 해 과거에는 중전 유씨의 친정 유희분의 한 집안에서 다섯 사람이 한꺼번에 과거에 급제했다. 이덕형과 박홍구의 아들이 지은 글이 우열을 가리기 어려울 정도였다. 시관이 말했다.

"죽은 정승의 아들을 현 정승의 아들과 비교할 수 없다."

홍구의 아들을 뽑았다.

어느 이름 모를 선비가 이를 풍자하여 시를 지었다.

성남의 다섯 버들(유희분의 다섯 사람)은 봄빛을 독차지하고
부채 뒤에 쓴 이름은 모두가 출신出身(과거에 오른 것)일세
두 정승의 사랑하는 아들이 득실을 다툴 때
죽은 이와 산 사람은 인정이 다름을 비로소 알았네

이이첨의 무리 중에 글을 못하는 이가 많았다. 시제를 미리 보여주었는데도 글을 짓지 못하여 대리시험을 치르는 경우도 있었다. 이처럼 과거 시기가 되면 각기 세력 사이에 치열한 쟁탈전이 벌어졌다.

이재영이 고양군수였던 시절이었다. 하루는 경기감사가 불렀다. 며칠 후 감사 아들이 과거시험을 보았는데 좋은 성적으로 붙었다. 재영이 대리시험을 치러준 것이다. 이를 풍자한 시가 세상에 좍 퍼졌다.

고양의 군수는 가고 오기 바쁘더니

감사의 가문에는 경사가 났네

병진년 알성과謁聖科(임금이 문묘에 참배할 때 성균관에서 실시하는 과거)를 3, 4일 앞두고 이이첨이 이진에게 붓을 보냈다. 그런데 전하는 사람이 잘못 알고 성이 같은 이웃집 선비에게 전했다. 그 선비가 붓을 받고 자세히 보니 붓대 속에 종이 쪽지가 들어 있었다. 과거 시제였다.

'당조군신唐朝群臣이 유류화楡柳火 줌을 사례한다.'

이것에 대한 글을 지으라는 것이었다.

유류화란, 중국에서 한식에 유류화를 백관에게 나누어주었는데, 한식에는 불을 금하고 그 이튿날에 쓰라고 유류에서 나온 새 불씨를 주었다는 고사에서 나온 말이다.

선비는 이 고사의 내용이 담긴 〈사문유취〉를 이진에게 빌려와 유류화의 대목만 얼른 베끼고, 붓을 이진에게 전했다. 잠시 후 사람을 보내어 이진이 빌려온 〈사문유취〉를 찾아갔다. 선비는 이진을 이웃으로 둔 덕에 과거에 쉽게 급제했다.

이이첨은 이런 식으로 자기의 하수인들을 7명이나 과거시험에 급제시킨 일도 있었다. 뜻 있는 신료들이 과거시험의 문란을 지적하고 바로잡으라고 상소를 올렸으나 허사였다. 인조반정으로 대북이 몰락할 때까지 부정은 계속되었다. 결국 이들이 광해를 망친 것이다.

인조 시대
(1623~1649)

법을 쫓을 때는 경계에 구애받지 말라

광해의 난정亂政 15년째, 서인들은 대북의 전횡을 더는 참을 수 없었다. 김유·이귀·김자점·심기원 등이 주동이 되어 반정을 음모했다. 반정이 일어나기 전 이상한 징조들이 나타났다.

이항복이 북청에 귀양 가 있을 때였다. 하룻밤 꿈에 선조가 용상에 앉아 있고 유성룡·김명원·이덕형 등이 함께 모시고 있었다. 이들은 고인들이었다. 선조가 말했다.

"광해가 무도하여 동기간을 해치고 어머니를 폐하여 그냥 둘 수 없다."

이에 덕형이 말했다.

"전하, 항복이 아니면 결정할 수 없나이다. 그를 부르소서."

항복은 소스라치게 놀라 잠에서 깨어났다. 그는 한양에 있는 김유·이귀·김자점 등의 얼굴이 떠올랐다. 그들이 이미 반정을 모의하는 것을 알고 귀양길에 나선 항복이었다. 그는 전송 나온 김유의 손을 잡고 말했다.

"종묘사직을 편안케 할 사람은 그대 관옥冠玉(김유의 자)뿐이네. 모쪼록 힘써주기 바라네."

김유는 묵묵히 항복과 눈을 맞추었다.

꿈에서 깨어난 항복은 김유 등의 얼굴을 떠올리고 나서 혼자 중얼거렸다.

"선조께서 나를 부르는구나. 밝은 세상을 보지 못하고 죽겠구나."

항복은 이틀 뒤에 유배지 북청에서 세상을 떠났다.

인조 시대에 판서를 지내고 청백리에 선정된 김시양이 북변에 귀양 가 있었다. 그는 원종(인조의 아버지. 선조의 다섯째 아들로 정원군定遠君임)이 반정하는 꿈을 꿨다. 시양은 꿈을 기이하게 여겨 일기에 썼다.

'옥부玉孚가 불을 들었으니 범해虎年의 일이다.'

원종의 이름이 옥과 부를 합한 부琈이고, 중종이 병인년(호랑이 해)에 반정을 했기에 이런 은어로 일기를 적은 것이다.

김시양이 북변에서 영해로 귀양지를 옮겨갔다. 하루는 허의보라는 사람이 찾아와 말했다.

"왕자 가운데 정원군의 그릇이 크고 재상 윤방은 비범한 인물이 아니오. 나라가 한번 요동칠 것이외다. 귀양을 서글프다 생각하지 마오."

시양은 이때부터 반정이 일어날 것을 예견하고 있었다. 시양이 꿈을 꾼 지 2년 후에 정원군의 맏아들 능양군(인조)이 반정을 일으켰다.

명나라에서도 광해 조정의 부패상을 보고 사신들이 입을 비쭉거렸다.

"이이첨과 허균은 조선의 귀하신 신하인데, 이이첨은 가을 바람에 울고 있는 계집의 상相이고, 허균은 늙은 여우가 묶여 있는 상이며, 그밖의 재상들 또한 모두 인상이 좋지 않다. 신료들 중에는 살기를 띠고 있는 자가 매우 많아 조선은 결코 무사하지 못할 것이다."

반정이 나던 전해 겨울이었다. 창경궁 통명전 안에 언문으로 된 '이어속

속移御速速' 이라는 네 글자가 공중에서 떨어졌다. 이 글자가 하루에 수십 번 내려왔는데, 이듬해 계해년 3월 12일에 그쳤다. 그 이튿날 반정이 일어났다.

반정이 일어나던 초봄, 인목대비가 폐모가 되어 갇혀 있는 서궁에서 시녀 하나가 갑자기 미친 사람처럼 소리를 질렀다.

"3월 어느 날 이 문이 열려 다시 하늘과 해를 볼 것이다."

서궁 사람들은 그 시녀를 미친 것으로 알고 꺼려했다.

여기저기에서 이러한 징조가 나타나고 있을 때, 이귀를 중심으로 반정 인물들이 비밀리에 동지를 규합하고 있었다.

이귀는 신립의 아들 신경진이 북우후로 있을 때 함흥판관이 되어 신의 마음을 떠보았다. 확실히 알 수 없었다. 그뒤 이귀는 아내의 상을 당하여 한양으로 올라왔다. 신경진이 조문을 왔다. 신이 먼저 불평을 늘어놓았다.

"벼슬이고 뭐고 다 때려치워야겠소이다. 지금은 사대부가 벼슬할 때가 아닌 듯싶소."

"허허, 지금은 태평시대라 할 만한데, 그대는 어찌하여 이런 말을 하는 게요. 내가 고변할 것이오."

"내가 먼저 고변할 것이니 염려 마시오."

이뒤부터 그들은 의기투합되어 반정을 의논하기에 이르렀다.

이귀는 이미 심기원·김자점 등과 뜻을 모았고 최명길도 포섭했다. 최명길은 약속을 해놓고 몹시 두려워 잠을 이루지 못하다가, 이귀의 집을 찾아갔다. 이귀는 책상에 기대어 계집종에게 머리를 빗기며 웃고 있었다. 이귀의 태연한 모습을 보고 명길은 안심했다.

김유는 임란 때 충주 탄금대에서 신립과 함께 전사한 김여물의 아들이었다. 그리하여 신립의 아들 신경진과는 절친한 사이였다.

신경진이 하루는 김유에게 〈사략〉을 내놓고 '이윤伊尹이 태갑太甲을 내치라'라는 대목을 펼치고 탄식조로 말했다.

"신하로써 임금을 내쫓는 일이 옳은가?"

"그야 태갑이 탕湯의 법도를 뒤덮었으니 내쫓는 것이 옳지 않은가?"

"요즈음은 어떤가?"

"옛날과 지금이 무엇이 다르겠는가?"

경진이 갑자기 울음을 터뜨리고 말했다.

"세상에 어찌 어미 없는 나라가 있겠는가? 나는 나라가 위태롭고 망하게 된 것을 앉아서 볼 수가 없네."

"내 뜻이 자네와 같네."

"마음 가는 데가 있는가?"

"능양군은 선조대왕의 친손인데다가, 총명하고 신무神武하니 하늘이 주신 바일세."

그후 경진은 평양우후에 임명되었다. 신병을 핑계 대고 부임하지 않고 김유와 반정의 일에 매달렸다.

김유는 홍서봉·박동선을 움직이고 신경진은 무인들과 접촉했다. 제일 큰 문제는 훈련대감 이흥립이었다. 흥립은 많은 군사를 거느리고 대궐을 지켰다. 이귀는 이흥립과 한 마을에서 살아 잘 아는 사이였다. 그러나 흥립은 재상 박승종과 사돈 사이였다. 박승종의 첩실 아들과 흥립의 첩실 딸이 부부였다.

이귀는 장유와 상의했다. 장유의 아우 장신은 흥립의 사위였다. 사위가 장인을 끌어들였다.

한편, 이귀의 딸은 김자점의 동생 자겸의 아내였다. 이귀의 딸은 젊어서 과부가 되어 절간을 떠돌며 불자가 되었다. 그녀는 색기가 동해 간음을 하다가 발각되었다. 김자점이 광해가 총애하는 김 상궁에게 뇌물을 먹여 제수를 궁으로 집어넣었다. 김 상궁은 그녀를 수양딸로 삼았다. 궁궐 돌아가는 사정을 이귀의 딸이 낱낱이 파악하여 반정군에게 알렸다.

이귀의 딸은 대궐에서 궁인들을 상대로 뇌물작전을 폈다. 김자점이 주선하여 뇌물을 쓰는 것 같지만 그렇지 않았다. 김 상궁에게 돈을 꾸어서 김자점에게 주면 김자점이 궁인들에게 인심을 쓰고, 또 궁인들에게 꾸어서 김자점에게 주면 김자점이 김 상궁에게 갚는 식이었다. 이렇게 돌린 돈이 수천 냥이었다. 대궐 궁인들은 김자점을 하늘처럼 떠받들었다.

이귀가 평산부사로 나가 있으면서 모의를 착착 진행시켜갔다.

때마침 군사를 일으킬 좋은 기회가 생겼다. 평산에서 개성에 이르는 길에 범이 나타나 사람을 해쳐 파발이 끊이지 않았다. 이귀가 서울에 올라와 이 사실을 자세히 고했다. 광해가 그를 격려하며 하루속히 범 사냥을 하여 백성들의 피해를 없애라고 신신당부했다.

이귀는 평산으로 돌아가 쇠뇌를 설치하고 큰 범을 잡아 대궐로 보냈다. 광해가 무척 기뻐했다. 이귀는 기회를 놓치지 않았다. 상소로 중요한 안건을 청했다.

'전하, 범을 잡는 곳은 경기·황해 두 도의 경계인데, 범이 만약 다른 도로 달아나면 법규상 경계를 넘어서 쫓아가지 못하나이다. 비록 대군을 동원했더라도 맥없이 돌아갈 수밖에 없나이다. 청컨대, 범을 쫓을 때는 범이 가는 곳을 쫓아서 경계에 구애받지 않도록 해주소서.'

"범을 쫓는 데 경계를 두지 말라!"

그러고는 장단과 송경(개경)에 영을 내려 평산과 힘을 합해 범을 잡으라는 영을 내렸다.

이귀는 이서를 장단부사로 임명하는 데 뇌물로써 재상을 움직였다. 이서가 장단부사가 되어 군사를 한양까지 몰고 오는 데 아무런 문제가 없었다. 범을 쫓는다는 명분이면 되었다.

이귀 등의 뜻대로 일이 잘 풀려나가다가 제동이 걸렸다. 이귀가 평산부사직에서 해임되었다. 그동안 이귀는 북병사 이괄을 포섭해놓았다.

이러는 사이 기밀이 새어나갔다. 계해년 정월, 정언 한유상 등이 아뢰었다.

"전하, 이귀와 김자점이 오랫동안 음모를 꾸미고 서궁을 보호했나이다. 화가 미칠 것이오니 미리 도모하소서."

이때 광해는 김상궁과 더불어 후원에서 잔치를 벌여 놀고 있었다. 이 말을 들은 김상궁이 광해의 손을 잡고 말했다.

"바깥 의논이 가소롭나이다. 김성지金成之(자점의 자)가 어찌 그러한 짓을 하겠나이까. 가당치도 않사옵나이다."

"천천히 처결할 것이니 물러가거라!"

"전하, 충성된 말은 귀에 거슬리는 법이나이다. 다른 날 설사 후회할 일이 있어도 신등이 말하지 않았다고 원망 마소서."

"증거 없는 언사로써 충성되고 어진 이를 억울하게 해치지 말라!'

한유상 등은 맥없이 물러났다.

이 소식이 이귀의 딸을 통해 반정군에게 알려졌다. 거사를 서둘러야 했다.

최명길이 거사일을 잡았다. 그는 일찍이 유청전劉靑田의 영기점법靈祺占法에 통해 있었다. 그 점법으로 3월 13일을 거사일로 잡았다. 반정군은 3월 12일 홍제원에 모이기로 했다.

3월 12일 저녁, 반정군이 홍제원에 모일 그 시각, 3사에서 낌새를 알고 고변을 알렸다. 광해는 믿지 않았다.

박승종은 대궐을 지키는 사돈 이흥립이 모의에 가담했다는 정보를 입수하고, 흥립을 자기 집으로 꾀어들여 죽이려고 했다. 흥립은 위기를 느끼고 사위를 죽이지 않으려고 끝까지 버텼다.

"사돈, 대체 왜 이러는 게요? 물증을 대시오!"

"듣기 싫다! 네놈이 반정 세력에 가담했다는 말을 여러 통로를 통해 듣고 있다!'

"억울하오. 이러지 마시오."

때마침 승종의 아들 자흥이 들어왔다. 흥립이 자흥의 바짓가랑이를 잡고 애원했다.

"나를 역모로 모는데, 이것은 진짜 역모자가 포도대장의 자리를 삭탈시키고 자기들 계획대로 하려고 무고한 것이오. 나를 살려주시오."

"아버님, 흥립의 역모는 아직 드러나지 않았나이다. 사돈간에 미리 죽이는 것은 옳지 않습니다."

박승종은 아들의 말을 믿고 홍립을 놓아주었다. 그날 밤 홍립은 대궐문을 활짝 열어 반정군을 맞아들였다.

그날 밤 홍제원은 너무나 조용했다. 이괄이 군관 20여 명을 거느리고 홍제원에 도착했다. 이괄은 부쩍 의심이 들었다. 어쩔까 망설이고 있는데, 이귀·김자점·송영중·한교 등이 각각 모군한 수백 명을 거느리고 도착했다. 장유가 뒤늦게 도착하여 말했다.

"벌써 고변이 들어가 국청을 열고 도감중군 이확이 우리를 잡으려고 군사를 거느리고 창의문을 나섰다 하오."

"큰일이오, 서둘러야겠소. 장단의 군사는 어찌되었소?"

이괄은 장단 군사만 오면 해볼 만하다고 여겼다.

"곧 올 게요. 범을 사냥한다고 어제 출발했으니 거의 왔겠소."

이귀가 말하고 이괄의 귀에 대고 속삭였다.

"대장 김유가 아직 오지 않고 사세가 급하니, 장군이 대장이 되어야 여러 사람이 따를 것이오. 맡아주시오."

"좋소. 급하니 내가 맡겠소."

이괄을 김유 대신 대장으로 추대했다. 이괄은 홍제원 주막 토방으로 올라서서 외쳤다.

"누구든지 군율을 어기면 목을 베겠다. 나도 예외는 아니다!"

이괄은 데려온 군관들에게 '義' 자 수백 조각을 나누어주도록 했다. 반정군은 이마에 띠를 둘렀다. 이괄은 서둘러 부서를 정하고 장수를 임명했다. 비로소 대오가 갖춰졌다.

김유는 고변당했다는 말을 듣고 앉아서 잡히기만을 기다렸다. 이때 심기원·원두표 등이 뛰어들어 서둘렀다.

"모이기로 약속한 시각이 넘었는데 왜 이러고 있는 게요?"

"조정에서 날 잡으러 오기를 기다리는 게요."

"그 무슨 말이오. 금부도사가 두렵다면 애초에 이런 일을 꾸미지 말았어야지요."

"서두르시오!"

원두표가 윽박지르듯이 말했다. 그제서야 김유는 아들 경징을 불러, 전통과 마구와 군복을 재촉하여 갖추었다. 이들은 모화관에 나와 심기원의 군사와 합류했다. 심기원이 대장좌를 설치하여 김유를 부액하여 자리에 앉히고, 원두표·이해·박유명 등과 함께 절을 올렸다. 대장에 대한 예를 갖춘 것이다. 이들은 사현 쪽으로 옮기고 이귀 등이 오기를 기다렸다.

한밤중에 김유가 홍제원에 전령을 보내 일행을 불렀다.

이괄이 화가 나서 가지 않으려고 했다.

"뭐 이따위 약속이 있어. 대장이라고 약속 장소를 마음대로 바꿔도 된단 말인가!'

"장군, 우리가 분열되는 모습을 보이면 어찌되겠소. 우리가 경황중에 서둔 것 같소. 내 불찰이니 나를 나무라시오."

이귀가 이괄을 달래어 모화관으로 가서 김유에게 반정군 통수권을 넘겼다.

이 무렵, 승정원에 모인 박승종·이이첨 등은 패초牌招(승지를 시켜 왕명으로 신하를 부르던 일)하여 국청을 설치하고, 나졸을 보내어 반정군들을 체포토록 했다. 그러나 이미 때는 늦어 있었다. 반정군이 이미 창의문을 지나고, 선봉이 그들을 잡으러 나간 금부도사와 선전관을 육조 앞길에서 베어버렸다. 고함 소리가 승정원에 들려왔다.

이이첨·박승종 등은 혼비백산하여 모두 성벽을 뛰어넘어 달아나버렸다.

능양군(인조)은 연서역에서 장단부사 이서가 거느리고 오는 군대를 기다렸다. 이기축이 선봉장이 되어 범몰이를 핑계로 장단 군사가 연서역에 도착했다.

김유는 이 소식을 듣고 대궐로 출발하려고 했다. 심기원과 이귀의 아들 이시백이 말했다.

"날이 곧 새려 합니다. 군사를 거느린 장수들을 나누어 각각 사군을 인솔하여 나가게 하소서."

이리하여 심기원·김자점·최명길 등이 군사를 거느리고 선봉이 되어 창의문으로 들이닥쳤다. 선전관이 임금의 명으로 문단속을 살폈다. 반정군이 목을 베고 성안으로 들어가 북소리를 울리면서 앞으로 나갔다. 창덕궁 문 앞에 이르렀다.

대궐 안에서 이흥립이 도감병을 거느리고 진을 치고 말했다.

"모든 군사는 내 말머리 돌리는 것을 보고 활을 쏘라!"

그는 끝까지 말머리를 돌리지 않았다.

중군 이곽이 파자전 자리에 물러서서 진을 치고 전혀 싸우지 않았다.

반정군이 저항 없이 입성했다. 금호문에 이르렀다. 수문장 박효립이 문을 열고 맞았다. 반정군이 돈화문을 도끼로 찍어 열고 들어가 쌓아둔 장작더미에 불을 질렀다. 불빛이 대낮처럼 밝았다.

광해가 불빛을 보고 내관에게 말했다.

"역성易姓이라면 먼저 종묘에 불지를 것이고, 폐립이라면 종묘는 무사할 것이다. 네가 높은 데 올라가서 바라보아라."

내관이 밖에 나갔다가 돌아와 아뢰었다.

"전하, 종묘에 불빛이 있사옵나이다."

광해가 탄식을 터뜨렸다.

"이씨의 사직이 내게 이르러 문을 닫는구나."

함춘원에 나무 섶을 쌓아놓고 불지른 것을 내관이 잘못 알고 종묘에 불이 났다고 말한 것이다.

광해는 내관과 더불어 북문으로 도망쳤다.

능양군이 돈화문 문루에 앉아, 서궁 인목대비에게 먼저 반정 소식을 알리고 모셔올 차비를 했다. 반정은 큰 살상 없이 순조롭게 이루어졌다. 다만 광해의 눈을 흐리게 하고 귀를 막은 간신과 권신 들은 어디에서도 살 길을 찾을 수 없었다.

3월 13일, 능양군이 인목대비의 명을 받들어 창덕궁에서 즉위식을 올렸다. 조선 제16대 임금 인조가 반정으로 탄생한 것이다.

이괄의 난

반정 후 조정은 삐걱거렸다. 우선 민심이 따라주지 않았다. 그 무렵 백성들은 풍년이 들어 임진왜란 후 안정된 생활을 누리고 있었다. 인조반정 소식에 백성들은 임금이 무슨 까닭으로 바뀌었는지 의아하게 여겼다. 반정의 주역인 서인들은 당황하지 않을 수 없었다. 백성들의 민심을 추스르기 위해 광해 시대에 핍박받았던 남인 이원익을 영의정으로 추대했다.

이원익은 서울에서 추방되어 여주에서 살고 있었다. 서울에 변이 있다는 소식을 듣고 배를 타고 단신으로 강을 내려가다가 배를 타고 돌아오는 사람을 만났다.

"서울에 변이 있다고 들었소. 무슨 변이오?"

이원익이 물었다.

"광해가 쫓겨나고 정원군의 맏아들 능양군이 임금이 되었소."

이원익은 고개를 떨구고 눈물을 흘렸다. 배를 돌려 집으로 돌아왔다. 사흘 후 조정에서 이원익을 데리러 왔다. 그는 새 임금의 영을 받들었다. 그때 그의 나이 77세였다. 77세로 새 조정의 영의정 자리에 앉은 것이다. 인심이 서서히 반정 조정에 쏠렸다.

그러나 조정 내부에서는 반정 공신들의 등급으로 하여 암투가 벌어졌다. 북병사로 반정에 참여한 이괄이 2등공신에 책봉되었다. 그보다 먼저 새로운 판서를 임명할 때 여러 장수들이 이괄을 병조판서로 추천했다.

"이번 반정에 이괄의 공이 지대하나이다. 북병사에게 병조판서를 제수하시옵소서."

이괄이 옆으로 비껴서서 말했다.

"신에게 무슨 공적이 있겠나이까. 다만 회피하지 않았을 따름이나이다. 반정이 있던 날 저녁, 김유가 약속 시간에 오지 않아 이귀가 신에게 그를 대신케 했사온데, 유가 늦게 움직여 신이 그를 베려 했사오나 이귀가 극력 말려서 시행하지 못했나이다."

자리에 있던 공신들이 이 말을 듣고 실색하고 말았다.

김유가 변명했다.

"아니옵나이다. 밤 2경으로 시간을 정했으니, 병법으로 따지면 미리 온 자가 마땅히 참형을 당해야 하나이다."

"병법에 그런 말이 없소."

"오자吳子에 있소."

"오자에는 병졸이 장수의 명령을 기다리지 않고 미리 돌진하여 명령을 어기면 참한다는 말은 있으나, 미리 온 자를 참한다는 말은 없소."

이귀가 말했다. 이귀와 김유 사이가 삐걱거렸다.

인조와 김유 사이에는 남다른 인연이 있었다. 이항복이 귀양을 갈 때 위문하려고 찾아온 김유에게 그림 한 장을 선물로 주었다. 말 한 마리가 버드나무 아래에 고삐가 매어져 있고, 그 밑에 조그만 글씨로 능양군의 이름이 적혀 있었다. 김유는 그 그림을 자기 집 사랑에 걸어놓았다.

그뒤 어느 날이었다. 능양군이 대문 밖 출입을 했다가 소나기를 만나, 어느 집 문간 처마 밑으로 몸을 피했다. 그때 그 집 하인이 대문 밖으로 나왔다가 능양군을 발견하고, 대문 안으로 들어가 주인에게 고했다.

"주인 마님, 대문 밖에 나그네가 서 있는데, 예사 인물이 아닌 것 같습니다. 소낙비가 심하온데 잠시 사랑으로 모실까요?"

"그리 하려무나."

하인이 대문 밖으로 나와 말했다.

"뉘신지는 모르오나, 주인 마님께서 사랑으로 들어 소낙비를 피하시라 하시나이다."

"고맙지만, 폐가 되니 그냥 여기에 있겠다."

"주인 마님께서 모시고 오라는 분부셨나이다."

나그네는 망설이다가 하인을 따라 사랑으로 들었다. 그리고 방 안을 얼핏 살폈다. 낯이 익은 그림이 눈에 띄었다. 분명히 자기가 그린 그림이었다.

그가 어렸을 때 선조가 여러 왕손들을 불러놓고 그림과 글씨를 시험해보았다. 능양군은 말 그림을 그려 바쳤다. 그 그림을 선조는 이항복에게 선사했고, 항복이 김유에게 준 것이다.

"아는 그림입니까?"

주인이 눈치를 채고 물었다.

"이 그림을 어디서 얻었소이까?"

"백사 이항복 선생께서 귀양을 떠나실 때 제게 선물한 것입니다."

"할아버지께서 백사에게 하사하신 게로군."

"혹시 이 그림을 그린 능양군 나으리가 아니신지요?"

"그렇소이다."

"김유라 합니다. 이렇게 만나뵐 줄이야, 꿈만 같습니다."

김유는 부인이 말한 전날 밤 꿈 이야기가 떠올랐다. 부인이 꿈을 꾸니, 상감마마가 탄 연이 자기 집 대문 안으로 들어오는 것을 보고 깜짝 놀라 꿈을 깨었다는 것이다.

김유는 하인을 불러 주안상을 내오도록 했다. 그런데 상이 잔칫집처럼 산해진미가 가득했다. 부인이 혹여 귀한 손님이 오지 않을까 하여 미리 음식 장만을 해두었던 것이다.

두 사람은 금세 친해져 나랏일을 걱정하며 술잔을 기울였다. 이런 인연으로 인조의 김유에 대한 총애가 남달랐다.

인조는 반정 후 모화관에서 공신들을 모아놓고 연회를 베풀었다. 좌석을 정하는데, 호위대장 이귀는 북쪽에 앉고, 김유는 거의대장으로 이귀의 위쪽에 앉았다. 이괄 이하 장수들은 동서로 나누어 앉았다. 이괄은 자기의 자리가 김유의 아래인 것을 보고 그대로 물러나와버렸다.

또 이괄의 아들이 반정에 참여했는데도 등용되지 못했고, 그의 아우 수는 문과에 급제했는데도 벼슬을 얻지 못했다. 그런데 김유의 아들 경징은 한 일도 없는데 공훈이 높았다. 이괄은 이래저래 분통이 터졌다.

게다가 이괄은 평안병사 겸 부원수를 제수받아 외직으로 나가게 되었다. 이괄은 노골적으로 불만을 나타냈다. 신경진이 위로했다.

"영감이 이번에 가게 된 길은 우리 모두 한번씩은 거쳐야 할 곳이오. 영감께서 체직되어 오면 내가 가겠소."

이괄이 벌컥 성을 냈다.

"영감! 나를 속이지 마시오. 나를 내쫓는 것이오."

이괄은 북쪽 영변으로 떠났다.

일찍이 윤의립의 서조카 인발 등이 과거 공부를 핑계삼아 인성군의 집 근처에 모여 살면서 이괄과 서로 통했다. 이우·문희와도 어울렸는데, 두 사람은 이괄이 난을 일으킬 것 같은 낌새를 채고 고변하려고 했다. 인발이 알고 사람의 시체를 구하여 낯가죽을 벗겨 아오개에 버리고, 자기가 죽은 것처럼 꾸미고 영변으로 도망쳐버렸다. 이우·문희는 이괄과 인발의 음모를 여러 공신들에게 알렸다.

여러 공신들이 고변하기를 꺼려했다. 이귀가 말했다.

"신하 된 자로서 화가 종사에 절박하게 닥쳤다는 정보를 들었다. 차라리 고변했다는 비방을 들을망정 혐의를 피하기 위해 덮어둘 수는 없다."

이귀는 문희·이우를 붙잡아두고, 고발에 관련된 정찬·정방열·한춘·한준철 등을 군관을 보내어 체포하도록 했다.

그날 밤 이귀는 자기 집으로 여러 반정 공신들을 초대했다. 그리고 여러 대장들에게 대궐을 빈틈없이 지키도록 했다. 그리고 공신들과 의논하여 인조에게 이 사실을 알렸다. 인조가 공신들을 소집했다.

"이괄이 진정 이런 짓을 했단 말이오?"

인조는 답답했다. 공신이 반란을 일으키다니, 믿어지지 않았다.

"전하, 무고일 것이나이다. 이괄이 반란을 꾀할 까닭이 없나이다."

김유의 말에 이귀가 발끈했다.

"그렇지 않습니다. 여러 정황으로 보아 괄이 역심을 품은 것이 틀림없나이다."

"말씀 삼가시오. 공연한 말로 성상(임금)의 심기를 언짢게 마시오."

김유가 언성을 높였다.

"전하, 이괄은 위험 인물이나이다. 공훈·인사 등에 불만이 많아 역심을 품었을 것이나이다."

최명길이 말했다.

"무슨 말들을 그리 하는 게요!"

김유가 언성을 높이자 이귀가 맞받았다.

"이괄을 두둔하는 자를 의심하지 않을 수 없소이다!"

인조는 역모에 연루된 자들을 잡아들여 국문하라고 영을 내렸다.

정용영과 그의 아들 찬이 국문을 받았다. 용영이 아들 앞에서 곤장을 맞자 찬이 나섰다.

"아버지의 곤장을 면해준다면 내가 실상을 고하겠소."

김시양이 이들의 공술을 받았다.

"말해보라!"

"이괄이 반역하려고 한다는 실상을 말한 자가 있나이까?"

"아직 없다."

찬이 한숨을 쉬고 말했다.

"괄이 이달 그믐께 군사를 일으켜, 개천·순천·곡산·수안의 길을 따라 올라오기로 약속이 되어 있소. 문회·이우가 이미 고발했으니, 아마 조정에서 파견한 금오랑과 선전관의 목을 벨 것이오. 우리 형은 한명련의 사위로서, 괄의 행동을 탐지해서 고발하려고 명련의 처소에 가 있는데, 곧 돌아올 것이오."

"한명련도 공모했느냐?"

"아닙니다. 하오나 협박을 받아 가담했을지는 모르는 일이오."

"기자헌도 역모에 가담했느냐?"

"딴마음을 품고 있다는 말을 들었으나 그들이 서로 통하지는 않았소."

"네 아버지도 이런 사실을 아느냐?"

"아들이 아는데 아버지가 어찌 모르겠소."

김유 등이 이 말을 듣고 정용영을 따로 불러 물었다.

"이괄의 모역은 확실하오. 아오개의 시체를 기억하십니까? 죽은 윤인발이라는 소문이 났지요. 윤인발은 살아 있습니다. 지금 이괄에게 가서 참모로 있습니다."

"말도 안되는 소리 마라! 죽은 윤인발이 살아 있다니, 그걸 믿으라는 게냐!"

김유 등은 믿지 않았다. 이괄이 반란을 일으켰다는 그 자체를 믿고 싶지 않았다.

한양에서 이괄의 아들 전, 한명련의 아들 난윤, 기자헌·현집·이시언·한여길·유공량·이성·김원량·전유형·윤수겸·정용영·정찬 등 40여 명을 국문하는 사이에, 금오랑과 선전관이 영변 괄의 병영으로 갔다.

이괄의 직속 군사 1만 2천 명의 정예병과, 항복받은 왜병 130명이 삼동인데도 군사훈련에 열심이었다. 의금부도사가 다다르자 이괄은 고의로 문을 늦게 열어주고, 그의 부하인 이수백·기익헌·최덕문·이정배 등과 함께 역모를 논의했다.

"내게는 아들이 하나밖에 없소. 그애가 잡혀가 장차 죽을 것인데, 아비인들 온전할 수 있겠소? 일이 화급하게 되었소. 사내가 죽지 않는다면 모르거니와, 잡혀 죽으나 반역하다 죽으나 죽기는 매일반이오. 우리가 어찌 머리를 숙이고 죽음을 받겠소이까!"

"옳은 말이오. 조정에서 내려온 사자를 죽여서 다른 말이 없도록 합시다."

이괄은 힘을 얻어 여러 장수를 불렀다. 이윤서·유순무·이타·이신 등이 불려왔다. 이괄이 거사계획을 말하고 칼을 빼어들고 말했다.

"감히 어기는 자가 있으면 베리라!"

모두 두려워 아무 말을 못했다.

이괄은 조정에서 내려온 금부도사와 선전관을 미처 뜰에 이르기도 전에 군교에게 명하여 죽여버렸다. 반역이 시작된 것이다.

이괄은 부원수의 자격으로 근처의 병영과 수령들에게 명령을 전달했다.

"시급한 군무軍務로 상의할 일이 있으니 시각을 다투어 오라!"

도원수 장만은 평양에 있었다. 중군 남이홍의 군관 남두방이 볼일이 있어 영변에 갔다가 이괄에게 잡혔다. 이괄이 두방을 놓아주면서 남이홍에게 편지를 전하도록 했다.

남두방이 이홍에게 괄의 편지를 주었다. 이홍은 괄이 이간시키려고 보낸 편지인 줄 알고, 뜯어보지도 않고 원수부에 보냈다. 장만이 병석에서 편지를 뜯어보았다.

'이홍·유효걸·박진영은 잘 새겨듣기 바란다. 밝은 임금이 위에 계신데 흉악한 무리가 조정에 가득찼으니, 임금 옆의 악한 무리를 숙청하지 않고 어쩌겠는가!'

장만이 이 사실을 조정에 알렸다. 장만은 군에 비상령을 내리고 여러 장수를 불러 말했다.

"역적이 부원수를 배경삼아 1만 명의 군사를 거느리고 올라오고 있소. 그 예봉을 경솔히 칠 수 없소. 비록 평양이 원수부가 있는 곳이나, 거느린 군사가 수천 명에 이르오. 수적으로 열세이니 싸우기 매우 어렵소. 여러 고을의 수령들에게 군사를 거느리고 평양으로 모여 방위벽을 치도록 할 것이오. 제장들은 그리 알고 전투준비에 임하시오!"

장만은 여러 고을에 전령을 보냈다.

이괄은 영변을 출발하여 개천을 향해 지름길을 택했다. 장만과의 교전을 피한 채 서울로 달려가려는 계책을 세웠다.

안주 방어사 정충신이 숙천부사 정문익을 시켜 안주를 지키게 하고, 자기는 명령을 기다리지 않고 저녁 때 원수부에 닿았다. 장만이 명령에 따르지 않은 죄로 벌을 주려고 했다. 정충신이 말했다.

"적의 계획은 하루속히 서울에 가는 것입니다. 그러므로 안주는 거치지 않고, 설사 거친다 해도 막아낼 수 없어 외딴 성을 고수하느니보다는 원수부에 와서 명령대로 움직이는 것이 현명하다 싶어 달려왔소이다."

장만은 옳다고 여겨 충신을 풀어주고 정예 기병 100명을 주었다.

장만이 충신에게 물었다.

"역적의 계획을 아는 바 있소?"

"상·중·하의 계책이 있을 수 있소이다. 만약 역도들이 처음 일어나던 날랜 기세로 곧장 한수를 건너 임금의 행차에 핍박을 가하면 이는 상책입니다. 또한 평안도와 황해도 그리고 모문룡(명나라 장수로 철산 가도에 진을 치고 있었음)과 세력을 연결하면 조정에서 쉽사리 제압할 수 없을 것이니 이는 중책입니다. 마지막으로 적이 사잇길로 빨리 서울로 달려가 빈 성만을 지키고 앉아 있으면 소용이 없을 터이니, 이는 하책입니다."

"장군은 어느 계책을 쓸 것으로 보오?"

"이괄은 날래기는 하나 꾀가 없으므로, 반드시 하책을 쓸 것입니다."

정충신의 예상은 적중했다. 이로 하여 그는 세상에 널리 알려졌다. 적은 하책을 써서 황주에서 장만의 원수부 군사를 물리치고 서울로 달려왔다.

이괄은 수안에 와서 관군이 새원을 지킨다는 첩보를 듣고 새원을 돌아 기린의 길을 택했다. 장만은 황주에서 패한 군사를 수습하여 적을 추적했다. 서흥에서 부원수 이수익을 만나 함께 평산으로 들어갔다. 이곳에서 관군을 정비했다. 그러나 저탄 싸움에서 관군은 또 한 차례 크게 패하고 말았다. 이 싸움에서 방어사 이중로 등 일곱 명의 장수가 목숨을 잃었다.

저탄에서 참패한 장만과 이시발이 여러 장수들을 불러놓고 맥이 빠져 있었다. 오로지 김시양만은 앞날을 내다보고 걱정이 없었다.

"내가 일찍이 이괄의 관상을 본 적이 있소. 괄의 턱 아래 군살이 달려 있는데, 이는 낭狼(이리)이 제 턱살을 밟게 되는 형상(狼跋其胡)이니, 반드시 낭패狼狽하여 죽게 될 것이오. 너무 염려들 마시오."

"아니, 사람들이 말하기를, 괄의 턱에 달린 살은 제비턱 호랑이 머리로 봉후의 형상이라 했는데, 공의 말을 들으니 과연 이리의 턱밑살(胡) 같기도 하구려."

그제야 장수들이 걱정을 덮었다.

여기에서 낭발기호狼跋其胡란 말은 〈시경〉에 있는 말이다. 낭이라는 짐승은 턱살이 처져서 걸을 때 턱살을 밟다가 꼬리를 밟다가 하는 짐승으로, 여기서는 앞뒤로 곤란을 가져온다는 비유로 쓰였다.

적이 백제에 이르자 인조는 몽진길에 나서 공주로 피란했다. 이때 왕자 흥안군 제가 임금을 따라 한강을 건너갔다가 중도에 도망쳐 이괄에게 갔다. 제는 선조의 열번째 아들로 온빈 한씨의 소생이었다. 성품이 효협하고 엉뚱한 짓을 잘했다.

이괄은 제를 탐탁지 않게 여겼으나, 꿩 대신 닭이라고 그를 당분간 새 임금으로 내세웠다. 그리고 경기 방어사 이홍립이 괄에게 항복해오자, 그를 대장으로 삼아 제를 호위하도록 했다. 이괄은 텅 빈 한양에 입성했다. 방을 붙여 시민들을 안심시켰다.

'백성들은 새 조정을 믿고 안심하고 생업에 종사하라!'

그러나 시민들은 제를 왕으로 추대했다는 소문을 듣고 쑥덕거렸다.

"괄이 추대한 인물이 제라면, 사세가 오래 가지는 못할 게야."

장만은 적의 뒤를 쫓아 파주에 이르러 인조가 파천했다는 소식을 듣고 한양 탈환을 위한 작전회의를 열었다.

"내 생각으로는 두 가지 계책이 있소. 첫번째는 지금 시민들이 적을 따르지 않을 것이니, 이때를 노려야 하오. 만약 시각을 지체하면 시민들이 적에게 동조할 것인즉, 그때 공격하면 어려울 게요. 또 하나는 이서의 군대를 재촉하여 동쪽 길을 지키게 하고, 신경진의 군대는 남쪽 길을 지키게 하여, 사방의 길을 장악하고 차단한 후, 여러 도의 군사가 도착하는 것을 기다려 한꺼번에 공격하는 것이오. 제장들은 두 가지 계책 가운데 어느 것이 좋겠소?"

정충신이 기다렸다는 듯이 입을 열었다.

"옛 장수의 사적에 북쪽 산을 먼저 점령하는 쪽이 이긴다는 말이 있소이다. 우리가 안산을 먼저 점령하여 진을 치고 도성을 내려다보며 공격하면, 적은 올려다보며 싸워야 하므로 우리가 유리합니다. 시각을 다투어 공격하는 쪽이 상책이오."

"옳은 말이오. 즉시 공격해야 하오."

장수들이 찬성했다.

정충신이 말을 타고 선봉에 섰다. 장만이 명령을 내렸다.

"천천히 몰아 형세를 살피시오!"

정충신은 말에 채찍을 가해 질풍처럼 달려 연서역에 닿았다. 김양언에게 20명의 기병을 주어 산봉우리에 올라가 봉졸을 잡아 봉화를 올리도록 했다. 뒤이어 대군이 정토사를 거쳐 진군하여 진을 쳤다.

이날 밤 이시발이 공명첩空名帖 수천 장을 성안에 몰래 들여보내, 성안 사민士民들에게 내응하여 적군이 돌아갈 길을 차단하도록 했다.

이괄은 관군이 안산에 올랐다는 것은 알았다. 이괄의 참모가 말했다.

"장군! 관군의 정예병은 선봉에 속해 있고, 장만은 고립된 군사를 거느리고 뒤에 있소이다. 일부 군사와 항왜군을 이끌고 창의문에서부터 에워싸고 나가면 북을 한번 쳐서 사로잡을 수 있을 것이외다. 도원수가 잡히면 관군이 전의를 잃을 것이니 단숨에 승리를 거둘 수 있소이다."

"말대로라면 멸하기 쉽겠구먼. 여러 말 들을 것 없다. 관군을 격파하고 나서 밥을 먹자!"

이괄은 성문을 열고 군사를 두 갈래로 나누어 산을 포위하고 오르게 했다. 구경하는 시민들이 곡성曲城에서 남산에까지 성채를 가득 메웠다.

한명련이 항왜군을 거느리고 선봉에 서고 괄은 중군에서 싸움을 독려했다. 때아닌 동풍이 강하게 불었다. 적군이 바람을 타고 맹공을 퍼부었다. 화살과 포탄이 비 오듯 쏟아져 산꼭대기의 관군이 뒤로 물러났다. 남이흥

등이 칼을 뽑아들고 싸움을 독려했다. 김경운이 앞에 나서서 적과 싸우다가 전사했다. 싸움이 무르익어갔다. 때마침 바람의 방향이 서북풍으로 바뀌었다. 적이 바람을 안고 싸우게 되었다. 먼지와 모래가 적병의 얼굴을 때렸다. 적의 장수 이양이 화살을 맞아 쓰러지고 한명련은 화살을 맞고 물러났다. 이괄의 기가 움직였다. 이때를 놓치지 않고 남이흥이 외쳤다.

"이괄이 패했다. 공격하라!"

이에 적군이 급히 달아나느라고 서로 짓밟고 골짜기에 떨어져 죽은 자가 이루 헤아릴 수 없었다. 관군은 승세를 몰아 대추격전을 벌였다. 적병은 민가에 숨기도 하고, 흩어져 마포·서강 쪽으로 달아나기도 했다. 물가에 다다라 관군에게 쫓겨 물에 빠져 죽거나 칼로 목이 베어지는 자가 부지기수였다.

시민들이 합세하여 돈의문과 서소문을 닫아버렸다. 적은 숭례문으로 향했다. 충신이 추격전을 벌이려 하자 남이흥이 말했다.

"오늘 승리는 하늘 덕이오. 며칠 후에 적의 괴수가 올 것이거늘 무엇 때문에 끝까지 추격하려 하오? 도성 안에는 좁은 거리가 많소. 적의 복병이 있어 당하면 어찌겠소?"

"빠른 우레엔 귀를 막을 겨를이 없소. 적이 넋을 잃었으니 어느 겨를에 복병을 쓰겠소? 추격하게 되면 광통교에 닿기 전에 적을 사로잡을 것이오."

"내 말대로 합시다. 잠시만 참으시오."

남이흥이 적극 말렸다.

밤 2경, 괄과 명련이 수백 명의 기병을 거느리고 수구문을 몰래 빠져나와 삼전도를 거쳐 광주를 지나며 목사 임회를 죽이고 이북利北 고개를 넘었다. 정충신이 유효걸 등을 거느리고 추격, 경안역에 닿았다. 기병 27명을 거느렸으나, 적은 뒤따르는 병사가 있을까 의심하여 싸우려 들지 않았다.

이날 밤 적은 이천 묵방리에 이르러 민가에 들었다. 괄의 부하 기익헌·이수백 등이 배반하여, 괄·명련 등 9명의 목을 베어 공주 행재소로 급히 달려갔다.

흥안군 제는 인경궁에서 곡성으로 올라가 싸움을 구경했다. 이괄의 군사가 패하여 사방으로 흩어지는 것을 보고, 광주 소천으로 달아나 원수부의 군관이라고 사칭했다. 이를 전현감 안사함·한교 등이 잡아 원수부로 보냈다. 장만은 제를 옥에 가두어놓고 임금의 영을 기다렸다. 그러나 심기원·신경진 등이 돈화문 앞에서 목을 베어 죽여버렸다.

인조는 서울에 돌아와 난이 평정되었음을 종묘에 고했다. 그리고 여러 도의 군사를 해산시킴으로써 이괄의 난은 막을 내렸다. 새 조정으로서는 큰 타격이었다.

정묘호란

후금(후에 청나라)이 강성해졌다. 명나라도 어찌해볼 수 없는 강대국이 되어 있었다. 조선 조정은 오로지 명나라만을 섬길 뿐, 후금을 오랑캐 취급했다. 후금이 여러 차례 조선에 사신을 보내고 친교를 맺으려 했으나, 조선 조정은 명나라만을 믿고 후금을 얕보았다. 후금이 조선을 경략할 조짐이 여기저기에서 나타났다.

후금에서도 여러 정세 변화가 일어났다. 추장 누르하치가 등창이 나서 죽고, 홍타이지(皇太極)가 새로 등극했다. 누르하치가 죽으면서 귀영개를 세자로 세우도록 유언을 남겼다. 귀영개는 아우 홍타이지에게 옥좌를 양보했다.

"너는 나보다 지혜와 용기가 월등하다. 네가 후금을 반석 위에 올려놓도록 하라."

홍타이지는 굳이 사양하지 않고 보위에 앉았다. 그가 후금의 태종이다. 태종은 원래 즉위 전부터 조선과의 화평을 달갑지 않게 여겼다. 조선의 향명배금向明排金 정책이 마음에 들지 않았고, 게다가 후금의 남진정책을 위해서는 그 배후의 조선이 껄끄러운 존재였다.

명나라 장수 모문룡은 가도에 주둔하고 있으면서 후금과 몇 차례 싸웠으나 싸움마다 패했다. 패하고도 명나라 조정에 승전했다는 거짓 보고를 일삼았다. 그리하여 모문룡은 도독으로 임명받았다.

정묘년 전해인 병인년 5월, 누르하치가 죽고 태종이 등극한 이후 이괄의 난으로 죽은 한명련의 아들 윤이 구성에 숨어 있었다. 부사 조시준이 잡으려고 윤을 하자 그는 후금으로 들어가 강홍립을 만났다. 강홍립은 후금에 인질로 머물러 있었다.

"장군, 본국에서 변란이 일어나 장군의 처자들이 죄다 죽었소이다. 내게 만주 군사를 빌려주어 복수하지 않겠소?"

강홍립은 이 말을 믿고 후금 조정에 알려 침략계획을 수립했다.

그뒤 요동의 명나라 장수 서고신이 군사 수백 명을 거느리고 창주산성에 들어와 해를 넘겼다. 정탐군 편으로 조선에 소식을 알려주었다.

"근래에 오랑캐들이 병마를 정돈하고 군량과 무기를 준비하는 것은 반드시 동쪽으로 침략하려는 계책 같다. 조선에서는 미리 방비책을 강구하는 것이 좋을 듯싶다."

조정에서는 이 말을 믿지 않았다.

얼마 후 태종이 서신을 보내어 조선을 힐책했다.

'조선은 후금에 네 가지 죄가 있다. 칸(汗)이 승하하였는데 조문을 오지 않았으며, 선천의 전투에서는 우리가 한 사람도 살육하지 않았는데도 사신을 보내어 사례하지 않았으며, 모문룡은 우리의 큰 원수인데도 조선에 두고 먹을 것을 주고 위로했으며, 요遼의 백성들은 나의 적자(신하)인데도 망명자를 부르고 반란자를 받아들였으므로, 내가 매우 한스럽게 여기노라.'

싸움을 건 것이다. 조선에서는 후금 태종의 서신에 제대로 대처하지 못했다. 집권 세력인 서인은 후금을 철저히 무시해버렸다.

해가 바뀌어 정묘년 1월, 후금의 기병 3만 여 명이 몰래 꽁꽁 언 압록강을 건너왔다. 13일에 의주를 짓밟은 그들은 사람을 시켜 남산에 올라가 소리를 지르도록 했다.

"대금국 이왕二王(귀영개)이 명을 받들어 정토하니, 성중의 장수와 군사들은 무장을 해제하고 나와 항복하라! 그리고 남쪽 땅에서 온 군병들은 모두 고향으로 돌아가라! 그렇지 않으면 말발굽으로 짓밟아버릴 것이다."

의주부윤 이완은 술에 취해 인사불성이었고, 성안은 공포의 도가니였다. 이완은 이미 군심軍心을 잃어 오히려 적에게 투항한 군사들이 숱했다. 적병이 강을 건너오자 조선 군졸은 흩어져버렸다.

이 틈을 노려 한명련의 아들 윤이 중국 옷으로 변복하고 몰래 사냥꾼을 따라 들어와, 적을 성으로 끌어들여 군기를 불태워버렸다.

14일 새벽에 적이 성을 함락시켰다. 이완과 판관 최몽량은 포로가 되었다.

적은 남도의 군사와 북도의 군사가 각각 분립하라고 목청을 높였다(국경을 남도와 북도 출신 조사로 나누어 방어했는데, 남도 조사를 첨방군이라 했다). 그러나 남과 북의 군사가 그 뜻을 알아듣지 못하고 각각 좌우로 모일 뿐이었다. 화가 난 적이 첨방군을 모조리 죽여버렸다.

적은 이완을 솥에 삶아 하늘에 제를 올리고, 최몽량에게 항복을 권했다. 몽량이 적을 꾸짖었다.

"이 개 짐승들아! 어찌하여 이러느냐! 이웃 나라의 도리가 이런 것이더냐!"

적은 몽량을 칼로 난도질해 죽였다. 적진에 강홍립·오신남·한윤·난영 등 조선 사람들이 포진해 있어 길 안내를 맡았다.

17일에 적이 곽산의 능한산성을 둘러보고 소리쳤다.

"성중의 장수와 군사들은 성을 버리고 나와 항복하라. 그리하면 우리 대군은 그냥 지나가겠다!"

"헛소리 마라! 우리는 나라의 명을 받들어 성을 지킬 따름이다. 마땅히 목숨을 바칠 각오가 되어 있다!"

적이 군사를 휘몰아 육박해 들어왔다. 긴 사닥다리를 성에 걸치고, 풀로 사람 형상을 만들어 줄을 지어 사닥다리 위에 세웠다. 성에서는 죽기로 결심하고 싸웠으나 역부족이었다. 성이 무너졌다. 곽산군사 박유건과 정주목사 김진이 식구들과 사로잡혔다. 적은 그들의 처첩을 간음하고 장막 속에 두고, 행군할 때는 박유건과 김진에게 그들 처첩의 말고삐를 잡도록 했다. 박유건이 아내의 부정을 질책했다.

"적에게 몸을 더럽히고도 목숨을 부지한 게요!"

"사돈 남말 하시는구려! 이렇게 만든 장본인이 뻔뻔스럽게 살아 있다니 가소롭구려."

기가 막힌 정황이었다.

적이 도처에서 외쳤다.

"오늘의 일은 오로지 전왕(광해군)을 위해 복수하는 것이다. 일이 이뤄지면 각도의 군사들에게 10년 동안 납세와 부역을 면제해줄 것이다."

이것은 한윤이 낸 계교였다.

22일에 적이 청천강에 이르러 크게 진을 설치했다. 성에서 수백 보 거리에 진을 설치해놓고 성을 둘러보며 크게 소리쳤다.

"빨리 나와 항복하라!"

성안의 장수들이 의논하여 집들을 모조리 불태워버렸다. 이를 보고 적병들이 혀를 찼다.

"사람의 집이란 지극히 소중한 것이다. 너희들은 어째서 불태우는가!"

성안에서 군관을 내보내어 적을 염탐해오도록 했다. 군관이 나와 적의 진영에 들어갔다. 두 추장이 강홍립과 나란히 의자에 앉아 있고, 한윤 등은 땅에 앉아 있었다. 적의 추장이 말했다.

"너희 나라는 무엇 때문에 호패를 만들고 백성들을 학대하며, 이웃 나라와는 신사信使를 통하지 않고 국교를 닦지 않느냐? 더욱이 3리 안의 성안에 있는 수만 명이 무슨 죄가 있다고 망녕되이 항거하고자 하여 어육魚肉이 되는 화를 스스로 취하려 하느냐! 또 너희 나라는 어찌하여 천시를 살피지 못하고 감히 큰 나라와 원수가 되려고 하느냐! 어서 빨리 나와 항복하고 화친을 약속하기 바란다."

군관에게 술 석 잔을 먹여 돌려보냈다. 군관의 보고를 받고 성안의 여러 장수들이 겁에 질려 떨었다. 안주목사 김준이 팔뚝을 걷어붙이고 외쳤다.

"임금께서 우리에게 작록을 주시고 간성의 임무를 맡기셨소. 마땅히 힘을 다해 자기 한 몸을 내던져야 할 것이거늘, 어찌하여 구차하게 살기를 바랄 것인가!"

김준은 통역을 성 위로 올려보내 적에게 알렸다.

"우리는 싸우는 것과 죽는 것을 알 따름이다. 항복과 화친은 모른다!"

"내일 너희들을 모조리 도륙할 테다. 후회해도 소용없다!"

다음날 새벽, 안개와 연기로 지척을 분간할 수 없었다. 적은 나팔을 불고 북을 치면서 성으로 몰려왔다. 성에서 대포와 화살을 마구잡이로 쏘아댔다. 적이 쓰러져 참호가 시체로 가득찼다. 적은 낙타까지 동원하여 좌충우돌이었다. 사닥다리를 성에 걸치고 결사적으로 기어올라 육탄전을 벌였다.

워낙 드세게 공격해오자 아군의 기세가 꺾여 성은 곧 무너지고 말았다. 병사 남이흥과 김준은 성루에 기대어 화살과 대포를 어지럽게 쏘아댔다. 적이 떼지어 달려들었다. 이흥과 준은 화약 포대에 불을 질렀다. 누각이 하늘로 튀어오르고, 이흥과 준의 부자와 여러 장수들이 적과 함께 불에 타 죽었다. 적은 성안의 백성을 모조리 죽였다.

도원수 장만은 평산에 대기하고 있었다. 안주성이 적에게 도륙당했다는 소식을 접한 평양에서는 백성들의 울부짖는 소리가 하늘에 가득했다. 평안감사 윤훤은 적병이 가까이 오는데도 계엄을 펴지 않아 군민이 모두 흩어져버렸다. 윤훤은 평양을 버리고 달아났고, 황해병사 정호서도 황주를 버렸다.

이 소식을 접한 조정은 크게 놀라, 김기종을 윤훤 대신 평양감사에, 신경원을 남이흥 대신 병사로, 이익을 정호서 대신 황해병사로 삼았다. 그리고 정충신을 병사로 삼아 부원수를 겸직시켰다.

세자는 남쪽으로 피란을 떠나고 3일 후에 인조도 강화도로 들어갔다.

도원수 장만이 조정의 뜻을 받들어 홍립과 난영의 아들에게 국서를 보내 적과 화친을 모색하는 한편, 동시에 적의 실정을 탐지토록 했다. 홍립과 난영은 다 죽어버렸다는 아들이 멀쩡하게 살아 있자 주먹으로 가슴을 쳤다.

"조국에 큰 죄를 지었구나. 경솔하게 군사를 일으키라고 청한 내 잘못을 어디에서 용서받을 것인가. 목숨을 바쳐 화친을 끌어내는 길밖에 없다."

강홍립이 적극 나섰다. 답서를 보냈다.

'저의 끈덕진 목숨이 죽지 않아 다만 화친하기를 바랐나이다. 마침내 일이 이렇게 되었으니 무슨 말을 하겠나이다. 군중에서 일이 이에 언급되면 기회가 닿는 대로 한결같이 화친의 의견을 진술하여 죽음으로써 다투었나이다. 이제 두 집의 자식들이 국서를 받들어 칼날을 무릅쓰고 나온 것을 보니 더욱 화친에 힘쓰겠나이다 … 여기에서 나가는 차사는 꼭 어전에 나가 친히 문서를 전달하여 피차가 똑같이 화친하려는 뜻을 알리려고 하니, 마땅히 깊이 생각하여 선처하심이 좋을 듯하나이다. 나의 자식을 한번 만나보고 곧 돌아가야 하는데, 이는 사세가 체류할 수 없기 때문으로 마음이 쪼개지는 듯하나이다.'

2월, 적이 황주에 왔다. 사신을 파견하여 화친할 것을 알리고 세 가지 요구조건을 내걸었다. 첫째 땅을 떼어주고, 둘째 모문룡을 잡고, 셋째 군사 1만 명을 빌려 명나라를 치는 데 도우라는 것이었다. 세 가지 다 들어줄 수 없는 조건이었다.

적병이 평산에 도착했다. 때마침 큰비가 내려 강물이 넘쳤다. 승리의 기세로 전진해왔으나, 깊이 들어오는 것은 원래 그들의 본 뜻이 아니었다. 유해 등을 강화로 보내어 화친을 의논했다. 평산은 강화에서 백여 리였다.

일찍이 임금의 행차가 통진에 머물 때였다. 후금이 강화하려고 차사를 보낸다고 했다. 피란 조정은 이 문제로 논의가 일어 결정을 보지 못했다. 다만 최명길만이 자신의 주장을 폈다.

"군사가 교전을 할지라도 사신이 서로 왕래하는 법이나이다. 적의 사신을 거절하는 것은 부당하나이다. 우선 맞이하여 말을 들어보고 처리하는 것이 마땅하나이다."

그러나 주전론이 대세여서 최명길의 말에 동조를 하면서도 감히 손을 들어주는 발언을 삼갔다. 인조는 최명길의 의견을 받아들여, 진해루에서 접견했었으나 별 성과는 없었다.

그런 후 유해 일행이 강화로 들어온 것이다. 피란 조정에서는 군사의 위엄을 갖추고 후금의 차사 일행을 접견했다. 인조가 답례를 하지 않자 유해가 크게 성이 났다. 이에 통역사를 시켜 타이르는 한편, 홍립의 숙부 강인을 회답사로 삼아 적진으로 보냈다. 유해는 화가 풀려 돌아갔다. 그는 원래 요동 사람이었으나, 후금에 투항하여 귀영개의 사위가 되었다.

이때 한양에서는 적병이 가까이 다가온다는 소문을 듣고 유도대신留都大臣 김상용이 급히 명령을 내려, 어고와 병조·호조·태창太倉·선혜청·경영 등의 모든 창고에 불을 질러버렸다. 나라의 저축은 이 불로 탕진되었다. 상용은 곧 강화로 달아나버렸다. 노량진 나루의 1천여 석의 양곡도 모두 없어지고, 여인길이 여러 척의 배로 겨우 200석을 싣고 강화로 갔다.

김상용의 친동생 김상헌은 명나라에 사신으로 들어가, 조국이 병란을 당하고 있다는 소식을 듣고 명나라 병부에 글을 올려 구원병을 요청했다. 병부에서는 황제에게 보고했다. 황제는 순무에게 영을 내려 경병輕兵으로 후금의 배후를 치도록 했다. 군문에서 수병水兵 수천 명을 압록강에 보냈다. 태감太監 네 사람이 계속해서 왔다가 얼마 안되어 패하고 돌아갔다.

2월 20일, 유해가 또다시 평산에서 강화로 들어와 인조를 직접 뵙고 문서를 전하겠다고 청했다. 인조가 그 청에 따랐다. 서로 읍하고 예를 행했다. 사신으로 온 후금의 한 사람은 한양에서 투항한 백성 박중남이었다.

유해는 명나라의 연호를 쓰지 말 것과, 왕자를 볼모로 삼겠다고 요구조건을 내걸었다. 조정에서는 왕자가 어리기 때문에 보낼 수 없다고 답하고,

종실의 원창령을 왕제라 일컬어 군으로 봉하고 이홍망을 통신사로 삼고, 목면 300필, 흰 모시 300필, 호피 100령슝, 표피 100령을 예물로 준비하여 우봉현감 이상룡을 차원으로 삼아 적진으로 보냈다.

이렇게 서로 왔다갔다하는 사이에 화친조약이 맺어졌다. 형제의 맹약을 맺을 것, 화친이 성립되면 후금 군사를 철수시킬 것, 양국 군대는 서로 압록강을 넘지 않을 것 등의 조약을 체결했다.

2월 22일, 유해가 다시 와서 퇴군한다고 보고했다. 그런 후에도 해주·연백 등지에서 노략질이 날로 심해질 뿐 아니라, 명나라 연호 천계를 쓰지 말라고 여러 날을 두고 위협했다. 그리하여 정작 화친이 맺어진 날은 3월 3일이었다. 단을 강화의 서문 밖에 쌓고, 밤중에 단 위에서 회합하여, 흰 말과 검은 소를 죽여 하늘에 제사지내고 서약했다.

후금은 조선에 오래 머물러 있을 수 없었다. 명나라와 대치 상태여서 군사를 조선에 오래 묶어둘 수 없기 때문이었다. 그들은 철수했으나 철병의 약속을 어기고, 의주에 후금 병사 1천 명, 몽골 병사 2천 명을, 진강에 후금 병사 300명, 몽골 병사 1천 명을 주둔시켜 모문룡을 막도록 하고, 중강中江 개시開市의 교섭을 성사시켜 많은 물자를 얻을 수 있었다.

강홍립은 조선에 남아 있었다. 후금에서 그에게 요동 백성 500명을 주어 부리도록 했다. 그는 또 유해의 처제를 아내로 삼았는데, 곧 귀영개의 양딸이었다. 홍립은 이번에 아내와 요동 백성 500명을 데리고 왔다. 조정에서는 요동 백성들을 각도에 나누어주었다. 이에 강홍립은 부끄러움과 분노로 울화병이 나서 죽고 말았다. 비극적인 운명의 신료였다.

3배 9고두의 치욕 - 병자호란

정묘호란 이후 후금은 명나라를 치기 위해 조선에 군량을 강요하고 병선을 요구하는 등의 압력을 가했다. 또 정묘호란 때 형제국의 맹약을 군신의 관계로 바꾸고, 세폐를 증가할 것을 요구하는 등 행패가 심했다. 그들의 침략 야욕이 그 이빨을 드러내기 시작했다.

후금이 명나라 군사와 서로 버티면서 자행하는 토색질이 자심했다. 후금 장수 용골대는 의주에 들어와 소를 약탈하고 쌀 1,500석을 토색질해갔고, 차아리 등은 역시 의주에 들어와 피곡 80석을 약탈해갔다.

그런가 하면 후금의 태종 홍타이지는 국호를 고쳐 대청大淸이라 하고, 간(汗) 대신 황제의 칭호를 썼다. 명나라에 그만큼 자신감이 있었던 것이다.

인조의 왕비 인열왕후 한씨가 세상을 떠나자 청의 차사 용골대와 마부대가 조문한다며, 청병 100여 명과 몽골 병 수십 기를 거느리고 의주에 들어왔다. 청의 10왕자가 편지로 인조를 위로하고, 칸을 높여 황제로 칭하니 조선더러 신하로 섬기라고 했다. 조선을 청의 제후국으로 삼겠다는 통고였다. 서서히 침략의 본색을 드러내고 있었다.

때마침 홍타이지가 황제가 되던 날, 조선의 사신 나덕헌과 이확이 청나라에 있었다. 조선 사신들은 그들의 축하식장에 가지 않았다. 그들은 공갈 협박을 하고 심지어는 구타도 서슴지 않았다. 그러나 조선 사신들은 끝까지 그들에게 허리를 굽히지 않았다.

이확 등이 돌아오는 길에 황제의 친서를 받았다. 이확이 몰래 뜯어보았다. 칸 대신 황제라고 칭한 것을 보고, 통원보에 닿아 편지를 푸른 보자기에 싸서 보를 지키고 있는 청나라 땅에 놓아두고 왔다. 외교상 있을 수 없는 일이었다.

평안감사 홍명구가 이 사실을 알고 장계를 올렸다.

'확 등의 목을 베어 효시하소서.'

이조판서 김상헌은 원래부터 청나라를 인정하지 않은 터라 이확 등을 두둔하고 나섰다.

"죽일 것까지 있겠는가."

조선 조정에서는 이 일을 흐지부지 묻어버렸다. 나덕헌을 백마산성으로, 이확을 검산산성으로 보내버린 것이다.

이를 계기로 영의정 김유가 척화론을 주장했다. 따르는 신료들이 많았다. 척화론자들의 명분은 '청은 스스로 자기 나라에서 황제 노릇을 하는 것이고, 우리는 다만 정묘년의 맹약을 지킬 뿐이다. 우리까지 황제로 떠받들 필요는 없다'는 것이었다.

청에 강경 일변도의 자세를 보였다. 마부대가 청나라 상인을 거느리고 중강에 이르러 의주부윤을 만나려고 청을 넣었다. 부윤이 단호히 뿌리쳤다.

"성을 지키는 장수는 국경을 넘어갈 수 없다."

마부대는 이를 갈며 돌아갔다.

그 무렵, 가도의 도독 심세괴가 조선이 청나라를 배격하는 뜻을 명나라에 보고했다. 가도 도독이 모문룡에서 심세괴로 바뀌어 있었다. 명나라 황실은 조선의 뜻을 가상히 여겨 감군 황손무를 보내어 격려했다.

황손무가 돌아가는 길에 관서지방에 이르러 우리 조정에 통첩했다.

'귀국 사람들의 인심과 기개를 보건대, 강한 청나라를 대적하지 못할 것 같소이다. 명나라 조정의 일시적인 장려의 말에 너무 치우치지 말고 청과 단절하는 것만은 삼가시오.'

매우 적절한 지적이었으나, 조선 조정에는 척화파의 세력이 우세했었다.

최명길이 경연에서 인조에게 청했다.

"전하, 청나라를 인정하여야만 하옵나이다. 금한金汗을 청한淸汗으로 불러야 하오니, 영을 내리시옵소서."

이 말을 듣고 양사에서 합계 상소가 올라왔다.

'…저 오랑캐가 청이라고 호칭한 것은 실로 우연한 칭호가 아니옵나이다. 우리가 이것을 칭호한다면 이것은 오랑캐의 참칭僭稱을 허락하는 것이옵나이다 ··· 명길은 전하의 총명을 막고 반드시 제 생각대로 실행하려고 하나이다. 고래의 간흉 중에 일찍이 없었던 소위이나이다. 청컨대 명길을 삭탈관직하시옵소서.'

인조는 명길을 처벌하지 않았다. 그의 주장을 옳다고 여겼다.

최명길이 상소를 올렸다.

'싸워서 지킬 계책도 없고, 또 화를 완화시킬 책략도 없으면서 무조건 반대하는 것은 신료들이 취할 바 아니나이다. 저들이 일거에 기병을 앞세워 달려오면 체찰사는 강화도로 들어가 지키고, 도원수는 물러가서 황주산성을 지키고, 백성들은 어육이 되고 종묘사직은 파천할 것이나이다. 이런 경우를 당하면 장차 누가 그 허물을 책임질 것이나이까 ··· 오늘날 화친을 주장하는 신료는 화가 일신에 돌아오고 이익은 국가로 돌아가니, 이것을 보면 사람이 어진가 사특한가와, 일이 옳으냐 그르냐 하는 것을 알기 어렵지 아니할 것이나이다.'

척화론자의 반발이 극에 달했다. 그러나 최명길은 소신을 굽히지 않았다. 조선이 살 길은 청나라와의 관계 개선뿐이었다. 기울어가는 명나라에 의지했다가 명이 망하는 날에는 꼼짝없이 청의 속국을 면치 못할 것이었다. 그러기 전에 화친을 맺어 형제국가의 결속을 다져놓으면 적어도 큰 화는 면할 것이었다.

병자년 10월, 청의 마부대가 의주에 왔다. 부윤 임경업이 그를 맞았다.

"임 장군은 내 말을 명심하시오. 내가 11월 26일 군사를 일으켜 동으로 쳐들어올 것이오. 허나 조선에서 청에 사신을 보내어 다시 화친을 맺고자 한다면, 비록 군사가 출동중일지라도 마땅히 돌아갈 것이오. 또한 우리의 한을 황제라 칭하는 것은 명나라도 감히 금하지 못하거늘 조선이 무얼 믿고 금하는 게요? 그 까닭이 궁금하오."

"장군의 말 명심하겠소. 조정에 그대로 전하겠소."

마부대가 돌아간 후 임경업은 전후 사정을 소상히 적어 조정에 올렸다. 조정은 아직도 척화의 잠에서 깨어나지 못하고 있었다.

11월에 역관 박인범이 서신을 가지고 청의 심양에 들어갔다. 홍타이지는 본 체 만 체했으나 접대는 해주었다. 용골대와 마부대가 전에 빼앗아간 '인조의 서도지방에 내린 유지 및 각 아문의 문서'를 내보이며 말했다.

"우리가 먼저 정묘의 맹약을 어긴 것이 아니오. 조선이 먼저 어긴 것이오. 이 문서들이 증명하고 있지를 않소? 우리가 얼음이 얼기를 기다려 조선에 나가면 알 것이오."

박인범은 할 말이 없었다. 용골대가 옆에 있다가 말했다.

"지금부터라도 조선이 우리를 따라 함께 명나라를 도모하고 화친을 반대하는 신하 및 왕자를 심양에 보내면 서로 믿을 수 있을 것이오. 그때 다시 화친을 맺으면 되오."

"내가 대답할 안건이 아니오."

"왕자와 척화신들을 심양에 보내면 우리 군사가 압록강에 이르렀을지라도 곧 멈출 것이며, 우리와 혼인을 맺고 길이 서로 화친할 것이지만, 그렇지 않으면 곧 우리 황제가 스스로 군사를 거느리고 조선에 나갈 것이오."

"우리 나라는 본시 예의의 나라요. 친구의 정이 두텁더라도 서로 혼인하지 않거늘, 하물며 두 나라가 맹약하여 형제가 된 지 10년이 지났거늘 이제 혼인을 요구하는 것은 이치에 맞지 않소."

인범은 자리를 박차고 일어났다. 용골대와 마부대가 뒤따라와서 말했다.

"우리 황제의 말은 전일에 얻은 조선의 문서 가운데 화친을 거절했다는 뜻이 많은 까닭에, 혼인을 요구하는 말을 내어 서로 믿는 터전을 만들고자 함이오. 그대는 이런 사실을 알고 가시오."

"잘 알겠소."

인범은 청을 떠났다.

청나라에서는 여러 장수들을 모아놓고 조선 침략을 논의했다. 귀영개가 반대했다.

"조선은 고래로부터 예를 숭상하는 약한 나라요. 조선은 그대로 두고 명나라 공략에만 전력투구하여 성공하면, 화살 하나 쏘는 힘을 들이지 않고 조선을 신하로 복종시킬 수 있거늘 군사를 동원하는 것은 국력 낭비요. 또한 우리가 나라를 온통 비우고 명나라 공략에 나선다 해도 조선이 우리를 감히 넘보지 못할 것이오. 우리가 조선을 능히 유린할 수 있으나, 조선에 산이 많고 들이 적어 도로가 험하고, 게다가 포 쏘는 기술이 있어 혹여 우리 군사의 손실이 염려되기도 하오. 치지 않는 것이 현책이오."

"옳은 말씀이오. 다른 분의 의견은 어떠시오?'

홍타이지의 물음에 호전적인 장수들이 조선을 간단히 쓸어버리고 명나라를 공략하는 것도 한 계책이라고 주장했다. 특히 9왕 및 용골대·마부대 두 장수가 조선 공략을 적극 주장했다. 홍타이지는 공략 쪽의 손을 들어주었다.

병자년 12월 9일, 청병 12만 명이 얼어붙은 압록강을 건넜다. 이튿날 적은 안주에 닿았다. 의주부윤 임경업의 장계가 12일, 조정에 닿았다. 적군은 의주를 피해 안주로 직행했던 것이다.

13일에 적은 평양에 들어왔다. 그야말로 파죽지세였다. 조정에서는 상하가 황망하여 몸둘 바를 모르고 우물쭈물 결단을 내리지 못했다. 성안의 인심이 흉흉해지고 성문 밖으로 나가는 백성이 줄을 이었다.

14일에 적은 이미 경기도 땅에 들어왔다. 장단부사 황직은 싸움 한번 못 해보고 적의 포로가 되어버렸다. 그는 머리를 깎고 적의 대열에 편입되어, 호복을 입고 적의 길 안내자가 되었다.

이튿날 인조가 창황히 서울을 버리고 남대문을 거쳐 강화도로 향하려고 했다. 탐졸이 달려와 급히 보고했다.

"적이 이미 연서역을 통과했사옵고, 오랑캐 장수 마부대가 수백 기를 거느리고 홍제원에 도착하여 한 부대는 양천강을 차단하고, 강화로 가는 길을 끊었나이다."

인조는 남대문 문루에 닿았다. 신하들이 대책을 숙의하는 사이 도성에는 사람들이 울부짖는 소리가 가득했다.

"전하, 신이 홍제원에 가서 마부대를 만나겠나이다. 그 사이 전하께오서는 남한산성으로 드시옵소서."

그 잘난 척화신들은 갑자기 벙어리가 되어 말문이 닫혀버리고 최명길이 말했다. 인조는 남한산성 행을 택했다.

최명길이 적진으로 들어가 마부대를 만나 따졌다.

"형제국 사이에 어찌 이럴 수 있단 말이오!"

"우리가 맹약을 어긴 것이 아니라 조선이 어긴 것이오. 그리하여 우리가 조선 임금을 만나 직접 따지려고 달려왔소."

"우리 임금을 만나보실 수 없소. 남한산성으로 들어가시고 서울에는 아니 게시오."

"말이 되는 소린가! 조선 임금이 우리에게 떳떳하다면 도망칠 까닭이 없지를 않소?"

"그야 청국이 대군을 이끌고 남하한다는 소식을 듣고 엉겁결에 그리한 것이오. 지금이라도 늦지 않았으니 화친의 맹약을 서로 지키는 쪽으로 가면 되지 않겠소이까?"

"좋은 말이오. 조선 임금에게 말하여 청나라의 청을 받아들여 화친의 방향으로 나가자고 하시오!"

"그리할 테니 여기서 잠시 기다리시요!"

최명길은 시각을 지체하여 인조가 무사히 남한산성으로 들어가게끔 적을 속인 것이다. 이 사실을 안 마부대는 크게 화가 나서 최명길을 죽이려 했다.

"화친하는 일이 남아 있소이다. 그 사람을 함부로 죽여서는 안되오. 최명길은 화친 쪽에 마음을 두고 있는 조선의 몇 아니되는 중신이오."

마부대의 참모가 말했다.

적이 남한산성을 포위했다. 적이 처음 도착했을 때는 그 수가 그리 많지 않았다. 게다가 얼음길에 멀리 와서 형색이 귀신 같고 말들도 지쳐 기신거렸다. 우리가 성에 들어와 전열을 가다듬고 선제 공격을 했더라면 충분히 승산이 있었다. 그러나 적이 두려워서 감히 싸울 생각을 하지 않고 우왕좌왕하는 사이에 적의 대부대가 뒤늦게 도착하여 산성은 완전히 고립되어버렸다.

마부대가 왕자와 대신을 자기 진영으로 보내라고 으름장을 놓았다. 피란 조정에서는 종실 능봉수의 직위를 올려 군으로 봉하여 왕제라 칭하고, 형조판서 심즙에게 대신의 직함을 주어 청군 진영으로 보냈다.

그런데 고지식한 심즙이 그만 사고를 내고 말았다.

"내 평생 거짓말을 모르고 살았다. 아무리 되놈일지라도 속일 수는 없다."

이러고는 마부대에게 이실직고했다.

"나는 대신이 아니라 임시의 직함이고, 능봉수는 종실이지 왕제는 아니오."

"심 대감! 지금 무슨 말을 하는 게요! 이 사람은 진짜 대신이고 나는 진짜 왕제올시다."

마부대는 어리둥절하여, 심양에 들어갔다가 마부대에게 잡혀 진중에 있는 박노·박난영을 불렀다.

"누구의 말이 맞느냐?"

박난영이 얼른 대답했다.

"능봉수의 말이 옳으오."

그러나 곧 들통나고 말았다. 마부대는 능봉수와 박난영의 목을 베어버렸다. 심즙이 목숨을 건져 돌아와 보고했다. 조정이 발칵 뒤집혀 좌의정 홍서봉과 호조판서 김신국이 사죄 사절로 마부대의 진영으로 나갔다.

"장차 조선에서는 봉림과 인평 두 대군 가운데 한 분을 청국으로 보낼 것이오. 허나 지금은 강화에 있으므로 보내지 못하오."

"동궁이 여기에 오지 않으면 화친은 어렵소. 나는 왕제를 말한 것이 아니라 왕자를 원했소."

"왕자는 지금 복服(인열왕후)을 벗지 못해 멀리 갈 수가 없소."

"그렇다면 화친은 글렀소."

적은 성을 에워싸고 사람과 재물을 약탈했다. 각사의 관원으로 서울에서 오는 사람과, 특히 호조의 재물을 싣고 오는 관원들이 모두 적에게 붙잡혔다.

며칠 동안 서로 대치상태에서 신경전을 벌였다. 12월 29일이 되었다. 이날은 날씨가 화창했다. 오랜만에 군사들의 얼굴에 생기가 돌았다.

영의정 김유가 동서남북 네 문의 장수를 불러 말했다.

"남문 아래의 적 진영이 매우 엉성하다는 탐졸의 보고가 들어왔소. 정예부대를 동원하여 적을 무찌르시오. 나머지 문루의 장수들은 남문을 지원하시오!"

"대감! 부당하나이다. 남문 아래의 적이 엉성하다는 보고도 믿을 수 없고, 또 남문을 지원한다고 동서북문을 비웠다가 적이 낌새를 알아차리고 허를 찌르면 큰 낭패입니다. 명령을 거두소서!"

"제장은 나의 명령을 따르시오!"

김유는 친히 군사를 거느리고 남문루에 앉아 기와 북을 놓고 싸움을 독려했다. 성 아래는 개울이 있었다. 겨울이라서 계곡이 꽁꽁 얼어붙어 있었다.

적들이 계곡 곳곳에 매복해 있었다. 적은 남문 4, 5백 보 거리로 물러난 후 약간의 병졸과 말·소를 남문 밑에 머무르도록 해놓고 유인했다. 그런 줄도 모르고 김유는 기를 흔들며 남문을 나가 진군하라고 독촉이 심했다. 우리 군사는 나가기를 꺼려했다. 명령을 내려도 멈칫거리므로, 김유는 비장 유호에게 명하여 나가지 않는 병졸의 목을 베어버렸다. 할 수 없이 군사들이 와르르 흙더미 무너지듯 남문을 빠져나갔다. 적들은 조선군이 말과 소를 잡아가는데도 모른 체하다가 송책松柵 밖으로 나오자 공격을 퍼부었다. 복병이 때맞춰 사방에서 나타났다. 우리 군사의 앞뒤가 끊겨버렸다. 우리 군사는 총 한 방 화살 한 개 제대로 쏘아보지 못하고 순식간에 유린당했다. 별장 신성립·지여해·이원길 등이 전사하고 200여 명의 군사가 희생당했다.

적병의 희생은 한두 명뿐이었다. 무모한 싸움이었다. 김유는 어떤 사람의 말을 듣고 혹하여 작전을 폈다가 참패하여 군의 사기만을 크게 떨어뜨렸다.

김유는 변명할 길을 찾았다.

"원두표가 지원병을 투입하지 않아 싸움에 패한 것이다. 그를 극형에 처해야 한다."

실로 비겁한 발상이었다. 원두표는 부장이고 김유는 수장이었다. 죄를 부하에게 떠넘기는 선비답지 않은 행동이었다.

홍서봉이 언짢은 기색으로 말했다.

"수장이 군율을 어기고서 죄를 부장에게 돌리려 하는가!"

김유는 마지못해 인조 앞에 엎드려 대죄했다. 그리고 원두표의 중군을 매질하여 거의 죽게 만들었다. 적을 앞에 두고 서로 싸움질하느라고 되는 일이 없었다. 실로 한심한 작태였다.

김신국은 인조를 볼 때마다 싸우자고 권했다. 인조는 언짢게 여겼다. 김신국이 김유와 더불어 계책을 의논할 때였다. 신국이 김유에게 싸우자고 했다. 김유가 화를 내면서 말했다.

"공은 가만히 앉아서 싸우라고만 하는 게요. 공이 가서 적을 물리치시오!"

김신국이 웃으면서 받았다.

"우리는 포위당해 있소. 서로 힘을 합하고 마음을 같이하여 나라를 구해야 하거늘, 대감이 대장으로 있으면서 남의 말을 함부로 하는 것은 무슨 까닭이오?"

모인 중신들이 이 말을 고깝게 여겨 김신국을 인조에게 참소했다.

"김신국은 적을 대적하기 어려움을 알면서도 싸움을 주장하고 화친을 배척하고 있사옵니다. 이는 명예를 사고자 하는 얄팍한 수작이나이다."

이 말을 듣고 인조는 신국을 불러 책망했다.

"경이 맡은 책임은 군량이거늘 어찌하여 싸움을 말하는 게요!"

"전하, 군량이 반년만이라도 버틸 수 있다면 신이 감히 싸움을 말하겠나이까. 신이 계산해보니 겨우 한 달 군량뿐이옵나이다. 만약 참새를 그물질하고 땅을 파서 쥐를 잡는 지경(당나라 장순이 성을 지키다가 군량이 다 떨어져 그물로 새를 잡고 땅을 파서 쥐를 잡았다는 고사)에 이르면, 비록 싸우고자 해도 싸울 수가 없나이다. 어리석은 신은 병사들이 아직 굶주리지 아니한 때에 성문 밖에 나가 성을 등지고 싸워 존망을 결정해보자는 것이옵나이다."

인조는 할 말을 잃었다. 그러나 싸울 용기가 없었다.

해가 바뀌어 정축년 1월 2일, 홍서봉·김신국·이경직이 적진에 들어가 화친을 청했다. 적장이 정묘년의 맹약을 어긴 것을 책망했다.

"조선의 문서를 보니 우리를 노적奴賊이라 칭했소. 우리가 누구의 종이오? 또 우리의 일은 광명정대하거늘, 누가 감히 적이라 말할 수 있겠소? 어디 말해보시오!'

세 사람은 변명할 말이 없었다.

적장은 누런 종이에 쓴 글을 조유詔諭(황제의 조칙)라며 상 위에 올려놓고, 먼저 4배를 올린 다음 글을 받들고 돌아가도록 했다. 청국을 오랑캐라고 얕보았다가 큰코다치고 있었다.

홍서봉 등은 시키는 대로 하지 않을 수 없었다. 4배를 하고 홍타이지의 조유라는 것을 받들고 산성으로 돌아왔다.

"대청국 관온인성황제大淸國寬溫仁聖皇帝는 조선 국왕에게 조유하노라. 너희 나라가 명나라에 협조하여 우리 나라를 괴롭히고 해롭게 하므로, 짐이 크게 노하여 정묘년에 군사를 일으켰으니, 이것이 어찌 강한 것을 믿고 약한 것을 업신여겨서 까닭 없이 군사를 일으킨 것인가. 그런데 근래에 와서는 무슨 까닭으로 도리어 너희의 변방을 지키는 신하에게 유시하기를 '부득이하며 임시 방편으로 화친할 것을 허가했지만, 지금은 정의로서 결단하노니, 경은 그 모든 고을에 효유하여 충의의 선비로 하여금 각자 책략을 바치도록 하고, 용감한 사람들로 하여금 자원하여 정벌에 참가하게 하라' 는 등의 말을 했는가.

이제 짐이 친히 대군을 거느리고 와서 싸우고자 하거늘, 너희는 어찌하여 지모 있는 자에게 계책을 바치게 하고 용감한 자로 하여금 정벌에 참가하게 하여 몸소 한번 싸워보지 않는가. 군사를 일으키게 한 발단도 너희 나라에서 먼저 한 것이다. 짐은 이미 너희 나라를 아우로서 대접했거늘, 너희는 더욱 패역하여 스스로 원수가 되어 생민을 도탄에 빠지게 하고, 성을 버리고 궁궐을 버리고 처자를 서로 흩어지게 하여 서로 돌아보지도 못하고, 겨우 단신으로 도망쳐 산성에 들어가 있으니 비록 목숨을 천년을 연장한다한들 무슨 소용이겠는가. 정묘년의 욕됨을 씻고자 하다가 스스로 화를 초래하여 웃음을 후세에 남기게 하니 이 욕됨을 장차 무엇으로 씻을 것인가.

짐의 모든 신하들이 짐에게 권하여 황제라 칭한 것이거늘, 너희가 말하기를 '이것이 어찌 우리 군신의 차마 들을 바이냐' 하니, 이 말이 또한 방자하고 망령된 말이다. 이제 짐이 대군을 끌고 와서 너희 8도를 멸할 터인데, 너희가 아비 섬기듯 하던 명나라는 장차 어떻게 너희를 구원할 것이냐? 어찌 자식이 거꾸로 매달린 듯 위급한데, 아비(明)로서 구원하지 아니하는 자가 있는가."

이보다 더 모욕적인 글이 또 있을까. 조정으로서는 감수하고 참아내야할 참담한 일이었다.

12일에 홍서봉·최명길·윤휘·허한 등이 인조의 국서를 가지고 적진으로 갔다. 적장이 물리쳤다.

"우리 장수가 오늘 새로 오고 이미 날이 저물었으니 내일 다시 서문으로 오시오!"

홍서봉 일행은 속절없이 뒤돌아섰다. 나만갑이 장유에게 말했다.

"화친을 맺는다는 말은 부득이한 것이오. 한결같이 애걸만 하면 결코 청하는 대로 될 리가 없소이다. 마땅히 이해利害를 가지고 말하면 혹 저들의 생각을 움직이게 하여 들을 수 있지 않겠나이까?"

"그럴 듯한 생각이오."

장유는 나만갑의 말대로 초안을 잡다가, 부제학 이경석을 통해 임금에

게 그 사유를 전하도록 했다. 인조는 김유 등과 의논하여 최명길의 항복서
한을 채택했다. 척화파인 김상헌·정온 등은 강경했다.

"전하, 군사가 모두 죽고 남자가 다 죽은 연후에 빌더라도 늦지 않을 것
이옵나이다."

13일에 적은 서쪽 문 밑에 큰 진을 쳤다. 서쪽 문을 공격할 태세였다. 홍
서봉 등이 급히 적진으로 나갔다. 이렇게 화친 사절이 수차례 적진으로 나
가 시간을 벌었으나 뾰족한 해결책이 없었다. 성안의 양식은 떨어져가고,
그나마 믿었던 강화도가 27일 적에게 짓밟혀 많은 충신들이 전사 또는 자
결했다는 비보가 날아들었다.

산성 밖의 적은 남대문을 간헐적으로 공격하여 조선 군사들의 간담을 서
늘케 했다. 더는 버티기 힘든 상황이었다. 이제는 청에서 원하는 척화신들
을 붙잡아 보내자는 여론이 산성 안에 퍼졌다.

27일, 안개가 산성을 자욱이 덮었다. 최명길·김신국 등이 국서를 가지
고 적의 진영으로 갔다.

"이제 들으니 폐하께오서 며칠 안으로 행차를 돌리신다고 하옵는데, 빨
리 스스로 달려나아가 용광龍光을 우러러뵙지 않는다면 정성을 보일 도리
가 없사오니 후회한들 어찌하오리까. 오직 신은 장차 300년의 종묘사직과
수천 리의 백성들을 폐하께 우러러 부탁할 뿐이옵나이다. 정리情理가 진실
로 가상하오니, 만일 일이 어긋나면 칼을 뽑아 스스로 자결하는 것만 같지
못하옵나이다. 엎드려 원하옵건대 참다운 정성을 굽어살피시고 인자하신
분부를 명백히 내리시어 신이 안심하고 복종할 길을 열어주옵소서."

치욕적인 항복서였다. 이 항복서로 하여 예조판서 김상헌이 노끈으로 목
을 졸라 자결하려다가 나만갑에게 발각되어 미수에 그치고, 정온은 칼로
배를 갈랐으나 죽지 않았다. 정온은 그때의 참담한 심경을 이렇게 읊었다.

임금의 욕됨이 극도에 이르렀는데

신하로서 죽음이 아직 더디었는고
생선을 버리고 곰의 발바닥을 취할 때는
바로 이때가 아닌가
임금 행차를 모시고 항복하러 나가는 것을
나는 참으로 부끄러워 여기나니
한 칼로 인仁을 성취하여 죽음에 나가는 것을
집에 돌아가듯 여기리로다

1월 30일, 안개가 짙어 햇빛이 보이지 않았다. 인조를 수행하고 나갈 병
사 500명을 선출했다. 시위할 장수와 사졸들과 각사의 당랑이 각각 한 사람
씩 선발되었다. 인조는 세자와 함께 남색의 군복을 입고 서문을 통하여 산
성을 나가 삼전도로 향했다.

삼전도에 진을 친 청의 홍타이지는 삼전도 남쪽에 단壇과 9층 계단을 만
들고, 누런 막과 누런 일산을 펴놓은 가운데, 병갑과 깃발을 성대하게 진열
해놓고 수하 정병 수만 명으로 네모지게 진을 쳐놓았다.

인조와 세자가 단 아래에서 3공 6경과 더불어 3배 9고두의 예를 올렸다.
세 번 큰절을 하고 아홉 번 머리를 숙여 주억거렸다. 그리고 9층 계단을 올
라가 서쪽을 향해 청의 여러 왕자 위쪽에 앉아 몽골 왕과 상대했다. 홍타이
지는 단의 맨 위에 남쪽을 바라고 앉아서 술을 마시고 군악을 울렸다.

항복 의식이 끝날 때 홍타이지는 인조에게 돈피 갖옷 두 벌을 주었다. 인
조는 그 한 벌을 입고 다시 세 번 큰절을 올렸다. 뒤이어 3공 6경에게도 한
벌씩을 주었다. 그들이 뜰에서 세 번 절했다.

저녁에 한양으로 돌아가도 좋다는 홍타이지의 영이 떨어졌다. 인조는 우
리 역사상 처음으로 무릎 꿇은 임금이 되었다.

신선을 그리워하는 노래

병자호란이 진정되었으나 명나라와의 관계 설정이 급선무로 남았다. 최명길은 '종사를 위해 부득이 뜻을 굽혀 청국과 강화하여 보존하기를 도모한 것'이라는 내용의 국서를 명나라 도독 진홍범에게 보내어 그를 통해 황제에게 전해지기를 기도했다. 그러나 바닷길이 멀고 험난하여 성공 여부를 가늠할 수 없었다. 명길은 믿음직한 사자를 구해 조선의 사정을 명나라에 어떻게든 전하고자 노심초사했다.

무인년 가을, 강가에서 경비를 서던 군사가 중 한 사람을 데려왔다. 그 중의 이름은 독보獨步였다. 독보는 조선 사람으로, 병자년에 볼일이 있어 가도에 갔다가 호란으로 하여 돌아오지 못하고, 명나라로 들어가 홍승주의 군문에 머물렀다. 그는 조선의 사정을 정탐하러 나온 것이다. 명나라의 첩자인 셈이었다.

독보를 잡아놓고 평안병사 임경업이 즉시 최명길에게 알렸다. 독보를 즉시 서울로 압송했다. 최명길이 독보를 만나보니 사람됨이 강개하고 언변이 좋아 일을 맡길 만했다.

명길은 기밀을 맡은 재상들과 의논한 후 명나라 황제에게 아뢰는 글을 갖추어 독보에게 주었다. 아울러 따로이 자문咨文을 홍승주 앞으로 썼다. 독보는 수로를 이용하여 명나라로 들어갔다.

명길은 독보를 애타게 기다렸으나, 돌아올 세월이 지났는데도 감감 무소식이었다. 명길은 이미 재상직에서 물러나 집에서 쉬고 있었다. 그는 독보를 기다리는 애타는 심정을 한 수의 시로 읊어 평안감사 정태화에게 부치고, 소식을 탐지하면서 '신선을 그리워하는 노래'라고 칭했다.

해지는 저 멀리 구름바다 낙조 사이에 아득하도다
봉래산이 어디냐 바라보는 눈이 뚫어지려 하는도다

장건(한나라 사람으로 서역에 사신으로 가다가 뗏목을 타고 은하수에 갔다 왔
다는 전설)의 뗏목 배는 길이 막혔고
  서시徐市의 다락배는 오래도록 돌아오지 않네
  가을 바람은 백발을 속이기 쉬운데
  신선의 명약 얻어 다시 젊기 어렵구나
  연래로 끊임없는 상심사傷心事는
  뒷골목 푸른 이끼 가운데 홀로 문 닫네

  독보는 명나라 황실에 국서를 전했다. 황제가 크게 기뻐하며 포상을 내
리고 조선에 차사를 보내어 사례했다. 선천부사 정태화가 명나라 차사가
조선에 들어왔다는 말을 듣고, 급히 비장에게 편지를 써주어 부사 이규에
게 주도록 했다. 이규는 편지를 받고 명나라 차사에게 식량과 물자를 후하
게 주어 돌려보냈다. 청나라 몰래 하는 일이었다.
  독보가 홍승주의 편지를 가지고 돌아왔다. 정승 신경진·임경업이 독보
와 함께 최명길을 만났다. 최명길은 독보를 크게 반겼다.
  "신선이 이제야 왔구려."
  모두 영문을 몰라 어리둥절했다.
  "홍 군문에 다녀오느라고 세월이 훌쩍 지났소이다. 용서하소서."
  "용서는 무슨… 이렇게 왔으니 천행이오."
  "대감, 비록 정승의 자리에 계시지 않지만 나라의 큰일이니, 홍 자문의
회답을 꼭 대감이 지으셔야겠소이다."
  신경진이 간곡히 부탁했다.
  "그러지요. 애초에 내가 시작한 일이니 마무리를 지으리다."
  명길이 선선히 승낙하고 회답 자문을 써서 독보에게 건네었다.
  독보가 다시 바다를 건너 명나라로 떠날 때 시 한 수를 지어주었다.

  가을이 정원에 드니 모든 잎이 우는구나

귀밑 털이 눈같이 희어 거울 속에 빛나네
그동안 한없는 관심사를
모두 스님의 막대에 붙여두네

독보는 바닷길로 명나라를 왕래할 때 청나라의 경계를 지나지 않을 수 없었다. 청에서 알아차리고 조선이 명과 내통하고 있다며 무척 화가 나서, 청국 장수를 의주로 보내어 따졌다. 조정에서는 장수에게 뇌물을 퍼부어 고비를 무사히 넘겼다. 그러나 청국 황제의 의심은 풀리지 않았다.

임오년에 명나라의 송산참松山站이 함락되었다. 병부상서가 된 홍승주는 끝내 청나라에 항복하고 말았다. 홍승주는 청국에 조선이 독보를 명나라에 보낸 일과, 이규가 명나라와 몰래 장사한 것을 불어버렸다.

청국에서 의심했던 일이 현실로 나타난 것이다. 청국 장수가 심양에 인질로 잡혀와 있는 소현세자를 데리고 봉황성에 나와, 주둔하고 이규를 잡아다가 심문했다. 이규는 제 한 목숨 살고자 명나라에 국서를 보낸 일과, 그 일에 관계된 최명길 등 10여 명의 이름을 찍어 청에 바쳤다. 청에서는 최명길 등에게 봉황성에 들어와 자술하라고 압력을 넣었다.

조선 조정이 발칵 뒤집히고 초상집이 되어버렸다. 다 쓰러져가는 명나라에 의리를 지키려다가 화를 자초한 것이다.

신경진이 임경업의 의견을 듣고 말했다.

"저들에게 증거가 될 만한 단서는 없을 게요. 끝까지 모르는 일이라고 버텨봅시다."

"안될 말이오. 저들이 이미 명나라 배가 왕래한 사실을 알고 있는데, 만약 사실을 숨겼다가는 저들의 의심을 더욱 부풀리는 결과를 낳을 것이오. 또 세상일을 예측할 수 없소. 일이 발각되어 숨길 수 없는 막다른 길에까지 가면 화가 주상께 미칠 것이외다. 사실대로 말하고, 그 화가 나와 임경업 두 사람 선에서 그치게 하는 것이 현명하오."

최명길이 단호히 말했다.

인조는 중신들의 의견을 들으며 마음이 착잡하기만 했다.

"전하, 신과 임경업이 봉황성으로 떠나겠나이다. 윤허해주시옵소서."

"그리 하시오."

인조의 목소리가 떨렸다. 그 방법밖에 다른 묘안이 없었다. 조정의 대신을 사지로 보내는 인조의 가슴이 찢어졌다. 위로할 길이란 금 500냥, 표피 갖옷을 하사하는 일이었다.

명길이 길을 재촉하여 용만에 닿았다. 참판 박황, 사문사 정치화·윤순지 등이 모여 촛불을 밝히고 대책을 의논했다. 박황이 말했다.

"임경업은 직책이 평안병사로서, 배를 마련하여 독보를 명나라로 보냈소. 일이 모두 그의 손에서 이뤄진 게요. 살아날 길이 없소. 모든 책임을 임경업에게 미루고 화를 한 사람으로 줄이면 어떻겠소? 대감께서는 임에게 책임을 떠넘겨도 임을 저버리는 것이 아닙니다."

"그럴 수는 없소. 임과 더불어 일을 도모하여 천하에 명분과 의리를 세우고자 하다가, 사지에 이르러 어찌 임에게 미루고 나만 빠져나온단 말이오!"

최명길의 말에 모두 감탄했다.

"대감은 스스로 죽음을 청하고 있소이다. 충신 열사는 마땅히 이래야 되는 것 아닙니까?"

모인 사람들이 울음을 터뜨렸다.

이튿날 명길은 봉황성으로 떠나 압록강을 건넜다.

임경업은 청나라 장수에게 압송되어 뒤따라오다가 고양 땅에 도착, 한밤중에 도망쳐버렸다.

명길이 봉황성에 도착했다. 청국 장수들이 둘러앉아 잔뜩 위세를 뽐냈다. 명길을 뜰에 세우고 심문했다.

"독보라는 자를 명에 보내자고 누가 주장했느냐?"

"내가 영의정으로서 크고 작은 일 할 것 없이 모두 주장했소. 이 일은 나혼자 주장했고, 임경업은 평안병사로서 배를 마련했소. 따라서 우리 임금께서는 전혀 모르는 일이고, 신하 중에도 아는 자가 하나도 없소."

그 자리에 명나라 사람 가운데 글을 아는 자가 있어 글로 적어 심양에 보내고 최명길을 군사들이 지켰다.

청국 장수가 소현세자의 숙소에 와서 말했다.

"최 정승이 모든 일을 자기 혼자 떠맡고 있소. 정말 철석간장이라 아니할 수 없소."

한편 이규는 고자질도 모자라 청국에 아첨하는 시까지 바쳤다.

대국의 신하 되어
태평의 봄을 노래하고 춤추기를 원하네

그러나 청국의 황제마저 이규를 용서하지 않았다.

"이규의 말이 비록 정직하기는 하나, 제 임금을 잊고 나라를 등진 죄가 있으니 그의 본국에 알려 처단하게 하라!"

평안감사 구봉서가 이규를 압송하고 조정에 장계를 올렸다. 인조는 장계를 읽고 비답을 내렸다.

'고려 때에 간사한 무리들이 원나라에 들어가 고자질을 하여, 자기의 사사로운 은혜와 원수를 갚으려고 하여, 마침내는 임금이 그 지위를 보전하지 못한 일까지 있었노라. 오늘날 이규를 엄히 다스리지 아니하면 그 화가 장차 헤아릴 수 없게 될 것이니, 역적에 대한 율을 적용하여 그 일족을 사형에 처하도록 하라!'

이에 이규의 측근들이 청국 장수들에게 뇌물을 주고 이규를 빼내려고 수작을 부렸다. 형장에 입석할 형관이 뇌물을 먹고 형집행을 미루었다. 그러자 구봉서가 이규를 형장으로 끌어내어 목을 친 뒤에 말했다.

"역적은 아무나 벨 수 있다. 반드시 형관 입회하에 형을 집행해야 한단 말인가!"

이규의 목이 달아난 며칠 후, 청국이 압력을 넣어 이규를 사면했으나 이미 목이 잘린 후였다.

독보는 명나라가 망한 뒤 북경에 잡혀갔다가 귀국했으나, 간신의 모함으로 울산으로 귀양을 떠나 일생을 마쳤다.

임경업도 명나라가 망한 뒤 청나라에 잡혀갔다. 청나라에서는 임경업에게 부귀를 약속하며 회유했으나 끝내 굴하지 않았다. 청국 황제는 그의 충성심을 높이 사, 죽이지는 않고 옥에 가두어두었다.

때마침 본국에서 심기원의 모반사건이 터졌다. 그 사건에 연루되어 경업은 본국으로 송환되었다. 인조는 그가 죄가 없음을 알고 풀어주려 했으나, 김자점의 모함으로 피살되고 말았다.

최명길과 김상헌

병자호란 때 심양으로 잡혀간 3학사 외에 소현세자 · 봉림대군 및 최명길 등 7명은 옥에 갇혀 있었다. 홍익한 · 오달제 · 윤집 등 3학사는 끝까지 청나라를 오랑캐로 부르다가 끝내 피살당했다. 이밖에 최명길 · 김상헌 · 조한영 · 신득영 · 채이항 · 박연 · 이경여 등은 심양의 옥에 갇혀 있었다.

김상헌은 남한산성에서 풀려나와 곧바로 안동으로 내려갔다. 안동에는 안동 김씨들의 집성촌이 있었다. 김상헌은 안동에서 청나라가 우리 나라 군사를 징집한다는 소식을 듣고 상소를 올려 극력 반대했다.

'신이 요사이 길가에서 하는 말을 들으니, 조정에서 북쪽에서 오는 사자의 말을 좇아 장차 군사 5천 명을 파견하여 심양을 도와 명나라를 침범하려고 한다고 하니, 신은 실로 놀라고 의아해하나이다. 신하가 임금에 대해서도 좇아야 할 일과 좇아서는 아니되는 일이 있사옵나이다 … 장차 전하께오서는 지하에서 선왕을 어찌 뵈오며, 또한 신하들에게 어떻게 국가에 충성을 다하게 할 수 있겠나이까.'

김상헌은 청나라를 도와 명나라를 치는 것은 임진왜란 때 도와준 명나라에 대한 배반이라며 파병을 결사 반대했다.

그러던 차에 청나라의 용골대·오목대 등이 의주에 와서 도승지 신득연을 불러다놓고, 온갖 공갈 협박으로 척화파를 주장하는 김사양을 찾아오라고 야단법석을 떨었다.

"김사양이 안동에 있다고 들었소. 속히 찾아오시오."

"안동에 그런 사람은 없소."

"거짓말 마시오. 그자는 자살하려다가 목숨을 건졌다는 소문이오."

신득연은 김사양이 김상헌인 줄 알고는 능청을 부렸다. 득연은 종이에 김상헌·조한영·채이항의 이름을 써놓고 누구를 지목하느냐고 물었다.

"김상헌, 이 사람이오."

조정에서는 난처했으나 상헌을 심양으로 보내지 않을 수 없었다. 상헌이 북쪽으로 떠나던 날, 인조는 내관을 보내어 표피 갖옷과 친필로 쓴 편지를 전했다.

'만나보고자 했으나 사정에 거리껴 만나지 못하오.'

인조는 청에서 트집을 잡을까 두려워 김상헌을 만나지 않고 떠나보냈다. 상헌은 병든 몸을 이끌고 의주에 닿아, 용골대 앞에 부축을 받으며 들어가 그 옆에 드러누워버렸다. 용골대가 물었다.

"그대는 임금이 남한산성에서 삼전도로 내려올 때 왜 따르지 않았소?"

"나는 늙고 병들어 걸을 수 없어 따르지 못했소."

"벼슬을 버리고 시골에 내려간 까닭이 뭐요?"

"늙고 병들어 조정에서 벼슬을 주지 않았소. 그런 말은 어디서 들었소?"

"그대가 우리에게 군대를 주지 말라고 임금에게 상소를 올렸다는데, 사실이오?"

"파병하지 말라고 상소를 올린 것은 사실이나, 조정에서 내 말을 듣지 않았으며, 또 임금과 신하 사이에 사사로이 한 말을 타국에서 따질 사항이 아니라고 보오."

김상헌의 당당함을 보고 오목대가 중얼거렸다.

"가장 어려운 자가 이 노인이다."

상헌은 심양에 끌려가 옥에 갇혔다. 그는 신사년 1월 북관에서 관아에 압송되었다. 신득연 등도 함께였다. 관아에 청의 왕자 질가왕이 나왔고, 용호·비파·가린·법문정 등과 형부의 관원들이 다 모였다. 소현세자를 불러 서쪽 벽에 앉혔다. 형관 세 사람이 돌아가면서 상헌을 심문했다.

"그대가 임금이 내린 관작을 받지 않고 되돌려보냈다는데 무슨 까닭인가?"

"처음부터 벼슬을 내린 일이 없소."

"파병에 반대한 이유는?"

"임금과 신하 사이는 아버지와 아들 사이와 같소. 모든 생각과 의견을 말할 수 있는 것이오. 몸은 비록 늙고 병들었으나, 어찌 임금을 사랑하는 마음이 없겠소. 내가 한 말이 채용되지 않았는데, 그대의 나라 일에 내 말로 하여 이루어지지 않은 것이 무엇이오?"

상헌의 당당한 모습을 보고 소현세자는 코허리가 찡했다. 상헌의 나라에 대한 충성심이 한결 돋보였다. 질가왕도 여러 사람에게 김상헌을 칭찬했다.

"김은 과연 망가망가望哥望哥야."

망가는 청국 말로 '썩 어렵다'는 뜻이었다. 그러나 질가왕은 상헌 등을 준엄히 꾸짖었다.

"남의 신하 된 자는 나라를 보전하고 백성을 편안하게 하는 것이 직책이다. 김상헌은 도리에 어긋나는 논의를 어지럽게 펴서 나라를 기울게 하고 위태롭게 만들어 백성을 편안치 못하게 했다. 우리 황제께서 군사를 일으켜 문죄만 하고 너그럽게 용서하여 보전하게 해주셨으니 마땅히 성심으로 순종해야 할 것이거늘, 아직도 회개할 줄 모르고 오히려 전의 버릇을 계속하고 있으니 그 죄는 사형에 해당한다."

그러나 상헌을 사형시키지는 않았다. 그의 병을 고려하여 남관에 가뒀다. 이 남관에는 먼저 와서 옥살이를 하는 최명길이 있었다. 명길과 상헌은 벽 하나를 사이에 두고 갇혀 있었다.

명길의 아들 후량이 아버지 구명 운동을 하러 심양에 왔다.

"아버지의 일은 처음부터 나라를 위해 충성을 다함이요, 죽는 것을 마치 본집에 돌아가는 것처럼 여기신다. 나는 그 아버지의 자식 된 자로서 아버지의 보전을 바라서 하는 일에 또한 죽고 사는 것을 돌아보지 않을 것이다."

이렇게 말하고 후량은 금과 은 수천 냥으로 청국의 신료들을 매수하려고 했다. 그러자 어떤 사람이 말했다.

"청음淸陰(김상헌의 호)은 본래 바르고 엄격한 사람이오. 청음이 당신의 뜻을 알면 크게 잘못하는 일이라고 말할 것이오."

"상황이 상황인지라 아마 그렇지 않을 게요."

"청음을 만나 의중을 떠보시오."

"그러겠소."

후량은 남관의 옥으로 김상헌을 찾아갔다.

"먼 곳에까지 왔구먼."

"대감, 와병중이라 들었습니다. 좀 어떠신지요?"

"따뜻한 곳으로 와서 한결 낫구먼."

"대감, 산의생散宜生이란 어떤 사람이었나이까?"

산의생은 주나라의 문왕이 상나라 주紂에게 잡혀 옥에 갇혔을 때 문왕의 신하로서, 보옥과 미인으로 주왕을 매수하여 문왕을 석방시킨 인물이다. 후량은 자기가 하려는 일을 산의생의 일에 비유하여 상헌의 의견을 들으려고 한 것이다.

상헌이 무심코 대답했다.

"옛날의 성인聖人이지."

"대감께서는 진정 그리 보십니까?"

"그렇다네."

후량은 자신감을 갖고 청나라 역관 정명수에게 뇌물을 쓰는 한편, 아버지에게 김상헌과의 대화를 알려주었다.

최명길은 척화파의 거두 김상헌을 명분을 내세워 이름을 드러내려는 인물로 보고 의심했다. 눈앞에 국가의 존망을 앞두고 명분만을 내세워 협상을 막는 태도가 명길의 눈에는 가식으로 보였던 것이다.

상헌은 명길을 옛날 남송 시대의 진회나 다름없는 간신배로 보았다. 그러나 그가 목숨을 내걸고 뜻을 지키며 흔들리거나 굽힘이 없는 것을 보고 내심 자기의 판단이 잘못되었음을 후회하고 있었다. 명길은 오랑캐를 위해 한 일이 없었다.

어느 날이었다. 청음의 옆방에서 똑똑 벽을 두드리는 소리가 들렸다. 청음이 벽에 귀를 대고 물었다.

"뉘시오?"

"나 지천遲川(명길의 호)이오."

"아니, 지천이 옆방이 있소? 이국만리에서 반갑구려."

"청음이 바로 내 옆방에 있다는 것을 내 아들을 통해서 알았소. 건강이 나쁘다는 소식 들었소. 좀 어떠시오?"

"견딜 만하오. 지천이 옆방에 있으니 든든하오."

"우리 심심한 세월을 문답이나 주고받으며 하얗게 남아도는 시각을 떼웁시다."

"좋은 생각이오."

이리하여 벽을 사이에 두고 서로 오해가 풀릴 문답이 시작되었다.

"청음, 경經과 권權을 어찌 보오?"

경은 정상적이요, 권은 임시의 권도權道이다. 여기서는 척화는 경이요, 강화는 권이라는 의미를 띠었다. 청음은 눈을 지그시 감고 생각에 잠겼다가 시로써 자신의 생각을 들려주었다.

성공과 실패는 천운에 달려 있네
모름지기 의로 돌아가야 하네
아침과 저녁을 바꿀 수 있을망정
웃옷과 아래옷을 거꾸로야 입을쏘냐
권은 어진 이도 혹 그르칠 수 있으나
경만은 여러 사람이 다 어질 수 없네
이치에 밝은 선비에게 말하노니
급한 때일지라도 저울질을 삼가할진저

명길이 시로써 화답했다.

고요한 곳에서 뭇 움직임을 볼 수 있어야
진실로 원만한 구절을 지을 수 있네
끓는 물도 얼음장도 다 같은 물이요
털옷도 삼베옷도 옷 아닌 것 없느니
하는 일 어쩌다가 때를 따라 다를망정
속맘이야 어찌 정도에서 어긋날쏘냐
그대 만약 이 이치를 깨달아 알게 되면
말함도 각기 천기天機로세

여기에서 천기는, 가을 벌레와 봄 새는 각각 천기로 운다는 말에서 따온 것이다. 척화파의 거두 김상헌과 강화파의 거두 최명길의 가슴의 앙금이 씻어지고 우정이 싹트기 시작했다. 두 사람은 급기야 우정의 시를 주고받는 사이가 되었다.

상헌이 명길에게 우정의 시를 보냈다.

양대兩代의 우정을 찾고

백 년의 의심을 푸네

명길이 이에 화답했다.

그대 마음 돌 같아서 돌리기 어렵고
나의 도道는 고리 같아 경우에 따라 도네

"청음, 장차 정승의 자리에 덕과 공업이 새롭기를 비오."
"지천도 나라를 위해 살아서 돌아가야 하오. 우리 모두 오랑캐 땅에서 살아서 돌아가야 하오."
"그렇고말고요."
두 사람은 목이 메었다.
심양 감옥에서 두 사람의 화해 소식을 들은 이경여가 기뻐서 시를 지어 두 사람에게 보냈다. 이경여도 최명길과 같이 이규 사건에 연루되어 심양에 잡혀와 있었다.

두 어른 경과 권 각기 나라를 위한 것이거늘
하늘을 떠받드는 큰 절개요, 한때를 건져낸 큰 공적일세
이제야 원만히 마음 합치는 곳
두 늙은이 모두가 백발일세

한때 청나라를 배척한다 하여 심양으로 잡혀갔다 돌아온 택당澤堂 이식이 두 사람을 이렇게 평했다.
"청음이 남한산성에서 나와 바로 고향으로 돌아간 것은, 비록 지조가 높다 하나 역시 지천이 열어놓은 남한산성 문으로 나왔다."
뜻 깊은 말이었다.

소현세자의 기구한 운명

볼모로 청국에 잡혀 있다가 귀국한 소현세자와 인조의 관계가 원만하지 못했다. 세자는 봉림대군과 함께 심양으로 가서 몽골 말도 배우고 서역 원정에 출전하기도 했다. 그런가 하면, 아담 샬과 친하게 지내면서 천문 과학에 관한 서양 문물을 접하기도 했다. 귀국할 때는 성교정도聖敎正道에 관한 많은 번역 서적 및 지구의·천주상 등을 가지고 왔다. 그러나 세자는 귀국후 2개월 만에 죽고 말았다.

세자는 별난 데가 있었다. 심양에 있을 때 호기심이 많아 기이한 물건을 수집하고, 서연書筵 열기를 즐겨하지 않았다. 이를 보고 김신국이 세자에게 글을 올렸다.

'지금 이역에 억류당하시어 곤욕을 치르시는데, 원컨대 자주 신료들을 불러 경절經籍을 토론하시고, 안일하게 허송하지 마소서.'

세자는 별원別院을 경영하고 있었다. 일종의 공사 기관이었다. 신국이 이것을 보고 못마땅하게 여겨 또 상소를 올렸다.

'이곳이 어떠한 곳이기에 여기에 토목土木의 역사를 일으켜 구차스럽게 편안하려고 하시나이까!'

세자가 심양에서 집을 지을 때였다. 신씨 성을 가진 사람이 세자에게 잘 보였다. 세자는 이시백에게 청탁하여 신씨를 관료로 쓰려고 했다. 이시백이 단호히 뿌리쳤다.

"세자께오서 남을 벼슬 주기 위해 사사로이 대신에게 청하지 못하옵거늘, 하물며 권관權官은 곧 변방의 장수인데, 변방 벼슬을 어찌 감히 일개 목공에게 줄 수 있단 말이나이까."

어느 날 세자는 크게 성이 나서 위사衛士를 말 위에서 채찍으로 내리쳤다. 세자를 가르치는 조계원이 말에서 내려 세자의 말 앞에 다가가 채찍을 달라고 했다.

"세자 마마, 그 채찍을 신에게 주시옵소서."

"무엇에 쓰려오?"

"그냥 주시옵소서."

세자가 마지못해 채찍을 내주었다. 조계원은 채찍을 받아 던져버리고 땅에 엎드렸다.

"세자 마마, 종자가 허물이 있으면 유사有司(해당기관)에게 맡겨 다스리는 법이나이다. 어찌 손수 매질을 하시어 위엄을 잃으시나이까."

계현이 눈물을 흘려 옷깃을 적셨다.

주위 사람들이 채찍을 주워 세자에게 바쳤다.

"그만두라! 내가 던진 것이 아니니 집지 말라!"

고분고분한 성격이 아니고 호기심이 많아, 날로 번성해가는 청국을 속속들이 알려고 노력한 세자였다. 그러나 귀국 후 아버지 인조와 무너져내리는 명나라를 썩은 동아줄을 잡듯 잡고 있는 조정 신료들의 눈에 비친 세자는 오랑캐 편을 드는 이단자였다. 세자는 자신의 웅지를 펴보지 못한 채 갑자기 의문사로 삶을 마감했다.

적자 승계 원칙을 지킨다면 당연히 소현세자의 장남 석철이 세손이 되어야 옳았다. 그러나 인조는 세자의 동생 봉림대군을 세자로 삼으려고 했다.

인조는 여러 대신과 6경을 양화당으로 불러 말했다.

"과인의 병이 갈수록 깊어가는데 세자를 정하지 못했소. 원손은 어리고 약해서 기다릴 수가 없소. 경들의 의견을 듣고 싶소."

영의정 김유가 머리를 조아렸다.

"조야가 함께 세자께오서 갑자기 돌아가시어 망극하여 아뢸 바를 모르고 있었나이다. 지금 성교聖敎가 이 같으시니, 전하의 뜻이 어디에 있사온지 알지 못하겠나이다."

"과인의 병이 더하고 덜하며 한결같지 않아서, 정신과 기운이 점점 전과 같지 않고 나랏일은 날로 더욱 어렵고 위태로우니, 내 생각에는 두 대군 중에서 세자를 가려 봉할까 하오."

"전하의 전교는 종사의 큰 계획에서 나온 것이나이다. 전하께오서 여러 신하에게 물으시옵소서."

"그대들은 의견을 말하라!"

좌의정 홍서봉이 머리를 조아렸다.

"전하께오서 몸소 창업(반정)과 중흥을 겸하셨사온데, 어찌 왕업의 어렵고 큰 것을 생각하시고 걱정을 깊이 하지 않으시나이까. 옛글을 상고하건대, 태자가 없으면 태손이 뒤를 잇는 것은 법이요, 바꾸지 못하는 자리이나이다. 조금이라도 법에 어긋나는 일은 나라를 편안히 하는 도리가 아니옵나이다. 전하의 전교는 비록 깊은 생각이 있었겠사오나 노신의 마음은 이러할 뿐이나이다."

"나라에 임금이 있는 것은 사직의 복이오. 비록 시절이 태평할 때일지라도 반드시 장성한 군주를 얻어야 국가가 편안할 것이거늘, 하물며 오늘날에 있어서야 더할 말이 있겠소? 과인의 병이 이와 같고 나라의 일이 어지러운 시기이거늘 경의 말뜻을 알 수 없소."

영부사 심열이 아뢰었다.

"신의 뜻은 좌의정과 다름이 없사옵나이다. 장자가 승통하고 장손이 이어받는 것은 예로부터의 일이옵고, 비록 전하께오서 병중에 계시오나 춘추 아직 젊으시고 원손의 나이 10세가 되었사온데, 어린 임금을 세우는 것은 예로부터 전례가 많사오니, 막중한 종통宗統을 가볍게 의논하지 못하겠나이다."

"낙흥(김자점으로 낙흥부원군)의 의견은 어떠시오?"

"전하의 뜻이 환후가 깊어 국사의 어려움을 깊이 근심하시어 종사의 대계를 위한 염려에서 하신 말씀이 아니겠나이까. 여러 신하에게 물어 처리하심이 가할 줄 아나이다."

판부사 이경여가 나섰다.

"전하, 좌의정의 말씀이 만세의 떳떳함이 있나이다. 권도는 반드시 깊이 생각하고 세밀히 살펴 이치에 합당한 연후에 같이 행할 것이오며, 대개 상경常經을 지키면 비록 어렵고 위태로운 때를 당하더라도 지탱할 수 있거니와, 혹 경솔하게 권도를 써서 일이 순서를 잃고 보면 화난이 일어날 것이옵나이다. 옛날 제왕이 신중했던 것은 이 까닭이오니, 전하께오서 옛글을 자세히 보시어 깊이 득실得失을 상고하여 신중히 처리하시오면 어찌 종사에 다행이 아니겠나이까. 원손의 인망이 있은 지 이미 오래이온데 일시에 바꾸고 보면 떳떳함을 어기고 순서를 잃게 되오니 이것이 곤란하나이다. 말이 한번 나가면 반드시 인심이 물결처럼 일렁거릴 것이오니 심히 걱정되나이다. 따라서 원손을 바꾸는 일은 경솔히 의논할 수 없나이다."

"경들이 모두 옳지 않다고 하는데, 그렇다면 세조께오서 원손을 세손으로 책봉하지 않고 예종에게 보위를 전했으나 그 당시에 이의가 없었소. 그당시 사람들이 모두 어질지 못했다는 게요!"

좌의정 홍서봉이 뜻을 굽히지 않았다.

"전하, 일에는 상도常道와 권도가 있사옵나이다. 권도는 상시 쓰는 도리가 아니므로, 전하께 그 상도를 지키도록 하자는 것이옵나이다."

"이 일은 영상이 결정할 일이오. 대신이 많다고는 하나 누가 이 책임을 당하리오. 감히 과인에게 미루지 마시오!"

영의정 김유가 말했다.

"전하, 신이 비록 수상이오나 어찌 감히 홀로 결정하겠나이까. 오늘의 계획은 종사의 존망에 관계된 것이온데 어찌 감히 이의가 있겠사옵나이까."

"옛날에 대신들은 국사를 담당하면서 뒷날의 걱정을 하지 않았소. 태종조 때 양녕의 일로 태종이 결단을 내리지 않았더라면 반드시 큰 화가 따랐을 것이오."

인조의 뜻은 확고했다. 이미 봉림대군을 세자로 책봉하려고 결심을 굳히고 신하들을 상대로 정지작업을 하고 있는 셈이었다. 영의정 김유는 인조의 의견에 동조했다. 그러나 신료들 대부분은 원손을 세손으로 정해야 한다는 의견이었다. 원칙을 지켜야 한다는 여론이었다.

"봉림대군으로 세자를 삼겠소! 그리 알고 준비들을 하시오!"

인조의 선언에 신료들은 따를 수밖에 없었다.

봉림대군은 사양하는 상소를 두 번이나 올렸다.

'모기가 산을 지려 하는데, 지고 난 뒤를 기다리지 않고도 그 어려운 것을 능히 알 수 있나이다. 나라가 지극히 어려운 때를 당하여 왕위를 불초신에게 부탁하시니, 어찌 모기가 산을 지는 것에 그치겠나이까. 무릇 사람이 작은 벼슬이나 말단의 직책이라도 오히려 자기의 재주와 힘을 헤아려서 받지 않는 바가 있는 것은 그 일을 패하고 허물을 입을까 두려워함이나이다. 신이 비록 어리석고 똑똑치 못하옵고 재주 없고 덕이 없는 몸으로서 갑자기 큰 책임을 당하여 낭패당할 근심이 반드시 그 뒤에 있을 것을 알지 못하겠나이까. 헤아려주시옵소서.'

'내 뜻이 먼저 정해지고 신하들의 의견이 모두 같은 것은 네가 어진 때문이니 굳이 사양하지 말라.'

일종의 요식 행위처럼 사양하고 권하는 절차를 밟아 봉림대군이 세자로 책봉되었다.

인조는 여기에서 그치지 않았다. 세자에게 장애가 될 장애물을 제거해야 했다. 그 장애물은 세자 책봉에 찬성한 신하들의 눈엣가시였다. 죽은 소현세자의 피붙이들과, 그를 둘러싸고 말썽을 일으킬 만한 인물들은 그 싹을 잘라야 했다.

갑자기 강빈(소현세자의 빈)의 독극물 사건이 터졌다. 대사간에서 언관들이 떼몰려와 인조에게 아뢰었다.

"전하, 신들이 이제 비로소 궐내로부터 나인을 내수사의 옥에 가두었다는 말을 들었사옵고, 아까 또 음식에 독약을 섞었다는 말이 백성들 사이에 전해져 소문이 자자하다는 말을 들었나이다. 과연 이러하다면 역적의 음모를 주방 안에 비밀히 감추어두었다는 결론으로, 이는 고금에 드문 변이옵나이다. 청컨대 친히 국청을 명하시어 그 죄를 밝게 바로잡으시옵소서."

강빈은 인조가 총애하는 조소용과 사이가 몹시 나빠 서로 앙숙이었다.

소현세자가 죽자, 세자를 강빈이 죽였다고 무고하고, 또 인조의 수라상 생선에 독약을 발랐다고 인조에게 고한 것이다. 사건이 일파만파로 번져나갔다.

금부에서 강빈의 시녀 다섯 명을 국문했다. 그들은 불복하고 모두 죽어나갔다. 인조는 여러 대신들을 빈청으로 불러 강빈 사건을 정식으로 회의에 부쳤다.

"강빈이 심양에 있을 때 비밀리에 왕후의 자리를 바꿀 것을 도모하여 붉은 비단으로 왕후의 옷을 미리 만들고 내전이라는 칭호를 버젓이 썼고, 지난해 가을에도 과인의 처소 가까이 와서 큰 소리로 발악하고, 과인에게 문안하는 것까지 여러 날을 폐했으니 다른 일인들 어찌 못하겠소. 이로 미루어보아 독약을 넣은 것은 다른 사람의 짓이 아닐 것이오 … 군부君父를 해치려고 한 자는 하루라도 천지 사이에서 숨을 쉬게 할 수 없소."

신료들은 숨을 죽였다. 이미 인조의 단호한 의지를 본 것이다. 괜히 한마디 잘못했다가는 역모로 몰릴 판이었다.

인조는 강빈의 친정 형제들을 강원도 벽촌으로 귀양 보냈다.

이경여 등이 죽음을 무릅쓰고 강빈을 변호하고 나섰다. 조정에서 강빈을 서인으로 만들어 대궐 밖으로 쫓아내자는 의견이 오갔다. 경여는 강빈을 폐출시키는 것에 반대 입장을 분명히 했다. 이에 인조는 무섭게 화를 내고 영을 내렸다.

"이경여의 관작을 삭탈하여 문 밖으로 내쫓으라!"

승정원에서 반대 상소를 올렸으나 인조는 듣지 않았다.

"과인은 조그만 허물을 예방하여 점점 커질 염려를 막으려는 것이오."

강빈을 폐서인하여 친정 사가로 돌려보냈다.

일은 여기에서 그치지 않았다. 강빈을 살려두고는 내심 껄끄러운 것이 많았다. 그 자식들이 새파랗게 눈을 부릅뜨고 지켜보고 있었다.

인조는 조정에서 이 문제를 거론토록 유도하여 여론을 들끓게 하고, 드디어 사사하라는 영을 내렸다. 그런데 대역죄인이라면서 모순된 내용의 전교를 내렸다.

'오늘의 일은 그 뜻이 인륜을 밝히고 후환을 막으려는 데에 있는 것이니, 만일 그 사람의 죄가 의심스럽고 악한 짓이 적다면 어찌 차마 당연히 법을 시행하여 여러 어린 아들에게 날마다 울어서 의지할 곳이 없게 하겠느냐. 제 죄가 비록 중하나 전혀 은혜가 없을 수 없으니, 금부로 하여금 참작해서 예로써 장사지내게 하고 3년 동안의 제물祭物을 적당히 주게 할 것이며, 대신들의 의논을 모아 사사한 뒤에 종묘에 고하여 죄를 사면케 하고 강가姜家의 산에 장사지내게 하라.'

앞뒤 맞지 않은 인조의 처사였다. 모종의 음모였음을 엿볼 수 있었다.

강빈을 사사한 뒤 아들 석철 등 세 명을 모두 제주도로 귀양 보내어 세자의 거치적거리는 주변을 말끔히 정리해버렸다.

그러나 강빈의 부당한 죽음에 의심을 품고 신원하라는 선비들의 상소가 빗발쳤다. 인조는 강빈의 강 자만 나오면 과민반응을 일으켜 철저히 응징했다.

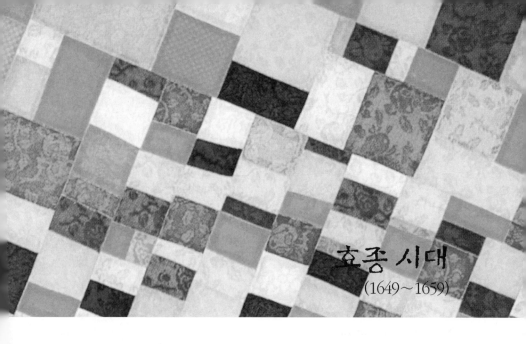

효종 시대
(1649~1659)

효종의 북벌계획과 좌절

효종은 병자호란 후 소현세자와 함께 심양에 인질로 잡혀가 8년 동안이나 머물러 있다가 귀국했다. 효종은 형 소현세자가 귀국 후 2달 만에 병사하자 세자로 책봉되어, 인조 사후 조선 제17대 임금이 되었다. 효종은 병자호란의 치욕을 씻고자 북벌계획을 세워 군비를 정비하고, 송준길·송시열 등 서인의 영향력 있는 선비들을 대거 등용시켜 군정軍政에 힘썼다.

그럴 즈음, 청나라 군사가 압록강 너머에 주둔하고 연달아 칙사를 보냈다. 이 사실을 평안감사와 의주부윤이 장계를 올려 조정은 근심에 싸였다.

김자점은 인조반정 때 공을 세운 덕분에 낙흥부원군에 봉해졌다. 그의 손자 세명을 인조의 후궁 조귀인의 딸 효명옹주와 결혼시키고 세력을 잡자 조정을 문란시켜 드디어 파직당했다.

즉위 후 효종이 김상헌·송준길·송시열 등만을 가까이 하자 김자점은 역관 이형장을 시켜 청나라에 고발했다.

"새 임금이 옛 신하를 쫓아내고 산림의 인사를 등용시켜, 장차 군사를 일으켜 청나라를 치려고 하나이다."

이뿐만이 아니라, 김자점은 이언표를 청나라에 보내어 우리 조정의 일을 알리는 등 청나라의 주구를 스스로 자청했다. 청나라는 이형장의 말을 듣고 군사를 몰고 와 압록강 너머에 주둔시키고, 진의를 파악하기 위해 칙사를 여섯 명이나 파견한 것이다.

효종은 자신의 북벌계획이 탄로난 줄 알고 밤에 잠을 이루지 못하고 노심초사했다. 수시로 여러 대신들을 불러 의논했다. 영의정 이경석이 말했다.

"전하, 저들이 우리를 사문査問한다는 것은 공갈인 듯하나이다. 하오나 청의 대관이 한꺼번에 여섯 명이나 오는 것은 매우 중대한 사안인 것 같사옵나이다. 저들이 의심과 성냄이 많을 것이온데, 신이 의리만을 생각하고 저들에게 평소에 뇌물을 쓰지 않은 것이 후회되나이다."

"전하, 뇌물이나 말로 다루어 해결할 문제가 아닌 듯하나이다."

좌의정이 말했다.

"전하, 신이 저들을 담당하지 않을 수 없나이다."

영의정의 말에 효종은 걱정이 되었다.

"경이 담당하여 무사할 수 있으면 다행이거니와, 어려운 경우가 생기면 어찌하겠소?"

"미리 예측할 수는 없사오나, 신이 담당하여 나라가 무사하게 되면 신의 한 몸을 어찌 아끼겠나이까."

"누구와 더불어 그들을 상대하겠소?"

"원두표는 신과 틀린 일이 별로 없사오니, 그를 원접사로 명하여주옵소서."

효종은 북벌계획이 저들에게 알려져 대군이 몰려와 또 다시 강호를 짓밟을까 봐 전전긍긍했다.

이튿날 이경석이 용만(의주)으로 떠나려고 효종에게 인사하러 왔다.

"경이 멀리 나가면 조정에서는 누가 일을 보겠소?"

"이경여를 부르시고, 상중이지만 정태화를 부르시어 의논하시옵소서."

"알겠소."

효종은 이경석에게 표피·약물 등을 하사하여 그를 위로했다.

이경석은 여러 날 만에 용만에 닿았다. 청나라 칙사가 봉성鳳城에 앉아 거드름을 피우며 방자한 행동을 거침없이 해댔다. 그들은 영의정이 몸소 왔다는 말을 듣자 곧 태도를 달리했다.

"우리는 접반사가 와도 만나지 않으려 했소. 허나 영상이 멀리서 왔기에 예로써 맞는 게요."

청나라 칙사는 이경석을 따라 서울로 들어왔다. 영의정이 접반사로 의주까지 나가 안내해온 것이다.

그들은 효종에게 칙서 두 통을 전했다. 한 통은 청나라 구왕九王이 구혼求婚하는 사사로운 편지였고, 다른 한 통은 황제의 진짜 칙서였다. 황제의 칙서는 조선이 왜를 도왔다고 책하고 공갈하는 내용이었다. 이것은 오래된 케케묵은 일을 새삼 들추어낸 것이었다.

인조 말엽, 김자점이 영의정이었고 정태화가 우의정, 조익·원두표·이시백 등이 비변사의 대신으로 있었다. 그 무렵 동래부사 이협과 경상감사 이만이 올린 장계에 왜의 동태가 의심스럽다는 내용이 있었다. 정태화는 심양에 가서, 왜에 대비하여 성곽과 병기를 수선하겠다고 알렸다.

이는 병자호란 당시 강화할 때 금지된 사항이었다. 청나라는 조선을 대뜸 의심했다. 저들이 이것을 트집잡아 이 일을 주관한 대신을 벌주려고 했던 것이다.

효종은 날마다 대신들을 모아 저들에게 대답할 말을 찾고 있었다. 저들이 자기 나라를 치기 위해 조선이 성곽과 병기를 수리했다고 뒤집어씌우고 압록강 변의 주둔군을 출동시키면 또 한차례의 굴욕을 피할 수 없었다.

여러 날이 지났다. 청나라 사신들이 조선의 정승·판서·대사헌·대사간을 남별궁으로 소집했다. 뜰 안에 조선 중신들이 열을 지어 서 있었다.

"조선 신료들은 들으시오. 우리 황제와 섭정왕께서는 세상 떠난 조선의 임금에게 제사를 지내주었거늘 어찌하여 사례하지 않았는가!"

조선에서 청에 보낸 표문에 섭정왕에 대해서는 아예 언급이 없었고, 황제가 인조의 제사를 지내주었는데, 이쪽에서 곡哭을 하지 않았다는 트집이었다.

"모두 내 과실이며 우리 전하께오서는 알지 못하는 일이오."

영의정 이경석이 머리를 조아렸다.

"그때 표문을 지은 자가 누구인가?"

당시 조경이 예조판서와 대제학을 겸했다.

"묘당의 지시를 받아 지은 것이오."

조경의 말에 이경석이 또 머리를 조아렸다.

"내가 조선의 수상으로서, 미진한 일은 모두 내 책임이오."

"표문을 지은 당사자를 문책하여 벌을 주시오."

청의 사신들은 이만과 노협을 불러, 실제로 왜의 동태가 수상했는지 불러서 물었다.

"그대들이 장계를 올린 사실이 다 맞는가?"

노협이 벌벌 떨면서 실토했다.

"나는 동래부사로 있은 지 9개월 동안 왜의 동태가 이상한 것을 보지 못했고, 장계를 올린 적이 없소."

"뭣이라? 이보시오, 부사! 동래에서 올라온 보고서를 보고 내가 장계를 올렸거늘 어찌 거짓 진술을 하는 게요!"

이만이 성을 버럭 냈다.

"관찰사의 조작인가?"

청의 사신이 다그쳤다.

"아니오, 그 당시 왜관의 동태가 수상쩍었소. 부사께서 겁에 질려 거짓 진술을 한 것이오."

노협과 함께 온 동래의 군졸이 증언했다. 그제서야 노협은 정신을 차리고 기어드는 목소리로 말했다.

"의심스러운 단서가 있었소."

청나라 사신이 화가 나서 소리쳤다.

"너희 나라와 왜국이 다 같이 배반했거늘 감히 대국을 속이려 드느냐!"

"왜국의 정세가 지극히 의심스러웠는데 이들(이만·노협)이 겁이 많아 실수한 게요."

이경석이 머리를 조아렸다.

"대국에 보낸 글은 조선 국왕이 지은 게요?"

"그것은 내가 지은 것이오. 어찌 국왕이 손수 글을 짓겠소?"

이번에는 조선 사람으로 청의 역관이 된 정명수가 물었다. 정명수는 청을 등에 업고 방자하고 횡포하게 굴었다. 그는 조선의 일을 전담하고 있었다. 정뇌경이 계략을 써서 그를 죽이려다가 발각되어 오히려 죽음을 당했다.

정명수가 다그쳤다.

"이 가운데 참여한 자가 몇이나 되오? 정말로 영상 혼자 지었소?"

이경석은 침묵을 지키고, 이기조가 불쑥 나섰다.

"어찌 수상 혼자 지었겠소. 나도 참여했소."

"이런 괘씸한 것들! 대국을 속였으니 마땅히 그 대가를 받을 것이다!"

대신들이 벌벌 떨며 안색이 파랗게 질렸다.

대신들 가족 가운데 흉구凶具(초상 치르는 기구)를 마련하여 남별궁 밖에서 기다리는 이도 있었다. 상황이 어느 정도였는지 짐작할 만했다.

그날 밤 효종이 천금을 내려 정명수에게 주고 청의 사신을 구워삶았다. 이튿날 효종이 태화관에 나가 청의 사신을 만났다.

"조경은 표문을 잘못 지은 죄가 있고, 이 정승은 대국을 속인 죄가 있으니 모두 극형에 처함이 마땅하오."

사신이 으름장을 놓았다.

"그들의 죄 죽어 마땅하나 황상의 하해와 같은 은혜로 목숨만은 구하게 해주시오."

효종이 간곡히 부탁했다.

"황상께 잘 말씀 올릴 것이오. 칙령을 기다리시오. 그때까지 백마산성(의주 남쪽의 성)에 위리안치시키시오!"

청국 사신은 뇌물을 먹고 돌아갔다. 효종은 북벌계획이 탄로나지 않은 것을 천운으로 여겼다.

효종은 구왕의 구혼문제를 해결하기 위해 종실 금림군 개윤의 딸을 뽑아 의순공주라고 일컫고, 시녀 12명을 딸려서 구왕에게 보내면서, 원두표·신익전을 호행사護行使로 파견했다.

일행을 맞은 구왕은 매우 기뻐했다.

그런데 구왕이 이튿날 사냥을 마치고 돌아와 원두표 등을 힐책했다.

"돌아가서 너희 국왕에게 고하라! 두 신하(이경석·조경)를 극형으로 다스리라 하라. 그렇지 않으면 너희에게 그 책임을 물을 것이다."

원두표 일행이 돌아와 급히 보고했다. 효종은 이시백을 진주사로 삼아 서둘러 청국으로 보내려고 했다. 때마침 청국에 사신으로 가 있던 인평대군이 돌아와 기쁜 소식을 전했다.

"임금이 새로 즉위한 때에 선대의 대신을 죽일 수 없다고 신이 간곡히 말하였더니 황제께서 성내는 말이 없었나이다."

가을에 청국 사신이 조선에 오자 효종은 두 신하의 구명운동을 벌였다. 그리고 사신을 파견하여 청국에서도 줄기차게 구명운동을 벌였다.

그해 말 청국에 간 진주사가 급히 사람을 보냈다.

"청국에서 두 신하를 석방하되 영영 쓰지 말고 시골로 내려보내라 하고, 이경여는 일찍이 등용하라는 말을 하지 않았거늘, 수상이 되어 이경석 등의 구명을 담당하고 있다니 역시 쓰지 말라 하셨나이다."

청국에서 마음에 드는 인물이 아니면 조선의 인사문제에까지 관여하는 한심한 작태가 벌어졌다.

효종은 북벌계획에 박차를 가했으나 뜻대로 되지 않았다.

조정에서 김자점 축출 운동이 벌어졌다. 양사에서 '김자점은 나라를 어지럽히고 조정을 그릇되게 한 죄를 물어 멀리 귀양 보낼 것'을 효종에게 청했다. 그리고 김자점을 따르는 전라감사 이시만, 서산군수 이이종, 부제학 신면, 호군 이지행·이해창, 광주부윤 황호, 집의 엄정구 등의 무리들도 벼슬을 깎고 귀양조치하라며 탄핵하고 나섰다.

김자점이 귀양을 가서 그의 무리들과 은밀히 반역 음모를 꾸몄다. 이를 진사 신호 등이 고변하여 그 죄상이 밝혀졌다. 결국 김자점은 권력을 탐하다가 폐가망신하고 역사에 추한 기록을 남긴 채 처형되었다.

가뭄은 강빈을 죽인 때문이다

효종은 신하들의 의견을 수렴하기 위해 내외 관료를 불문하고 나라를 위해 건의할 사항이 있으면 무엇이든 말해도 좋다는 교지를 내렸다. 국가경영에 도움이 될 만한 의견을 구하기 위해서였다. 이 의견 수렴은 가뭄 탓도 있었다. 게다가 효종은 정통성 문제로 뜻 있는 선비와 백성들의 곱지 않은 시선을 받아야 했다. 적자 승계의 원칙을 따른다면 보위는 소현세자의 아들, 즉 효종의 조카 차지였다.

이 의견 수렴에 황해감사 김홍욱金弘郁이 상소를 올려 강빈의 억울한 죽음을 말하고 신원시킬 것을 건의하며 '가뭄의 원인은 허물이 없는 강빈을 죽인 데 있다'고, 금기처럼 굳어진 강빈 사건에 이의를 제기하고 나섰다. 가뜩이나 정통성 문제로 눈치를 보는 효종은 이 일이 크게 논란이 되면 안되겠다 싶어 단호히 영을 내렸다.

"강빈의 사건은 선대께오서 다시는 언급하지 말라는 유언이 계셨다. 그런데도 이를 논하는 신료가 있다니, 이는 불충 중의 불충이다. 금부에 알려 즉시 압송해오라!"

효종은 이 문제에 있어서만은 관대할 수 없었다.

김홍욱이 잡혀와 효종에게 친국을 받았다.

"네 감히 금기를 말하다니, 어인 뜻이더냐?"

"전하, 신은 항간에 떠도는 말을 전했을 뿐이옵나이다."

"항간에 무슨 말이 떠돈다는 게냐?"

"강빈을 죽인 것은 조귀인이 꾸민 일임을 이 나라 백성들이 죄다 알고 있 나이다. 억울한 죽음을 신원하는 일은 나라의 기강을 위해 중요한 문제라 여겨지나이다."

"가뭄이 강빈의 죽음과 무슨 상관이더냐?"

"순진한 백성들은 강빈이 억울하게 죽어 그 원한이 하늘에 닿아 비를 멈 추게 했다고 보나이다. 강빈을 신원하여 그 억울함을 풀어주시옵소서."

"듣기 싫다!"

"전하, 어인 일이오이까. 건의하라 하명하셨나이다. 신은 다만 백성의 소 리를 알린 것뿐이옵나이다."

"이는 백성의 소리가 아니라, 바로 네놈이 지어낸 말이니라! 말 삼가라!"

홍욱은 체념했다. 임금이 강빈의 죽음을 어떻게 생각하고 있는지 알 수 있었다.

그는 조정에 있을 때 대쪽같은 관료로 정평이 나 있었다. 그가 사헌부 집 의(종3품) 시절이었다. 김자점의 권력 전횡이 심해지자 그가 맨 먼저 공격 하고 나섰다. 지평 임중이 이에 호응하여 두 사람은 김자점이 '권력을 탐하 고 방종하여 나라를 좀먹는다' 고 탄핵했다. 그는 올곧은 선비였다.

효종이 여러 대신들에게 물었다.

"김홍욱의 진실이 어디에 있는 것 같소?"

우의정 구인후가 말했다.

"전하께오서 국사를 논하는 신하를 죽이시려 하나이까? 그리 되면 후세 에 전하를 비방하는 말이 있을 것이옵나이다."

좌의정 심지원의 말은 달랐다.

"조귀인이 죄를 꾸몄다는 말은 홍욱이 죽는 마당에 삶을 구하려는 계책에 불과하나이다. 어찌 그럴 리가 있겠사옵니까."

영의정 김육이 아뢰었다.

"전하, 홍욱이 진실로 죄가 있사오나, 죽이기까지 하면 전하의 덕이 크게 상하게 되옵나이다. 선처하여 주시옵소서."

이튿날 효종은 우의정 구인후를 파면시켜버렸다. 김육은 상소를 올려 휴직서를 냈다.

'홍욱을 관대하게 다스리자는 말을 신이 먼저 발설했나이다. 어찌 감히 신 홀로 죄를 면하겠나이까.'

휴직 이유였다. 효종은 받아들여 체직시켜버렸다.

인현왕후(숙종비)의 큰아버지 민정중이 강빈의 억울함을 상소로 호소했다. 효종이 정중을 편전에 불러들여 조용히 설득하고 이런 말로 정중의 입을 막았다.

"강빈이 간특한 음모를 꾸민 것은 의심할 여지가 없소. 후에 감히 다시 말하는 자가 있으면 반역죄로 다스리겠소."

효종은 홍욱을 곤장을 쳐서 죽여버렸다. 이상일이 심지원의 아첨을 친한 사람들에게 얘기했다. 지원이 이 소문을 듣고 상일에게 원한을 품고, 이조에서 여러 차례 상일을 감사에 추천했으나 심지원이 번번이 훼방을 놓았다.

화가 조지윤이 홍욱을 문상하고 나오다가 대문 밖에서 정두경을 보고 멈칫거렸다. 두경이 흘겨보며 물었다.

"너는 누구 아들이냐?"

"예, 속이 제 아버님이나이다."

"화가의 아들이로구나. 너는 무얼 하느냐?"

"그림을 그리나이다."

"그러느냐? 임금이 문숙(홍욱의 자)을 죽였으니 이는 성덕의 흠이다. 애석하도다, 애석하도다."

이때 효종이 비밀리에 궁중 내관을 시켜 문상하는 자들을 살피게 하였으니 사람들이 감히 드러내놓고 문상하지 못했다. 정두경은 이를 알고 일부러 큰 소리를 내어 효종의 귀에 들어가게 했던 것이다. 두경은 효종도 존경하는 학자요, 올곧은 선비였다.

송시열이 독대하여 강빈의 일을 말했다.

"전하, 이번 홍욱의 죽음은 성급한 점이 있나이다."

"과인의 집안 일이오. 과인이 상세히 알고 있으니 경은 과인의 말을 믿으시구려."

"하오나 전하, 홍욱의 아들은 금고하지 마시옵소서."

"경의 말을 따르리다."

효종의 고육지책이었음을 알 수 있었다. 정통성 문제는 재위 10년간 몸의 혹처럼 효종을 괴롭혔다.

북벌은 한낱 꿈이었어라

효종은 청나라에 협조를 아끼지 않았으나, 북벌계획을 세워 삼전도의 치욕을 씻으려고 절치부심했다.

겉으로는 흑룡강으로 침입하는 러시아 군을 물리치고자 청나라의 요청으로 원군을 보내 나선(러시아의 음역)을 정벌하기도 했으나, 북벌 준비를 계속 추진시켰다. 그러나 실효성은 별로 없어 보였다. 효종의 의지에 송시열 등이 응하는 체했으나, 적극적인 자세는 아니었다.

효종은 인자한 군주였다.

김언겸이라는 90세 가까운 늙은 내관이 있었다. 김언겸은 소현세자를 모시고 심양에 있을 때 세자가 잘못을 저지르면 종일 음식을 입에 대지 않고 울면서 간하는 충신이었다. 대군 시절 심양에서 이런 모습을 보아온 효종은 늙어서 시체나 다름없는 김언겸을 곁에 두고 맛있는 음식을 하사했다.

고산 윤선도는 효종의 스승이었다. 효종이 세자로 있을 때 스승 윤선도에게 처신하는 방법을 물었다.

윤선도가 아뢰었다.

"세자 저하, '공자와 왕손은 꽃다운 나무 밑이요, 맑은 노래 아름다운 춤은 지는 꽃 앞이로다' 하는 글이 있나이다. 이 어찌 천고의 명언이 아니겠나이까."

"나더러 세상에 재주와 덕을 감추고 어리석은 듯이 처세하라는 말씀이오?"

"그러하나이다."

효종은 윤선도가 깨우쳐준 이 말을 늘 가슴에 품고 살았다. 곧잘 부마들에게 윤선도의 말을 들려주며 덧붙였다.

"윤선도가 나를 아껴서 한 말이 나를 깨우치는 데 도움이 많았느니라."

효종의 다섯째 공주 숙정의 남편이 동평위 정재륜이다. 어느 날 효종이 동평위와 점심을 함께했다. 동평위가 밥에 물을 말아 다 먹지 못하고 남겼다. 효종이 그냥 넘기지 않고 나무랐다.

"먼저 다 먹을 수 있는 양을 헤아려보고 물에 말아서 남김이 없도록 하는 것이 옳다. 물에 말아 남긴 밥을 혹여 새나 짐승에게 먹이면 아주 버리는 것은 아니지만, 무지한 백성들이 곡식을 귀중히 여기는 도리를 전혀 모르게 되고, 흔히 땅에 버리면 하늘이 주신 물건을 함부로 버리게 됨을 면치 못하느니라. 이렇게 되는 것은 모두 밥을 먹는 사람의 잘못이니 복을 아끼는 도리가 아니니라."

"명심하겠나이다, 마마."

넷째 숙휘공주가 효종에게 수를 놓은 치마를 입고 싶다고 청했다. 효종은 단호히 거절했다.

"내가 한 나라의 임금으로서 검소함을 솔선하고자 하는데, 어찌 너에게 수놓은 치마를 입히겠느냐. 내가 천추만세 후 네 모친이 대비가 된 뒤에는 네가 그 치마를 입더라도 사람들이 심히 허물하지 않을 것이니, 참고 때를 기다리는 것이 옳으니라."

검소한 생활이 효종의 신조였다.

효종은 즉위와 동시에 서인 사림들을 대거 기용했다. 사계 김장생의 아들 김집, 제자 송시열·송준길·권시·이유태·최온 등이 벼슬을 받고 조정에 출사했다. 그들의 여비와 식사를 염려하여 쌀과 고기를 각 집에 내려보냈다. 특히 송시열과 이유태의 어머니가 늙어 병들어 있다는 것을 알고 효종은 그 지방 감사를 불러 쌀과 반찬과 약을 내리고, 그들을 불러올릴 적에 가마를 타고 오도록 했다. 또 장령 조극선이 병들어 있을 때는 털옷을 하사하고, 그가 죽자 호조낭관에 명하여 장례를 보살피게 했다. 이름 있는 선비는 찾아서 등용하고, 대우가 극진했다. 신하 사랑이 남다른 군주였다.

효종은 신하들과 강론을 즐겼다. 어느 날 강론 자리에서 효종이 말했다.

"'나라가 망하는 데는 한 가지 길이 아니다'는 옛 사람의 말은 이치가 있어 보이오. 명나라가 망한 것을 볼 것 같으면, 숭정황제가 밖으로는 사냥하고 놀러다니는 오락이 없고, 안으로는 정원·화초·동물 등의 즐김도 없어 나라를 망하게 할 일이 하나도 없었는데 나라가 망하게 된 것은 대개 명찰明察 두 글자의 방법을 옳게 하지 못한 때문이오. 참으로 두려운 일이오. 다른 나라의 흥망은 논할 것이 없거니와, 오늘날 우리 나라 일이 복잡하여 어찌될지 알 수 없소. 내 마음이 타는 것 같으오."

여기에는 청나라가 조선을 의심하고 칙사가 드나들며 감시가 심하여 북벌계획이 탄로날까 봐 노심초사하는 효종의 심정이 드러나 있다.

명나라가 망한 것을 두고 효종은 이런 말을 했다.

"숭정황제가 망할 적에 신하들 가운데 단 하나도 사절死節(목숨을 바쳐 절개를 지킴)한 자가 없었고, 죽은 자는 내관 한 사람뿐이었소. 실로 부끄러운 일이오. 내가 명나라의 제도를 보건대, 사람들로 하여금 병기를 가지고 모시게 하고, 여러 신하가 일을 아뢸 때 임금의 뜻에 맞지 않으면 쳐 죽였고, 또 환관들을 시켜 다스리게 하여 천하의 일이 모두 여기에서 나왔으니, 한 짓거리를 보면 나라가 늦게 망한 감이 드오."

효종은 은근히 북벌에 대한 신하들의 결속을 다짐하고 있었던 것이다.

그러기를 10여 년, 효종은 뜻을 펴보지도 못하고 죽음의 그림자와 맞서야 했다. 효종은 낙상한 후 건강이 회복되지 않았다. 이듬해 4월에야 겨우 가마를 타고 비원에 나가, 여러 공자公子를 불러 자리를 베풀고 담소를 나눌 수 있었다.

이날 효종은 박태정에게 시를 지어 올리도록 하고, 곧 그 시에 운을 맞춰 시를 지었다.

> 비 개인 뒤 만록이 새로운데
> 노소, 군신君臣이 한 자리에 모였구나
> 꽃 가운데 대臺와 버들에 싸인 정자가 그림 같은데
> 때때로 들리는 꾀꼬리 소리는 주인을 부르는구나

시를 읊고 나서 효종이 말했다.

"늦가을 단풍을 기다려 다시 부르겠소."

잠시 후 효종은 혼잣말처럼 말했다.

"후에 만날 것을 어찌 기약할 수 있으리오."

비원 연회가 있은 지 한 달 뒤인 5월 4일, 효종은 북벌의 한을 품고 승하하고 말았다. 귀밑에 난 종기가 커져, 침의 신가귀가 침을 놓고 고름을 짜냈다. 그런데 피가 두 서너 말이나 쏟아졌다. 효종은 침을 맞은 지 서너 시간 후에 운명했다.

효종의 죽음은 자의대비(인조의 계비)의 복상 문제로 하여 남인과 서인과의 치열한 당파 싸움을 유발시켰다.

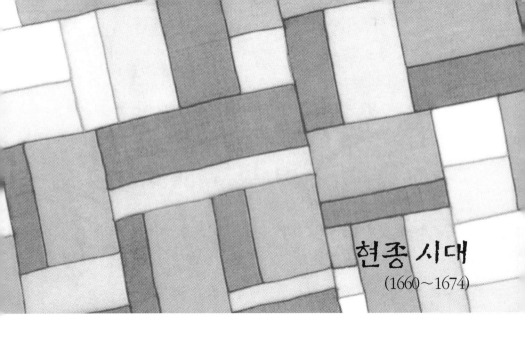

현종 시대
(1660~1674)

3년복인가 기년복인가—제1차 예송禮訟 논쟁

현종은 아버지의 시신을 놓고, 할아버지 인조의 계비인 자의대비의 복상 문제로 고민해야만 했다.

5월 4일, 효종 승하 직후 예조에서 즉위하기 전의 현종에게 아뢰었다.

"…자의대비께서 상복을 입으셔야 하온데, 오례의五禮儀에 자세한 내용이 실려 있지 않사옵나이다. 3년복을 입어야 하느니, 기년복(1년)을 입어야 하느니, 실로 참고할 만한 예문이 없사옵나이다. 대신·유신儒臣들에게 의논함이 어떻겠나이까?"

"아뢴 그대로 하되, 두 찬선贊善(세자 스승으로 정3품)에게 함께 문의하도록 하오."

문제는 자의대비가 인조의 계비이며, 효종이 인조의 제2왕자라는 데 있었다. 효종이 적자로서 승통했다면 당연히 자의대비는 3년상을 입어야 했다. 그렇지 않아 기년설이 나온 것이다.

영의정 정태화, 좌의정 심지원 및 이경석·이시백·이후원·원두표 등

원로 대신이 상의하여 기년복으로 정하여 현종에게 건의했다.

"신등이 옛 법에 능통하지는 못하오나 시왕時王의 제도로 상고하오면, 대왕대비(자의대비)께오서 기년의 복을 입으셔야 할 것 같사옵나이다."

이어 이조판서 송시열, 우참찬 송준길 등도 똑같이 기년복이 옳다는 상소를 올렸다.

현종은 대신들의 의견이 일치했으므로 그대로 시행하라 이르고 조선 제18대 임금에 즉위했다.

그런데 남인의 허목이 상소를 올려 자의대비의 복상이 잘못되었다고 이의를 달고 나섰다. 인조반정 이후 몰락한 남인은 조정에 발 디딜 틈이 없었다. 서인의 단독 무대가 되어 있었다. 정가 복귀를 노리던 남인들로서는 절호의 기회가 아닐 수 없었다. 허목은 상소를 올려 자의대비의 복을 3년복으로 시정해야 한다고 강력히 주장했다.

현종은 허목의 상소를 접하고 자의대비의 복상문제를 다시 의논하라고 영을 내렸다. 그러나 영의정 이하 자의대비의 복상을 기년복으로 정한 원로 대신들이 발뺌하고 응하지 않았다. 송시열은 병이 들어 시골에 내려가 있었다. 그는 상소를 올려 그대로 두는 것이 옳다는 주장을 폈다.

허목은 상복도喪服圖와 연복練服을 변개하는 절차를 가지고 송시열에게 의논하도록 했다. 송시열이 의논 끝에 아뢰었다.

"상·하를 통한다는 것은 대부大夫나 사士의 아들이 가계를 계승하여 제사를 주관하는 일과, 천자·제후가 왕통을 이어서 나라를 맡음이 다름이 없음을 의미하는 것으로, 이것이야말로 긴요한 대목이나이다. …지금 논쟁과 요점은 '서자를 세워서 후사를 삼는다' 는 조목이나이다…."

문제는 효종을 장자로 보느냐 아니냐 하는 것이었다. 송시열은 적통이 아니므로 장자로 볼 수 없다는 것이고, 허목은 적통이 아니더라도 보위를 이었으므로 장자로 보아야 한다는 것이었다.

현종은 송시열 등의 기년복 편에 손을 들어주었다.

남인들도 끈질겼다. 남인 윤선도가 상소를 올려 무례를 저질렀다. 서인들을 무차별로 공격하고 나서, 현종을 위협하는 어투로 끝을 맺었다.

'…신의 어리석은 생각으로는 지금 대왕대비께서 기년의 복을 벗는 일은 결코 할 수 없으며, 다시 정하여 3년복으로 하는 것이 옳다고 여기나이다. 신은 이 상소가 주상께 들어가고 들어가지 않음과, 이 말이 시행되고 시행되지 않음으로써, 임금의 세력이 굳건하고 굳건하지 못함과, 나라의 운수가 길고 짧음을 점칠 수 있다고 생각하나이다.'

윤선도는 서인들의 탄핵을 받아 삼수로 유배되었다.

이 복상문제는 송시열과 윤휴·이유태·권시·윤증 등 학자들의 관계를 껄끄럽게 만들었다. 이들은 사림에서 학문 연구에 몰두할 때 서로에게 영향을 준 사람들이었다. 제1차 예송은 현종이 서인의 손을 들어주어 끝이 났으나, 그 후유증은 학자·중신 들 사이에 파장이 컸다.

제2차 예송

현종 원년의 1차 예송에 이어 현종 15년에 또 다시 예송이 일어나, 남인과 서인이 첨예하게 부딪쳤다. 이번에도 자의대비의 복상문제였다. 효종의 비 즉 현종의 어머니 인선대비가 세상을 떴다. 자의대비는 며느리의 복을 또 입어야 했다.

예조에서 아뢰었다.

"신등이 어제 복제의 절목節目 중에서 인선대비의 시모인 대왕대비(자의대비)께서 입으실 복을 기년(1년)으로 마련해서 아뢰었더니, 가례복도家禮服圖와 명나라의 제도에 자부(며느리)의 복은 큰며느리의 기년과 작은며느리의 대공大功(8개월)의 차별이 있사온바, 기해년 효종대왕 국상 때에 대왕대비께서 이미 작은아들의 복인 기년복을 입으셨사오니, 이를 보건대 지금의 이 복제는 대공이 의심이 없거늘, 급한 사이에 능히 살피지 못하옵고 이와 같이 경솔하게 기년으로 정하는 그릇된 실수가 있었사오니 황공함을 억제치 못하나이다."

예조판서가 절목 중에 기년을 대공으로 고쳐 올렸다.

"알았소. 허나 임시로 고쳐서 마련하겠으나 성복(복을 입을 때) 때에도 이같이 미흡할 염려가 있으니, 실무자인 예조정랑을 잡아다가 심문하여 죄를 정하시오!"

현종이 영을 내렸다.

그런데 여기에서 끝나지 않았다. 대구 유생 도신징都愼徵이 상소를 올려 복상문제를 신랄하게 비판했다.

'대왕대비께서 인선대비의 입을 복을 기년으로 정했는데, 다시 대공으로 고친 것은 어떤 전례에 따른 것이옵나이까? 무릇 장자와 큰며느리의 복이 모두 기년인 것은 〈경제육전〉에 실려 있는 것이나이다. 기해년 효종대왕 국상 때 대왕대비께서 기년복을 입어 이미 장자 기년이라는 국제國制에 준하였사온데, 이제 국제도 아닌 대공이란 복제가 갑자기 나왔으니, 기해년에는 효종을 장자복으로 기년을 입고 이번의 효종대왕비에 대해서는 대공으로 입는다니 어찌 전후가 다르옵나이까? … 예로부터 지금까지 왕통을 이어 종사의 주인이 되고서도 장적자長嫡子가 되지 않은 자가 있사옵나이까? 장례에 전하께오서 장적손으로 자처하시고 대왕대비께오서 작은며느리 복을 입는다면, 의리의 전후가 틀리고 예에 어긋나나이다. 바로잡으시옵소서.'

현종은 도신징의 사리에 맞는 상소를 읽고 의심이 생겨, 중신들에게 다시 의논하여 알리도록 하라고 영을 내렸다.

3정승 6판서 등이 내린 결론은 예법에 어긋나지 않으니 다시 거론할 필요가 없다는 것이었다.

현종이 다시 전교를 내렸다.

'대왕대비께서 기년을 입어야 할 것인지, 대공을 입어야 할 것인지 한 가지로 정해지지 않은 까닭이 무엇인가?'

"대왕대비의 복은 마땅히 대공으로 하는 것이 옳은 것 같사오나, 매우 중대사여서 신들이 감히 단정하지 못했던 것이나이다."

영의정 김수홍 등이 아뢰었다. 현종은 그제서야 이 복제 문제에는 큰 함정이 도사리고 있다는 것을 깨달았다. 적통이냐 아니냐의 큰 문제였다. 요는 아버지 효종이 작은아들로서 과연 할아버지의 적통을 이어받았느냐, 아니면 작은아들로서 중승重承을 했느냐 하는 것이었다. 따라서 현종 자신도 할아버지의 적통 승계냐 아니면 방계 승계냐 하는 문제와 직결되었다. 현종은 자신이 적통손으로 기록되어 아버지 효종의 적통성을 확실히 해둘 필요성을 깨달았다.

현종이 서인 중신들에게 준엄히 전교를 내렸다.

'경들은 모두 선왕의 은혜를 입었거늘 감히 오늘날 예율禮律로서 과인을 괴롭힌단 말이오! 서자와 적자의 구별이 멀다는 설은 네 가지 종류를 꾀지 못하면 3년복을 입을 수 없다는 문맥이 아닌가. 또 둘째 장자를 세우면 역시 장자라 이름 한다 했고, 첫째 아들이 죽으면 적처가 낳은 둘째 장자를 취하여 세우고 이를 역시 장자라 하지 않는가. 경들이 이치에 맞지 않은 예율을 정하여 혼란스럽게 만드니, 임금에게 박하고 어느 누구에게 후하게 한단 말인가! 과인이 실로 못마땅하게 여기노라. 막중한 예법을 당론으로 제도를 단정할 수 없으니 애초에 마련한 기년제로 시행하라!'

현종이 거세게 나오자 서인들은 자의대비의 복제를 대공에서 기년으로 바꾸었다.

그러나 이것으로 끝나지 않았다. 권력 싸움에서 진 쪽은 패배의 쓰라린 고통이 따르는 법이다. 영의정 김수홍 등을 죄로써 다스리라는 탄핵이 빗발쳤다. 국정을 그르친 죄였다. 이에 맞서 서인 중신들은 현종에게 신임을 묻는 죄를 청했다.

현종은 남인 허적을 영의정으로 기용하고 서인과 남인을 안배했다. 이로써 제2차 예송에서는 남인이 승리하여 대거 조정에 출사하는 기회를 얻었다. 대구 선비 도신징은 남인이었다. 그러나 서인이 몰락한 것은 아니었다. 벼슬길에서 멀어져 있던 남인이 겨우 권력 기반의 발판을 마련한 것이다.

불행한 효도

전라감사 김징이 어머니를 위해 연회를 베풀었다가 간관 김석주의 탄핵을 받았다. 김석주는 대동법을 시행한 김육의 손자이며, 큰아버지 우명은 현종의 장인이었다. 김석주의 권력은 막강했다.

김징은 외직으로 나가기 전 조정에 있을 때 많은 신료들의 부정을 들추어낸 적이 많았다. 그는 권세 있고 벼슬이 높은 대신일지라도 사정 두지 않고 탄핵했다. 그에게 탄핵당한 신료가 무려 50명이나 되었다. 이에 감정을 품은 신료들이 그의 연회를 트집잡아 복수전을 펼쳤다.

김징이 전라감사로 내려갈 때 인조반정의 공신 이해가 주의를 주었다. 이해는 김징의 처 증조할아버지였다.

"너의 집이 사천沙川에 머물 적에 나무를 팔아 생계를 삼는 등, 너의 모친이 지내던 형편을 내가 잘 안다. 네가 어머니를 전라감영으로 모시고 가면 날마다 잔치를 벌일 것 같아 걱정이구나. 아예 잔치할 생각을 마라."

이해는 인조반정 후 공신의 호와 전답을 받았으나 모두 반납할 정도로 깨끗한 선비였다.

김징은 이해의 주의를 귓등으로 흘려버리고, 결국 어머니를 위한 잔치로 하여 숱한 적들에게 공격의 빌미를 준 것이다.

김석주가 김징 죽이기의 포문을 열었다.

"전하, 연회석의 차림과 주식酒食의 비용은 비록 백 독의 술을 빚고 소 천 마리의 산적을 만들어도 다른 사람들과 즐거움을 함께하는 것이므로, 크게 벌이기를 좋아하는 사람으로서는 혹여 할 수 있는 것이나이다. 김징은 여기에서 그치지 않고 공유公有 물자를 서울 집으로 실어보내기까지 했사온데, 사람들은 모두 그 물자를 착복했다 하옵고, 마바리의 말은 시중에서 무역한 것이라 하옵나이다. 설사 김징의 증언대로 전라감영의 물품은 2동 9필의 필목뿐이고 그밖에 전라감영의 물품이 털끝만큼도 없었다 하더라도, 이것이 어찌 선왕조 때에 뇌물로 죄를 받은 윤책과 한기 등의 죄보다 가볍다 하겠나이까. 김징은 연회에 참석하지도 않은 병사에게도 적지 않은 수의 상자와 채롱을 마바리로 받았는데, 이것은 체통을 위해 받은 것이라 하나이다. 또 자기의 관할이 아닌 통제사에게도 가는 면포와 목화를 받았는데, 벼슬이 높은 이가 예의로 주어 받았다는 것이옵나이다. 이런 것을 다 받으면 그 무엇인들 받지 못했겠나이까. 각 고을에 배정한 물건 중 생선 한 가지만 가지고 말하더라도 나주에서 3백, 영암에서 3백, 영광에서 2백 등 수천 짝이 된다고 하옵나이다. 또한 그가 징발하여 선발한 기생이 2백 명이나 된다고 하오니, 도내의 먼 고을에서도 징발되지 않은 곳이 없었다고 하나이다. 곡성같이 먼 곳에서 6명이나 징발해왔다고 하나이다. 기생 가운데 15세 미만의 여자애도 있었다고 하는데, 그 애가 잠시 자리를 비웠다고 형장 심문을 가했다고 하나이다. 이는 신이 전주의 아전을 불러다가 확인한 결과이나이다….”

김징은 서울 금부에 끌려와 조사를 받았다. 그러나 사치가 분수에 넘쳐서 큰 죄를 지은 것은 아니었다. 그가 흐지부지 풀려날 기미를 보이자 김징에게 당한 신료들이 들고일어났던 것이다.

“조사가 잘못된 것이다!”

개중에는 김징에게 당한 신료들 가운데 옛일이 다시 들추어질까 봐 꺼리는 이도 있었다. 의금부 판의금이 김징에게 탄핵받은 일이 있어 사건을 맡지 않으려고 했다. 대신 이경억이 심문을 맡았다. 경억은 좌의정으로 공명정대한 인물이었다. 김징에게 당한 신료들이 근거 없는 계략을 꾸미고 일을 만들어 경억을 혼란스럽게 했으나, 그는 중심을 잡고 흔들리지 않았다.

경억이 의정부에서 상의했다.

“설령 김징이 연회를 지나치게 차렸다 하더라도 어머니에게 헌수했거늘 그 일로 죄를 준다면 효도로써 나라를 다스리는 도리에 어긋나지 않소? 지금 재삼 조사해봐도 부정을 저지른 흔적이 없으니 곤장으로 다스릴 이유가 없소. 장부에 적힌 물건을 반환하는 조건으로 가벼운 처벌이 좋을 듯하오.”

영의정 허적이 발끈했다. 그도 김징에게 당한 적이 있었다.

"좌의정은 징의 친척이 아니오? 공과 사를 철저히 하시오!"

징과 경억은 실은 내외종 사이였다. 경억도 발끈했다.

"효도로써 나라를 다스리는 마당에 어머니를 위해 잔치를 마련한 것을 가지고 어찌 죄를 줄 수 있단 말이오. 더구나 선동하여 기어이 중상하려는 것은 맑은 조정의 아름다운 일이라 할 수 없소. 나와 김징은 비록 내외종 사이지만 사실대로 심리하여 전하께 아뢰지 않는다면 나 또한 국법을 어기는 일이 될 것이오."

허적은 경억을 헐뜯었다. 현종에게 차자를 올려 '법을 희롱했다'고 모략했다.

김징을 두고 조정이 분열 조짐을 보였다. 이에 이경석이 나섰다. 이경석은 원로로서 신료들의 신망이 두터웠다. 이경석도 김징의 탄핵을 받은 일이 있었다. 그러나 이경석은 김징을 원망하지 않았다.

"김징은 어머니를 위해 헌수하는 술자리를 베풀었으니 죄를 용서받을 만하다!"

이경석이 이런 말로 조정 여론을 조성해나갔다. 그러나 허적 등의 모함으로 이경억이 옥에 갇히고, 김징을 두둔한 이단하도 옥에 갇혔다. 이경석이 상소를 올렸다.

"삼가 듣자오니, 이경억·이단하가 김징 사건에 연루되어 옥에 갇혔다 하온데, 전하께오서 물어볼 만한 단서가 있으시어 조처하신 것이오나, 그들은 재상, 학자로 이름난 사람들로서 큰 죄악을 저지르지 않았사온데 지나친 일이 아니겠나이까? 김징의 소위는 과한 점이 있나이다. 그럼에도 처음에 전하께오서 중죄로 다스리지 않은 것은 그의 어머니가 있기 때문이었나이다. 전하께오서 넓으신 도량으로 그의 어머니를 가엾게 여기시어 죄를 감하여 주신다면 어찌 형벌을 받은 연후에 그 죄를 알겠나이까."

현종은 김징을 황해도 지방으로 귀양 보내고, 경억은 옥에서 나와 노강 촌집에 우거했다. 이단하도 풀려났다. 부패한 관료들의 복수극은 집요하고 악랄했다.

훈련대장에서 수어사로

효종·현종 양대에 걸쳐 북벌계획의 중심에 서 있던 인물이 이완李浣이다. 이완은 임진왜란 때 의병을 일으킨 수일의 아들이다. 수일은 이괄의 난 때 공을 세우고, 형조판서를 지낸 인물이다.

효종이 북벌을 꿈꾸며 훈련대장을 경질하려고 했다. 훈련대장 구인후는 이미 노쇠한 늙은이였다. 효종은 정태화를 불러 은밀히 물었다.

"훈련대장 구인후는 이미 늙어 그 일을 감당하기 힘드오. 경은 그를 대신할 인물을 추천해보오. 훈척 중에 누가 적당하오?"

"전하, 나라를 위하는 정성이 반드시 훈척에게만 있는 것이 아니오니, 전하의 생각에 적당한 사람을 얻으셨거든, 훈척이 아니라도 소홀히 여기지 마옵소서."

"혹여 이완을 가리키는 것이오?"

"그러하나이다."

곧 인사가 단행되었다. 구인후는 정승이 되고 이완이 훈련대장이 되었다.

이완은 흐트러진 군기부터 추스렸다. 호령이 엄숙하고, 상주고 벌하는 것이 밝고 미더웠다. 군율이 해이하던 차에 갑자기 엄해지자 원망하는 자들이 많았다. 그들은 궐문에 방을 붙이는 등, 이완을 내쫓으려고 온갖 비방을 서슴지 않았다.

효종이 걱정되어 태화에게 물었다.

"경이 완을 추천하여 훈척을 도외시하고 썼더니, 온 군대가 원망하오. 이를 어쩌면 좋소?"

"구인후는 부드럽고 착한데다가 나이도 많사옵니다. 다만 지위 명망으로 앉아서 한 장수를 죄주지 않고 한 병졸을 때리지 않아 병졸들이 장수를 두려워하지 않은 지가 여러 해이옵나이다. 오랫동안 편안하던 끝에 졸지에 새 훈련대장의 기율이 엄하고 밝은 것을 보자, 스스로 서로 두려워하고 겁내어 헐뜯는 말을 만들어 안팎에 퍼뜨린 것이옵나이다. 5, 6개월이 지나 군율이 서면 병사들도 그가 늦게 온 것을 한탄할 것이옵나이다. 전하께오서는 유언비어에 흔들리지 마시고 조금만 기다리시옵소서. 완이 오랫동안 군사를 맡아 다스리면 나라에 큰 힘이 될 것이옵나이다. 신이 온 가족을 담보로 이완을 책임지겠나이다."

"과인의 뜻이 굳게 정해졌으니 염려 마오."

"전하, 병자년 난리에 이완과 함께 진중에 있었나이다. 그의 마음 씀씀이를 그때 살펴보았나이다. 끝내 나라를 저버릴 자가 아니옵나이다. 곧 그의 진가가 나타날 것이나이다."

이완의 집이 낙산 아래에 있었다. 인평대군(효종의 동생)의 집과 같은 마을이었다. 훈련대장에 임명되자 이완은 안국방으로 집을 옮기면서 말했다.

"군사를 맡은 신하로서 하루라도 왕자와 서로 이웃해서 같이 살 수 없다."

이처럼 사람됨이 강직했다.

그가 젊었을 때 아버지와 더불어 이런 말을 나누었다.

"아버님, 무관 김공 있잖습니까? 김공은 기생의 부모를 위해 제 손으로 그 집에 울타리를 해주었다고 합니다. 그와 사귀지 않으렵니다."

"자기 몸에 허물이 없은 연후에 남을 그르다고 할 것이다. 네 아버지가 젊었을 때에도 이런 일이 있었느니라."

이완은 대답을 찾지 못했다.

그가 훈련대장으로 있을 때 막하 장수와 아전들에게 명령을 내렸다.

"비록 품의할 일이 있더라도 반드시 혼자 오지 말고 다른 사람과 함께 오라!"

이는 군막에 남의 중상을 입을까 봐 스스로 의심하는 자가 있기 때문이었다. 그는 신무기 개발, 성의 보수를 은밀히 추진해나갔다. 효종의 지시를 받아 군비 확장에 전력투구했다.

이완이 북영北營에 있을 때였다. 어느 날 밤이 깊었는데, 효종이 내관을 보내어 이완을 불렀다. 효종과 이완이 후원의 침전에서 마주앉았다.

"대장, 만약 사변이 나서 급하기가 병자년 겨울 같다면 대장이 나를 강도(강화)로 호위하고 갈 것인데, 적병이 뒤에서 추격해오면 어찌할 것이오?"

효종이 계략을 알고자 물었다.

"신이 일찍이 20말 들이 큰 포대를 수천 개 만들어 사람마다 하나씩 갖게 하여, 다닐 때에는 허리에 차고 있다가 멈출 때에는 흙을 파서 그 속에 가득 담아, 이것을 세 개 포갠 것으로 일첩―堞을 만들어 지형에 따라 배치하오면 높이는 거의 한 길에 이르고 그 둘레도 족히 자기 몸을 호위할 만하오니, 그 땅을 판 곳은 또 깊은 웅덩이가 만들어질 것이나이다. 이렇게 하면 군사가 들판에 주둔해도 가히 적을 막을 만하나이다."

"이것이야말로 기이한 법이오. 북벌에 차질이 없도록 만전을 기하시오!"

"전하, 신명을 다 바쳐 오랑캐를 꼭 응징하고야 말겠나이다."

그러나 효종의 갑작스러운 죽음으로 북벌계획은 물거품이 되어갔다.

현종이 즉위한 후 북벌계획이 재검토되었다. 현종은 효종의 유지를 받들려고 했다. 이완을 병조판서에 임명했다. 그는 일선 수어사를 지원했다. 현장에서 군사들을 조련하고 성을 개보수하여 북벌에 대비코자 한 것이다.

그는 타고 다니는 말을 창 밖에 매어두고 조석으로 먹이를 손수 가져다 먹였다. 그의 권위가 손상될까 봐 말리는 사람이 있었다.

"공께서는 체면을 생각지 않으십니까?"

"나는 활과 말로써 출세했소. 또 늘 싸움터에 나가 나라를 위해 목숨을 바치려는 일념뿐이오. 한 몸의 생사가 오로지 말에 달려 있거늘, 기르는 은애恩愛가 없다면 위태로움에 처할 때 어찌 일심으로 성공해주기를 바라겠소. 말이 비록 짐승이나 내 어찌 부끄러움이 없겠소."

이완에게는 일편단심 북벌만을 마음에 담고, 말과 주인이 혼연일체가 되어 청나라의 연경(북경)으로 달리고 싶은 마음뿐이었다.

한번은 이런 일이 있었다. 한 관리가 죄를 범하여 죽음에 이르렀다. 그의 누이가 인선대비(효종의 비) 전의 시녀였다. 대비가 불쌍히 여겨 숙경공주

(효종의 여섯째 딸)를 시켜 이완에게 그의 죄를 경하게 해달라고 부탁했다. 공주는 이완의 누이의 손자 원몽린의 아내였다. 이완은 공주를 나무랐다.

"그 관리의 죄가 중하여 용서할 수 없소. 내 비록 친히 대비의 명을 받았다 하더라도 마땅히 뜻에 맞추어 법을 어길 수 없소. 하물며 공주의 말에 내가 따르겠소? 공주는 다시는 이 같은 청을 하지 마시오!"

숙경공주는 얼굴을 들지 못했다. 대비가 이 말을 듣고 부끄러워하고 크게 뉘우쳤다.

이 소문을 들은 현종이 이완을 더욱 존경하고 어려워했다.

이완의 꿈은 끝내 이뤄지지 않았다. 벼슬이 우의정에 이르렀으나 기쁘지 않았다. 그는 북벌의 한을 품고 현종 15년에 72세의 나이로 세상을 떴다. 효종 때의 구신은 오로지 이완 혼자 남아 있었다. 송시열 등 북벌을 논의했던 신료들은 당파 싸움에 조정에서 다 쫓겨났던 것이다.

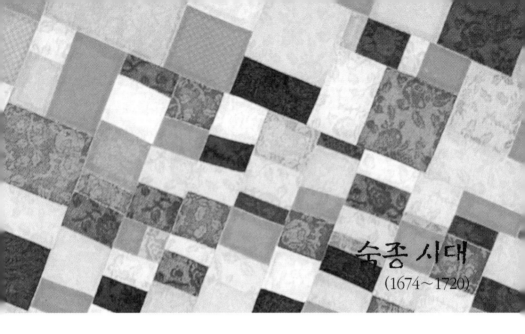

숙종 시대
(1674~1720)

3복三福 형제의 희생

현종의 외아들이 조선 제19대 임금이 되었다. 이 분이 숙종이다.

숙종은 재위 46년이라는 긴 세월을 보위에 앉았다. 그는 공도 많고 과도 많은 임금이었다. 농업정책과 상업정책을 활성화시킨 공이 있는가 하면, 붕당정치가 절정에 이른 시기여서 많은 정치적 변화를 단행하여 백성들을 불안에 떨게 하기도 했다. 그러나 숙종은 왕권 회복과 강화에 특이한 능력을 발휘한 군주였다.

왕실의 3복 형제의 희생도 경신대출척이라는 정치적 변동기에 일어난 일이다. 이 정변은 남인이 실각하고 서인이 득세한 사건이다. 제2차 예송 이후 서인들은 남인들에게 실권을 잃고 뒷전으로 물러앉아 있었다. 그러다가 숙종조에 들어와 서인의 김석주·김익훈 등이 남인 허적의 서자인 허견이 3복과 역모를 꾸민다고 고변하여 옥사를 일으키고 남인을 실각시켰던 것이다.

3복이란 복창군福昌君 정楨, 복평군福平君 연㮒, 복선군福善君 남枏을 가리켰다. 이들 3형제는 인평대군의 아들이다. 인평대군은 효종의 동생으로, 인조의 셋째아들이다. 3복은 숙종에게 증조할아버지가 되었다.

3복 형제는 효종·현종 시절 두 임금의 비호를 받아 무시로 궁내를 드나들었다. 이들이 교만하고 음탕하다는 소문이 자자했다. 현종이 죽자 이들은 빈전에서 머물며 비밀리에 군관들과 결탁하여 권력을 넘보고, 또 오정위 등 외삼촌이 여럿이었는데, 이들과도 결탁하여 권력쟁탈의 음모를 꾸민다는 설이 나돌았다.

청풍부원군 김우명(숙종의 외할아버지)이 상소를 올렸다.

'복평군 연의 형제들은 효종께오서는 친아들처럼 여기셨고, 현종께서는 친형제같이 사랑하시는 은혜를 입어 궁궐 안에 무시로 드나들더니 추문이 궁궐 밖에까지 들리게 되었나이다. 이 때문에 선왕(현종)께서는 놀라고 근심했사오며, 대비께오서도 난처하게 여기시는 바이나이다. 전하께오서도 선왕께 말씀을 들으셨을 것이기에 신이 선처하시도록 주청하는 것이나이다. 가정에서 일어난 일이 조정에 미치는 것은 매우 중대하나이다. 이제 대궐 안에 임신한 궁녀들이 있기에 이르렀사오나 이를 금하지 못하오니 큰일이옵나이다….'

숙종은 상소를 접하고 종실의 문제여서 일단 가지고 있었다.

그 사이 금부에서는 복창군 정과 복평군 연, 그리고 이들과 관계를 가진 혐의를 받는 나인 상업과 귀례를 심문했다. 그 죄가 낱낱이 드러났다. 숙종은 큰 결단을 내렸다.

"남의 말을 곧이듣고 골육 지친으로 하여금 불측한 데에 빠지게 했으니 슬퍼서 울음을 참지 못하겠노라. 모두 석방하라!"

3복 형제는 여러 남인들과 깊은 관계를 맺고 있었다. 김우명과도 친한 사이였다.

복창군과 복평군이 궁녀들을 간통하는 등, 그들의 행실에 문제가 많았다.

대비가 이를 알고 있었다. 조치를 취하려는데 친정아버지 김우명이 3복을 감싸고돌았다. 그런데 우명이 선수를 쳐서 숙종에게 상소를 올린 것이다. 남인 허적 등의 세력이 너무 비대해져 조정이 흔들릴까 두려워서였다.

그 무렵, 허정이라는 선비가 있었다. 그는 인조가 즉위하기 전 잠저의 친구 허계의 아들이었다. 허정은 서울에서 협객으로 이름나 있었다. 어느 날 그가 김우명의 집에 와서 시비를 걸었다.

"나는 겉으로는 남인이지만, 속으로는 서인이오. 대감은 겉으로는 서인이면서 속으로는 남인입니다. 오늘 대감과 논의해볼까 하오."

"그 무슨 말이오?"

"인조께서는 나의 아버지와 특별한 교분이 있었소이다. 그러므로 임금의 자손과 우리 아버지의 자손은 세교世交가 되오. 그 세교집 자손이 이렇게 외롭고 약하여 아침·저녁이 어찌될지 보장할 수 없이 위태롭게 되었소. 나는 이 일이 근심되어 잠을 못 이루오."

허정은 말을 하면서 눈물을 비쳤다.

"알겠소. 유념해두리다."

김우명은 허정을 보내놓고 생각에 잠겼다.

'임금은 어리고 허약하여 병이 많은데다가, 형제도 친아들도 없을 뿐더러 또 원로대신으로 보호해줄 만한 이도 없다. 그런데 3복 형제들은 남인들과 결탁하여 무슨 일을 꾸밀지 모르겠구나.'

우명은 겁이 더럭 났다. 자기의 외손자(숙종)가 잘못되면 큰일이었다. 그리하여 3복의 간통 사실을 숙종에게 아뢰고, 궁녀들에게 자백을 받아냈던 것이다.

그러자 남인들이 들고일어났다.

"김우명이 무고로 궁녀의 자복을 받아 왕손을 죽이려 한다!"

김우명에게 죄를 주자고 들고일어났다.

영의정 허적이 숙종에게 나아가 3복의 억울함과 김우명의 무고를 고발했다. 이때 명성왕후(대비)가 휘장 뒤에 있다가 큰 소리를 내어 통곡하면서 허적을 꾸짖었다. 명성왕후는 숙종이 나이 어려 수렴청정을 하고 있었다.

"영상은 여러 임금을 섬겨온 신하로서 은혜를 입은 바 크거늘, 은혜를 갚기에 힘쓰지 아니하고 영상의 눈으로 본 일을 어찌 애매하다고 하는고!"

허적은 당황하여 어찌할 바를 모르다가 어전을 물러나왔다.

이튿날 남인 윤휴 · 홍우원이 어전에 나와 아뢰었다.

"대비마마를 관속管束(단속)하여 정치에 간여하지 못하게 하소서."

이 말이 너무 과하여 나중에 화근이 되었다.

이튿날 비변사의 여러 당상관들과 허적 · 권대운 · 장선징 · 유혁연 · 신여철 · 김휘 · 윤심 등이 숙종 앞에 나타났다. 뜻밖에 여인의 울음소리가 들렸다.

"대비께서 나와 계신 것이오." 허적이 말을 이었다. "신들이 마땅히 물러갔다가, 전하께오서 전내에 들어가셔서 간곡히 말씀 드려 울음을 그치시게 한 뒤에 다시 입시하겠나이다."

숙종이 발 안으로 들어가 대비를 달래었다. 대비가 울음을 그쳤다. 신하들이 다시 대전으로 들었다. 대비가 발을 사이에 두고 말했다.

"선왕께서 복창 형제를 친형제처럼 보살피셨소. 하루는 여러 공주들과 함께 인선대비(효종의 비)께오서 사사로이 가지셨던 유물들을 처리하실 때, 복창이 궁녀 상업과 수상한 눈치를 하는 것을 보고 화근이 될까 두려워하여 처분을 내리려고 하던 중에 갑자기 승하하셨소. 내가 상업을 다그쳤더니 '인선대비의 초상 때 복창이 염습 집사로서 옷 보따리를 펼 때 몰래 손을 잡았으며, 또 발인하던 날 상여를 점검할 때 쪽지를 떨어뜨려 그리워하는 심정을 적어놓더니 그뒤에 스스럼없이 몸을 탐했소'라고 말했소. 귀례는 물심부름을 하는 궁녀인데, 복평이 궁에 들어올 때마다 차를 가져오라고 하고는 손을 잡고 희롱을 일삼더니, 그뒤 최상전의 행랑에서 갑자기 달려들므로 하는 대로 당했다고 했소. 이런 일들은 선왕과 내가 친히 보고 들은 것이오. 지금 임금이 나이가 어려 이런 일들을 알지 못하므로, 내가 궁중의 풍기가 문란해지는 것을 두려워하여 결단을 내리고, 나의 부친께 말하여 상소를 올리게 한 것이오. 헌데 임금은 진작부터 정이 깊어서 내 말은 듣지 않고 남의 말을 듣고 골육지친을 나쁜 곳에 빠뜨린다고 하니, 이것이 내가 마음 아파하는 바이오."

허적이 태도를 바꾸었다.

"대비마마의 말씀이 명백하오니 문초하여 법에 따라 처단하겠나이다."

숙종도 더는 어쩔 수 없어 풀어주었던 3복 형제와 간통당한 나인들을 다시 잡아들이도록 했다.

"정·연 형제와 나인 상업·귀례 등이 바른 대로 자백하지 않았으나, 범행이 이미 드러났으니 의금부에서 법에 따라 처단케 하라!"

"이는 뒤 폐단을 방지하기 위한 것이오. 나인 등은 내가 이미 물어서 그 죄를 알았으니 먼 곳에 유배시키는 것이 옳을 것이오."

대비가 말했다.

"대비 마마, 국법은 가볍게도 무겁게도 할 수 없는 것이나이다. 법에 정해진 대로 벌을 주어야 하나이다."

허적이 머리를 조아렸다.

"영상은 곧 결안結案을 올리시오!"

숙종이 영을 냈다.

복창·복평·상업·귀례 등이 풀려났다가 다시 구속되었다. 이들은 의금부에서 재심문을 받고 죄다 자백했다. 이들의 형을 놓고 남인과 서인 사이에 논란이 심했다. 남인은 3복을 한나라 법의 '친척은 치죄하지 않는다'는 예에 따라 유배형을 거두라 했고, 서인은 법대로 처리해야 한다고 했다.

숙종은 남인의 손을 들어주었다. 3복을 유배보내지 않고 석방했다. 때마침 큰 가뭄이 들어 임금이 죄인에게 은전을 베풀어 이런 조치를 취한 것이다. 그러나 3복의 불행은 이제 시작에 불과했다.

죽음을 부른 연회—경신대출척

남인의 영수 허적許積은 허목과 함께 남인을 영도하다가 허목의 송시열에 대한 과격론에 반대, 남인이 탁남·청남으로 갈릴 때 탁남의 영도자가 된 인물로서, 현종·숙종조에 걸쳐 영의정을 지낸 대신이다.

그는 사헌부 재직 시절, 서인의 이조판서 이경석, 병조판서 이시백에 대해 뇌물을 받고 관직에 등용시켰다고 사형에 처하라고 현종에게 청하여 조정을 발칵 뒤집어놓은 인물이다.

숙종 즉위 후 영의정에 다시 오른 그가 조부 허잠許潛의 시호를 받아 조정 대신들을 모아놓고 집에서 성대한 연회를 열었다. 허잠은 청백리로 뽑힌 강직한 문관으로, 이때에 이르러 충정忠貞이라는 시호를 받았다. 그 일을 기리기 위해 손자 허적이 큰 잔치를 연 것이다.

그 잔치를 두고 이상한 소문이 퍼졌다.

"잔치에 초대받아 오는 병조판서 김석주와 광성부원군 김만기(숙종의 장인)는 한편 사람으로 자기 당 패에 붙지 않는 사람들을 독살하고, 허견許堅(허적의 첩 소생 아들)은 장막 뒤에 따로 무사를 모아놓고 들이치려고 한다."

김석주가 이 소문을 듣고 김만기에게 말했다.

"우리 두 사람이 모두 잔치에 가지 않으면 저 사람들이 의심할 것이오. 그러니 부원군께서는 참석하시지요."

"알았소. 설마 나를 죽이기야 하겠소."

때마침 비가 내렸다.

숙종은 비가 와서 잔치가 어려울 것 같아, 내관에게 명하여 궐내에서 쓰는 막과 차일을 찾아주라고 했다. 그런데 내관의 대답이 숙종을 의심케 했다.

"전하, 영상께서 벌써 장막과 차일은 물론 궁중 잔치에 배설하는 판자·새끼 등을 챙겨갔나이다."

"뭣이라? 과인의 허락도 없이 영상이 제멋대로 가져갔단 말이냐?"

"그러하나이다."

"이런 괘씸한 자가 있나! 그런 짓은 세도를 부린 한명회도 못한 짓이다!"

성종 때 한명회가 중국 사신을 자기의 정자인 압구정에 초대하여 연회를 베풀 때 대궐에서 쓰는 용봉장막을 빌려달라고 했다가 말썽을 일으킨 일이 있었다. 한명회는 끝내 장막을 가져다 쓰지 못했다.

숙종은 궁중 내관을 거지로 변장시켜 잔칫집을 염탐해오라고 일렀다. 내관이 허적의 집에 가 보니, 서인은 오두인 · 이단서 등 몇 사람뿐이고, 모두 남인 일색이었다. 마치 남인들의 단합대회 같았다.

숙종은 허적의 남인을 이 기회에 치기로 작정했다. 남인들의 기세가 날로 드세지고 있었기 때문이다. 숙종은 궐문을 닫지 말라고 영을 내리고 유혁연 · 신여철 · 김만기를 패초牌招(승지를 시켜 왕명으로 신하를 부르던 일)했다.

유혁연이 잔치에 참석했다가 패초를 받고 일어섰다. 김만기도 따라 일어섰다. 허적이 만기의 손을 잡고 말했다.

"무슨 일이오? 공은 알고 계시지 않소?"

"모르는 일이오. 가봐야 알겠지요."

좌중의 얼굴에 화색이 가셨다. 여간 급한 일이 아니고서는 임금이 패초로 신하를 부르는 일이 드물었다. 유명천이 말했다.

"지금 군사를 맡은 신하를 부르는 것을 보면 큰일이 닥친 게 분명하오. 만약 3정승이 따라 들어가 청대하면 어떻겠습니까?"

허적이 풀이 죽어 대꾸했다.

"작년 10월 중순부터 성상께서 나를 싫어하고 박대하는 기색이 뚜렷했소. 지금 들어가 면대한다 해도 소용없을 게요."

유명천과 다른 신료들이 권하여 허적이 민희와 함께 궐문 앞에 다가가보았다. 이미 비망기가 내려져 모든 장수는 병부를 바꾼 뒤였다.

허적은 맥없이 물러나고 말았다.

숙종은 김만기 등을 불러 영을 내렸다.

"재앙과 이변이 자주 일어나고 위태롭고 의심스러운 점이 여러 가지이며, 유언비어가 물 끓듯 하오. 궁궐 호위와 친병을 거느리는 장수는 왕가의 지친으로서 지위가 높은 사람에게 맡기지 않을 수 없소. 광성부원군 김만기에게 훈련대장을 제수하노니, 즉시 임무를 보도록 하오. 훈련대장 유혁연은 조정의 오랜 장수로서 과인이 의지하는 바가 많았으나, 20년 동안 이 직에 있었고 나이가 많아 근력이 쇠했으니 쉬도록 하오. 포도대장 신여철은 총융사를 맡아 임무를 수행하도록 하오."

남인의 바람막이격인 유혁연의 군사권을 빼앗아버린 것이다. 조정에 먹구름이 일기 시작했다.

그 무렵, 김석주가 병풍을 만들기 위해 속에 바를 속지를 병풍장이에게 주었다가 속지를 도로 찾아왔다. 그런데 병풍장이가 받아두었던 허견의 집 속지와 함께 묶어두었다가 깜빡하고 석주에게 죄다 바쳤다.

석주는 견의 속지 속에서 나온 글귀를 보고 깜짝 놀랐다.

'여수麗水 신녀辛女를 제거한 뒤에야 도모할 수 있다.'

여수는 천자문에 금생여수金生麗水라는 문구가 있는데, 금을 은어로 여수라고 한다. 여기서는 왕비 김씨를 일컬었다.

석주는 예측할 수 없는 변고를 느끼고 그 글을 숙종에게 바쳤다. 그리고 김만기와 함께 허견의 집을 감시하여 수시로 숙종에게 보고했다.

숙종이 별군직 이입신, 충장장 박빈·남북두에게 비밀리에 허적·유혁연, 복선군(남)의 집 동정과 하는 일을 살펴서 보고하라고 영을 내렸다.

석주는 백금 4백 냥을 이입신 등 세 사람에게 나누어주고 세 집의 종들을 매수하라고 일렀다. 그들은 종들을 뇌물로 매수하여, 주인집에 드나드는 인물과 모의하는 장면을 낱낱이 이입신 등에게 알렸다.

하루는 복선군 남의 집 계집종이 손가락 끝이 아프다고 하소연했다. 그 까닭을 물었다.

"요즘 우리 나오리께서는 군복을 많이 만들고 계시오. 열흘을 쉬지 않고 바느질을 했더니 손가락 끝이 헐어서 아파 미치겠소."

"몇 벌이나 짓고 어느 곳에 쓴다더냐?"

"아마 백 벌은 넘을 것이고, 쓸 곳은 모르오."

입신의 말을 듣고 석주와 만기는 사태에 미리 대비해왔다.

잔치를 베푼 날, 허적은 사당에 할아버지의 시호를 고유하는 제를 지냈다. 그런데 암탉이 갑자기 제상에 날아들어 제기祭器를 엎어버렸다. 잔치가 벌어져 찬을 나를 때도 닭이 또 술좌석에 날아들어 발길질을 하며 기명을 엎어버렸다. 허적이 화를 내며 잡아죽이라고 말했다.

"이것은 유인酉人(서인과 글자가 닮음)이 스스로 망할 징조이다."

그러나 다른 사람들은 달리 해석했다.

"이것은 적의 당파가 유인에게 패할 징조다."

인평대군의 아들 3복은 궁녀 간통 사건을 어렵게 피해갔다. 그러나 그들에게 야심이 있었는지 어떤지는 알 수 없지만, 남인에게 붙어 허목과 윤휴를 스승으로 삼아 서인을 모함하려는 기회를 엿보았다.

3복은 허적의 서자 견을 만나 이런 말을 했다.

"임금께서 만약 불행해지거든 자네는 복창군을 추대하게끔 아버지에게 미리 말해두게. 그러면 자네를 병조판서로 임명하겠네."

허견은 서자로서 병조판서에 오를 수 있는 기회를 엿보았다. 그는 하늘에 제사지내고 3복을 후원할 것을 굳게 맹세했다.

김석주가 이 모두를 종합하여 경신년 3월 28일에 큰 옥사를 일으켰다. 그날이 허적이 잔치를 연 날이다. 허적은 가뜩이나 의심을 받고 있던 터에, 궁궐의 장막 등을 마음대로 내다 사용하여 숙종의 의심을 굳어지게 만들었다.

숙종은 남인을 서인으로 교체하기 시작했다.

영의정 허적, 좌의정 민희, 우의정 오시수가 연명으로 소를 올려 사직했다. 숙종은 기다렸다는 듯이 수리했다. 그 자리를 서인들로 채워갔다. 그리고 인사권을 가진 이조판서 및 언관과 도승지 등을 교체했다. 의금부 판의금도 교체했다.

대사헌 민암이 이에 이의를 제기했다.

'일전에 위태하고 의심스러운 것이 여러 가지며 유언비어가 물 끓듯 한 다고 하셨사옵고, 또 갑자기 훈련대장들을 교체하고 잇따라 이조판서를 삭 직시키고, 도승지는 말을 한번 했다가 파직되었고, 언관의 빈 자리는 모두 특명으로 제수하셨고, 3공에 이르러서도 한 번 사직소를 올리어 면직할 것 을 윤허하시었나이다. 신은 위태하고 의심스러운 것이 어떤 일이며, 유언 비어가 어떤 말인지 알지 못하나이다 … 신은 이번 일에 대하여 한숨과 눈 물을 흘려도 부족하나이다. 체직을 바라오니 윤허하시옵소서."

숙종은 두말 없이 허락했다.

"그러도록 하오."

서인들이 기회를 놓칠 리 없었다. 남인들 때려잡기에 나섰다.

장령 심유가 남인의 거목 좌찬성 윤휴를 탄핵했다.

"좌찬성 윤휴는 광해조의 간신 효전의 손자이옵나이다 … 그는 선비의 명칭을 거짓 칭탁하고 세상을 속이며 출세할 밑천으로 삼았던 것이나이다 … 장사꾼들에게 뇌물을 받고, 백성들에게 포악하게 하여 이익을 취하는 자이옵나이다 … 또한 흉한 꾀를 내어 대비의 동정을 살피라는 말(管束)을 어전에 아뢰었으니, 이것이 어찌 남의 신하로서 감히 마음속에서나마 생각 하고 입 밖에 낼 수 있는 짓이나이까? 그 심사를 추궁하면 실상 양궁兩宮(대 비와 임금)을 이간하여 죄를 지은 복창·복평을 위해 감정을 풀려는 계획이 었나이다. 왕법王法으로 논하면 용서하지 못할 것이온즉, 윤휴를 나라 변두 리로 보내고, 전 대사헌 민암과 그의 조카 전 부제학 민종도 모두 비루하고 간사한 자질로서, 재물을 탐내고 색을 즐겨서 음탕하고 표독스런 자들이나 이다. 이들의 관작을 삭탈하고 문외 송출하시옵소서."

"아뢴 대로 하라!"

숙종은 여지를 남기지 않았다. 복수를 하듯 남인들을 처단했다.

사간원에서 3복의 죄를 탄핵하고 나섰다. 이들은 은총을 빙자하여 법제를 파괴하고 외인과 결탁하여 조정을 제압하고 위엄이 궁중에 횡행하다는 것, 따라서 3복을 절도로 귀양 보내라는 것이었다.

허견은 반역을 꾀한 죄를 뒤집어쓰고 빠져나올 구멍이 없었다. 3복도 허견과 공모하고 그의 외삼촌들을 동원했다는 죄를 면할 길이 없었다.

허견, 복선군 남, 복창군 정, 이태서・이경의・이경명 3부자, 강만송(허견의 처남)・박상원・박찬영・강윤석・홍유하・정언구・신후징・최서린 등은 역모죄로 교수형을 받거나 곤장을 맞고 죽었다. 그리고 허적・윤휴・복평군 연은 유배지에서 사약을 받고 죽었다.

허적의 집안은 연좌죄에 걸려 적의 아우 허질・능・집・노・제(적의 서제)・후(견의 아우)・약(견의 조카)・환・혁・중양(연의 아들)・중경(연의 서자) 등이 귀양지에서 사사되었다.

이밖에 이익형 등 40여 명이 유배되었고, 조정에서 쫓겨난 남인들이 그 수를 헤아릴 수 없었다. 김석주・김만기 등 서인들이 꾸민 역모극이었다. 남인들은 한풀 꺾이고 말았다.

역사는 경신년에 일어난 이 사건을 경신대출척이라고 이름했다. 당파 싸움으로 제2차 예송 이후 득세한 남인들을 서인이 정변을 일으켜 내쫓고 실권을 잡은 것이었다.

세 가지를 제거할 수 있을까

박세채가 이조참의를 지내던 시절, 가뭄이 혹심했다. 그는 죄수를 풀어주고, 거제로 귀양 가 있는 서인의 영수 송시열을 조정에 불러들이고, 사림에 묻혀 학문과 제자 기르기에 전념하는 윤증尹拯을 불러올 것을 청했다.

"또한 이단하는 경학에 밝고, 이민서는 절조가 있으며, 박세당・유담후・윤진은 참다운 선비이오니 조정으로 불러 쓰시옵소서."

"그대의 말이 옳도다."

숙종은 긍정적으로 검토할 뜻을 밝혔다.

박세채가 윤증에 대한 보충 설명을 했다.

"윤증의 위인이 언제나 겸손하여 물러나는 것을 미덕으로 아나이다. 예로부터 임금이 어진 이를 불러오지 않으면 억지로 그 뜻을 굽히지 않기도 하오나 이 사람은 윤선거(송시열과 동문수학한 학자)의 아들이요, 송시열의 문하에서 배워 학문이 매우 독실하므로, 오늘날 인망이 그보다 나은 인물이 없나이다. 이 사람을 지조만을 지키게 할 수 없고, 반드시 경연에 출입하게 하오면 전하의 덕을 높이게 할 것이나이다."

숙종은 사관을 보내어 윤증에게 전교를 내렸다.

'대로大老가 조정에 나오고 유신儒臣들이 모여들어, 모두들 한마음으로 협력하여 어려운 시국을 구제하려 하오. 그대도 대대로 국록을 받아 기쁘고 슬픈 것을 나라와 함께해야 할 신하이니, 어찌 홀로 나라를 근심하고 임금을 사랑하는 성심이 없을 것인가. 그런데도 숨어서 나오지 않고, 행여 몸을 더럽힌다 생각하여 지조를 굳게 지키고 마음을 돌릴 기약이 없다면, 이 것은 평소 그대에게 바라던 바가 아니오.'

지조 있는 선비를 부르는 글 치고는 위엄이 너무 들어가 있었다.

윤증은 마지못해 숙종에게 글을 올렸다.

'신이 이런 은혜로운 분부를 받은 것이 이미 여러 달이며, 근시近侍가 와서 지키며 권고한 것이 벌써 석 달이 되어가나이다. 스스로 천한 분수를 헤아린다면 끝내 융숭한 대우를 받들어 감당할 길이 없사오나, 이미 땅을 뚫고 숨거나 담을 넘어 도망칠 수도 없사오니, 종시 버티며 오래도록 성스런 조정의 은혜와 예우를 욕되게 하겠나이까. 삼가 마땅히 나아가 서울 교외에서 대죄하여, 명을 어긴 벌을 받아 전후의 헛이름으로 속여온 죄를 때우겠나이다.'

박세채가 사관이 가지고 온 상서를 먼저 보고 숙종에게 아뢰었다.

"전하, 윤증이 근교에 와서 상소를 봉하여 올리겠다는 의사가 있나이다. 이 사람은 전부터 한결같이 물러가기만 하여 나라의 은혜를 받들어 서울에 나올 의사가 없었나이다. 이번에는 전하께오서 간절히 부르심이 전에 없었던 특례이오니, 중이 반드시 크신 은혜에 감복하여 그대로 숨어 있지 못하고 올라올 의사를 갖게 된 듯하나이다. 하오나 그가 서울 근교에 와서 상소로 사정을 진술하고 다시 돌아간다면 도리어 전하께오서 지성으로 부른 의미가 없겠나이다. 특별히 더욱 예를 다하여 기어이 들어오게 한다면, 이것은 조야의 희망에 부합하는 일일 뿐만 아니라, 실로 국가의 다행이겠나이다."

"알겠소."

윤증이 과천 나양좌의 집에 와서 머물렀다. 나양좌는 윤증의 아버지 윤선거의 수제자였다. 과천에 윤증이 올라와 있다는 말을 듣고 숙종은 승지를 보내어 일렀다.

"지금 그대가 나를 버리지 않고 이미 서울 부근에 온 것을 알게 되니 기쁘고 다행한 일이오. 이에 승지를 보내어 내가 그대를 기다리기를 목이 마른 것같이 하는 성의를 깊이 새기도록 하오."

윤증은 감격하지도 언짢아하지도 않았다. 담담히 조정을 냉철하게 뜯어보았다.

그는 권시의 사위였다. 권시는 효종·현종이 차례로 불렀으나, 울면서 사양하고 끝내 출사하지 않은 올곧은 학자였다.

윤증의 아우 추는 이유의 사위인데, 이유는 남인의 거목이었다. 권시의 아들 기와 이유의 아들 삼달은 남인 중에서도 걸출했다. 윤증은 동생 추, 처남 권기, 사돈 삼달과 어울렸다.

경신대출척 때 김석주의 활약상을 들은 것도 기와 삼달을 통해서였다. 증은 김석주가 뒷날 화의 괴수가 될 것이라고 생각했다. 송시열은 제2차 예송에 남인의 공격을 받아, 덕원·웅천·장기 등의 유배지를 떠돌다가 거제도에 있었다. 그 송시열이 조정에 돌아오면 윤증은 시열이 석주와 의견을 달리할 것으로 알았다.

그런데 시열이 귀양에서 풀려 돌아와 김석주를 옹호하는 발언을 했다.

"석주가 종사를 지킨 공이 없지 않다."

윤증은 이 소식을 듣고 크게 놀랐다.

"송 대감의 소견이 어찌 이런가? 송 대감을 따르다가는 나중에 점필재의 한훤당처럼 될 것이다."

한훤당은 점필재 김종직의 제자 김굉필이다. 두 사람은 의견이 서로 맞지 않았다. 나중에 무오사화 때 굉필은 점필재의 제자여서 화를 당했다.

윤증은 송시열의 제자였다. 그도 그런 일이 있을까 봐 내심 걱정이 되었다. 스승과는 다른 길을 가야겠다고 결심하고, 자기와 뜻을 같이할 인물을 구하다가 때마침 박세채를 만난 것이다. 윤증이 박세채에게 기댄 데에는 곡절이 있었다.

전에 민정중이 항상 이런 말을 했다.

"내가 요직을 맡게 되면 반드시 정암(조광조) · 율곡(이이)이 시행하지 못한 호포의 일을 하겠다."

그런데 경신대출척 후 김수항이 영의정, 민정중이 좌의정, 김석주가 우의정이 되었다. 정중이 원래부터 석주를 좋지 않게 여기고 함께 일하기를 싫어했다.

석주가 때마침 청나라 사신으로 가는 틈을 노려, 정중이 정책을 시행해 보려고 수항에게 상의했다. 수항이 손을 저으며 말했다.

"새로 큰 옥사를 치른 후 임금은 어리고 나라는 안정되지 못하여 백성이 따르지 않는 데에는 조용히 국가의 명맥을 연장해야 하는 것이오. 함부로 개혁하려다가 실패를 가져오게 해서는 안되오."

그리하여 정중이 호포법戶布法에 손을 대지 못했다. 선비들 사이에 비판이 일었다.

"민정중이 전에 한 말은 허풍이다. 지금 요직에 올랐는데 어째서 한 가지의 일도 못하는가?"

정중이 변명했다.

"내가 하려는 것을 막은 것은 수항이다. 산림의 선비들이 조정에 있으면

서 어찌 이럴 수 있는가!'

정중은 수항을 탄핵하여 내보내고 시열을 불러오도록 하려고 했다. 그러나 시열이 오지 않으므로 세채가 나섰다.

"내가 들어가려고 하는데, 산야에 있던 사람이 서울에 주인이 없으면 일을 할 수 없소."

"내가 주인이 되겠소."

정중이 말했다.

"어찌 산림의 선비로서 척리(정중은 임금의 처백부)에 의지하여 나랏일을 할 수 있겠소."

세채가 쏘아붙였다.

"그렇다면 우암이 서울에 있게 되면 산림이 들어올 수 있소?"

"그리되면 다행이오."

정중이 임금께 아뢰고 승지를 시열에게 보내게 했다. 정중은 시열에게 또 글을 보내어, 일을 맡고 싶지 않더라도 잠시 올라와 세채를 다독거려달라고 부탁했다.

시열이 쾌히 허락하고 여주에서 한강에 이르러 세채를 만났다. 세채는 시열 곁을 떠나지 않았다. 사제간의 예절을 깍듯이 지켰다.

세채가 말했다.

"윤자인(윤증의 자)을 불러오겠습니다."

"그 사람이 올까?"

"선생님과 제가 모두 서울에 있는데 자인이 어찌 오지 않겠습니까?"

"우선 불러보게."

이런 경로로 윤증을 부르게 된 것이다. 윤증은 세채를 믿었다.

윤증이 나양좌의 집에서 세채를 만났다. 윤증이 물었다.

"추록한 공신을 삭제하고서야만 일을 할 수 있네. 화숙(세채의 자)이 그 일을 할 수 있는가?"

"내 힘으로는 역부족일세."

"외척의 당파를 물리친 후에야 일을 할 수 있네. 화숙이 그 일을 할 수 있는가?"

"솔직히 자신이 없네."

"지금의 시태時態가 자기와 의견을 달리하는 자를 배척하고 자기에게 순종하는 자를 두둔하니, 이런 풍습을 제거한 후에야 일을 할 수 있네. 화숙은 이 일을 해내겠는가?"

"어렵네."

"나는 조정에 들어갈 수 없네."

여기에서 추록한 공신이란 김익훈·이사명의 무리를 가리킨 것이고, 외척이란 김석주·민정중·김만기를 지적한 것이고, 시태란 송시열을 일컫는 말이었다.

윤증은 그길로 돌아서서 시골 유봉(논산)으로 가버렸다.

박세채는 윤증에게 감명을 받고 숙종에게 상소를 올린 후 시골로 돌아가버렸다. 서울에 남은 것은 그들의 스승 송시열뿐이었다.

송시열은 조정에 출사하여, 서인들이 노론·소론으로 갈릴 때 노론의 영수가 되어 권력을 쥐고 놓지 않았다. 그는 숙종과 장희빈의 소생 원자를 세자로 책봉하는 데 반대상소를 올려 제주도로 유배되었다가, 재조사를 받기 위해 서울로 올라오는 도중 정읍에서 사약을 받고 88세의 긴 여생을 비극적으로 끝마쳤다.

두 스님의 사기극

처경處瓊이란 중이 영의정 허적을 찾아와 묘한 말을 했다.

"영상 대감, 소승은 소현세자의 유복자입니다. 굽어살피소서."

허적은 의심을 품었다. 그러나 숙종에게 고하지 않을 수 없었다.

숙종은 대신들을 불러 의논했다. 아무래도 수상쩍으니 금부에 가두고 조사하라는 쪽으로 의견이 모아졌다. 처경을 금부에 잡아들여 심문한 결과 그 죄상이 낱낱이 드러났다.

그의 사기극은 사대부집 종 묘향의 말 때문에 비롯되었다. 그는 여러 궁의 나인들과도 친하게 지냈다.

하루는 묘향이 처경에게 귀가 번쩍 뜨일 말을 했다.

"스님, 소현세자의 빈이신 강빈이 유복자를 낳으셨나이다. 그 유복자의 모습이 처경 스님의 용모를 쏙 빼어닮으셨나이다."

"그게 정말이냐?"

"틀림없다니까요."

"으음… 내가 소현세자의 유복자와 똑같다는 말이지?"

처경은 그날 이후 야심을 품고 복창군의 집을 드나들며, 강빈 독살 사건이 났던 때의 일을 자세히 알아보고, 소현세자의 제삿날 등을 머리에 담았다. 그리고 몇 통의 편지를 써서 영의정 이하 3정승 및 몇몇 판서에게 보냈다.

'소현세자의 유복자, 을유 4월 초9일. 강빈.'

마치 강빈이 유복자를 낳아 그 사실을 기록해놓은 것처럼 꾸몄던 것이다. 소현세자의 유복자가 나타난 것은 조정으로서도 큰 부담이었다.

의금부에서 여러 대신들에게 필적 조사를 의뢰했다. 진짜 강빈의 글씨인지 확인 작업이 필요했다. 아니라는 판명이 났다. 다행히도 좌의정 권대운이 강빈의 필적을 잘 알고 있었다.

처경은 원래 평해군 아전 손도의 아들이고, 할아버지는 손청사였다. 그리고 그의 사승師僧은 지웅이었다. 그는 걸승으로 떠돌아다니다가, 죽산(안성) 봉송암에 있을 때 불공 드리러 온 묘향을 만나 친하게 지냈다. 그리고 복창군의 종 숙이·애숙을 꾀어 강빈 옥사의 내막을 자세히 들었다.

처경과 묘향을 즉각 처형하고 그와 관련된 인물들을 귀양 보냈다. 숙이는 삼수로, 애숙은 정의로, 처경의 옛 주인 한천겸은 춘천으로, 처경이 데리고 다니던 김명은 충주로, 박인의는 이천으로 보냈다. 그리고 장사꾼 정윤

주·연주 형제는 처경과 친절하게 지낸 죄와, 처경에게 요망스러운 말을 듣고도 고발하지 않은 죄로 곤장 100대를 맞고 3년간 부역에 벌과금마저 물어야 했다. 희대의 사기극은 그 당시 조정의 어지러움을 극명하게 보여 주고 있다.

요승 여환呂還과 그의 아내 원향遠香이 부부 사기극을 벌였다. 이들은 요망한 말로 백성을 미혹케 하여, 무식하고 어리석은 군중들이 다투어 몰려들었다. 원향은 자칭 용녀부인龍女夫人이라고 했다.

이들은 문화현으로부터 황해도 여러 고을을 지나 강원도로 들어갔다가 경기도 양주로 들어왔다. 그들이 가는 곳마다 떠받들어지고 패거리까지 만들어졌다. 다만 역모를 꾸민 흔적이 없어 우려할 만한 것은 아니었다.

삭녕군수 이세필이 양주목사 최규서에게 비밀통첩을 보내어 그들 부부를 체포하도록 했다.

최규서가 그들을 체포하여 문초했다. 남편 여환은 입을 다물고 열지 않았으나 아내 원향은 말이 청산유수였다. 하는 말마다 용왕이요, 하눌님이요, 천지개벽이요, 인간사였다.

최규서는 그들의 공초 기록을 감사에게 보고하고, 감사는 조정에 보고했다. 그런데 심문 과정에서 요사스러운 문장을 발견했다.

'명년에 양반은 상놈이 되고, 상놈은 양반이 된다.'

이는 어리석은 백성을 꾀려는 계략에서 나온 것 같았다. 그러나 그 다음 해에 인현왕후를 폐위한 일이 일어나 조정에 큰 파문을 일으켰다.

여환 내외는 처형당하고, 최규서는 양주에서 사건이 일어났다는 이유로 파직되었다. 영평의 아전 정만태는 여환 내외와 통했다 하여 사형당했다.

이 사건은 인현왕후 폐위 사건에 일파만파의 영향을 끼쳤다.

원자를 둘러싼 정변, 기사환국

숙종은 왕자를 얻지 못해 걱정이 많았다. 그러던 차에 장소의張昭義를 총애하여 왕자를 생산했다.

이즈음 장씨의 어머니가 뚜껑 있는 가마를 타고 대궐 안에 드나들었다. 사헌부 지평(정5품) 이익수가 이 모습을 보고 분통을 터뜨려 가마를 부수고 불태워버렸다.

숙종이 듣고 대로했다.

"내가 출입하라고 했느니라! 내게 아뢰지도 않고 제멋대로 형벌을 가하느냐!"

숙종은 내수사에 명하여 가마를 쳐부수고 불태운 군졸들을 죄주라고 영을 내렸다. 이에 여러 신하들이 반대했으나 숙종은 듣지 않았다. 왕자를 낳은 장소의와 친정 식구들에게 숙종의 마음이 쏠렸던 것이다.

이익수가 상소를 올렸다.

'신이 사헌부 뒤뜰에 나갔다가, 장소의의 어머니가 팔인교를 타고 대궐 안에 들어와 그 가마가 건양문 안에 있으므로, 사헌부의 아전을 보내어 그 종을 잡아 다스리고 아울러 가마까지 빼앗았나이다. 신이 생각건대, 소의의 어머니는 곧 천한 백성인데, 감히 가마를 타고 전하의 대궐에 드나드니, 이렇게 무엄할 수가 있나이까. 신은 혹 이런 따위의 일은 한결같은 전하의 교화에 손상됨이 있을까 염려되어 징치하게 했나이다. 전하께오서 궁중을 잘 단속하시어 등급과 한도를 바르게 하여 안팎이 엄숙하고 위아래가 뚜렷하게 구별되면, 정치 교화에 적잖은 도움이 될 것이옵나이다.'

이 일로 임금과 언관들 사이에 팽팽한 긴장감이 돌았다.

그뒤 최석정이 이익수를 3사의 직에 추천하자 숙종이 불만을 터뜨렸다.

"최석정을 남인만 뽑아쓰고 이익수를 여러 차례 추천한 죄를 물어 안동부사로 내보내노라!"

최석정은 날벼락을 맞고 할 말을 잃었다.

기사년 1월에 숙종은 문무백관을 모으고 이런 말을 했다.

"나라의 국본國本(세자)을 정하지 못하여 나라의 형세가 고단하고 약하며, 시사時事가 어려운 것이 많아 민심이 의지할 데가 없소. 현재의 큰 계책은 다른 데 있는 것이 아니고, 당장 과인이 의논하려는 왕자의 명호名號을 정하려는 것이오. 만일 머뭇거리고 관망하거나 감히 다른 의도가 있는 신료가 있다면 벼슬을 내놓고 물러가는 것이 옳을 것이오."

단호한 의지를 보였다.

이조판서 남용익이 말했다.

"…오늘 내리신 말씀은 의외이며 왕자의 명호를 전하는 일 또한 너무 빠른 감이 있나이다. 중전(인현왕후)께오서 춘추가 한창이시니, 급하다고 할 수 없나이다. 전하께오서 물러가라 하오시니 물러가기는 하옵니다만, 생각한 바는 이와 같나이다."

호조판서 유상운이 나섰다.

"전하, 왕자님이 탄생하시어 온 나라 백성이 의지할 곳이 생겼나이다. 앞으로 만약 중궁(왕비)에서 생남의 경사가 없으면 나라의 근본이 자연히 지금의 왕자로 정해질 것이온데, 오늘날 명호를 정하고 정하지 않는 것이 무슨 상관이겠나이까."

병조판서 윤지완, 공조판서 심재, 대사간 최규서 등이 반대의사를 밝혔다. 그러나 숙종은 뜻을 굽히지 않았다.

"내 나이 30이 되도록 아들이 없다가 작년에야 비로소 왕자가 생겼거늘 지금 내가 국본을 정하자는 말이 어찌 빠르다고 하는가? 작년 5월 꿈속에서 어떤 사람을 만나 '내가 언제 아들을 낳느냐'고 물으니 그 대답이 '벌써 임신을 하였다'고 하기에 내가 말하기를 '비록 임신을 하였으나 사내인 줄 어찌 알겠는가' 하니 그 답이 '아들입니다'고 했소. 왕자가 태어난 뒤에 내 마음에 더욱 믿는 것이 있소."

영의정 김수흥이 말했다.

"…왕자께오서 태어나신 지 두어 달밖에 되지 않나이다. 별안간 명호를 정하신다니 너무 서두르신다는 말씀을 듣지 않을 수 없나이다. 왕자께오서 아직 포대기 속에 있으므로, 여러 신하들의 의사가 다른 것이오니 전하께오서 신중히 생각하시옵소서."

"이는 종사에 관한 일이니 예조에서 원자의 명호를 의논하라!"

3일 후에 예조에서 아뢰었다.

"…전하 함부로 결단하기 어려운 점이 있사오니 대신들과 의논하기를 청하나이다."

"원자로 명호를 정하라!"

숙종은 양보하지 않았다.

이 문제로 조야가 시끄러웠다. 찬성하는 자, 반대하는 자 들의 주장에 일장일단이 있었다. 오로지 숙종의 결단 여하에 달려 있었다.

숙종은 기사년 1월 16일, 포대기 속의 왕자를 원자로 봉했다.

윤지완이 대신들에게 말했다.

"이번 일은 여기에서 그치지 않을 것이오. 대감께서 주상을 뵙고 원자로 봉하는 교서 중에 명백하게 '중전 민비께서 데려와 아들을 삼는다'는 글을 써두면 다음에 힘을 얻을 도리가 될 듯합니다."

대신들은 옳다고 여겼으나 용기가 없어 숙종을 만나지 못했다.

이튿날 원자를 낳은 장소의를 희빈으로 삼았다. 내명부에서 승급이 된 것이다.

2월에 봉조하(전관 예우의 칭호) 송시열이 상소를 올려 원자 책봉을 신랄하게 비판했다.

'예전에 송나라 신종은 나이 28세에 처음으로 철종을 낳았나이다. 그 어미는 후궁 주씨였나이다. 장재라는 사람이 듣고 매우 좋아했더니, 정자程子는 장재의 충성됨을 칭찬했고, 주자朱子와 여동래는 근사록에 기록했으니, 대체로 정·장·주·여의 전후가 일치한 것은 종사를 위해 천리天理에 따른 때문이나이다. 오늘날 인심이라고 어찌 옛 사람과 다르고 같은 것이 있겠나이까. 작년 11월 초에 영의정 김수흥이 신에게 편지를 보내어 '후궁에서 왕자가 탄생한 경사가 있었다'고 하였나이다. 신이 지금 듣건대 여러 신하들이 명호가 이르다고 말씀 올렸다 하옵는데, 송나라 철종으로 말하면 열 살이 되도록 황자의 자리에 있다가 신종이 병이 난 후에야 비로소 태자로 책봉되었나이다. 그때 가왕·기왕 등 두 왕의 핍박(신종의 아우들)이 있었음에도 오히려 천천히 책봉한 것은 제왕의 큰일을 하는 것이 항상 여유 있게 천천히 하는 것을 귀하게 여기기 때문이나이다. 하물며 지금 핍박될 염려가 어디에 있나이까? … 지금 전하께오서는 참소하는 자를 물리치시나, 어찌 이번 일에 연달아서 화를 일으키려는 자가 있을 수 없겠나이까. 오늘날 여러 신하의 마음이 장·정·여의 마음과 같지 않은 사람이 많아 걱정이 아닐 수 없고, 중전께오서 대군을 생산하시면 어찌하시렵니까? 종사를 위해 신중하셔야 하옵거늘 너무 성급하신 결단이라고 지적하지 않을 수 없나이다….'

숙종은 상소를 보고 매우 언짢게 여겼다.

"슬픈 일이오. 원자를 세워서 임금과 신하의 분의分義가 크게 정해진 뒤에 유림의 영수인 송시열이 지금에 와서 감히 나라의 근본을 일찍 정하였다고 불만의 의사를 나타내어, 인용하여 늘어놓은 말이 매우 방자하고 무례하니, 승정원은 알고 있으라!"

숙종은 송시열의 상소를 문제삼았다. 만약 송시열이 원자 책봉의 부당성을 주장하고 나오면 조야가 시끄러워 정국이 혼란에 빠질 염려가 있었다. 송시열은 노론의 영수로 조정과 사림에 영향력이 매우 컸다. 시열의 세를 꺾어야 했다.

시열의 상소를 읽은 날 밤, 숙종은 희정전에 나와 신료들과 마주앉았다.

"송시열의 상소에 알아볼 수 없는 곳이 있기에 알아보려 하오. 당초에 여러 신하들이 각각 소견대로 말한 것은 불가할 것이 아니었으나, 원자라는 명호를 이미 정해놓은 뒤에 송나라 철종의 예를 인용하여 너무 이르다는 의사를 내비친 것은 무슨 뜻이겠소?"

우부승지 이현기가 동조하고 나섰다.

"오늘날 종사의 큰 계책을 정해놓은 뒤에 온 나라 백성들이 좋아 날뛰는 정성은 어찌 상하가 다르겠나이까. 하온데 송시열이 말한 너무 이르다는 뜻은 신도 정말 무슨 말인지 알 수 없나이다."

"옥당에서는 어찌 한마디도 없는가?"

"오늘날 명호를 이미 정했는데 무슨 말이 필요하겠나이까?"

옥당 신료들이 입을 모았다. 숙종이 송시열을 겨냥하여 엉뚱한 말을 꺼냈다.

"송시열이 윤증과 사사로운 일로 수년 동안 분쟁을 일으키는 것을 보면 그를 알 수 있을 게야."

이것은 회니시비懷尼是非를 지적한 말이다. 회란 송시열이 사는 회덕군을, 니란 윤증이 사는 이성군을 일컫는다. 이들은 사제지간이었으나, 노론·소론으로 갈려 노론은 송시열이, 소론은 윤증이 각각 그 영수가 되어 서로 갈등이 심화되어갔다. 숙종이 이를 지적한 것이다. 그러자 우부승지 이현기가 송시열이 윤증의 아버지 윤선거를 비방한 말을 꺼냈다.

"신은 송·윤 두 사람과는 아무런 관계가 없사오나, 다만 송이 윤의 아버지를 가리켜 '몸을 더럽혔고 의를 잊었다'는 말에는 동의할 수 없나이다. 원래 윤선거는 강화사변(병자호란)에 죽어야 할 의가 없었으나, 그 아내가 강화에서 죽어 정축년 이후 문을 닫고 글만 읽으며 끝까지 세상일에 간여하지 않았나이다. 윤선거가 어찌 몸을 더럽혔고 의를 잊은 사람이나이까."

"4, 5년 사이 윤선거의 일을 두고 큰 풍파를 일으켰으니, 이것으로 미루어보아 송시열의 문도들이 원자로 정하는 것이 이르다고 빙자하여 소란을 피우는 폐단이 없겠는가?"

이에 이현기와 남치훈이 숙종의 말에 맞장구를 치며 분위기를 묘하게 이끌어가자 이익수가 제동을 걸었다.

"전하, 패역한 신하가 아니면 어찌 이의가 있겠나이까? 또 이 일로 불안한 사단이 생기겠나이까? 심려 놓으소서."

"그대는 무슨 말을 하는가? 사리에 맞지 않도다."

숙종은 잠시 숨을 돌리고 나서 영을 내렸다.

"이익수를 파직시키노라!"

동부승지 윤빈이 부당함을 아뢰었다.

"전하, 이런 일로 파직시킴은 지나친 듯하옵나이다."

"체직시키라!"

신료들은 어안이 벙벙하여 어찌할 바를 몰랐다. 숙종이 단호하게 또다시 영을 내렸다.

"나라의 근본이 정해지기 전에는 임금의 물음에 따라 각각 소견대로 진달하는 것이 옳지만, 명호를 이미 정한 후에 송시열이 산림의 영수로서 송나라 철종의 일까지 끌어내어 너무 이르다고 이의를 달았소. 이렇게 되면 나라의 형세가 고단하고 약하여 인심이 물결처럼 쓰러지는 때에, 그냥 놓아두면 이런 일이 연달아 일어날 것이오. 시열을 멀리 귀양 보낼 것이로되, 그래도 유신이니 가벼운 법에 따라 삭탈관직하고 성문 밖으로 내쫓노라!"

"전하, 송시열이 늙어 정신이 혼미하여 되지도 않은 말을 하였사오나 죄를 주는 것까지는 어떨지 모르겠나이다."

남치훈이 엎드리고 윤빈이 거듭 아뢰었다.

"전하, 송시열은 3대 조정에서 예우하던 신하이나이다. 일조에 죄를 준다는 것은 가혹하나이다."

"지금부터 만약 송시열을 위하여 소를 올려 시끄러운 폐단이 생기게 되면 마침내 근심거리가 될 것이니, 비록 대신일지라도 용서하지 않을 것이오. 앞으로 이런 따위의 상소는 승정원에서 받지 말라!"

회정전의 일이 조정 안팎에 좍 퍼졌다. 영의정 김수홍은 불만을 품고 숙종이 불러도 나가지 않아 파직당했다. 서인들이 경신대출척 때 실권을 잡았다가 기사년을 맞아 된서리를 맞을 기미를 보였다. 남인 목내선·김덕원을 좌우 정승으로 삼고, 권유·목창명을 승지로 임명했다.

그러자 남인들이 타도 송시열을 외치고 나섰다. 대사간 이항, 정언 목임일, 장령 이윤수, 지평 이제민 등이 상소를 올려, 송시열의 벌이 가벼우니 국경 변두리에 위리안치시키라고 숙종을 흔들었다.

숙종이 송시열의 벌을 바꾸었다.

"송시열을 제주에 위리안치시키라!"

그리고 조정에서 서인들을 솎아내고 남인들로 빈자리를 메꿔갔다. 대정변이 일어난 것이다.

서인들이 의금부에 잡혀와 국문을 받는 등 남인들의 보복이 가열되어갔다. 숙종은 모른 체했다. 숙종은 원자 책봉에 반대하는 서인들을 몰아내고 남인들과 앞으로의 일을 해나가고 싶었다.

죽은 남인들의 관작이 회복되어 윤휴는 제사까지 지내주었다. 서인들은 형벌을 네다섯 차례나 받고, 참형을 받는 사람들이 부지기수였다. 당파 싸움은 정쟁이 아니라, 감정 대립과 밥그릇 싸움으로 변질된 지 오래였다.

영의정을 지낸 김수항은 진도 유배지에서 사약을 받고 죽었다. 서인들의 몰락이었다. 송시열·홍치상을 죽이라는 상소가 끊이지 않았다. 남인들은 송시열을 살려두고는 안심이 되지 않았다. 시열을 따르는 신료들이 전국 구석구석에 포진하고 있어 언제 역전이 될지 모를 일이었다. 화근을 없애려고 시열을 끈질기게 공격했다.

그러는 사이에 숙종이 뜻밖에도 왕비를 폐위할 뜻을 밝혀 조정이 긴장했다. 3사에서는 합계를 내어 송시열과 홍치상의 죄를 다시 물어야 한다고 숙종을 졸랐다. 숙종이 영을 내렸다.

"송시열은 제주에 금부도사를 보내어 잡아와 국문하고, 치상은 국문하여 공초를 받은 후에 처단하라!"

서인 오두인 등 80여 명은 귀양을 가면서 상소를 올려 왕비를 폐위시켜서는 안된다고 주장했다. 숙종은 이들의 상소를 모반이라고 우기고, 상소를 뒤에서 부추긴 인물이 있을 것이라며 국청을 열어 친국하겠다고 호통쳤다.

밤 2경에 숙종이 인정문에 나와 급히 금부당상과 대신들과 3사의 언관들을 부르고, 친국할 형틀을 마련하라고 재촉했다. 형틀이 마련되자 오두인을 잡아오라고 영을 내렸다.

숙종은 오두인 등의 상소에 '서로 대립되는 곳에 혼란이 일어나고'의 구절을 눈여겨보았다.

"금부당상은 이 구절을 유념하여 문초할 조목을 만들라."

숙종은 영의정 권대운과 좌의정 목내선에게 그 구절에 대해 물었다.

"무례하기 짝이 없나이다."

두 정승이 입을 모았다.

"흉하기가 인조 시대에 강녀(강빈)를 옹호하던 김홍욱보다 심하니, 어찌 살려둘 수 있겠소?"

오두인·이세화·박태보·심수량·이돈·김몽신·이인엽·김덕기·조대수 등 상소에 서명한 서인들이 금호문 밖에서 대죄했다.

오두인이 인정문 안으로 잡혀들어갔다.

"저자를 족쇄·항쇄를 씌우지 않고 왜 그냥 두었느냐! 큰 항쇄를 씌우라!"

숙종이 화가 나서 큰 소리로 영을 내렸다.

나장이 몽둥이를 오두인의 겨드랑이에 끼고 물었다. 오두인이 문자로 대답하겠다고 청했다.

"죄인이 어찌 감히 문자로 대답하겠다는 말이냐! 말로 공술하라!"

숙종이 직접 물었다.

"소를 지은 사람은 누구이며, 받아쓴 사람은 누구냐?"

"받아쓴 사람은 박태보이옵고, 지은 사람은 여럿이오."

"박태보를 잡아들이라!"

박태보가 끌려왔다.

"내 너를 괘씸하다고 여긴 지는 오래이니라. 어찌 나를 업신여기느냐? 네가 전날부터 내게 항거하여 독을 내뿜더니, 지금은 나를 배반하고 간악한 여인에게 붙었으니, 네 무슨 뜻이 있어 이토록 흉악한 일을 꾸몄느냐!"

숙종이 큰 소리로 꾸짖었다.

"저자에게 엄한 형벌을 주라!"

"진술을 들어보지도 않고 형벌을 내리는 것은 법례가 아니오."

"상소에 어찌 네가 붓을 잡고 주장했느냐?"

"전하께오서 어찌하여 왕비 폐위라는 하명을 내리시었나이까. 군신·부자는 일체이옵니다. 어느 사람이 제 아비가 지나친 노염을 내어 죄 없는 제 어미를 내쫓고자 하면, 그 자식 된 자가 어찌 울면서 제 아비에게 간하지 않겠나이까? 신들이 만 번 죽을 각오로 한 장의 소를 올렸을 뿐, 어찌 전하를 배반할 뜻이 있었겠나이까? 중전을 위하는 것은 곧 전하를 위함이옵나이다. 원컨대 중전 폐위의 영을 거두어주옵소서."

숙종이 판의금에게 영을 내렸다.

"빨리 형벌을 가하여 심문하라!"

숙종이 태보에게 말했다.

"만일 왕비가 옳다고 하면 나는 무고한 사람이 된 것이다. 그렇다면 나를 폐하는 것이 마땅하다. 임금을 모함하고 죄인(중전)을 위해 절개를 세우려 하니 무슨 뜻이냐!"

숙종이 억지를 부렸다.

희빈 장씨가 왕자를 생산한 후 왕비를 모함하자, 이를 듣고 숙종이 인현왕후(숙종의 계비)를 폐위시키려고 한 것이다. 인현왕후가 원자를 질투하고 저주한다는 등의 희빈의 모함과 남인들의 담합으로 서인의 몰락과 함께 중전은 비참한 함정에 빠진 것이다. 중전의 온후하고 착한 성품을 잘 아는 서인들이 중전 폐위를 막아보려고 상소를 올려 곤경을 치르고 있는 것이다.

박태보가 굽히지 않고 숙종과 당당히 맞섰다.

"만약 소를 지은 죄를 가지고 신을 치죄하려 하신다면 바라옵건대 상소문에 있는 말을 끄집어내어 조목조목 물으시오면 신이 자세히 아뢰겠나이다."

"너는 소문만 듣고 이간질이니, 서로 대립이니, 자리다툼이니, 꾸며서 속

인다느니, 하는 따위는 무슨 말이더냐?'

박태보는 위의 말에 대한 설명을 자세히 하고 나서 덧붙였다.

"지금 민가의 필부로서도 한 아내와 한 첩을 가진 자가 만일 제 집을 다스리지 못하오면 이러한 일이 일어나 가도家道를 어지럽히는 일이 많사옵나이다. 요사이 전하께오서 후궁에 대한 은총이 너무 과하시므로 신이 항상 이러한 불행이 있을까 근심하였사온데, 이제 지나친 처사가 계시므로 뜻밖의 일이 궁중에서 벌어질까 염려되어 감히 아뢴 것이나이다."

"너는 나를 편벽하고 간사한 첩을 믿는 고약한 사람으로 보느냐? 네 감히 나를 무고한 자로 만드느냐!"

"전하께오서 신에게 중전을 위하여 임금을 배반한다 하시오나 어찌 신이 중전에게 절개가 되겠나이까?"

"네 더욱 독기를 품는구나. 내가 친국하는데 아프다는 소리가 없으니 흉악한 독종이로다. 저놈에게 매질하라!"

"궁중 일은 외인은 알지 못하오나, 오늘날 일이 비상한 것을 보고 신의 아픈 마음을 참을 수가 없나이다."

박태보는 박세당의 아들이다. 세당이 지은 〈사서집주四書集註〉가 주자의 학설을 비방했다고 하여 추방당하는 화를 입었다. 태보는 성품이 결백하여 아부하지 않아 시기하는 자가 많았으나 숙종의 총애를 받았었다.

숙종은 오두인 · 이세화 · 윤심 등을 밤을 세워 친국했다. 그들은 한결같이 숙종의 잘못을 지적하며 굽힘이 없었다. 심문하는 남인 쪽이 두려워졌다.

태보는 재차 숙종 앞에 끌려와 갖은 악형을 받았다. 바닥에 사금파리를 깔고 무릎을 꿇린 후에 큰 돌을 무릎 위에 올려놓는 압슬형을 받고도 태보는 할 말을 다했다.

"신은 오늘 죽음을 각오했사옵나이다. 하오나 지나친 처사가 이 지경에 이르렀으니, 망국의 임금을 면치 못할까 하여 통탄하고 한스럽나이다."

"저놈에게 화형火刑을 쓰라!"

나졸들이 태보를 거꾸로 기둥에 매달아 인두로 몸을 지져댔다.

"신이 무슨 죄가 있다고 역적에게 행하는 형벌을 가하나이까!"

"네 죄는 역적보다 더하다!"

숙종의 친국이 남인들 사이에도 가혹하게 보여 좌의정 목내선 등이 아뢰었다.

"박태보 등에게 하룻밤 사이에 중한 형벌을 계속하여 가하는 것은 형벌을 조심하고 죄인을 불쌍히 여기는 대성인의 도리에 어긋나나이다."

그래도 숙종은 듣지 않았다.

이튿날 박태보는 귀양을 떠나기 위해 금부에서 나왔다. 박태보의 몰골은 산송장과도 같았다. 보는 이마다 놀라고 안쓰러워 눈물을 흘렸다. 어떤 이는 통곡을 터뜨렸다. 태보는 여러 사람 가운데 친구를 알아보고 손을 들어 인사를 잊지 않았다.

그는 명례방 집에 잠시 들렀다.

"서둘러 성을 떠나라!"

어명이 전해졌다. 태보는 몸을 움직일 수 없는데도 영을 따랐다.

"내 병이 비록 중하나 아직 숨을 쉬고 있고, 죄명이 중한데 어찌 감히 성 안에 머물러 있겠는가."

그는 남문을 나섰다. 이때 길가 상점에 있던 늙은이들이 앞을 다투어 갓을 벗어던지고 태보가 탄 교자를 메었다.

"영감의 행차는 우리들이 극력 보호하겠소."

태보는 강을 건너 노량에 이르렀다. 병이 악화되어 한 발자국도 떼어놓을 수 없었다. 금부도사가 장계를 올리고 노량에 머물렀다.

5월 3일에 인현왕후가 폐위되어 사가로 쫓겨난다는 소식을 듣고 태보가 탄식했다.

"국사가 망하는구나."

아버지 세당과 아들 태보는 말을 잃었다.

태보를 따르던 이염이 말했다.

"우리 형은 한평생 부끄러울 만한 일이 없더니 필경 이러한 절개를 세웠소. 죽은 혼백이 굽어보나 쳐다보나 부끄러울 것 없소. 사육신의 무덤이 가까이에 있으니 지하에서 만나면 서로 모두 부끄러움이 없을 게요."

태보가 나무랐다.

"소년의 말이 어찌 그리 경솔한가."

5월 5일 아버지 세당이 말했다.

"네 다시 살아날 가망이 없어 보이는구나. 조용히 눈을 감아 마지막을 빛나게 하라."

"아버님의 가르치심을 따르오리다."

세당이 울면서 방을 나갔다.

태보는 사시巳時(12시경)에 숨을 거두었다. 35세의 짧은 일생이었다.

어떤 사람이 만시挽詩를 지어 바쳤다.

처지를 바꾸었더라면 응당 6신이 되었으리
영연(죽은 뒤 영좌를 모신 처소)이 어찌 노량의 물가인가
하늘도 역시 묻히기를 원하는 뜻을 알아서
짐짓 충성된 혼으로 6신과 이웃을 만들었네

송시열이 제주도에서 올라오는 길에 박태보가 화를 입었다는 소식을 듣고 그 손자에게 말했다.

"박태보에게 관련된 문자는 모두 불태워버려라."

윤선거의 외손자가 박태보여서 뒷날 아름답지 못한 소문이 날까 염려되어서였다. 그런 시열도 남인들의 집요한 공략으로 정읍에서 사사되었다. 숙종은 시열이 서울에 올라오면 조야에 큰 영향을 미칠까 봐 두려웠던 것이다.

서인과 성균관 유생들의 반대에도 불구하고 인현왕후 민씨는 5월 4일

옥교(가마)를 타고 폐위되어 친정으로 나왔다. 유생 수백 명이 길가에 엎드려 통곡하고, 성균관 유생들은 성균관을 비워버렸다.

숙종은 6월 2일, 희빈 장씨를 승차시켜 왕비로 삼고, 그 아버지 장형을 옥산부원군으로, 어머니 윤씨를 파산부인으로 추증했다.

이러한 일련의 사건이 기사년에 일어나, 역사는 이를 기사환국己巳換局이라 칭했다. 이 과정에서 서인들이 몰락하고 남인들이 실권을 쥐게 되었다. 서인들은 갑술옥사가 일어나 재기할 때까지 숨을 죽여야 했다.

남인과 왕비 장씨 시대를 맞아 장씨 주변 인물들의 전횡으로 조정은 혼미에 빠지고 숙종은 뒤늦은 후회를 하기에 이른다.

인현왕후의 복위와 남인의 몰락—갑술환국

인현왕후 민씨가 폐위당해 사가로 나가 머문 지 5년, 그동안 김춘택·강만태·한중혁 등이 복위운동을 은밀히 펼쳤다. 은을 모아 궁중의 시녀들을 매수하고 사대부들과 긴밀한 연락을 취하고 있었다.

특히 김춘택은 광성부원군 김만기의 손자로, 기사환국으로 남인이 세력을 잡자 화를 가장 심하게 당하여 무려 다섯 차례에 걸쳐 30여 년간이나 감옥·유배 생활을 했다. 김춘택은 남인에게 이를 갈았다.

그러나 그의 뜻대로 일이 풀리지 않았다.

남인의 실력자 민암이 눈치를 채고 금영군관 최산해의 매부 함이완을 포섭하여 김춘택 등이 폐비 민씨를 복위시키려 한다고 고변토록 했다. 김춘택 등 10여 명이 줄줄이 엮여 잡혀갔다. 갑술년 4월 초의 일이었다.

민암 등은 김춘택 등의 공초를 받아 폐비 복위운동 사실을 자백받아 사형을 집행하려고 했다. 그런데 공초 과정에 석연찮은 점이 몇 가지 있었다. 한중혁·이시회·최격 등은 1차 형벌을 가해 심문했으나 끝까지 불복했다. 그리고 증언자들의 진술이 앞뒤가 맞지 않고 오락가락했다.

그즈음 숙종은 폐비 민씨를 그리워하는 날이 많았다. 원자를 낳아 하루 아침에 왕비가 된 장씨의 행동이 갈수록 도를 넘었고, 내명부에 늘 말썽이 끊이지 않았다. 장씨의 오라비 희재는 금군별장직에서 일약 총융사가 되어 남인들과 짜고 권력을 휘둘렀다. 숙종은 남인들에게 싫증이 나 있었다.

숙종은 함이완의 고변이 무고가 아닌가 의심을 하던 터에, 권대운이 고변서에 문제가 있다고 이의를 제기했다.

그날 밤 2경, 숙종은 예기치 않은 전교를 내렸다.

'…우의정 민암이 함이완의 고변을 금부로 하여금 잡아가두어 문초한 후 죄줄 자는 죄를 주고 방면할 자는 방면하라 청하기에 그대로 윤허했다. 허나 내 속으로 민암이 함이완을 위해 수락한 바가 있음을 의아하게 여겼었다. 겨우 하루가 지나 금부당상이 돌연 전날 보통으로 문초하던 자를 국문하고, 전날 죄를 정한 자는 극형으로 다스리겠다 하고, 하루이틀 사이에 죄인이 넘쳐 서로 대질시켜야 한다고 청하는 까닭이 괴이하다. 또한 서로 끌어들인 사람들이 무수히 걸려들 것이고, 서인 집안에 시집을 간 공주들까지도 고문과 죽음의 구렁텅이를 면하기 어려울 것이다. 그들이 군부를 우롱하고 참다운 신하들을 도륙하려는 참상이 매우 가슴 아프고 개탄스럽다. 국문을 맡은 대신 이하의 모든 관작을 삭탈하고, 성문 밖으로 내쫓을 것이며, 민암과 금부당상은 절도에 안치하라!'

남인에게 철퇴가 내려졌다. 뜻밖의 일이었다. 민암 등이 서인 잔당을 잡으려다가 오히려 덫에 걸리고 만 것이다.

숙종은 훈련대장 이의징의 병부兵符를 빼앗아 신여철로 대신하고, 어영대장에 윤지완을 임명했다. 궁궐을 서인에게 넘긴 것이다. 그리고 귀양 가 있는 남구만을 불러 영의정으로 삼고, 이조판서에 이현일(남인) 대신 유상운이, 병조판서에 목창명 대신 서문중이, 형조판서에 민취도 대신 유지선이, 공조판서에 신익상이, 이조참판에 박태상이 임명되었다. 하룻밤 사이에 전면 개각이 이루어진 것이다. 남인들을 모조리 물리치고 그 자리를 서인의 소론들로 메웠다.

숙종은 또 전교를 내렸다.

"여러 사람의 밀고로 하여 죄수가 많아졌다. 빨리 처결하지 않을 수 없다. 한중혁·이시도·강만태·최격 등의 공초 기록에 비록 폐비 민씨의 일을 제기한 말이 있으나, 민씨를 위하여 말하면 역률로 처단한다는 금령을 어기고 말한 자와는 차별이 있다. 사형을 감하여 유배시키고, 그 나머지 이시회·김춘택 등 20명은 모두 석방하라. 또한 함이완이 공을 바라고 밀고하여 갑자기 큰 옥사를 일으킨 행위는 마음 아프고 개탄할 일이다. 엄한 형벌을 다섯 차례 가한 뒤에 절도로 귀양 보내라!"

앞뒤가 맞지 않는 전교였다. 폐비 민씨에 대해 말하는 자는 역률로써 다스린다고 해놓고, 복위운동을 벌인 자들에게는 금령을 어기고 말한 자와는 다르다니, 도무지 앞뒤가 맞지 않았다. 숙종은 민씨를 복위시키려는 마음이 굴뚝같았다. 아니 장씨와 남인들을 내치려는 계획이 이미 숙종의 마음에 세워져 있었던 것이다.

남인의 민암·민장도·이의징·오시복·목창명·곽한국·이자 등을 국문하고, 김덕원은 홍주, 이현일은 홍원, 장희재는 명천으로 귀양 보내고, 유명천은 강진에 안치시켰다. 그리고 서인들을 복관시켰다. 맨 먼저 송시열을 복관시키고 제사를 지내주었다. 뒤이어 김익훈·홍치상·김수홍·조사석·김수항을 복관시켰다. 그리고 귀양 가 있던 김진귀·김만채·이언강 등을 석방했다.

숙종은 민씨 복위 문제를 조심스럽게 꺼냈다. 민비를 사가에서 별궁으로 옮기도록 했다.

4월 12일 오시에 민비가 옥교를 타고, 전후를 병사들이 호위하여 폐위되어 나갔던 요금문을 통해 다시 궁에 들어왔다. 민씨의 친정아버지 민유중과 어머니의 작호가 이날로 회복되었다.

"내일부터 대소 신료들은 중궁전의 예에 따라 예를 다하라!"

그리고 전교를 내렸다.

'국운이 돌아와 중궁이 복위하였다. 백성에게 두 임금이 없음은 고금에 공통된 법이다. 장씨에게 희빈의 옛 작호를 주고 세자의 조석 문안만은 폐하지 않도록 하라!'

왕비 장씨가 다시 희빈으로 강등되었다. 도로 후궁이 된 것이다. 희빈의 부모에게 내렸던 작호와 교지를 거두어 불태워버렸다. 그리고 단호한 명령을 내렸다.

"이후로 후궁이 왕비에 오르지 못하도록 나라의 법으로 정하라!"

숙종 이후 국법으로 정해져 후궁이 왕비가 되는 일이 사라졌다.

민암과 이의징에게 사약을 내려졌다. 사건은 여기에서 끝나지 않았다.

신사년 8월에 왕비 민씨가 세상을 떠났다. 왕비에서 다시 희빈으로 강등된 장씨의 패악이 날로 심해져갔다. 오라버니 희재를 통해 중전 민씨를 제거하려는 언문 편지를 주고받아 희재가 죽음의 궁지에 몰린 것을 서인의 영의정 남구만이 세자의 장래를 위해 살려주었다. 조정에서 서인 사이에 이 문제로 갈등이 심화되어 있었다. 서인의 노론과 소론은 이 문제를 놓고 서로 평행선을 달렸다. 소론의 거두 남구만이 노론에게 공격을 받는 입장이었다.

왕비가 승하하여 남구만·유상운이 함께 궐문 바깥 곡하는 곳에 앉아 있었다. 어떤 사람이 돌아다니며 외쳤다.

"장희재를 살려준 사람들이 무슨 명분으로 왕비 곡반哭班(국상 때 곡하던 벼슬아치의 반열)의 맨 앞에 앉아 있을 수 있단 말인가!"

남구만과 유상운을 공격하는 언사였다.

유상운이 집에 돌아와 친지에게 말했다.

"이번에 곡반에서 고함치는 소리가 심히 두렵소. 큰 변괴가 머지않아 일어나면 남 정승이 제일 먼저 당할 것 같소. 희재를 살리는 일에 영상과 내가 힘을 보탰거늘, 그 일로 벌을 받는 일은 영상 혼자일까 두렵소."

유상운은 숙종에게 상소를 올려 희재를 살려둔 일로 불충하는 무리들이 유언을 퍼뜨리는 것은 부당하다고 미리 포석을 놓았다.

예조에서는 민비의 죽음에 희빈이 복을 어떻게 입어야 할지 숙종에게 문의했다가 한마디로 거절당했다.

"희빈의 복제 문제로 여러 말 하지 말라."

희빈이 6년 동안 왕비로 있었으나 다른 후궁들처럼 똑같은 복제에 준하면 된다는 것이었다. 특별 예우가 필요없다는 것이었다.

그런 후 희빈의 민비에 대한 냉대를 전교를 내려 질책하고, 제주도에 위리안치해 있는 장희재를 처단하라고 영을 내렸다.

'승하한 민비가 병든 지 두 해 동안 희빈 장씨는 한 번도 문병을 한 일이 없으며, 중전이란 칭호도 쓰지 않고 민씨라고 부르며, 민씨는 요망하다고 남몰래 취선당 옆에 신당을 설치하고 날마다 두세 명의 종년을 거느리고 민비를 저주하는 기도를 올리는 등 요사스러운 짓을 일삼았다. 제주도의 장희재부터 처단하라!'

분위기가 심상찮게 돌아갔다. 일단 덮어두었던 언문 편지 사건을 다시 끄집어내어 희빈의 목을 죄는 숙종의 어심을 헤아릴 수 없었다.

처음 희재와 희빈 사이에 중전을 모해하려는 언문 편지의 내용을 발견했을 때 남구만이 국청을 관장하는 위관으로서 숙종을 뵙고 말했다.

"전하, 이 일이 궁중에 관련되어, 희재에게 죄주는 것으로 끝나기 어렵사옵나이다. 신중하게 처리하여야만 하옵나이다."

숙종은 세자의 장래를 생각하여 남구만의 의사를 받아들였다. 남구만이 이 사실을 유상운에게 말했다.

"대감의 뜻을 나는 알겠소. 하오나 다른 사람들은 대감의 깊은 뜻을 알지 못하오."

상운의 말대로 유생들의 상소가 빗발쳤다. 남구만을 공격하는 상소였다. 구만은 성문을 나가 대죄했다. 상운은 이조판서로서 구만을 만나 조정에 들어가 유생들을 선유하자고 권했다. 구만은 공격하는 자가 늘어나 시골집으로 낙향했다.

조야의 분위기는 노론·소론 할 것 없이 희재를 죽여야 한다고 아우성이었다. 노론 측에서는 김춘택이 앞장을 서서 구만을 공격했다.

구만은 춘택을 향해 당당했다.

"희재를 죽인 뒤에는 희빈과 세자에게 탈이 날 것이오. 내 말이 맞지 않으면 종묘와 사직에 큰 복이오. 나는 일을 잘못 추측한 죄를 받을 것이지만, 만 번 죽음을 받더라도 나라를 위한 충신이 되어 마땅히 웃으면서 지하로 들어갈 것이오."

구만의 충정에도 불구하고 숙종은 희재를 죽인 뒤 희빈의 시녀들을 쳤다.

"죄인 영숙 · 정숙 등을 처형하라! 그리고 설향 · 시영 · 숙영 · 철생 등을 잡아오라. 친국하리라!"

이때 세자의 나이 14세였다. 조정 신하들이 숙종의 조치에 놀라고 당황했다. 그동안 인사가 단행되어 최석정이 영의정이 되고, 좌의정에 이시백, 우의정에 신완, 이조판서에 이여, 병조판서에 김창집이 임명되었다. 이들이 연명으로 상소를 올려 명령을 거두어줄 것을 청했으나 숙종은 들은 체도 하지 않았다.

동부승지 윤지인, 부부승지 서종헌이 친국을 말리며 금부에 넘기라고 아뢰고, 가주서 이명세가 두 사람을 거들었다가 날벼락을 맞았다.

"이명세를 잡아다가 죄를 정하라!"

그러고는 전교를 내렸다.

'내가 밤낮으로 이를 갈면서 한을 풀지 못했거늘, 신하로서 국모를 모해하려는 적을 이토록 예사로 보아도 되는가! 윤지인을 삭탈관직하고 성문밖으로 쫓아내라!'

숙종의 설향 등에 대한 친국이 벌어졌다.

"죄인은 이실직고하라! 중궁전을 모해하려는 수작이 있었더냐?"

설향이 벌벌 떨며 말했다.

"취선당 서편 신당에서 축원했사온데, 요기妖氣와 사기邪氣를 제거하고 소원성취해달라고 숙영과 함께 빌었사옵나이다."

"그 요기와 사기가 누구를 가리킨 말이더냐?"

"중궁전을 가리킨 것이옵고, 소원이란 중궁이 승하하고 희빈이 다시 중궁이 된다는 뜻이옵나이다."

"저것들을 능지처참하라!"

영의정 최석정이 숙종의 친국을 말리는 상소를 세 번이나 올렸다가 진천에 중도부처형을 받았다. 언관들이 부당한 처사라고 항의했으나 숙종은 막무가내였다.

"여러 말 말라!"

숙종은 친국하여 희빈의 시녀들을 하나씩 죽여나갔다. 그 누구도 말리지 못했다. 희빈에 대한 배신감과 민비에 대한 죄책감이 숙종의 마음에 가득했다. 사간원·사헌부에서는 합계를 올려 남구만을 파직시키라고 아우성이었다. 숙종은 쾌히 받아들여 남구만을 '지나치게 앞날을 염려한 소치로 오늘날 화변이 이토록 참혹하게 되었다'며 파직시켰다.

10월 8일, 숙종은 희빈을 제거하는 마지막 전교를 내렸다.

'희빈 장씨는 중궁을 미워하고 원망하고 남몰래 일을 도모하여, 신당을 안팎에 만들고 밤낮으로 죽으라고 축원하면서 더러운 물건을 두 궁전에 낭자하게 묻었을 뿐 아니라, 정상이 모두 드러나서 귀신이나 사람이나 다 같이 통분하게 여기는데, 그대로 두었다가 뒷날에 세력을 얻으면 국가의 걱정이 실로 형용하기 어려울 것이다. 옛날 역사를 보더라도 가히 두렵지 않는가. 이제 내가 종묘와 사직을 위하고 세자를 위해 부득이 이러한 조치를 취하는 것이다. 어찌 좋아서 하겠는가. 장씨는 제 스스로 죽도록 하라! 아아, 세자의 심정을 내가 어찌 염려하지 않으리오만, 이 처분 말고는 다른 도리가 없도다!'

희빈에게 자진 명령이 떨어졌다. 누구도 움직일 수 없는 영이었다.

숙종은 희빈이 자진한 뒤 세자와의 정리를 생각하여 좌의정 이시백 등의 청을 받아들였다.

"전하, 장씨는 세자와 모자간의 정의가 있사오니, 예관은 부고를 보내고 별당에서 곡을 하고, 조정에서는 조상하고, 호상은 궐문 밖 다른 곳에서 치르고, 장생전에 준비해둔 관재棺材와 기타 물품을 내어주고, 예조와 호조의 관원이 나가서 생시의 계급으로 치상하되, 후하게 하여 세자 저하의 망극한 마음을 위로하는 것이 도리인 줄 아옵나이다."

"그대로 시행하오."

이로써 희빈의 탐욕의 세월이 막을 내렸다. 갑술년부터 시작된 정변이라 하여 갑술환국으로 칭해졌고, 이 정변으로 남인은 조정에서 쫓겨나 이후 다시는 재기할 기회를 얻지 못했다.

두 유생의 항변

갑술환국 이후 서인, 특히 소론이 정권을 잡았다. 남인들의 불만이 전국에서 부글거렸다. 충청도 유생 임부林溥가 상소를 올려, 송시열 등이 원자 책봉을 반대한 일을 거론하고, 윤증을 조정으로 불러들이라고 강력히 청했다.

승정원에서 임부의 상소를 보고 숙종에게 말했다.

"일전에 호서의 유생 임부 등이 연명소를 올려 윤증을 높여 조정에 부르자고 청하면서, 놀랍고 두려운 언사를 썼나이다. 그 뜻을 참으로 헤아리기 어렵사옵나이다. 근래에 유생들의 상소라고 칭탁한 것이 거의가 불평을 품고 음모를 꾸미는 무리들에게서 나온 것이 많으므로, 신들이 상의하여 그러한 소를 물리쳤나이다. 오늘 임부 등의 상소를 바치오니 적절한 처단을 내리시옵소서."

숙종이 임부 등의 상소를 읽고 영을 내렸다.

"임부 등이 올린 소의 내용을 보니 마음가짐이 좋지 못하다. 송시열 일당이 남몰래 세자에게 불리하게 할 마음이 있었다고 한 것은 더욱 흉한 말이며, 윤증을 불러들이라는 청은 청탁에 불과하다. 소두疏頭(상소의 우두머리)

는 귀양 보내고 상소를 물리치도록 하라!"

그러자 지평 정식이 아뢰었다.

"임부 등의 상소에 그 뜻이 괴상하고 음험한 것은 이미 전하께오서 밝게 살피신 바이옵나이다. 이 일의 관계가 극히 중하고 커서 조정에 있는 신하들이 누가 놀라지 않겠나이까. 하온데 유배의 경미한 벌로 그쳐야겠나이까. 임부를 국청에 잡아다가 문초토록 하시옵소서."

"그리하도록 하라!"

지난 신사년 옥사(장희빈 사건) 때 죽은 윤순명은 장희재의 외사촌 동생이었다. 그가 문초를 받을 때 큰 소리로 말했다.

"내가 이렇게 된 것은 모두 김춘택 때문이다. 김춘택이 내게 말했다. '자기가 말한 대로 진술하면 죽지 않을 것이다.' 나는 그대로 말했는데 왜 나를 죽이려 하느냐!"

이 말을 서리와 옥졸이 모두 들었으나, 옥사를 심문하는 자가 그 말을 기록하지 않았다. 게다가 유언비어마저 돌았다.

"순명의 진술이 희재가 유배지에 있으면서 언문 편지를 보내어 그 아내의 죄악을 낱낱이 말하기를 '이 계집이 서인과 결탁하여 나를 죽이고 동궁(세자)을 모해하려고 한다'고 했다. 옥사를 다스리는 자가 그 말을 듣기 싫어하여 문안을 기록하지 않았다."

그런데 임부의 상소에서 말한 것은 대개 노론들을 모함하는 데 뜻이 있었다. 노론들의 여론은 분노에 차 있었다.

"국청을 설치하여 철저히 심문, 임부의 거짓됨을 밝힌 연후에야 우리들이 조정에 발을 붙일 것이요, 다른 날에 화를 면할 것이다. 소론들이 만약 국문하지 않으면, 이는 노론을 위험한 곳에 몰아넣으려는 것이다."

이리하여 민심이 들썩거렸다. 소론의 일부는 옥사가 성립되지 않는다고 생각했으나 노론의 여론이 워낙 강해 유야무야 넘길 수 없었다.

임부를 잡아다가 국문했다. 판의금부사는 조태채였으나, 임부의 입에서 그가 거론되어 숙종은 위관을 이이명으로 교체했다. 이명이 임부를 1차 심문하고 숙종을 만났다.

"임부를 잡아들일 때에 그 주머니 속을 검사해보니 상소 초고가 세 벌 있었나이다. 말을 만든 것은 모두 대동소이하나, 그때 올린 본래의 상소와 조금 다른 곳이 있사옵고, 또 그것이 여러 사람의 필적이었나이다. 창졸간에 잡혀올 즈음에 어찌 모두 제 스스로 썼겠나이까. 반드시 지어준 사람이 있을 것이오니, 만약 잡아올 즈음에 죄인이 외인과 서로 연락이 있었다면 중대한 일이나이다. 그때 임부를 잡아온 금부도사를 문초하지 않을 수 없나이다."

"문초하는 것이 옳으오."

"의금부에서 문초하리까, 국청에 잡아다 하오리까?"

"그냥 의금부에서 맡도록 하시오."

의외로 한 장의 상소가 큰 파문을 몰고 왔다.

임부와 연루된 자를 잡아다가 대질 심문하고, 또 좌의정 서종태가 그의 숙부 서문중이 신사년 국청 때 참석한 일이 있어, 순명의 심문이 서문중이 참석하지 않은 날에 있었는지의 여부를 가렸다. 한편 김춘택을 문초하지 않을 수 없었다. 순명의 말대로 김춘택이 순명을 꾀었다면 큰일이 아닐 수 없었다.

김춘택의 죄가 드러나 제주도로, 임부는 흑산도로 각각 유배 보내고 사건을 마무리지으려고 했다. 그런데 유생 이잠李曆이 상소를 올려 조정을 또 한바탕 휘저어놓았다. 임부는 소론이고, 이잠은 남인 유생이었다. 상소 내용이 조정에 있는 신하들을 모두 악역의 구덩이로 몰아넣고 있었다.

숙종은 화가 나서 소리쳤다.

"이자의 말이 음흉하고 불측하다. 결코 이자 혼자 쓴 것이 아니다. 이를 만약 엄중히 국문하지 않으면, 그 화가 마침내 나라를 망치고 말 것이다. 내가 곧 친국할 것이다."

이잠이 잡혀와 국문을 받았다. 임부와의 관계를 집중 추궁받았다. 이잠은 임부와는 일면식도 없었고, 서로 당파도 달랐다. 그러나 위관들은 이들

두 사람의 관계와 그 배후인물에 촉각을 곤두세웠다.

그러나 이잠은 끝까지 굴복하지 않았다. 나라와 종사를 위해 간음을 일삼고 말을 지어낸 춘택의 죄를 국청에서 덮어준 잘못을 지적하고, 또 동궁을 보호하고자 상소한 임부를 매를 쳐서 귀양 보낸 것은 잘못이라는 것이었다.

또 조태채 같은 명문세가가 나라의 기쁨과 슬픔을 함께해야 함에도 임부를 훼방하여 욕하고, 민진후 같은 외척으로서 정리가 골육과 같은 자도 덩달아 임부에게 죄주기를 청했으니, 모두 사사로운 뜻에 가려 행동을 아무렇게 하는 자들이라고 질책했다.

이잠은 서인의 벼슬아치들을 구더기처럼 보았다. 이사명·이이명 형제, 김창집·이여 등이 이잠의 공격의 대상이었다. 이들은 모두가 재상의 반열이었다. 이잠은 열여덟 차례나 형벌을 받고 끝내 죽어서 국청을 나갔다.

소론의 거두 남구만의 손자 남극관이 애석히 여겨 글을 지어 이잠을 기렸다.

'이잠 선생은 동방의 기위奇偉한 선비였다. 흉당의 죄수를 베라고 청한 소에서 명의名儀의 실實을 분석하고 소인의 뱃속을 해부하여, 바르고도 공평하고, 엄하고도 화평하며, 좋은 말과 원대한 계책이 족히 일세의 표준이 되었으니, 어찌 옛날 초야의 선비의 과격하고 남의 음사陰私를 들추는 것만을 일삼는 언론에 비길쏘냐. 아깝다. 한번 쳐서 맞히지 못하여, 옆에 엎드려 엿보던 자로 하여금 뒤에서 저격하여 기린이 들판에 쓰러지고 귀신이 큰 거리를 달리니 슬프다. 이에 찬贊을 짓노라. 정확鼎鑊(옛날에 사람을 삶아 죽이는 형벌에 사용하는 솥이나 가마) 앞에 조용하고 곤장·주리를 웃으며 받았다. 공의 앞에는 주운朱雲·매복梅福의 혀를 빼물고 진동陳東·구양철歐陽澈이 기가 질린다. 열렬한 기운은 영원히 빛나리니, 해와 별을 능가하고 바람과 뇌정雷霆을 뿜는다. 완연히 긴 무지개가 되어 중천이 찬란하다. 아래로 더러운 웅덩이를 내려다보니 돼지들이 꿀꿀거리도다.'

여기에서 '명의'라는 말에 대하여 노론은 민비를 위하여 희빈을 죽이는 것을 명의라 하고, 남인·소론은 세자를 보호하여 세자를 해치려는 자들을 치죄하는 것을 명의라 했다.

또 주운·매복은 한나라 성제 때 외척 왕씨의 집권을 탄핵한 직신直臣이고, 진동·구양철은 남종南宗 때 간신을 탄핵하다가 죽은 태학생이다.

노론들은 임부를 살려두지 않으려고 했다. 이잠을 죽여놓고 임완·장우형·김익휘·장이징·김두명·박명준·배필중·강이상·임연·김니·임홍·신보 등과 일일이 대질시켜 상소에 연관시켜 엮으려고 했다. 임부는 결국 일곱 차례의 형벌을 받고 끝내 목숨을 잃었다. 나머지 사람들은 모조리 유배 보냈다. 용감하게 정의의 붓을 들었던 두 선비는 권력욕에 찌든 노론 재상들에게 희생당하고 말았다. 이잠은 성호 이익의 친형이다.

관을 놓고 상소를 올린 재상

윤지완尹趾完은 숙종 때의 대신으로 자는 숙린叔隣, 호는 동산東山이다.

갑술환국 이후 남인이 물러나고 소론이 정권을 잡자 남구만·유상운 등과 더불어 재상을 지냈다. 노론 정호 등의 탄핵을 받고 그는 수원 동산으로 돌아갔다.

노론이 남인을 다스리는 것은 순전히 보복이었다. 윤지완은 화평을 주장했고, 노론들은 불쾌하게 여겼다.

당시 우의정이었던 윤지완은 천재로 인해 인책하면서 올린 상소에서 형벌이 공평치 못하다는 것을 말하고 남인들이 너무 많이 죄를 입은 것을 논했다.

'권대운의 죄목은 용서하기 어려우나, 중전 폐위시에 대죄待罪하는 소에 가상한 말이 없지 않았나이다 … 지금 나이 80을 지나 남은 날이 많지 않사오니, 전하께오서 오랫동안 맡기고 부렸던 것을 생각하시어 고향으로 돌려보내는 것이 천지간에 호생好生하는 덕이 될 것이옵나이다.'

권대운은 남인 거두로 영의정을 지낸 인물이었다. 노론들이 권대운을 두둔한다고 윤지완을 탄핵했다. 특히 노론 정호의 탄핵이 극심했다.

윤지완은 성문을 나가 대죄했다. 숙종은 열여섯 차례나 특별 선유로 들어오라고 권했다. 지완은 사직 상소를 올렸다. 그러나 숙종이 사직을 허락하지 않았다. 그는 무려 80차례나 사직 상소를 끈질기게 내어 드디어 우의정을 내놓았다. 소신이 뚜렷한 재상이었다.

정유년 7월 숙종은 좌의정 이이명을 독대한 후, 느닷없이 세자에게 정사를 맡겼다.

"5년 동안 병을 앓는 나머지 눈병이 더하여 물건을 보기가 어두워 국사가 염려된다. 세자가 정사를 하라!"

세자는 상소를 올려 사양했다. 숙종은 뜻을 굽히지 않았다.

그리하여 8월 1일부터 세자가 정사를 보았다. 사실상 선위였다.

이 소식이 전해지자 영중추부사 윤지완이 시체를 담을 관을 달구지에 싣고 수원 동산에서 서울에 올라와 상소를 올렸다.

'…노신이 죽지 않고 살아 있어 문득 이 소식을 듣고 심장이 떨려 곧장 대궐의 섬돌에 머리를 부수고자 하였으나 그리하지 못하였나이다 … 신이 개탄하는 바는 그날 입대한 대신들은 이치를 가려 세자 정사의 명령 환수에 목숨을 걸었어야 하거늘, 도리어 세자 정사의 영에 동참하였으니 참으로 슬프오이다 … 또한 독대를 한 일은 임금과 신하가 모두 실수하였으니, 중외가 놀라고 의혹하며, 국내의 여론이 시끄러운 것은 당연하나이다. 바라옵건대 영을 거두시옵소서.'

숙종은 크게 성내어 비답을 내렸다.

'경의 상소는 나라를 근심하고 임금을 사랑하는 정성에서 나왔다 하나 내가 보기에는 합당치 않은 것이 많으오. 내 병이 이 지경에 이르러 변통하는 수밖에 없고, 이는 마음에 정했던 것이므로 세자에게 정사를 맡기는 일은 내가 먼저 말했고, 대신이 받든 것이오 … 나는 경을 이해하지 못하

겠소.'

이이명의 독대는 조정에 큰 파문을 일으켜 좀체 가라앉지 않았다. 임금과 신하의 일 대 일 독대는 법으로 금지되어 있었다. 그러던 차에 윤지완이 상소에 독대를 임금과 신하 모두의 잘못이라고 지적했던 것이다.

이이명이 사직 상소를 올렸다. 숙종이 비답을 내렸다.

'영부사 윤지완이 독대한 일에 대해 아뢴 바는 말이 매우 심각하여 그 뜻이 경을 축출하려는 데에 있소. 독대는 옛날에도 있었지만, 악명을 덮어씌우기를 오늘같이 하였다는 말을 듣지 못했소. 이는 세상이 날로 위태로워 가는 소치이니 어찌 통탄하지 않으리오. 윤지완의 말이 어찌 경에게 억울하지 않겠는가.'

윤지완은 상소를 올리고 10여 일을 대궐 밖에서 관을 옆에 놓고 기다렸으나 영을 철회할 기미가 보이지 않았다. 윤지완은 동산으로 돌아가면서 상소를 또 올렸다.

'…신은 죽기 전에 국가의 완급이 있으면 생명을 버리기를 객지에서 집에 돌아가는 것같이 하려고 했사옵니다. 오늘날 국세가 위태한 지경에 이르렀사오나, 우러러 믿는 바는 다만 세자의 거룩한 덕이 영원토록 민심에 의지하여 종사의 견고한 기초가 되는 것이옵나이다. 하오나 세자에게 정사를 맡기심은 경솔한 하교였나이다….'

윤지완은 숙종의 잘못을 끝내 지적하면서 아울러 처음 상소처럼 독대를 또다시 언급했다. 고집불통을 그 누구도 꺾을 수 없었다. 그러나 숙종은 노신을 결코 미워하지 않았다. 윤지완의 충성심과 선비다움을 알고 있어서였다. 그는 청백리에 녹선된 올곧은 선비였다.

숙종은 서운한 감정을 털어놓을 뿐 벌을 주지는 않았다.

'…경이 백수의 노년으로서 조정을 혼란케 하는 것을 속 시원히 생각하니 내 실로 통탄하는 바이다.'

이이명은 윤지완에게 원한을 품고 마구 헐뜯었다. 지완은 그대로 감수하고 전혀 변명하지 않았다.

"내가 근심하는 바는 오직 종사 대계이므로 부득이 상소를 올려 단심丹心을 피력한 것이다. 이에 한 몸의 죽음과 명예의 욕됨과 원수들의 짓밟음은 애당초 돌아보지 않았다."

숫제 소인배들과는 말하지 않겠다는 배짱이었다. 조정에서 윤지완을 탄핵하려는 움직임이 보였다. 헌납 곽만석이 상소를 올려, 숙종에게 지완의 충성심을 호소했다.

'초야에 물러갔던 노신이 병이 심하여 죽음에 임박하던 중, 세자에 관한 좋지 않은 소식을 듣고 놀랍고 당황하여, 가족과 영결하고 엎어지면서 달려와 피를 짜 상소를 올렸사온데 말에 모난 것이 많사오며, 염려함이 깊었기에 그 말이 과했던 것이나이다. 전하께오서 이에 조정을 파괴·혼란케 하고 대신을 배척한다는 등의 말씀으로 늙은 상신을 의심하시니 슬프옵나이다. 저 늙은 재상이 평생에 조정 당파의 논의에 간여하지 않고 또 논의에 흔들리지 않아 일세의 존경과 전하의 신임이 어떠하셨나이까. 일조에 아름답지 못한 명목을 가하시어 대우하심이 말단 관료만도 못하시니 어찌 여러 선비들이 섭섭지 않겠나이까 … 늙은 재상은 비록 조정을 파괴·혼란시킨다는 꾸지람을 들었사오나 그 충직한 이름을 잃지 않을 것이옵나이다.'

숙종의 마음이 풀려 그동안 윤지완에게 지급되던 월름月廩(파직한 대신에게 다달이 주는 녹봉)을 끊었다가 다시 지급했다. 윤지완이 상소를 올려 극력 사양했다. 무려 아홉 차례나 월름을 보냈으나 끝내 받지 않고 청렴하고 고결한 일생을 마감했다. 그의 나이 84세였다.

세자가 관을 하사하여 전관의 예우를 다했다. 아마 윤지완은 죽어서도 하사품을 달갑지 않게 여겼을 것이다

경종 시대
(1720~1724)

세제 책봉 공작

숙종과 희빈 장씨 사이에서 태어난 균이 조선 제20대 왕이 되었다. 이분이 경종이다.

경종은 즉위 초부터 노론의 두터운 벽에 부딪혔다. 노론은 살아남기 위해 연잉군을 세제世弟로 책봉하여 자신들의 정치적 바람막이로 삼을 수밖에 없었다.

경종은 본래 몸이 부실했다. 즉위하자마자 몸이 더욱 부실해져 조정의 대소사를 친히 챙기지 못했다. 올라오는 상소를 그대로 받아두고 도무지 매사에 의욕이 없었다.

노론들은 본래부터 불안한 생각이 있었고, 또 혹여 소론과 남인들이 궁중과 내통하여 무슨 수작을 부릴까 봐 좌불안석이었다. 붕당 이후로 궁중에 환관·궁첩까지, 서·남·노·소의 당파 명목으로 각기 자기의 당을 후원해오는 터였다.

좌의정 이이명이 경종의 임금 됨을 허락받기 위해 청나라로 가는데, 은화 6만 냥을 가지고 간다는 소문이 나돌아 조정 안팎이 수상하게 생각했다.

승지 이진검이 이이명을 공격했다.

"…권세를 도둑질하여 농락하려는 자들이 차마 들을 수 없는 말을 지어서 감히 배척하고 협박하는 기습을 뜻대로 해오고 있소… 정유년 독대도 (숙종과 이이명) 이미 인신人臣이 광명정대한 일이 아니거늘, 지금 대신이 연경으로 가는 데에 일전을 허비하지 않아도 순조로울 일을 6만 냥의 은화를 가지고 가서 어디에 쓰려는 것인가!'

이이명은 은화를 반납하고 이를 갈았다.

"어디 두고 보자, 이놈들!'

그런데 청나라 칙사가 조선에 와서 물었다.

"지금 왕의 아들과 조카가 모두 몇이나 되오?'

그러자 김창집이 연잉군의 작호와 그 부인의 성과 관향까지 써보였다.

"연잉군을 만나보게 해주시오.'

이 무렵 조태구가 새로이 우의정에 임명되었으나 아직 출사하지 않고, 김창집과 청나라 칙사의 대화 소문을 듣고 이이명을 의심했다. 조태구는 상소를 올려 연잉군과 청나라 칙사의 만남을 허락하지 말라고 알렸다.

이에 김창집이 변명하는 상소를 올려 조정이 어수선했다. 엎친 데 덮친 격으로 호남의 유생 이몽인이 도끼를 들고 올라와 궐문 밖에 엎드려 이이명을 탄핵하는 상소를 올렸다.

노론들은 이몽인과 이진검을 귀양 보내버렸다. 그리고 노론은 정언 이정숙을 앞세워 세제를 빨리 세우라고 상소를 올렸다.

'…전하께오서 춘추가 융성하신데 아직 계사(아들)가 없으시어 국세가 위태하고 인심이 어지러우니, 하루속히 국가의 대본을 생각하시고 사직의 대책을 정하시옵소서.'

경종이 조정 대신들에게 의논해보라고 비답을 내렸다. 노론 대신들이 바삐 움직였다. 영의정 김창집, 좌의정 이건명, 판부사 조태채, 호조판서 민진원, 병조판서 이만성, 형조판서 이의현, 공조판서 이관명, 판윤 이홍술, 대사헌 홍계적, 대사간 홍석보 등이 머리를 맞대었다. 이들은 경종을 압박해들어갔다.

"이 일은 일각도 지체할 수 없는 것이오니 서두르시옵소서."

이들의 결론이었다.

경종은 국사를 거의 볼 수 없을 정도로 쇠해졌다.

"경들의 의견에 따르겠소."

다른 당파에서 조용히 있을 리 없었다. 소론 4대신의 한 사람인 유봉휘가 상소를 올려 항의했다.

'세제를 세우는 일이 그 얼마나 중대한 일이옵나이까. 하온데 야반에 끼리끼리 모여 창황망급하게 전하를 농락하여 윤허를 받아내는 일이 온당한 일이나이까? 대명을 이미 내렸사오니 거두어들일 수는 없사옵고, 대신들의 죄는 그냥 넘어갈 수 없나이다.'

노론과 소론이 옥신각신하는 사이에 세제 당사자 연잉군이 사양 상소를 올렸다.

'…전하, 반대 상소의 말이 위험하여 간담이 떨어지나이다.'

노론은 3사를 움직여 상소를 올렸다.

'유봉휘를 국문하시옵소서.'

역시 소론 4대신이 한 사람인 우의정 조태구가 유봉휘를 감싸고 나섰다.

'…봉휘의 말이 지나쳤다고는 하나 나라를 위해 충성을 다한 것이오니 국문하라는 것은 과하나이다.'

3사에서는 조태구를 공격했다. 이에 세제가 나섰다.

"전하, 봉휘를 깊이 치죄하지 마시와 신의 마음을 편케 해주시옵소서."

유봉휘는 국문을 받지 않고 귀양을 떠났다.

세제 책봉 문제로 노론과 소론이 극한으로 치달았다. 노론은 세제 책봉에 이어 또 다른 음모를 꾸몄다. 집의 조성복을 시켜 세제 대리청정을 상소토록 했다.

'…세제로 하여금 정사에 참여하게 하여 사무를 들으시게 하시옵소서.'

경종은 만사가 귀찮아 쉽게 결정을 내렸다.

'…대소 국사를 세제로 하여금 아울러 보게 하여 나로써 안심하고 병을 돌볼 수 있도록 하라!'

소론들이 벌컥 뒤집혔다. 청천벽력이었다. 최석항이 밤에 대궐에 들어가 경종을 뵙기를 청했다.

"밤이 깊어서 입대하지 못하오."

입직 승지 이기익이 거절했다. 최석항이 계속 버텼다. 기익이 할 수 없이 경종에게 알렸다.

"최 참판은 들어오도록 하고 대궐문에 자물쇠를 채우도록 하라!"

경종이 최석항을 특별히 면대했다. 석항이 울면서 호소했다.

"세제 대리청정 영을 거두어주시옵소서."

"생각해보리다."

석항은 날이 새는데도 물러가지 않고 울면서 호소했다. 경종은 그의 충성심에 감동하여 마음이 흔들렸다.

"영을 거두는 것이 옳겠소."

경종은 세제 대리청정의 영을 도로 거두었다. 뒤늦게 최석항이 경종을 만나러 갔다는 정보를 듣고 노론 이건명이 병참 이재로와 함께 달려갔으나, 이미 영을 거두어들인 뒤였다.

노론과 소론의 공방전이 벌어졌다. 노론은 승지 이기익을 공격했다.

"대신이 깊은 밤에 입대하기를 청한다고 승지가 허락하여 지엄한 궁중에 야간출입을 예사로 할 수 있는가!"

"대신과 3사가 나라의 일을 수수방관하여 베개를 높이 하고 코골기에 틈이 없어 한 사람도 다투는 이가 없다가, 이제 도리어 석항의 입대를 문제삼아 승지를 공격하다니, 윤리가 끊어졌거늘 나라가 잘될 것인가?"

이에 3사가 발끈하여 상소를 올리고, 소론들은 상소를 받아치고 이전투구를 벌였다.

영의정 김창집이 백관들을 거느리고 경종에게 뵙기를 청하였으나 허락하지 않았다. 그리하여 대궐 뜰에서 상소를 올리고, 나흘 동안이나 대리청정 환수 명령을 철회하라고 엎드려 있었다.

경종은 절충안의 전교를 내렸다.

'내 병으로 일을 볼 수 없어 장차 좌우로 하여금 전례를 상고하여 거행하려 하는데, 이것을 좌우가 거행하는 것이 옳은가, 세제가 거행하는 것이 옳은가?'

노론과 소론은 이 문제를 놓고 또 다시 격론을 벌였다. 경종은 노론·소론의 대신들을 한 자리에 불렀다. 조태구가 눈물을 흘리며 말했다.

"전하, 보위는 임금으로도 뜻대로 할 수 없나이다. 전하께오서 선왕대에 대리청정하신 것은 선왕의 춘추 많으신데다가 질환이 심하시어 부득이한 일이었나이다. 오늘의 경우와 전혀 다르옵나이다. 또한 전하께오서 동궁의 사정이 매우 불안하실 것을 생각지 않으시나이까."

경종은 한동안 침묵으로 대신들을 내려다보다가 단호히 결단을 내렸다.

"세제의 대리청정을 거두어들이는 바요."

노론의 판정패로 끝이 났다. 노론이 떠받드는 세제 연잉군은 경종의 뒤를 이은 영조이다. 영조는 숙종과 무수리 최씨 사이에 태어난 경종의 이복 동생이다.

김일경의 음모

김일경金一鏡의 자는 인감人鑑, 호는 아계丫溪로, 소론의 거두이다. 세제는 노론들이 주동이 되어 경조의 뒤를 이어 왕위에 오르게 될 왕세제로 책봉된 까닭에, 왕세제가 즉위하게 되면 소론들은 조정에서 불리한 입장에 놓이게 될 것은 자명한 일이었다.

소론의 김일경은 판의금부사 심단과 모의하여, 세제를 제거하고 종친 중에서 자기네들의 말을 잘 듣는 인물을 골라 경종의 후사로 삼으려고 했다.

김일경은 이 일에 내관 박상검을 중히 썼다. 박상검은 일경이 영변부사 시절, 그 지방 인물이었다. 일경은 객지에서 상검과 사귀어 영변부의 대소사를 의논하기에 이르렀다. 일경은 영변을 떠나면서 상검을 내관으로 추천, 경종 가까이에 배치해놓았다.

상검은 궁인 석렬·필정과 환관 문유도를 포섭, 세제의 환관 장세상을 쫓아냈다. 장세상은 노론과 밀착되어 있었다.

세제는 경종에게 상검 무리의 전횡을 알렸다.

"상검을 조치하라."

경종이 영을 내렸다가 금세 말을 바꾸었다.

"상검을 그대로 두라."

상검은 앙심을 품고, 궁에 여우가 나타났다는 소문을 퍼뜨리고 청휘문 밖에 함정을 파놓아 세제가 경종에게 문안 드리는 길을 끊어버렸다. 세제가 경종을 만날 길이 없었다.

세제는 밤에 환관을 붙들고 하소연을 하며, 상검 무리의 횡포를 견딜 수 없어 세제 자리를 포기하고 합문을 떠나려고 마음먹었다. 중대한 결단이었다.

이에 숙종의 제2계비 인원왕후가 이 사실을 알고 언문으로 애통한 마음을 조정에 내렸으나, 일경의 무리들이 미리 알고 막아버렸다. 세제는 더는 참을 수 없어 동궁 신료들을 거느리고 세제의 위를 버리고 물러나려고 했다. 일경 등은 세제를 말리는 체하며 역모에 더욱 박차를 가했다.

어느 날 일경은 상검을 대동하고 경종을 만나 '세제를 폐하여 서인을 만든다'는 왕지王旨를 기초했다. 경종은 그런 줄도 모르고 꾸벅꾸벅 졸면서 일경의 말에 고개를 끄덕였다. 이 왕지는 역모를 완전무결하게 꾸민 후에 발표하려고 미리 써놓은 것이었다.

이때 세제궁에서 대전으로 쫓겨나 감시를 받고 있던 환관 장세상이 이 사실을 알고 세제궁으로 달려가 알렸다.

"저하, 큰일이옵나이다. 일경의 무리들이 저하를 서인으로 만들려고 수작을 부리고 있나이다. 대책을 서두르시옵소서."

"모든 길이 막혔으니 어디 가서 말을 한단 말이냐?'

세제는 미칠 것만 같았다. 오로지 한 길, 죽는 길만이 남아 있었다. 세제는 죽기로 마음먹고 독약 두 그릇을 만들어 손수 들고 빈궁 서씨의 침실에 가서 울음을 터뜨렸다.

"빈궁, 화가 목전에 다가와 주상을 뵈옵고 위급한 말씀을 아뢰려 해도 사방이 가로막혀 한 걸음도 나아갈 수 없소. 저것들의 화를 입어 욕을 볼 터인즉, 저것들의 손에 죽느니 차라리 이 약을 마시고 자결하는 것이 낫겠소."

세자빈이 눈물을 흘리며 말했다.

"주상께서는 인자하시고 자상하시건만, 어쩌다가 병이 드시어 간신배들이 일을 꾸미고 있는 것이나이다. 만약 이 약을 마시고 함께 죽는다면 저들이 다음에 또 무슨 일을 꾸미며 죽은 귀신에까지 덮어씌울지 모르옵나이다. 우선 이 연유를 인원왕후께 아뢰어서 구해주십사 간청 드려, 다행히 힘이 되어주시면 더할 나위 없거니와, 힘이 되어주지 못하시면 그때 가서 자결해도 늦지 않나이다."

"빈궁 말이 옳구려. 그리 해보십시다."

이튿날 세제는 빈과 함께 인원왕후가 거처하는 곳으로 향했다. 그러나 상검 일당들의 눈을 피해 가기가 쉽지 않았다. 동궁 마당을 이리저리 돌아다니고 있는데 설서設書(세자 시강원에서 경사와 도의를 가르치는 이조 소속 정7품) 송인명이 동궁에서 숙직을 마치고 돌아가다가 세자를 만났다.

"저하, 아침 일찍 어인 일이옵나이까?'

세제는 망설였다. 김일경 등과 통하는 자들이 많아 함부로 말할 수 없었다.

"말씀하소서. 어디로 가시고자 하나이까?'

"저어… 인원왕후를 뵙고 싶구먼."

"조석 문안길을 막아 퍽 불편하시겠나이다. 자전궁(인원왕후)에 가시려면 이웃 동궁의 낮은 쪽 담을 넘어가시면 되나이다. 신을 따르소서. 안내해 드리겠나이다."

송인명은 세제 내외를 낮은 담 쪽으로 안내하여, 두 손으로 세자빈을 받들어 담 위에 올려놓았다.

"빈 마마, 조심조심 밑으로 뛰소서. 담이 낮아 어렵지 않을 것이나이다."

빈이 쿵 하고 담 너머로 뛰어내렸다. 인명은 세제를 부축하여 담 위로 올렸다. 담 위에 앉아 세제가 물었다.

"설서는 이 담 너머가 자전궁임을 어찌 아누?"

"신의 아비가 호조낭관으로 궁궐을 수리했사온데, 신이 어린 나이로 아비를 따라와 봐두어서 알고 있나이다."

"고맙소. 내 이날을 잊지 않으리다."

송인명은 힘이 장사였다. 그가 과거 준비를 하고 있을 무렵, 꿈에 어떤 사람이 자줏빛 옷을 가지고 오색 무지개를 타고 하늘로 오르다가 옷을 떨어뜨리는 것을 보았다. 인명은 그 옷을 두 손으로 받아들었다. 그랬더니 옷이 도로 하늘로 올라갔다. 이 꿈이 세제와 빈궁을 떠받들어 담 너머로 넘겨줄 줄이야 감히 상상이나 했겠는가.

인원왕후는 아침 일찍 일어나 세수를 하고 머리를 빗다가 세제 내외를 보고 놀라서 물었다.

"아침 일찍 어인 일인가?"

빈궁이 왕후 앞에 엎드려 사실을 고했다.

"대비마마 살려주시옵소서."

"이런 죽일 놈들이 있나! 나는 까맣게 몰랐도다."

대비는 풀어헤친 머리를 쪽을 지지도 않은 채 버선발로 정전으로 가마를 타고 가서, 그 앞에 내려 세제를 앞장세워 대조전에 닿았다.

대조전의 전각문이 아직 열리지 않았다. 세제가 문을 흔들었다. 잠그지 않았는지 문이 스르르 열렸다. 그 안에서 사람들의 수군거리는 소리가 들렸다. 세제는 대비를 모시고 문 안으로 들어섰다. 상검이 궁녀를 데리고 창 앞에서 경종의 전교를 제멋대로 종이에 쓰고 있었다. 그는 세제와 대비가 갑자기 들이닥치자 황급히 두루마리 종이를 끌고 나와 섬돌에서 머뭇거리 다가 달아났다. 세제가 뛰어가 상검의 옷소매를 잡고 두루마리를 빼앗으려 고 했다. 상검은 필사적으로 놓지 않았다. 두루마리가 절반 가량 잘라졌다. 상검은 두루마리 반쪽을 쥐고 달아나버렸다.

세제는 반쪽 두루마리를 살펴보았다.

'아우는 서인을 만든다.'

세제를 폐하여 평민을 만든다는 내용의 전교였다. 대비가 이것을 보고 격분하여 언문 교서를 내렸다.

'이달 초 6일 이후의 일은 다 임금의 처분이 아니고 두 환관이 만든 거짓 전교이니 믿지 말지어다. 그리고 박상검·문유도·필정·석렬의 무리는 당장 법으로 다스려라!'

조정이 발칵 뒤집혔다.

'상검의 무리를 국문하라!'

일경 일파는 불안했다. 일경이 경종에게 청했다.

"전하, 상검의 죄상이 다 드러났나이다. 국문할 것 없이 처단하시옵소 서."

상검의 입에서 일경의 이름이 튀어나올까 봐 미리 입을 막아버리려는 수 작이었다. 결국 국문의 여론이 일었다. 박상검 등은 국문을 받던 도중 혹독 한 형벌을 견디지 못하고 죽어버렸다.

일경은 세제 죽이기에 실패하자 노론 죽이기에 들어갔다.

목호룡은 남인의 서얼이었다. 그는 시를 잘 짓고 풍수를 잘해 사대부와 교유했다. 백망이란 자는 세제의 매사냥 스승으로 호룡과 다정한 사이였 다. 이 두 사람이 김용택·이천기 등의 임금을 모해하려는 비밀모임에 참 여했다. 경종 즉위 후 세제 책봉이 순조롭게 진행되어 왕을 죽일 필요가 없 었다. 김용택 등은 음모가 탄로날까 봐 목호룡을 죽여 입을 막으려고 했다.

김일경이 이 기미를 알아차리고 목호룡을 꾀어 먼저 고변하도록 했다.

"전하를 음해하려는 자들이 있소. 그들은 삼급수三急手 음모를 꾸몄소."

목호룡이 고변하고 위관에게 증언했다. 고변 사건이 터지자, 소론 최석항이 위관이 되고 이삼은 포도대장, 심단과 김일경은 금부당상이 되어 이 사건을 맡았다.

"삼급수란 무엇인가?"

"첫째, 대급수大急手로 칼로 죽인다는 것인데, 자객을 시켜 비수를 가지고 궁중으로 잠입, 뒷간에 숨어 있다가 일을 도모한다는 것이오. 이것을 암호로 대급수라 불렀소."

"다음은 무엇인가?"

"소급수小急手요. 이것은 약물로 독살시킨다는 것으로, 궁녀를 꾀어 음식물에 독을 타려 한 것이오."

"마지막 급수는?"

"평지수平地手요. 폐출이란 말인데, 금·은으로 환관들을 매수하여 죄목을 얽어 폐출시키자는 것의 암호였소."

죄상이 속속 드러났다. 김용택은 백망에게 보검을 주어 대급수로 처치하라고 했다. 또 백망을 시켜 궁인 이영으로 하여금 그 사촌 되는 궁인에게 은을 주고 매수, 음식에 독약을 타도록 했다.

그 다음 언문으로 노래를 지어 궁중으로 흘러들어가게 하여 임금을 속이고, 거짓 전교를 만들어두었다가 환관 장세상을 시켜 국상날에 내리게 했는데, 그 내용 가운데 다른 왕자가 보위를 잇는다는 것이 들어 있었다.

이 사건에 정인중·이기지·이희지·김용택·이천기·심상길·조흡·홍의인·백망 등이 걸려들었다.

이들을 심문하여 공술을 철저히 받아냈다. 이들의 배후 인물로 노론 4대 신인 김창집·이이명·이건명·조태채가 엮였다. 김일경·심단 일당이 치밀하게 모의한 자들과 연계시켜 빠져나올 수 없도록 만들었다. 노론 4대 신은 임금 음해 모의 사건으로 죽음을 면치 못했다.

김창집은 안동 사람으로 자는 여성汝成, 호는 몽와夢窩로, 영의정을 지냈다. 강화군수를 지낼 때 문루를 중수하여 낙성식연을 베풀고 아우 삼연과 함께 시를 지으려고 했다. 그때 문루 아래에 한 사내가 나타나 문루로 올라오기를 청했다. 창집이 허락했다.

선비의 행색은 거지였다. 삼연이 선비에게 물었다.

"시를 지을 줄 아오?"

"풍월을 읊을 줄 아오."

삼연은 운자를 부르고 술상을 차려주었다.

선비는 일필휘지로 시 한 수를 써놓고 술상을 거들떠보지 않고 떠나버렸다. 나그네의 시는 이랬다.

> 한자락 긴 강물이 만석문 앞으로 흐르니
> 천연으로 이루어진 형승 동쪽 나라를 보호하네
> 병자년(호란)의 일들을 거슬러 생각해보니
> 왕손의 혼이 북녘 하늘에서 몇 번이나 꺾였던가
> 오늘날 여러분은 술을 들지 마시라
> 당시의 대장들은 모두 많은 술에 취했나니
> 서생의 소매 속 감추어둔 칼이 들먹거려
> 음산으로 달려가 묵은 한을 씻고파라

창집은 이 시를 보고 잔치를 파해버렸다. 서둘러 나그네를 찾았으나 온데간데 없었다.

창집은 성주 유배지에서 사약을 받았다. 그는 민진원(숙종의 처남)과 술을 마시며, 고인들의 순절한 일을 이야기하며 담소를 즐기다가 사약을 받고, 절명시를 남기고 죽었다.

> 임금 사랑하기를 아비같이 하면

태양이 붉은 마음에 비춰줄 테지
옛 어른의 이 말씀 애처롭고
뛰어난 그 충성 예나 이제나 마찬가지리

이이명은 전주 사람으로 자는 양숙養叔, 호는 소재疎齋로, 좌의정을 지냈다. 어려서 일찍이 아버지를 따라 옥당에서 숙직하며, 밥을 먹은 뒤에는 꼭 달음박질을 했다.

"밥 먹은 게 다 내려갔느냐?"

"예, 아버님."

"그렇다면 글을 읽어라."

한번 책을 들면 쉬는 법이 없었다.

그는 숙종과 독대하여 병약한 동궁(경종)의 보호책을 진술했다. 김창집·조태채·이건명과 세제를 세우는데, 빈청에 모여 제각기 손바닥에 글을 써서 뜻을 표시했다. 이때 모두 '양養' 자를 썼는데, 이때 양 자는 영조가 즉위 전에 쓰던 호인 양심헌養心軒에서 따온 것이다.

이이명은 남해로 귀양 가 있다가 서울로 압송되어 오던 도중 한강에 이르러 사약을 받고 죽었다.

이건명은 이이명과 형제로 자는 중강仲剛, 호는 한포재寒圃齋로, 좌의정을 지냈다. 흥양으로 귀양 가 있다가 참형을 받고 죽었다. 목을 벨 때 흰 기운이 목에서 나와 무지개처럼 하늘로 뻗쳤다고 한다. 이건명이 남긴 절명시이다.

나라에 바친 일편단심
죽고 사는 것을 하늘에 맡기네
오늘 고신의 슬픔은
선왕을 뵈올 낯이 없기 때문일세

조태채는 자는 유량幼亮, 호는 이우당二憂堂으로, 우의정을 지냈다.

그가 지방관 시절이었다. 부인 심씨를 잃고 슬픔을 이기지 못하던 터에 해결할 일이 있어 이속을 기다렸다. 그런데 이속은 한 시간이 넘도록 오지 않았다. 조태채는 이속을 잡아다가 곤장을 치려고 했다. 화가 무척 나 있었다. 이속이 잡혀와 울면서 말했다.

"소인이 슬픈 사연이 있사오니 한마디만 여쭙고 맞겠나이다."

"무슨 사연이냐?"

"다름이 아니오라, 소인이 상처를 하고 집에 어린것이 있사온데 큰놈이 다섯 살, 둘째가 세 살, 끝으로 딸애가 난 지 겨우 여섯 달이옵니다. 소인이 아비 겸 어미 노릇을 하옵는데, 오늘 새벽에 일어나려 했으나 여섯 달 된 딸아이가 자지러지게 울었나이다. 그리하와 이웃집 여인에게 젖동냥을 먹이고 나니 둘째 놈이 배가 고프다고 울었나이다. 그놈을 달래느라고 죽을 사다 먹이고 오느라고 늦었나이다. 대감의 위엄을 아는 이놈이 어찌 감히 일부러 늦었겠나이까."

이속은 소리를 내어 엉엉 울었다.

조태채는 아내를 잃고 슬픔에 젖어 있던 터라 동병상련의 아픔을 느꼈다.

"네 사정이 나와 같구나."

조태채는 이속을 풀어주고 양곡과 의복감을 후하게 주었다.

그러나 이속은 자식은커녕 장가도 들지 않았다. 놈이 조태채의 슬픔을 잘 알고 이 점을 노려 죄를 면한 것이다.

홍동석은 조태채의 청지기였다. 소론 음모자들이 홍동석을 꾀어 조태채를 고발하라고 종용했다. 동석은 그들이 쥐어주는 붓을 던지고 말했다.

"자식의 손으로 부모의 죄를 쓰지 못할 터인즉, 청지기는 부자의 의리와 같소. 나는 고발하지 못하오."

소론 대관들이 동석을 옥에 가두고 참혹한 형벌을 가했다. 그는 끝내 굴하지 않았다. 조태채가 제주도로 귀양을 떠나게 되자 동석이 따라나섰다.

조태채는 곧 사약을 받게 되었다. 그때 조태채의 작은 아들 회헌이 급히 유배지로 달려왔다. 부자가 만나기 전에 금부도사가 먼저 사약을 가지고 왔다. 태채가 부탁했다.

"죄인의 작은놈이 곧 온다는 전갈을 받았소. 상봉 후 약사발을 마시게 해주시오."

"그럴 수 없소. 어명이오, 죄인은 사약을 드시오!"

조태채가 여러 차례 간청했으나 금부도사는 막무가내로 약사발을 들이밀며 '어명'을 팔았다. 보다 못한 동석이 약사발을 발길로 차버렸다. 보는 사람들이 대경실색했다.

금부도사는 할 수 없이 장계를 올렸다.

'…약사발이 바닷물에 빠져버렸나이다.'

사약이 다시 오는 동안 회헌이 도착했다. 부자가 여러 날을 함께 지냈다. 약이 다시 오자 조태채는 죽음을 피할 길이 없어 아들에게 유언을 남겼다.

"동석을 동기간처럼 여겨라."

조태채는 세 정승이 벌써 죽었다는 소식을 듣고 시를 남겼다.

　원통한 눈물을 흘리던 지나간 조정의 세 정승이여
　슬픈 노래 부르는 한밤중의 외로운 신하여

홍동석은 영구를 따라 서울로 올라와 선혜청의 이속이 되었다. 그는 조태채의 집에 드나들며 형제처럼 지냈다.

김일경 등의 노론 4대신 죽이기 작전은 성공을 거두었으나, 영조 즉위 후 무고로 밝혀져 김일형은 처형당했다. 노론 4대신은 관작이 회복되었다.

재상이 될 인물을 손녀의 지아비로 고르다

숙종·경종 조에 걸쳐 대신을 지낸 신임申銋은 평생 동안 집안을 돌보지 않고 청빈하게 살다가 간 선비의 표본이었다. 위풍이 당당하여 어려서부터 어른스러운 데가 많았다.

그가 연안부사로 있을 때였다. 연안부 위쪽에 큰 못이 있었다. 이 못의 물로 농사를 짓는 논이 꽤 넓었다. 숙종의 후궁 하나가 이 못에 눈독을 들였다. 후궁은 연안으로 사람을 보내어, 어명을 사칭하고 못을 내놓으라고 압력을 넣었다. 신임은 단호히 뿌리쳤다. 임금이 철없이 백성들의 목숨이 걸린 연못을 후궁에게 넘기라고 할 리가 없고, 설사 영이라 해도 들어줄 수 없었다.

후궁은 신임이 들어주지 않자 숙종에게 말하여, 임금이 몇 차례 신임에게 선처를 부탁했다. 신임은 상소를 올려 부당성을 알리고, 백성과 후궁 가운데 하나를 택하라고 역공을 폈다. 숙종은 신임의 강직함을 아는 터라 강제로 빼앗지는 않았다. 그의 백성을 위하는 목민관으로서의 훌륭한 자질을 잘 알고 있어서였다.

신임에게 외아들이 있었는데, 불행히도 딸을 아내의 뱃속에 잉태시켜놓고 일찍 죽었다. 청상과부 며느리를 데리고 살면서, 신임은 며느리만 보면 가슴이 저렸다.

세월이 흘러 유복녀로 태어난 손녀가 어느덧 출가할 나이가 되었다.

"얘야, 너는 어떤 사위를 보고 싶으냐?"

"아버님께오서 어련히 고르시겠나이까. 그저 명이 길고 벼슬을 높게 할 선비면 족하나이다."

"명은 몇 살까지 바라느냐?"

"고희를 넘기면 천수를 다하지 않을까요."

"알았다. 명이 긴 사위를 골라주마."

신임은 조정으로 출퇴근하며 사내들을 예사로 보지 않았다.

어느 날 퇴청길이었다. 평교자를 타고 오다가 한 곳에 눈이 멎었다. 아이들이 뛰노는데, 신임의 눈에 띄는 아이가 있었다. 잘생기지도 않았고 입성도 시원찮았다. 그러나 아이의 눈에 총기가 흐르고 몸이 건강해 보였다.

신임은 그 아이를 불러 집을 알아냈다. 그 길로 아이의 집에 가보았다. 한양 변두리의 다 쓰러져가는 오두막에서 홀어머니를 모시며 살고 있었다.

그러나 가문은 훌륭했다. 아버지가 대사헌·예조참판을 지낸 유철兪㯙이었다. 유철은 선견지명이 있는 신료였다. 병자호란이 일어나기 전, 대신들이 죄다 청나라 사신을 반대하는데, 그는 영접하는 것이 마땅하다고 상소를 올렸다.

그의 아들 유척기兪拓基가 가난뱅이가 되어 신임의 눈에 띄었던 것이다. 신임은 하인을 통해 척기의 집에 전했다.

"신임 공조판서 댁에 혼기가 찬 손녀가 있어서 신랑을 구하던 터에, 이 집 도령이 마음에 들어 혼인하려 하니, 안방 마님께서는 그리 아시라 전하라."

집에 돌아온 신임은 며느리를 불러 말했다.

"내가 퇴청하는 길에 고희를 넘길 네 사위를 골라놓고 왔다."

"예에? 하루 사이에 말이옵니까?"

"그렇다."

"어느 집 자손이옵니까?"

"괜찮은 집 아들이다. 왕대 밭에서 왕대가 나는 법이니라. 내가 보기엔 틀림없는 재상감이니라."

"아버님, 고맙나이다."

며칠 후 하인들의 입에서 소문이 퍼졌다.

"우리 집 귀한 규수가 찢어지게 가난한 홀어머니를 둔 신랑에게 시집간단다."

며느리가 소문을 듣고 심복 하인을 시켜 신랑집의 내력을 자세히 알아오도록 했다. 하인이 돌아와 소문대로라고 확인시켜주었다.

며느리는 아무 말도 못하고 가슴을 조였다. 혼인날 며느리는 신랑을 보고 또 한번 실망했다. 얼굴이 못생기고 궁기마저 껴 보였다. 다만 몸 하나는 건강해 보였다.

신랑이 혼례를 치르고 자기 집으로 갔다가 그 밤 안으로 돌아왔다.

"아니, 어인 일로 돌아왔느냐?"

신임이 물었다.

"집에 가보니 당장 저녁거리도 없고, 하인과 말이 되돌아간다기에 따라왔나이다."

"허허, 거지를 들여놓았구나. 갈 데가 없으면 처가에 머물러야지 별 수 있느냐."

신랑을 데릴사위로 맞은 셈이었다. 며느리는 이것저것 맘에 걸리는 것이 한두 가지가 아니어서 사위를 본 체 만 체했다.

그런데 신랑의 처가살이가 뻔뻔스러워 부리는 하인들 보기가 민망할 정도였다. 밤이나 낮이나 새색시의 방에 죽치고 들어앉아 있었다. 신임이 보다 못해 나무랐다.

"너는 내실에서만 파고 살며 언제 공부를 할 작정이냐! 오늘부터 나와 함께 기거하며 공부에 전념하거라!"

"예에, 할아버님."

할아버지와 한방에서 기거하는 신랑은 잠버릇이 고약했다. 커다란 손과 발로 신임의 가슴과 다리를 눌렀다. 신임은 숨이 막혀 잠을 깨었다.

"잠버릇이 왜 그 모양이냐. 어른과 자면 조심해야지. 네 멋대로구나."

"할아버지, 잠 정신이라 몰랐나이다. 조심하겠나이다."

그뿐이었다. 불을 끄자마자 신랑의 큰 손과 발은 여지없이 신임의 몸을 짓눌렀다.

"네 이놈! 네놈과 한방에서 잘 수 없구나. 안방으로 건너가거라!"

"에에, 할아버지 죄송하옵니다."

신랑은 뒷머리를 긁적이며 신부의 방으로 쫓겨났다. 신랑이 일부러 노린

작전에 신임이 속아넘어간 것이었다. 신랑과 신부는 금실이 좋아 곧 아들을 생산했다. 그제야 장모는 사위를 고운 눈으로 보았다.

이 새신랑 유척기는 훗날 문과에 급제한 후, 3사의 언관을 거쳐 영조 초에 영의정에 올랐다. 수명은 고희를 넘겨 71세까지 살았다. 신임의 사람 보는 눈이 이와 같았다.

무수리의 소생, 영조의 열등감

1724년(경종 4) 8월, 경종의 병은 돌이킬 수 없었다.

경종이 민물 게장이 먹고 싶다고 하여 소주방(대궐 안 주방)에서 게장을 올렸다. 경종은 민물 게를 두 마리나 먹어치웠다. 그런 후 한 시간도 못되어 설사가 터져 걷잡을 수 없게 되었다. 어의가 설사약과 해독제를 썼으나 소용없었다.

설사에는 생감이 좋다는 말을 듣고, 어의의 처방도 없이 중전이 입회하여 경종에게 생감을 먹였다. 그러나 설사가 그치기는커녕 더욱 심해졌다. 생감은 설사를 낫게 하는 것이 아니라, 복통에 촉진제 역할을 하여 환자를 탈진상태로 몰아갔던 것이다. 경종은 닷새 동안 복통과 설사에 시달리다가 그만 운명하고야 말았다. 이에 소론들은 독살설을 입에 담았다.

이리하여 세제로 있던 연잉군 금昑이 조선 제21대 임금이 되었다. 바로 영조이다.

영조는 외가가 천민 출신이어서 늘 마음에 그늘이 있었다. 조정에서 가

문 이야기만 나오면 주눅이 들었고, 마음속에 그로 인한 열등감이 늘 잠재해 있었다. 그의 어머니 최씨는 궁중 무수리 출신이었다.

서울 북쪽 변두리 구파발 근처에서 훗날 영조의 외조부 최씨가 늙은 아버지를 모시고 가난한 살림을 꾸려가고 있었다. 철 따라 나는 나물을 캐고 채소를 가꾸어 저자에 내다팔아 근근히 죽으로 연명해갔다.

최씨집 이웃에 안씨가 살았다. 안씨는 초상집을 찾아다니며 묏자리를 봐주고 그럭저럭 끼니를 이어가고 있었다. 이름난 지관이 아니어서 불러주는 사람은 드물었다.

최씨는 아버지가 술을 좋아하여 이따금 술을 담가 아버지를 봉양했다. 술을 빚어 거르는 날에는 이웃 안씨를 불러 아버지와 즐겁게 지내도록 자리를 마련해주었다. 안씨는 늘 최씨를 고맙게 여겼다.

안씨는 미안하고도 고마운 마음으로 최씨에게 한 가지 약속을 했다.

"자넨 하늘이 낸 효자일세. 내가 다른 것은 몰라도 자네 아버님이 세상 떠나면 썩 좋은 묏자리 하나 책임지고 골라주겠네."

"제가 효도는 무슨… 외로우신 아버님과 친구가 되어주시니 고마울 따름입니다."

"자넨 성품이 비단 같네. 암, 그렇고말고. 언젠가는 꼭 좋은 일이 있을 게야."

세월이 흘렀다. 최씨에게는 변함없는 생활이 이어졌다. 다만 아버지가 해마다 늙어가는 것이 안타까웠다. 최씨의 남다른 효도를 시기했던지 염라대왕이 아버지를 데려가버렸다.

안씨가 약속대로 달려와 근처에 땅을 잡아주었다.

"이 자리는 실은 내가 묻히려고 오래 전에 잡아두었다네. 자네의 효도에 느낀 바가 많아 내 자리를 자네 아버님께 드리는 바이네."

"어르신, 고맙습니다. 은혜 잊지 않겠나이다."

"은혜랄 게 없네. 원래 땅은 임자가 따로 있다네. 내 자리로 잡아놓았지만, 임자는 자네 아버지인 게야."

"이 은혜를 어찌 다 갚지요?"

"이 사람아, 자꾸 은혜 타령 말게. 아마 내가 자네한테 얻어 마신 술이 수십 동이는 될 걸세."

"어르신, 앞으로 아버지처럼 모시겠나이다."

"아닐세. 자네와 나는 헤어져야 하네."

"어인 말씀이신지요?"

"이 묘소는 외손이 발복할 땅이야. 자네는 서울 장안으로 이사를 가게."

"네에?"

"이까짓 시골구석에 처박혀 있어봤자 맨날 그 신세일 게야. 장안에 들어가 사람들 사이에서 부대끼며 살다 보면 아마 좋은 일이 생길 거야."

"땡전 한 푼 없이 어디를 가겠나이까. 그냥 이곳에서 눌러 살겠나이다."

"이 사람아, 내 말을 듣게. 이곳에 눌러 있으면 오는 기회를 놓칠 수 있네. 여러 말 말고 떠나게."

안씨의 간곡한 권유에 못 이겨 최씨는 식솔들을 거느리고 한양으로 들어왔다. 최씨는 손쉽게 구할 수 있는 남의 집 행랑살이로 들어갔다. 아내와 함께 주인집 일을 해주며 단칸방에서 어렵게 살아갔다.

최씨에게는 딸이 서넛 있었다. 이 딸들이 점점 자라 몸집이 커졌다. 단칸방 생활이 더욱 옹색해졌다. 때마침 궁중 무수리로 들어갈 기회가 생겨 큰딸을 선뜻 내어놓았다. 입도 덜고 방도 좀 넓어졌다. 딸은 중전의 궁녀인 홍씨의 하인으로 들어갔다.

숙종 15년, 장희빈의 무고로 중전인 인현왕후 민씨가 폐위되어 궁에서 쫓겨났다. 중전 자리를 희빈 장씨가 차지했다. 민씨가 쫓겨나는 바람에 상궁 홍씨도 쫓겨났다. 중궁에 남은 여자는 무수리 최씨 등이었다. 최씨는 빈 중궁전을 쓸쓸히 지키고 있었다.

숙종이 희빈 장씨에게 싫증을 느끼면서 민씨를 그리워했다. 밤에 몰래 민씨가 거처하던 중궁전에 와서 한숨을 쉬곤 했다. 희빈의 하는 짓이 도를 지나쳐 숙종은 넌덜머리를 내고 있었다.

어느 날 밤, 숙종은 민씨 생각이 나서 중궁전에 들렀다. 늘 어둡고 을씬 년스럽기만 하던 중궁전에 불빛이 보였다. 숙종은 이상하게 여겨 불빛을 따라가봤다. 민씨가 거처하던 바로 옆 방에 촛불이 켜져 있었다. 슬그머니 다가가 문구멍으로 안을 들여다보았다. 궁녀의 뒷모습만이 보였다. 궁녀가 비단옷을 펼쳐놓고 만지작거리며 슬픈 목소리로 중얼거렸다.

"어느 때나 중전마마께오서 이 비단옷을 다시 입으실꼬. 상감마마께오 서는 착하고 인자하신 중전마마의 진심을 그다지도 모르신단 말인가. 희빈 장씨의 꾐에 빠지신 게야."

궁녀가 눈물을 흘리는지 어깨가 들먹였다. 숙종은 코허리가 시큰거렸다. 일개 무수리로서 중전을 생각하는 마음이 참되고 아름다웠다. 궁녀는 비단 옷을 잘 개어 함 속에 넣어두고 다소곳이 앉아 무언가를 꿰매고 있었다. 뒷 모습만을 보이는 궁녀의 모습이 탐스럽고 흐벅져 보였다.

숙종은 인기척을 내고 방문을 열었다.

"이 밤중에 뉘시오?"

궁녀가 뒤돌아 앉으며 숙종을 보고는 달깍 엎드려 사시나무 떨듯 몸을 떨었다.

"사사사앙가암 마아마, 비비인집에 어어인 행차시옵나나이까?"

"놀라지 말라. 잠시 들렀느니라."

"예예에… 그그러시오옵나이까."

궁녀는 엎드려 심하게 떨었다. 숙종은 궁녀가 마음이 진정될 때까지 잠 시 기다렸다.

"너는 누구더냐?"

"마마, 쇤네는 중전마마를 모시던 홍 상궁의 무수리이옵나이다."

"네가 어찌하여 여기에 있느냐."

"중궁전을 지키라는 대비전의 영이 있어 쇤네가 지키고 있나이다."

"너는 폐위된 민씨를 어찌 생각하느냐?"

"쇤네가 무엇을 알겠나이까? 하오나 폐위되신 마마께오서는 하찮은 쇤네 같은 것들도 사랑으로 대해주셨나이다."

"지금의 왕비(장씨)는 사람을 사람으로 대하지 않는다더냐?"

"모모르옵나이다. 쇤네는 폐위마마만을 알 뿐이옵나이다."

"허허, 네 충성심이 갸륵하구나."

그날 밤 따라 숙종은 민씨가 더욱 그리웠다. 언제나 변함없이 대하는 인자하고 부드러운 왕비였다. 그런 왕비를 희빈 장씨에게 홀려 내친 것이 못내 후회스러웠다. 언제든 다시 데려오려고 기회를 노리고 있던 터였다.

숙종은 희빈 장씨를 멀리하기 시작한 지 오래였다. 이밤 마땅히 생각나는 후궁도 없었다.

"이밤은 이곳 중궁전에서 묵을 것이야."

최씨는 제 귀를 의심하고 다시 몸을 떨었다.

"무얼 하고 있느냐? 전하께오서 여기에 드신다고 하지 않느냐!"

수행 내관이 최씨에게 말했다.

"내관은 들어라. 소주방에 기별하여 간단한 주안상을 차려오도록 하라!"

숙종이 방 안으로 들어와 바느질 바구니를 보고 물었다.

"누구의 옷을 짓느냐?"

"폐위마마의 겨울 내복을 만들고 있었나이다."

"민씨의 내복을?"

"예에, 마마."

"기약도 없는 폐비의 내복을 어이해서 짓는단 말이더냐?"

"전하, 중전마마처럼 성품이 곱고 착하신 분은 언제든지 꼭 돌아오시고 마나이다."

"네가 그걸 어찌 아느냐?"

"쇤네 배운 것은 없사오나 사람 사는 이치는 깨닫고 사옵나이다."

숙종은 최씨의 말에 깊은 감동을 받았다. 사람 보는 눈이 일개 무수리의 눈에도 못 미친 자신이 부끄러웠다.

숙종은 주안상을 놓고 최씨와 민비에 대한 추억으로 술잔을 거푸 들었다. 거나하게 취한 숙종의 눈에 최씨의 얼굴은 화용월태였다.

그날 밤 숙종은 최씨와 술과 열락에 취해 보냈다.

그런 후 숙종은 최씨를 까맣게 잊고 있었다. 궁중에 무수리 최씨가 잉태했다는 소문이 나돌았다. 숙종은 그제서야 최씨를 내명부의 종4품인 숙원淑媛으로 봉했다. 그후 최씨가 왕자를 생산했다. 대신들이 최씨의 품계를 올리라고 숙종에게 청했다. 최 숙원은 정2품 소의昭儀에 봉해졌다.

무수리에서 내명부 정2품이 된 최씨는 끝내 영조의 등극을 보지 못하고 세상을 떠났다. 영조 즉위 후 외가를 양반으로 만들어 벼슬을 추증했다. 외조부에게 영의정을, 외조부의 아버지에게 좌찬성을, 외조부의 조부에게 이조판서를 증직했다. 지관 안씨의 말대로 외손이 발복한 것이다.

영조 어머니의 능은 소녕릉昭寧陵으로, 고령산 보광사 위쪽에 자리하고 있다.

영조의 눈물

영조는 즉위 후 어려서부터 겪어온 지긋지긋한 붕당 싸움을 무마해보기 위해 총력을 기울였다. 신하들에게 붕당의 폐해를 말하고, 한 당에 치우치지 않는 인사정책으로 탕평책蕩平策을 내세워 붕당을 조정해갔다.

김일경·목호룡 등이 고변을 일으켜 노론 4대신을 희생시켰던 것이 결국 무고로 드러났으나, 영조는 소론을 일시에 축출하지 않았다.

노론 4대신을 제거한 공으로 일약 동중추부사에 오르고 동성군에 피봉된 목호룡은 제 세상을 만난 듯 떵떵거렸다. 그는 초상화를 남기고 싶어 진재해란 화공을 불러 부탁했다. 그러나 진재해가 한마디로 거절했다.

"이 손으로 이미 선대왕의 용안을 그렸소. 차마 공의 얼굴을 그릴 수 없소."

목호룡은 화가 났으나 차마 죽이지는 못했다.

그는 김성기가 거문고를 잘 뜯는다는 소문을 듣고, 한강에 배를 띄우고 친구들과 뱃놀이를 즐기다가 하인을 시켜 말을 달려 성기를 데려오라고 했다.

김성기는 당대의 음악가요, 시인이었다. 원래는 상방尙房의 궁인이었으나, 활을 버리고 거문고·퉁소·비파를 배워 명인이 되었다. 창곡에도 뛰어나 많은 제자들을 양성하는 한편, 〈청구영언〉을 편찬한 김천택과 가까이 지냈다.

목호룡의 하인이 김성기에게 달려가 서찰을 내보였다.

'오늘 한강의 뱃놀이는 그대가 아니면 흥이 나지 않을 것 같아 초대하니 잠깐의 괴로움을 아끼지 말고 한번 돌아보기를 원하오.'

"가고 싶으나 병이 있어 못 간다고 전하라."

성기는 병을 핑계 대고 응하지 않았다. 목호룡은 친구들 앞에서 무안을 당하고 다시 하인을 보냈다.

'만일 끝내 오지 않으면 내 그대를 크게 욕보일 것이야.'

성기는 이때 한강 아래쪽에서 친한 손님들과 비파를 타며 놀고 있었다. 그는 목호룡의 공갈 서찰을 보고 분노를 참지 못하여 비파를 목호룡의 하인 앞에 던져버렸다.

"내 말을 목호룡에게 전하라! 내 나이 70이거늘, 목호룡 따위를 겁내겠느냐! 목호룡이 고변을 잘한다니 조정에 나를 고변하라고 해라! 내가 한 번 죽으면 그만이거늘 목호룡 따위에게 머리를 숙일 것 같으냐!"

목호룡의 하인은 혼쭐이 나 도망치다시피 성기가 있는 곳을 떠났다. 목호룡이 하인의 말을 듣고 금세 기운이 빠져 뱃놀이를 파해버렸다. 김성기는 그뒤 성안 출입을 끊어버렸다.

목호룡과 김일경은 영조에게 친국을 받으면서 끝내 영조를 임금으로 부르지 않고 '나으리'로 불러 화제가 되기도 했다. 결국 그들은 목이 달아났다.

이러한 과정을 겪으면서 영조는 조정에 탕평론을 점차 확산시켜갔다. 조정에서는 당론을 논하는 자가 줄어들었으나 그 뿌리는 여전하여 당습을 버리지는 못했다.

그럴 즈음 영조는 효장세자와 총애하던 현빈 조씨를 잃었다. 효장세자는 영조의 맏아들로서 장래가 촉망했으나 아깝게 요절하고 말았다.

영조는 둘째아들 사도세자를 세웠다. 그러자 세자를 에워싸고 도는 노론 일파가 당론으로 말썽을 일으켰다. 영조는 매우 불쾌했다. 엄히 단속하면 잠잠했다가, 조금이라도 느슨해지면 머리를 내밀고 싸움질이었다.

어느 날 영조는 이복형 경종의 능을 참배하고 따라온 우의정 이천보를 가까이 부른 후 능 앞에 엎드려 울음을 터뜨렸다. 이천보는 어찌할 바를 모르고 지켜볼 따름이었다. 영조는 한참을 울고 나서 우의정에게 말했다.

"오늘 내가 여기에 거둥한 것을 친제親祭하러 온 줄 알겠지만, 사실은 그렇지 않소. 승하하신 형에게 하소연하러 온 게요."

이렇게 말하고는 또 한바탕 울음을 터뜨렸다.

"하늘에 계신 형이시여! 신은 너무나 큰 누명을 쓰고 있나이다. 조정의 일부 신하들은 신이 형의 아우가 아니라고 하며 자리에서 물러나라고 하옵니다. 게다가 억울한 누명마저 덮어씌우려 하고 있나이다. 진정 억울하고 원통하옵나이다."

이천보가 보다 못해 영조를 만류했다.

"전하, 이러시면 아니되나이다. 어서 일어나시어 환궁하시옵소서."

천보는 영조를 부축했다. 영조는 아이처럼 떼를 썼다.

"아니되오. 나는 형에 대한 누명을 벗어야 하오. 나더러 형을 죽였다고 하는 신하들이 있다는 걸 내가 아오."

"당치도 않은 말씀이옵나이다. 전하, 환궁하시옵소서."

"싫소이다."

능 앞에 수행 신하들이 엎드려 영조의 환궁을 청하며 뙤약볕에 구슬땀을 흘렸다.

"전하, 환궁하시옵소서."

"우상은 들으시오. 지나간 날 나의 죄가 없음을 밝히도록 하오. 노론·소론이 서로 싸우는 데 나를 당쟁 속에 집어넣어 형에 대한 죄인이 되게 했소. 어찌 억울하지 않겠소."

"전하, 다 지나간 일이옵나이다. 오로지 선정만을 생각하시옵소서."

"신료들은 나에게 선정을 베풀라고 하나, 신하들이 협조하지 않으면 아무것도 되지 않는다는 것은 그대들이 잘 알지 않는가!"

"전하, 모든 것을 입궐하신 후로 미루시옵소서."

"입궐하면 모든 것이 해결되오?"

"하오면 당파 싸움의 원흉들을 목 베시옵소서."

호조판서 조영국이 짜증스러워 한마디 던졌다.

"나는 이 세상을 떠나 형 옆으로 가고 싶소."

영조는 괴로운 듯 고개를 숙이고 있었다.

이 기회를 노려 이조판서 조재호가 소론 일파를 은근히 공격했다.

"전하, 이광좌(소론 4대신)의 죄를 용서하시어 오늘과 같은 일을 당하시는 것이옵나이다. 이미 이광좌는 죽었다 하나 그의 잔당들을 징치하지 아니하여 전하의 괴로움만 더욱 깊어가는 것이옵나이다."

영조는 당론을 말하는 것임을 즉각 눈치챘다.

"이판의 말이 온당한 것처럼 들리지만, 이광좌는 그의 공로로 능히 속죄할 만하오."

"아니옵나이다. 광좌는 죄만 있을 뿐 아무런 공이 없었나이다."

조재호는 굽히지 않았다.

경종 때부터 노론·소론의 갈등이 심화되었다. 당시는 노론이 세를 얻었으나 소론이 일어나 노론을 쳤다. 노론은 경종 초년부터 강성하여 거침없이 왕세제를 세우고 자기들의 세력을 유지하려고 임금까지 좌지우지하려고 했다. 심지어 경종의 의문사는 노론이 손을 댄 것이라는 소문마저 퍼졌다.

영조 자신도 노론에 휩쓸려 임금이 되었으나, 경종의 의문사에서 자유롭지 못했다. 그리하여 영조는 경종의 능인 의릉에 나와 속죄하는 심정으로 임금을 그만두고 싶다고 하소연하고 있는 것이다. 그런데 이 자리에까지 따라나온 노론 신료들이 당론을 제기하여 소론을 씹는 것이었다.

영조는 환궁하여 우의정 이천보를 파직시켜버렸다.

영조는 의릉 참배 이후 무슨 일만 생기면 자리를 내놓겠다고 신하들에게 으름장을 놓았다.

"전에 한세량도 하늘에는 두 해가 없고 나라에는 두 임금이 없다고 했다. 대리인 세자를 왕으로 세워라! 전이한 이상에는 한 대궐에 두 임금이 있을 수 없다. 내가 밖으로 나가겠다."

이런 억지를 부렸다. 당황한 신하들이 어명을 거두라고 애걸했다. 그래도 영조는 보위를 내놓겠다고 억지를 부렸다. 영조는 선화문에 나와 세자에게 전위한다는 수서手書를 내렸다. 신하들은 수서를 거두라고 아우성이었다.

"나는 세제를 봉할 때 그만두겠노라고 강하게 반대하지 못한 것이 유감이다. 나는 오로지 죽고 싶을 뿐이다. 나는 형에 대한 죄인이다. 사약을 가져오든지 전교에 따르든지 하여 세자에게 양위하도록 차비를 하라!"

신하들이 말문이 막혀 몸을 떨었다.

"전하, 전지傳旨를 거두시옵소서."

김재로가 아뢰었다.

영조는 들은 척도 하지 않았다. 사실상 영조는 만사가 괴롭고 모든 것에 싫증이 나 있었다. 사도세자에게 물려주고 자유로워지고 싶었다. 그러나 사도세자가 보위를 물려받기에는 문제점이 많았다.

신료들은 영조를 졸라댔다. 이날 내린 수서를 태워 없애라고 애걸도 해보고 아우성도 쳐보았다. 영조는 신하들의 등쌀에 할 수 없이 수서를 촛불에 태워버렸다. 그러나 영조는 선위의 뜻을 굽히지 않았다. 영의정 이종성이 입궐하였을 때 선위한다는 글을 또 내렸다.

"전하, 세자의 나이 아직 장년이 되지 못했나이다. 백성들을 다스리기 괴로우시겠지만 조금만 더 기다리시옵소서."

이종성이 부드러운 말로 위로했다. 영조의 마음이 누그러졌다.

전위 소식이 퍼져 신하들이 또다시 몰려왔다.

"나를 제발 괴롭히지 말라!"

"전하, 전위 교지를 불태우소서."

신하들의 끈질긴 청에 영조는 창의궁으로 들어가 숨어버렸다.

세자가 창의궁으로 들어가 상소를 올렸다.

'…신은 아직 모자람이 많사옵나이다. 하교를 거두시고 종사와 백성들을 위해 하해와 같은 은총을 베풀어주시옵소서.'

다음날부터는 신하들이 환궁하라고 떠들어댔다. 영조가 듣지 않으므로 저잣거리의 장사꾼까지 동원하여 환궁 시위를 벌였다.

드디어 왕대비가 나섰다.

"주상, 어쩌자고 종사를 그르치려 하는 게요. 하루빨리 환궁하여 얼크러진 조정을 바로잡고, 슬퍼하는 백성들을 위로하시오."

영조는 할 수 없이 환궁하여 용상으로 돌아갔으나 늘 붕당 조정에 한시도 마음을 놓을 수 없었다. 게다가 경종의 의문사에 대한 부담까지 안고 있었다.

심마니를 살린 명재상

영조 때 영의정을 지낸 이종성李宗城은 자는 자고子固, 호는 오천梧川이다. 백사 이항복의 현손이었다.

그는 벼슬길에 나아가, 암행어사 시절 관서지방에 가서 군제를 바로잡고 탐관오리를 숙청하여 민심을 얻었다. 한때 이인좌의 난으로 영의정을 그만 두었다가 다시 조정에 복귀했다. 사도세자 보호에 힘써 그가 살아 있는 동안에는 그 어떤 농간도 통하지 않았다.

그가 형조판서 시절이었다. 그는 아무리 어려운 사건일지라도 공평하고 정대하게 잘 처리하기로 이름이 나 있었다.

약현에 사는 어느 가난한 사내가 아내와 상의했다.

"여보, 나 없이 한 10년 수절할 수 있소?"

"그걸 말이라고 하세요. 10년 아닌 100년이라도 몸을 깨끗이 할 자신이 있어요."

"정말 그럴 수 있을까?"

"내 정조를 의심하는 거예요?"

"사내 맛을 본 여자는 정조를 지키기 어렵다는데… 믿어도 될까?"

"못 믿겠으면 나를 데리고 가든가 집 밖으로 한 발짝도 나가지 마시구 려."

"이러지도 저러지도 못하고 고민일세."

"염려 말고 돈이나 많이 벌어와서 호강시켜주세요."

"이번에 가면 산삼을 캐기 전에는 집에 돌아오지 않을 게야. 한 10년 걸 릴 각오로 집을 나갈 생각일세."

"아니, 사내가 여편네 바람 피울까 무서워 할 일을 못한데서야 어디에 써 먹겠수. 작심하고 다녀오세요."

"당신만 믿고 떠나겠네. 늘 문단속 잘 하고 부자 될 꿈이나 꾸게나."

"객지에서 첫째도 둘째도 몸이 우선이에요. 몸을 함부로 굴리지 마세 요."

"당신같이 이쁜 마누라를 두고 내가 헛눈 팔게 생겼나. 그런 염려일랑 말 게."

사내는 10년 기한을 정하고 강계의 심마니를 따라나섰다.

사내의 이웃에 병조판서 김욱이 살았다. 김욱은 호색가였다. 기방 출입이 잦은데다가, 예쁘장한 계집종이거나 유부녀를 가리지 않고 통정을 즐겼다.

어느 날 김욱은 우연히 사내의 어여쁜 마누라를 발견하고 홀딱 반해버렸다. 하인을 통해 알아보니 남편이 심마니로 산삼을 캐러 나간 지 여러 해 되었다는 것이었다.

김욱은 망설이지 않았다. 날을 잡아 혼자 있는 여자 집으로 쳐들어갔다.

"뉘신데 밤늦게 찾아오셨수?"

여자가 선잠이 깨어 호롱불을 켰다.

"이웃집 판서 대감일세. 문을 열게나."

"판서 대감께서 어인 일로 이 밤중에 천한 집을 찾았나이까?"

"사연일랑 들어가서 얘기함세."

설마 하고 여자가 문고리를 따주었다. 김욱은 방으로 들어가 호롱불을 입으로 불어 끄고 불문 곡직 여자를 덮쳤다.

"나 좀 봐주게. 자네를 본 순간 내 숨이 꼴까닥 멈춰버렸네. 참을 수 없어 찾아온 내 마음을 받아주게나."

"대감 체면이 말이 아니네요. 나를 첩으로 앉히기라도 하시렵니까?"

"원한다면 그리 해줌세."

"약속했구먼요."

"암암, 어서 몸이나 열게."

"옛다, 맘껏 잡수시요. 나도 굶은 지 오래요."

여자가 김욱을 녹여놓았다. 한번 맛들인 군것질이 쉽게 끝날 리 없었다.

산삼을 캐러 간 심마니는 8년여 동안 산을 헤매다가 산삼 서너 뿌리를 캐어, 마누라 생각에 10년을 채우지 못하고 달려왔다. 사내는 빈손이었다. 아내가 앵돌아져버렸다.

"마음이 변했는가?"

"빈손으로 달려와서 어찌 살겠다는 거예요?"

"염려 말게. 편히 살 수 있을 만큼 산삼을 캐 왔네."

"산삼 어딨어요?"

"이 사람아, 들고 왔다가 도둑이 들어 훔쳐가면 그동안의 헛 세월을 누가 보상하나."

"어디에 감춰놓았나요?"

"응, 영은문 근처 돌기둥에 감춰놓았네."

"아이구 좋아라…."

아내가 사내에게 몸을 감아왔다. 사내가 아내를 안아보니 그동안 살이 토실토실 쪄 있었다.

"나 없는 새에 누가 거둬 먹였는가?"

"거둬 먹이기는요, 내가 열심히 일해서 먹고 살았네요."

사내는 의심 없이 아내를 사랑했다. 아내는 다른 사내를 배 위에 얹어놓았는데도 남편이 모른다는 것이 신기하기만 했다.

이튿날, 사내가 볼일을 보러 간 사이에 김욱이 들렀다.

"남편이 돌아왔다면서?"

"예에, 이젠 대감을 못 보겠네요."

"볼 수 있는 길이 있지."

"어떻게요?"

"산삼을 캐 왔다던가?"

"예에, 서너 뿌리를 영은문 근처 돌기둥 밑에 감춰놓았다구 허대요."

"그것을 내가 훔쳐오면 자네 남편은 또 산삼을 캐러 떠나고 우리는 예전 처럼 만나고… 꿩 먹고 알 먹고 좀 좋은가."

여자는 대답이 없었다. 판서 대감을 배에 올려놓아봐도 호강은커녕 고달 프기만 했다.

김욱은 하인을 시켜 산삼을 훔쳐왔다. 산삼을 잃어버린 사내는 눈이 뒤 집혔다. 백방으로 수소문하여 김욱과 아내의 통정 사실을 알아냈다. 그리 고 김욱이 산삼을 훔쳐간 것도 알아냈다. 관에 고소했으나 말짱 도루묵이 었다. 김욱이 판서라서 감히 건드리지 못했다.

이 소문이 떠돌아 형조판서 이종성의 귀에 들어갔다. 이종성이 김욱을 만났다.

"이보시오 병판, 심마니의 마누라를 보았으면 그만이지, 산삼까지 훔친단 말이오!"

"헛소문이올시다. 그런 일 없소이다."

"나를 화나게 할 참이오? 우리 집 하인을 시켜 그 산삼을 어디에 감춰두었는지 알고 있소이다. 이래도 잡아뗄 게요?"

김욱이 고개를 꺾었다.

"병판의 그 난봉끼는 얼마든지 눈감아줄 수 있소. 허나 가난한 백성이 캐온 산삼까지 훔친 것은 병판의 체통에 관한 문제요. 주상께 아뢰어야겠소."

"아이고 형판 대감, 한 번만 살려주시구려. 내 다시는 말썽을 일으키지 않으리다."

"어찌하시겠소?"

"산삼을 가져온 데다 도로 가져다놓겠소. 제발 없었던 일로 해주시오."

"그 여자를 계속 만날 거요?"

"아닙니다. 관계를 끊겠소이다."

"항상 배꼽 밑을 조심하시오. 패가망신하리다."

이종성은 김욱의 사건을 문제삼지 않았다. 심마니는 산삼을 찾아 약방에 팔아 거액의 돈을 손에 쥐었다. 사내는 아내를 데리고 약현을 떠나 다른 곳에 둥지를 틀고 넉넉한 살림을 꾸렸다.

당파가 반란으로—이인좌의 난

영조는 자신의 출신 성분에 열등감을 갖고 있었던데다가, 숙종의 아들이 아니라는 근거 없는 소문에까지 시달려야 했다. 조정에서 물러난 남인들은 영조를 임금으로 섬기지 않으려는 조짐마저 보였다. 남인들의 불평은 영조

등극 후 표면화되어갔다.

남인의 불평을 빌미삼아 이유익·조덕징 등이 밤에 몰래 밀풍군 탄坦의 집에 드나들었다. 밀풍군은 소현세자의 증손자였다. 조덕징은 밀풍군의 처조카였다.

"저, 아저씨, 주상이 숙종대왕의 아들 맞나요?"

"무슨 소리인가?"

"까맣게 모르고 계셨소?"

"뜬소문을 믿지 말게나."

"뜬소문이 아니라, 영남지방에서는 주상의 출생을 의심하고 있다 합니다."

"쉬잇! 그런 말을 함부로 입에 담았다가 어쩌려고 그러나."

"사실이 그렇다면 나라를 바로잡아야 하지 않겠습니까."

"그걸 무엇으로 증명하나?"

"증명할 수 없다고 가짜 임금을 섬긴단 말씀입니까."

"그만하게. 못 들은 걸로 하겠네."

조덕징은 밀풍군이 영조를 전혀 의심하지 않는다고 보지는 않았다. 조덕징은 밀풍군의 의사를 떠본 후 이유익·정행민·이사주 들과 모의했다.

"밀풍군의 의향은 어떻소?"

"극구 부인도 인정도 하지 않았소. 다만 의심하고 있다는 감은 잡았소."

"그럼 됐소. 이 길로 청주에 내려가 이인좌를 만납시다."

이들은 이인좌를 만나 구체적인 반란모의에 들어갔다.

"장안 공기는 어떻소?"

"조정에도 영조를 의심하는 신하들이 많소. 아무래도 이씨 종실은 경종 대에서 끝났다고 보는 견해가 많소."

"명분을 얻을 수 있는 좋은 기회요. 종친 중 누구를 추대하면 되겠소?"

"밀풍군과 접촉하고 있소. 막상 우리가 봉기하면 따를 것 같소."

"음… 때가 된 것 같소."

이인좌는 노론과 소론을 싹쓸이하려고 전부터 소론의 불평분자들을 규합하고 있었다.

이인좌는 김일경의 아들 영해와 목호룡의 형 시룡과 손을 잡고, 이들을 영남지방에 보내어 동계桐溪 정온鄭蘊의 후손인 희량을 포섭하도록 했다. 영남 남인들은 조정에 나가지 못한 한을 풀려고 기회를 노리고 있었다. 치열한 붕당 싸움을 한바탕 전쟁으로 해결하려고 소론 일부와 남인들이 손을 잡은 것이다. 조정의 총융사 김중기와 금군대장 남태징이 이들과 뜻을 같이했다. 그리고 평안병사 이사성도 합류하기로 약조가 되어 있었다.

이인좌는 민심을 동요시키려고 전주와 서울 서소문에 괘서를 붙였다.

'…지금 왕은 가짜이니 진짜 왕을 새로 세워야 한다….'

조정에서는 괘서의 정체를 파악하려고 현상금까지 내걸었다. 그러나 한 사람도 잡지 못했다.

서울 민심이 동요했다. 피란 보따리에 이골이 난 민중들이었다. 벌써 피란 보따리가 보였다. 며칠 전부터 송파나루는 피란을 떠나는 백성들로 하여 나룻배가 제대로 움직이지 못할 지경이었다. 이런 민심을 조정에서는 감지하지 못하고 있었다.

무신년인 영조 즉위 4년, 경종 때 우의정을 지낸 최규서가 용인에 살다가 이인좌의 역모를 고변했다. 영조는 영의정 조태억을 비롯하여 여러 대신들을 희정당으로 불러들였다.

"최규서의 고변에 용인에 사는 안호·안부 형제가 종 막실과 함께 크게 반란을 일으킨다는 것이오. 이들이 3월 15일 장안으로 쳐들어온다고 했소."

"전하, 우선 최규서를 불러들여 자초지종을 하문하시옵소서."

최규서가 급히 대궐에 들었다. 그의 말은 간단했다.

"전하, 송전에 사는 장흠을 잡아 문초하면 알 것이나이다."

때마침 수원부사 송진명이 용인의 정관빈의 고변을 조정에 전해왔다. 역도들이 서울로 쳐들어온다는 것이었다.

청주에서는 태평이었다. 절도사 이봉상과 청주목사 박당이 영문 안에서 술상을 차려놓고 기생들의 노래와 춤을 즐기고 있었다. 박당이 켱기는 점이 있어 절도사에게 말했다.

"대감, 세상이 어수선하오. 주막거리에 무뢰한들이 모여든다는 소문이오. 어찌 생각하오?"

"주막에 무뢰한들이야 항상 모이는 것 아니오."

"관졸들을 보내어 알아보는 것이 어떻겠소?"

"쓸데없는 걱정 마시오. 자, 술이나 마십시다."

이봉상은 주색에 빠져 정신을 차리지 못했다. 청주성 관아의 기생이 이인좌와 통하여 관아의 돌아가는 내막을 죄다 알려주었다.

청주 관아에서 손을 놓고 있을 때, 이인좌 일당인 권서봉은 양성(안성)에서 청주로 군사를 두세 명씩 짝을 지어 거지차림으로 변장시켜 청주성 주막 근처로 보냈다. 그 거지들이 무뢰한처럼 보여 박당이 의심했으나, 절도사는 천하태평이었다.

이인좌 일당은 청주성 안으로 무기를 들여보냈다. 상여를 꾸며 그 안에 무기를 잔뜩 쌓아 의심받지 않고 청주성 안으로 반입했다. 반란군의 계획이 착오 없이 진행되었다.

절도사와 목사의 향응은 밤이 이슥한 후에야 끝이 났다. 이봉상은 기생을 끼고 잠자리에 들었다.

그날 밤, 자정이 넘어 이인좌가 내통한 절도사의 비장 양덕부의 안내를 받아 청주성으로 들어왔다. 반란군이 따라 들어와 미리 성안에 반입된 무기를 들고 성안의 관군들을 가차없이 짓밟아버렸다.

이인좌는 이봉상이 곯아떨어진 별당을 덮쳤다. 습격을 받은 이봉상은 알몸으로 잡혔다. 목사 박당은 어느새 줄행랑을 놓았다. 청주성은 싸움 한번 해보지 못하고 이인좌에게 내주었다.

청주성을 장악한 이인좌는 권서봉 등의 추대로 대원수가 되었다. 이인좌는 권서봉을 청주목사로, 신천영을 병사로, 박종원을 영장으로 각각 임명하고, 격문을 여러 장 만들어 각 지방에 돌렸다.

'…지금 임금은 숙종의 아들이 아니다. 영조는 경종을 시해하고 스스로 보위에 올랐다. 우리는 참임금을 세우려고 궐기했다. 왕대비(어씨 : 경종의 비)의 밀조를 받아 밀풍군을 받들어 종사의 계통을 세우고자 한다. 충의를 아는 신료들은 우리의 기치 아래로 모여라…'

영남 일대는 흥분의 도가니였다. 격문을 보고 많은 이들이 정희량의 휘하에 모여들었다.

조정에서는 난리가 난 뒤에 오명항을 도순무사로, 박찬신을 중군으로, 박문수와 조현명을 종사관으로 임명하여 즉시 청주로 내려보냈다. 오명항은 군사를 거느리고 소사평에서 직산으로 가던 도중 작은 산 중턱에서 반란군을 만났다.

이날은 비바람이 몰아쳐 관군과 반란군은 야밤에 활과 총을 마구잡이로 쏘아대며 혼전을 벌였다.

이인좌·박종원은 직산에서 관군을 만나, 안성 청룡산으로 들어가 남쪽에서 올라오는 정희량 군사를 기다리기로 했다. 종사관 박문수는 반란군이 지난밤 치명적인 타격을 입은 것을 알고 서둘러 청룡산을 포위했다. 박찬신 부대가 청룡산을 포위하고 산 아래 마을에 진을 친 적의 영장 박종원을 죽였다. 반란군은 죽산으로 도망쳤다. 관군은 죽산읍에서부터 반란군을 포위하여 도망치는 자들을 쫓아 노루목에서 크게 승리했다.

이인좌는 포위망을 뚫고 도망칠 길이 없어 죽산 읍내 민가로 숨어들었다. 관군이 정행민(정인지의 후손)을 사로잡았다. 이인좌는 또다시 도망쳐 근처의 절에 숨어들었다. 죽산 촌민 신길만이 중의 협조를 받아 이인좌를 잡아다가 관군에게 바쳤다.

한편, 영남에서 난을 일으킨 정희량과 이웅보는 선산부사 박필건이 잡아 한양으로 압송했다. 이인좌의 난은 싱겁게 진압되었으나 후유증은 매우 컸다.

영조는 적당들을 친히 국문했다.

"네 어찌 반란을 일으켰느냐?"

"주상은 선왕의 아들이 아니오."

"무엇으로 증명할 수 있느냐?"

"백성들의 말이 그렇소."

"백성들의 말만을 믿고 난리를 일으킬 수 있느냐?"

"왕통을 바로 세워야 할 게 아니오."

"지금도 나를 선왕의 아들이라고 보지 않느냐?"

"잘 모르겠소."

"나를 자세히 보아라."

이인좌는 영조의 얼굴을 뚫어지게 쳐다보았다.

"전하의 용안이 선대왕의 용안과 흡사하오. 신이 사람의 말을 잘못 믿어 이 지경이 되었나이다. 진작 전하의 용안을 뵈었더라면 이 지경이 되지는 않았을 것이옵나이다."

이인좌의 난에 관련된 자가 무려 60여 명이나 되었다.

이인좌는 윤휴의 손녀사위로서 그의 자손까지 귀양 보냈다. 이인좌를 비롯한 괴수들은 죄다 참형당했다.

영조는 이 난리의 원인이 당파 싸움에 있다고 보았다. 노론의 거두 민진원과 소론의 거두 이광좌를 한자리에 불러들였다. 영조는 한 손에 이광좌를, 다른 손에 민진원을 잡고 화해하라고 말했다.

"오늘 이 나라가 이 지경이 된 것은 경들과 나 사이에 거리가 있는 까닭이오. 서로 화해하고 두 사람 모두 조정에서 국사를 바로잡도록 하오."

"전하의 은혜 백골난망이오나, 밖에 나가 신의 뜻을 올리겠나이다."

이광좌가 빠져나가려고 했다.

"여기서 화해하지 않으면 경의 손을 놓아줄 수 없소."

"전하, 쉽사리 해결될 사안이 아니옵나이다."

이광좌는 끝내 고집을 부렸다.

"전하, 신도 함께 전하를 모실 마음이 없사옵나이다. 강호에 한가한 몸이 되고자 하옵나이다."

민진원도 지지 않았다.

"두 사람 중 한 사람이 물러나면 타협이 아니되오."

"신이 이광좌와 화해한다고 나라에 무슨 이익이 있겠나이까."

"그것은 경의 좁은 생각이오."

"신은 차라리 전하께 벌을 받겠나이다."

"신은 신병이 있사옵나이다. 지금 몸이 괴롭사오니 신의 손을 놓아주시옵소서."

이광좌는 빠져나갈 궁리만 했다.

영조가 끈기 있게 두 사람을 설득하여 두 사람에게 1개월간 조정에 남겠다는 약속을 받아냈으나 아무런 의미가 없었다. 붕당의 골은 깊이 패어 이미 감정 싸움이 된 지 오래였다. 명분도 점점 약해져갔다.

어사의 대명사 박문수

박문수朴文秀의 자는 성보成甫, 호는 기은耆隱이다. 그는 성보로 많이 불렸다. 그의 어린 시절은 불행했다. 여섯 살 때 할아버지를 여의고, 여덟 살 때 아버지마저 세상을 떠나 고아가 되었다. 삼촌에게 의존, 먼 친척 일가에게 글을 배웠다. 다행히도 소론의 거두 이광좌와 인척 관계여서 그의 도움을 많이 받았다.

박문수는 영조에게 가장 신임을 받은 신하였다. 그러나 그의 최종 벼슬은 판서였다. 영조는 그가 재상이 못되는 이유에 대해 바른말을 잘하고 포용력이 부족하다고 지적했다.

영조 초기 박문수는 어명을 받고 암행어사가 되어, 호서지방을 두루 돌아보고 서울로 올라올 작정으로 보은골로 들어섰다. 그동안 각 지방 수령들의 목민관 됨됨이에 따라 훈계도 하고 적발도 하며 바쁜 일정을 보냈다.

박문수는 심신이 지쳐 보은 속리산 속으로 들어갔다. 호서지방에는 양반들이 많이 살았다. 충청도 양반이란 말이 공연히 생긴 말이 아니었다. 그런데 양반들이 여러 대 내려오면서 질서가 문란해지고, 특히 남녀관계가 상당히 문란해져갔다.

박문수는 설마 산 속에서까지 남녀상열지사가 일어날까 하여 한번 시험해보려고 했다.

때마침 가을이어서 온 산이 붉게 타오르고, 푸른 하늘과 어울려 산 어디를 보나 절경이었다. 박문수는 고개마루에 앉아 넋을 잃고 산을 구경하다가 해거름 무렵에 산 아래 마을로 내려왔다. 그는 여기저기 기웃거리다가 한 오두막으로 들어갔다. 그 집은 방 한 칸, 부엌 한 칸으로 몹시 초라했다.

"아무도 없느냐!"

문수가 싸리문 밖에서 기척을 넣었다. 아무런 대답이 없었다.

"이리 오너라!"

"야밤에 누구요?"

한 여인이 촛불을 들고 나왔다. 얼핏 보기에 30대 초반으로 예쁜 얼굴이었다.

"지나가는 행인이오. 날이 저물어 염치를 무릅쓰고 찾아왔소. 하룻밤 신세 지고 싶소."

"단칸방인디 어쩐대유. 괜찮겠시유?"

여인이 부끄러운 빛 없이 말했다.

"시방 그런 체면 따질 때가 아닌가 싶소. 재워준다면 들어가리다."

"들어오셔유."

방바닥에 삿자리가 깔려 있었으나 깨끗한 편이었다.

"저녁 어찌셨시유?"

"아직 못 먹었소."

"기다리셔유."

여인이 부엌으로 나가 상을 봐왔다. 개다리소반에 잡곡밥과 산채 서너 접시가 반찬의 전부였다.

"보시다시피 이렇네유. 시장이 반찬일 터인디 잡수셔유."

"고맙소이다."

박문수는 시장한 김에 잡곡밥을 나물에 비벼 맛있게 먹고 숭늉으로 입을 헹구었다. 그러고 나서 막상 자려고 하니 왠지 내키지 않았다.

"이거 아무래도 안되겠소. 부엌으로 나가 자겠소."

"괜찮아유. 이 근방에는 우리 집 한 채 뿐이구먼유. 좀 불편하시더래두 이 방에서 주무셔유. 지는 하던 바느질 마치고 윗목에서 자겠구만유."

문수가 보기에 아무래도 곡절이 있는 여자였다. 외간 남자를 방에 들이고 태연한 것도 그렇고, 부엌에 나가 자겠다는데도 굳이 아랫목에서 자라고 권유한 것도 그랬다.

문수는 모른 체하고 아랫목에 드러누웠다. 잠이 올 리 없었다. 외짝문 밑에서 귀뚜라미가 방정맞게 울어댔다.

시간이 얼마나 흘렀을까. 여인은 반짇고리를 옆으로 밀치고 불을 끄고 문수 옆에 눕는 것이었다. 문수는 여인의 정조를 떠보고 싶었다. 문수는 잠덧을 하는 체하고 돌아누워 자기 다리를 여자의 배 위에 턱 걸쳐놓았다.

"이 양반 잠버릇이 고약허네유."

여자가 군시렁거리며 문수의 다리를 슬그머니 밀어버렸다. 한참 기다렸다가 문수는 다시 다리를 여자의 사타구니 쪽에 갖다댔다. 여인이 벌떡 일어나 호롱불에 불을 켰다. 문수는 금방 잠이 깨어 눈이 부시다는 듯 손으로 눈을 가리며 능청을 떨었다.

"벌써 날이 샜나?"

여자가 무서운 얼굴로 말했다.

"점잖은 손님으로 알고 잠을 재워줬더니 무슨 수작이대유. 내가 모를 줄 아셨어유? 당신 같은 양반은 그냥 둘 수 없시유. 우리 집은 경상도로 넘어가는 길목이어서 과객이 이따금 들르는 곳이유. 이제껏 과객을 많이 재워주었지만유, 당신같이 엉큼한 사람은 보지 못했시유. 말로 따끔하게 타이르고 고치려 했으나 안되겠시유. 다른 곳에 가서 이 버르장머리를 고치게끔 회초리로 때리겠시유."

"내가 잘못했나 보오. 한 번만 용서하시오."

"안되겠시유. 당장 일어서서 종아리를 걷어유."

문수는 속으로 훌륭한 여자라고 생각하며 남자 체면이 있는데 설마 종아리를 때리겠느냐 했는데 여자가 거세게 나왔다.

"참말로 나를 때리겠소?"

"내가 거짓인 줄 알았시유? 내일 아침 관가로 잡혀가지 않으려믄 종아리를 맞아야 해유."

문수는 일어서서 종아리를 걷었다. 여자는 밀쳐두었던 반짇고리에서 자를 꺼내어 문수의 종아리를 힘껏 때렸다. 문수의 눈에서 별이 번쩍였다. 드디어 잣대가 부러져버렸다.

"손님의 앞날을 위해 몇 대 더 때리려 했시유. 잣대가 부러져 헐 수 없구만유. 날이 새려면 아직 멀었으니 아랫목에서 주무세유."

문수는 기가 막혔다. 잠이 오지 않았다. 어둠 속에 여자의 모로 누운 모습이 보였다.

"여보시오 부인, 댁의 정조를 알 만하오. 웬만한 여자들은 남자들의 꾐에 넘어간다는데 댁은 무서운 여자요."

"나그네 양반, 사람이 짐승과 다른 점이 무엇이대유. 남자는 지조, 여자는 정조 아니것시유. 어서 자기나 허세유."

때마침 마당에 발소리가 들렸다. 여자가 일어나 불을 켰다. 방 안으로 한 사내가 들어왔다.

"여보, 손님 왔남?"

"야, 저녁에 오신 손님이구만유."

"저녁상은 차려드렸남?"

"야."

여자가 부엌으로 갔다. 사내가 부엌으로 뒤따라나갔다. 내외가 수군거리더니 방으로 들어왔다.

"어이, 손님, 자는 척 마유. 일어나라구유."

문수가 부시시 눈을 뜨는 체했다. 사내의 손에 새끼줄이 들려 있었다.

"네 이노옴! 이 새끼로 묶어서 죽여버리겠다!"

사내는 새끼줄로 문수를 엮어 매었다. 문수는 반항할 수 없었다. 사내의 몸집이 크고 힘이 장사였다.

그러는 새에 동이 터왔다. 사내는 얽어맨 문수를 꿀을 담는 큰 구렁에 넣었다. 구렁을 앞마당 큰 나뭇가지에 매달아놓았다.

이제는 꼼짝없이 죽었구나 싶었다. 문수는 자기의 신분을 밝힐까 하다가 그만두었다. 그런데 사내가 활을 들고 나왔다. 문수는 더 지체할 수 없어 외쳤다.

"네 이놈! 나는 암행어사다!"

말소리와 동시에 화살이 날아와 매단 구렁의 줄을 맞혀버렸다. 구렁이 땅에 떨어지는 순간 문수는 정신을 잃었다.

한참 후에 문수는 눈을 떴다. 사내가 빙그레 웃고 있었다.

"정신 들었시유? 댁은 잘해야 판서밖에 못되겠시유. 영의정감이 되나 싶었는데 졸장부구만유."

사내는 문수를 풀어주고 다시 방으로 안내했다. 방 안에 술상이 마련되어 있었다. 문수는 서너 잔을 거푸 들이켰다.

"손님, 수고허셨시유. 내 장난이 너무 심했지유? 앞으로 성공하시유. 나는 속리산 사냥꾼이구만유."

사내는 아침을 먹고 이내 사냥을 간다며 떠나버렸다. 문수도 서둘러 그 집을 나와 보은골로 내려왔다. 내려오면서 생각하니 지난밤부터 일어난 일이 수상쩍기도 하고 괘씸하기도 했다. 특히 죽음 직전에서 살아난 원통함이 분하게 여겨졌다.

보은 관아에 들른 문수는 그곳 현령을 시켜 사냥꾼을 잡아오라고 했다.

포졸들이 몰려가 사냥꾼을 잡아왔다.

"네 이노옴! 네 죄를 알렷다!"

문수가 호통을 쳤다. 사냥꾼이 문수를 쳐다보았다.

"이놈은 아무 죄도 없구만유. 죄가 있다믄 지나는 길손을 재워준 것뿐이어유."

"네 죄를 바른 대로 대라! 거짓말을 하면 목이 달아날 줄 알라!"

"이놈은 목이 달아난다 한들 잘못이 없구만유."

"아니되겠다. 저놈을 죽이되 그냥 죽이지 말고, 동헌 앞 당산나무에 매달아라! 그런 후 내 명령을 기다려라!"

포졸들이 명령에 따랐다.

문수는 명궁수를 불러 50보 거리에서 사람은 쏘지 말고 매단 줄을 쏘라고 말했다. 명궁수가 활을 당겼다가 놓았다. 쉬잇 소리와 함께 줄이 끊어지고 사냥꾼이 땅에 떨어져 나뒹굴었다.

"너를 죽일 것으로되 살려준다. 너는 지금 죽음을 앞에 두고도 어찌 살려달라고 애원하지 않느냐?"

"이놈이 무슨 생각을 했는지 아직 모르는구만유. 사람은 잘못이 없으면 절대로 죽지 않는구만유."

문수는 참고 있던 웃음을 활달하게 웃었다.

"네 말이 백 번 맞다. 나는 실은 산골에 홀로 있는 여자의 정조가 얼마나 지켜지는지 시험해보았다. 집에 돌아가거든 네 아내에게 내가 상을 주겠노라고 일러라."

다음날 아침, 문수는 보은에서 미원을 거쳐 청주로 들어가지 않고 괴산 방향으로 길을 잡았다. 가는 길에 청천리 화양동을 지나 사평 근처에 이르렀다. 여기까지는 속리산 줄기로서 두메산골이었다.

어느 부락에 닿아 잠시 쉬었다. 며칠 전 연풍 근처 주막에서 칼부림 사건이 일어났다고 수군거렸다. 문수는 궁금해서 괴산길을 버리고 연풍으로 서둘러 갔다. 이 길은 새재로 가는 길로 한 고개만 넘으면 문경이었다.

해거름 무렵, 연풍 못 미쳐 문제의 주막에 닿았다. 산골이어서 손님이 없어 쓸쓸하기만 했다. 예전에는 이 근처에 주막이 서너 집이나 있었다. 그런데 화적떼가 자주 출몰하여 다 떠나고 이 집 하나만 남아 손님을 맞았다.

문수는 날이 저물어 주막에 들어갔다. 젊은 여인이 문수를 맞았다.

"손님, 미안허네유. 아무것도 없시유. 다른 곳으로 가보세유."

"이 밤에 어디로 가겠소. 부엌이라도 좋으니 하룻밤 묵어가게 해주시오."

"딱도 허네유. 정 그러시다면 들어오세유."

문수는 안으로 들어갔다. 방 겸 부엌 겸 봉당이 모두 합쳐 두어 칸 되었다. 주인 아낙이 밥상을 차려주었다. 역시 잡곡밥에 산나물 두어 가지였다. 문수는 서너 숟갈 뜨고 상을 물린 후 아랫목에 드러누웠다.

밤이 깊어갔다. 윗목에 누워 있던 아낙이 아랫목 쪽으로 잠덧을 하듯 굴러내려왔다. 문수는 자는 시늉을 하고 숨을 죽였다. 여자가 문수 곁으로 가까이 다가와 슬그머니 수작을 부렸다. 손을 문수의 가슴에 얹어보기도 하고 다리를 문수의 목에 턱 걸치기도 했다. 문수는 자는 척하고 죽은 듯이 누워 있었다. 여자는 손으로 문수의 아랫도리를 더듬었다. 그 손을 문수가 꽉 잡았다가 놓아주었다.

여자가 한참 동안 잠잠해지더니 또 다시 더듬어왔다. 어떻게 할까 궁리를 하고 있는데, 어느새 여자가 알몸으로 다가왔다. 문수는 살며시 일어나 윗목으로 피했다. 그러자 여자가 다시 윗목으로 굴러왔다. 여자의 손이 거침없이 문수의 사타구니를 더듬었다. 문수는 그 손을 우악스럽게 잡고 호롱불에 불을 댕겼다.

"방자하구려. 수년 동안 객지로 나돌고 있지만 오늘 같은 일은 처음이오. 여자란 정조를 지켜야 아름다운 법이오."

여자는 한껏 교태를 부리며 말했다.

"이 방에 우리 둘뿐이네유. 정분 좀 났다구 어디 덧나남유."

문수는 어이가 없어 밖으로 뛰쳐나와 회초리를 가지고 들어왔다.

"부인의 행동을 눈감아줄 수 없소. 뒷날을 경계하는 뜻에서 내가 부인의 종아리를 때리겠소. 얼른 일어나 옷을 입고 똑바로 서시오!"

여자는 못 들은 체하고 누워 있었다.

"일어나지 못할까!"

문수가 호통을 쳤다. 그제야 여자가 벌떡 일어나 옷을 입고 문수 앞에 서서 추파를 던졌다.

"맴은 굴뚝같으믄서 양반 흉내 내지 마유. 양반은 뭐 옹달샘을 싫어하남유."

"이런 앙큼한 것! 입을 함부로 놀리지 마라!"

그때였다. 뒷문이 열리면서 수염이 텁수룩한 사내가 뛰어들었다.

"이제 오시남유? 이 손님이 나를 귀찮게 허는 바람에 시달림당허고 있네유."

여자가 사내의 팔에 매달렸다. 사내가 뿌리치고 문수 앞에 엎드렸다.

"손님, 이제사 알겠구만유. 이 계집이 지 마누란디유, 이놈이 아까부터 밖에서 듣고 있었구만유. 며칠 전에도 이런 일이 있어서 칼부림이 나기까지 했는디유 지 버릇 개 못 주네유."

"주인장, 미안하오. 하룻밤 신세를 지려다가 이 지경이 되었소."

"지금 여편네의 부정한 행실을 바로잡아주시려는 손님의 은혜 태산같습니다유."

"무슨 일이 또 있었소?"

"닷새 전에도 저놈의 여편네가 행인허고 붙어 있는 것을 이놈이 보고 칼로 찔러버렸지유. 그 사내는 다행히 죽지 않고 관에 갇혀 있시유. 그런디 그 사내가 간통헌 것이 아니라, 저년이 꼬리를 쳐서 걸려든 것이라고 주장허고 있시유. 오늘밤 보니 그 사내 말이 맞구먼유."

"그런 일이 있었구만. 이제 당신 아내도 정신을 차릴 게요."

이튿날 문수는 충주 관아에 들러 억울하게 갇힌 사내를 구해주고 칼부림

사건을 마무리지었다. 그리고 나서 속리산 자락의 경상도 상주 쪽으로 발
길을 돌렸다. 거기도 산골이었다.

이미 겨울이 성큼 다가와 속리산 봉우리들이 허연 눈을 덮어쓰고 있었
다.

그곳 상주 주막은 개점 휴업이었다. 오가는 손님이 없으니 장사가 될 리
없었다. 어쩌다가 사냥꾼을 통해 멧돼지를 잡거나 노루를 잡으면 인근 동
네 사람들을 상대로 술을 팔았다. 주막에 꼬이는 사람들이라곤 남의 집 머
슴살이하는 이들이 고작이었다.

이들은 1년에 한 철 쉬는 겨울을 흥청거리며 마시고 노는 것으로 보내려
고 했으나 그런 기회마저 쉽게 찾아오지 않았다. 그런데 속리산 산자락의
상주 쪽 고을 용유골 주막에 경사가 났다. 멧돼지를 잡아 주막에서 술을 팔
았다. 용유골 이웃 마을 머슴패들이 둘셋씩 짝을 지어 주막으로 모여들었
다. 삽시간에 주막이 꽉 차 북적거렸다.

"내일 삼수갑산에 갈 망정 오늘은 실컷 먹고 보세."

"암, 이런 기회가 1년에 몇 번이나 온다고 놓치나. 어서 들게."

이들은 짝짝이 모여 멧돼지 안주로 술을 즐겼다.

술이 거나하게 오르자 화제는 자연히 양반들의 착취로 불이 붙었다. 그
무렵에 조정에서는 군포軍布 문제로 말썽이 많았다. 군포를 피해 달아나
는 유민들이 늘어나고, 양반은 이리저리 빠져 군포를 내지 않는 폐단이 있
었다.

"세상에 군포만 없어도 살맛날 게야. 어느 놈이 만들어놓았는지 군포란
괴물이야."

"양반 녀석들이 만들어놓은 괴물이지. 저희들은 내지 않으면서 우리들
만 잡는 그 따위 법이 어딨어."

"세상이 확 뒤집어져야 해. 양반놈들 눈 뒤집어까고 죽는 꼴을 봤으면 속
시원하겠구먼."

이들은 양반들을 질근질근 씹으며 기고만장이었다.

"주모, 외상이오. 여기 고기 한 접시 더 주고 탁배기는 아예 동이째 주구려."

"외상이면 어때요. 금년 추수 잘 했겠다, 외상이 어디 가겠수."

"암, 그렇지. 선 새경 받으면 외상값부터 갚을껴."

이런 식으로 서너 차례 마시면 한 해 새경이 온데간데없었다. 술을 곱게 마시면 괜찮겠지만, 주막집 방에 아래위 마을 사람들이 섞이고 재 너머 사람까지 한데 엉기면 술판 뒤끝은 싸움으로 이어졌다.

이날 일어난 싸움은 두레가 주범이었다. 네가 잘하느니 네가 못하느니 하다가 싸움이 벌어진 것이다.

"이 자슥아! 너희 동네 두레가 뭐 잘한다고 까불어."

"야, 말조심해. 우리 동네 두레는 전통이 있어. 함부로 말하지 마!"

"웃기지 마! 술이나 처먹고 꺼져!"

"뭐가 어째?"

"노려보면 어쩔껴!"

"짜아식, 죽고 싶어 환장했구나!"

"그래, 죽고 싶다 왜?"

드잡이가 나버렸다. 직신직신 주막집 술잔·접시·술동이가 깨지고, 서로 피를 튀겼다. 이들은 싸움을 하는 것이 아니라 속에 쌓인 한풀이를 하고 있었다.

싸움이 파한 후 주막집은 전쟁터 같았다. 주모는 큰 손해를 보고 분에 못 이겨 두 동네 사람들을 관에 고발해버렸다. 그런데 소문이 묘하게 나버렸다. 젊은 사람이 주모를 건드리려다가 잘되지 않아 싸움을 일으켜 칼부림이 났다는 것이다. 실은 따지고 보면 아무것도 아니었다.

어사 박문수가 산골의 인심을 돌아보고 다시 충주로 나왔다. 충주목사가 용유골에서 벌어진 사소한 싸움질까지 문수에게 상의해왔다. 한번 안 이상 문수가 그냥 넘길 수 없었다. 즉시 두 마을 사람들을 불러 심문했다.

"무슨 일로 싸웠느냐?"

"그저 잘못했나이다. 용서해주소서."

"두레를 놓고 내가 잘한다, 네가 못한다 하고 싸움이 벌어졌나이다."

문수는 어이가 없었다.

"어느 놈이 주모를 희롱했느냐?"

"예에? 무슨 말씀이나이까? 그런 일 없나이다."

"발뺌하지 마라. 고소장에 적혀 있느니라!"

"그런 일이 절대로 없나이다. 목숨 걸고 맹세하나이다."

문제는 지방의 아전들에게 있었다. 송사가 나면 아전들이 일을 크게 벌려 소장을 조작하여 소송 당사자에게 금품을 울궈내는 나쁜 관습이 자리잡고 있었다. 두레 얘기로 싸운 것을 아전이 주모 간음 운운하고 소장에 적어넣었다. 그러고는 소문을 주모를 간음하려다가 싸움이 났다고 크게 낸 것이다.

박문수는 더 묻지 않고 이들을 모두 석방시켰다. 그리고 아전을 철저히 조사하여 범인을 가려냈다. 이방·형방 아전이 짜고 한 것이었다.

"이놈들! 죄를 짓지 않은 선량한 백성들을 잡아넣은 적 있느냐!"

"없나이다."

"매우 쳐라!"

아전들은 곤장 열 대를 맞고 죄를 훌훌 털어놓았다. 온갖 죄상이 낱낱이 드러났다. 박문수는 큰 수확을 거두었다. 아전을 앞세워 고을 원이 배후 조정한 사건도 부지기수였다.

조정은 붕당으로 썩어가고 지방은 착취로 무너져내리고 있었다.

은안백마에 술 향기

영조의 비 서씨가 66세로 세상을 떠났다. 대궐의 안방을 비워둘 수 없어 영조는 계비를 들이려 했다. 그런데 조정대신들이 주청을 하지 않았다. 영조는 괘씸하여 조정의 원로대신 조재호와 유척기를 귀양 보냈다. 예조에서 서둘러 계비를 모실 것을 주청했다. 그리하여 66세의 신랑 영조는 15세의 신부 김씨를 맞아 계비로 삼았다. 신랑과 신부의 나이 차이가 무려 51세나 되었다.

영조에게 총애를 받던 문 숙원이 있었다. 문 숙원은 영조가 나이 어린 계비를 맞아들이자 질투를 느꼈다. 아직 30세 미만이었던 문 숙원이 왕비를 꿈꾸었으나 집안이 워낙 미천하여 꿈을 이룰 수 없었다.

영조는 문 숙원의 심정을 이해하여 특별히 총애했다.

"마마, 청이 하나 있나이다."

"숙원이 내게 청이?"

"그러하옵나이다. 몇 년을 망설이다가 겨우 말씀 드리는 것이오니 신첩의 청을 물리지 마시옵소서."

"어서 말해보라!"

"신첩의 친정 식구를 좀 도와주시옵소서."

"어떻게 도와달라는 말인고?"

"친정 동생이 하나 있사온데 영특하여 큰일을 맡길 만하옵나이다."

"그런 동생이 있었는가? 왜 진작 말하지 않았는가?"

"마마께 심려를 끼쳐드릴까 봐 미루어왔나이다."

"염려 말게. 수일 내로 자리를 마련함세."

영조는 문 숙원의 마음 씀씀이가 곱게 느껴져 무엇이든 들어주고 싶었다.

문 숙원의 동생 문성국은 어느 날 갑자기 육상궁의 소감少監 벼슬을 받았다. 육상궁은 영조의 어머니 최씨의 별묘이며 임금이 자주 왕래하는 곳으로, 신임 있는 자가 아니면 맡기 어려운 직이었다. 문성국은 이 좋은 자리의 수장이 되었다. 제사를 맡아보는 전사典事 등은 문성국에게 굽실거렸다.

문성국은 아침에 등청하여 얼굴을 내민 후 자기 집으로 퇴청하여 친구들을 불러모아 술타령이었다. 음식은 죄다 궁중에서 문 숙원이 보내주었다.

문성국은 불쌍한 친구들을 많이 도와주어 제법 호걸로 소문이 나 있었다. 그리하여 따르는 자들이 늘어났다. 그는 점점 교만에 빠졌다. 자기 집에서 연회를 즐기다가 취흥이 도도해지면 친구들을 데리고 밖으로 나왔다. 문성국이 맨 앞에서 말을 몰았다. 은으로 장식한 말안장 위에 올라앉아 유곽으로 가는 것이었다.

어떤 때는 취흥에 겨워 한강에 나가 뱃놀이를 즐겼다. 기생들의 청아한 목소리가 강에 퍼지고 돛단배가 미끄러지듯 강을 누볐다. 어느 날 문성국은 뱃놀이를 하다가 친구와 입씨름을 하기 시작했다.

"야, 이 날건달아, 술이나 마셔라."

"뭐 나더러 날건달이라고? 너는 건달 아니었나?"

"나는 육상궁 소감이니라."

"소감 좋아하네. 늙은 임금에게 몸 판 누님 덕에 얻은 벼슬도 벼슬이냐!"

"뭐이 어째? 말이면 다냐. 너 목이 달아나고 싶으냐?"

"야 임마, 그 따위 권력으로 친구 목이나 벨 셈이냐?"

문성국은 꾹 참았다.

세상 사람들은 '누님 덕에 잘 논다'고 빈정거렸고 식자깨나 든 사람은 '주향불불酒香佛佛'이라고 비꼬았다. 여기에다 은안백마까지 붙여 '은안백마에 술향기 더욱 떨치는도다' 하고 문성국의 하는 양을 꼬집었다.

문씨의 일족이 문성국 휘하에 모여들었다. 단 한 사람, 문 숙원의 삼촌 문 생원은 예외였다.

문 숙원이 오랜만에 친정에 나왔다. 전에는 쓸쓸했으나 문 숙원이 궁으로 들어간 뒤 집도 커지고 하인도 늘어났다.

"숙원마마가 오신다구?"

숙원의 어머니가 버선발로 뛰어나왔다.

"어머니, 오랜만이어요."

"마마, 성국이를 돌봐주어 고맙나이다."

"별말씀을 다 하십니다."

"마마, 한 분 계시는 삼촌이 생원으로 그냥 계십니다. 손 좀 써주소서."

"한 분밖에 안 계시는 삼촌입니다. 힘써보겠습니다."

숙원이 삼촌을 불렀다. 문 생원은 내키지 않았으나 조카딸을 만났다.

"작은아버님, 어찌 지내십니까?"

"잘 지내고 있으니 염려 마오."

"상감마마께 여쭈어 벼슬을 얻어드리겠습니다. 무엇을 하고 싶으십니까?"

"벼슬은 성국이 하나로 되었소. 그만두시구려."

"사양 마시고 말씀해보셔요."

"거듭 말하거니와 성국이 하나로 됐소."

끝내 사양하므로 문 숙원은 궁중에서 가지고 나온 음식으로 문 생원을 대접했다. 문 생원은 숙원의 체면을 생각하여 조금 맛보고 곧 일어서버렸다.

동네 사람들이 문 생원에게 조카딸 덕을 보라고 꼬드겼다. 그의 대답은 한결같았다.

"사람이 분에 넘치는 생활을 하면 후분後分이 좋지 못한 법이오."

문성국은 여전히 은안백마를 타고 술 향기에 취하여 거들먹거리고 다녔다. 문 숙원은 삼촌이 벼슬을 거듭 사양하므로 더는 권하지 않고 때때로 문성국을 통해 궁중음식을 보내주었다. 그때마다 삼촌은 거절했다.

"나라의 음식을 백성이 앉아서 받아먹으면 아니 되는 것이야."

문 생원은 그의 가족들에게 궁중음식을 받지 말라고 신신당부했다. 그럴 때마다 아내는 애원하듯 말했다.

"여보, 조카딸 덕에 우리도 좀 형편을 펴봅시다."

"안될 말이지. 분에 넘치는 복은 쉬 죽는 법이야. 우리 집안은 성국이 때문에 망하고 말 게야."

문 생원은 세상일이 차차 이상하게 돌아가는 것을 보고 성을 갈아 김 생원이라 하고 종적을 감춰버렸다.

뒷날 세상이 바뀌어 문 숙원과 성국은 처형되었다. 그들의 삼촌 김 생원은 무사했다. 세상은 길게 보고 살 일이다.

노론의 정치 야심과 사도세자의 죽음

영조는 왕비의 몸에서 아들을 생산하지 못했다. 후궁 정빈靖嬪 이씨의 몸에서 아들을 얻어 효장세자로 삼았다. 영조는 맏아들 효장세자를 무척 사랑했으나 아깝게도 일찍 세상을 떠났다. 그후 영빈英嬪의 몸에서 아들을 얻어 세자를 삼았다. 바로 비운의 사도思悼세자이다.

사도세자에게는 운명적으로 한판 승부가 걸려 있었다. 노론의 김상로와 홍계희는 자신들의 정치적 야심 때문에 세자를 몹시 미워했다. 세자 역시 노론들을 좋아하지 않았다. 김상로 등은 세자가 등극하면 자신들의 정치생명이 끝이 날까 봐 두려워 세자 제거 음모에 나섰다. 여기에 영조의 총애를 받는 문 숙원이 가담했다. 문은 영조의 총애를 믿고 세자를 낳은 영빈 이씨에게 불공스러웠다. 이 사실을 알고 왕비가 불러다가 회초리를 때렸다.

"네가 감히 세자를 생산한 영빈을 우습게 여긴다지? 내가 그 버릇을 고쳐주마."

문 숙원은 뉘우치기는커녕 세자에게 원한을 품었다.

영조에게 화완옹주라는 요망스러운 딸이 있었다. 이 옹주가 늙은 아버지를 등에 업고 국정에 몰래 간섭했다. 세자가 이 사실을 알고 옹주에게 제재를 가했다. 이에 옹주가 세자에게 원한을 품었다.

김상로 등은 문 숙원·화완옹주와 결탁하여 세자 제거 음모를 꾸몄다.

김상로 등은 기회만 있으면 세자를 헐뜯었다.

"전하, 동궁께오서 창의궁에 행차하실 때 의장儀仗을 갖추지 아니하였나이다. 이는 법도에 어긋나는 일이옵나이다."

"동궁이 정녕 그리도 무례하단 말이더냐?"

영조는 탄식을 내쉬었다.

영조는 왕비 서씨가 죽은 후 계비 정순왕후를 맞았다. 정순왕후는 15세에 66세의 영조를 신랑으로 삼았다.

김상로 등은 왕후의 동생 김구주를 통해 세자와 정순왕후 사이를 이간질했다. 왕후도 세자를 의심하기 시작했다. 세자는 인의 장막에 싸여 완전히 고립되었다.

세자에게 나쁜 버릇이 있다는 소문이 퍼졌다. 궁녀나 내시를 함부로 죽이고, 기녀와 여승을 희롱하고, 학문을 소홀히 한다는 것이었다. 게다가 세자의 몸이 허약하다고 김상로 등이 헛소문을 퍼뜨렸다.

소문을 퍼뜨린 후 김상로 등은 궁녀를 통해 열이 나는 약을 세자에게 꾸준히 먹였다. 세자는 마침내 약독으로 몸에서 열기가 치밀어 궁궐을 나가는 일이 많았다. 말을 타고 나가 버럭 소리를 지르는가 하면 정신없이 달렸다. 열기가 식으면 세자는 금세 후회했다.

"내가 왜 이러지? 내 몸에 이상이 생긴 것인가! 부끄럽구나."

어느 날 문 숙원과 화완옹주가 짜고 세자를 만났다.

"저하, 몸에 화기火氣가 심하다고 들었나이다. 평양 같은 곳에 가시어 유람을 즐기시면 어떻겠나이까?"

세자를 지극히 위하는 말투였다. 세자는 그녀들이 진실로 자기의 건강을 염려해서 하는 말이라고 생각했다.

"그래 볼까요."

세자는 그녀들의 권유에 따라 평양으로 떠났다.

문 숙원이 영조에게 세자가 허락도 없이 궁을 떠나 평양으로 놀러갔다고 고자질했다.

영조는 대로했다. 영의정 이천보를 불러 불호령을 내렸다.

"영상이 책임지고 세자의 동정을 살펴 알리시오!"

이천보는 난감했다. 사실대로 고하면 세자가 다치게 생겼고, 거짓으로 고했다가는 자기 몸이 위태로웠다. 이천보는 고민 끝에 자살하고야 말았다.

영조는 좌의정 이후, 우의정 민백상을 불러 이천보에게 명한 대로 세자의 동정을 살펴 아뢰라고 했다. 이들도 차마 세자를 고자질할 수 없어 이천보의 뒤를 따랐다. 영조는 3정승이 죽어나가는 것을 보고 세자가 궁에 없다는 것을 알고 진노하여 세자의 죄를 다스리려고 했다.

도승지 채제공이 간곡히 만류했다.

"전하, 깊이 생각하시옵소서."

영조는 채제공이 남인이었지만, 신임이 두터웠다. 슬그머니 화를 풀었다.

노론의 김상로 등은 세자의 글씨를 모방하여 문 숙원에게 연서를 썼다. 음담을 잔뜩 늘어놓고 좋은 곳으로 놀러가자는 내용으로 꾸몄다. 문 숙원은 가짜 편지를 영조에게 바쳤다.

"이럴 수가 있단 말인가. 애비가 총애하는 후궁을 넘보다니, 천륜을 모르는 짐승이로구나."

영조는 아무도 없는 곳에 가서 가슴을 치며 울었다.

김상로 등은 영조의 어필을 모방하여 세자에게 빨리 입궁하라고 평양으로 보냈다. 세자가 달려왔다. 밤에 동궁을 지키고 있던 영조가 맞았다. 기가 막혔다. 세자는 반미치광이처럼 보였다.

세자의 신변이 위기로 몰렸다. 김상로 등은 세자를 끊임없이 모함했다. 영조의 마음이 흔들렸다. 우의정 조재호가 세자를 변명해주다가 종성으로 귀양 가 드디어 사약을 받았다.

김상로 등은 동궁전의 하인 나경언을 매수하여 고변 상소를 올렸다.

'…세자가 모반을 음모하나이다….'

영조는 크게 놀라 세자의 장인 홍봉한을 불러 동궁을 조사하라고 일렀다. 홍봉한은 노론이었다. 세자가 노론을 싫어하여 홍봉한은 자신의 장래가 불투명했다. 홍봉한은 세자가 모반을 음모한 것처럼 말해버렸다.

영조는 세자를 죽이기로 결심했다. 그러나 영조는 궁중의 체면을 세우려고 하교를 내렸다.

'…세자가 죄가 있고 없고는 차치하고, 나경언은 세자궁의 종으로서 세자의 죄를 고발하는 것이 옳으냐? 당장 목을 쳐라!'

하지만 영조는 세자가 모반을 모의한 줄로 알았다. 영조는 세자를 불렀다. 그리고 손수 칼을 빼어들고 호령했다.

"네 죄를 알렷다! 네가 이 자리에서 자진한다면 조선 왕세자라는 이름은 잃지 않을 것이다. 자결하라!"

전정에 가득 찬 신하들이 한꺼번에 엎드려 울음을 터뜨렸다.

"전하, 자중하시옵소서!"

세자는 용포를 벗고 엎드렸다.

"네 이놈! 내가 죽으면 300년 종사가 망하고 네놈이 죽으면 종사가 편할 것이니 네놈이 죽어라! 내가 네놈을 베지 못하여 종사를 망하게 하겠느냐!"

"전하, 고정하시옵소서."

별감들이 손에 든 무기를 땅에 던지고 모두 울음을 터뜨렸다.

"별감 한 놈을 잡아 목을 베어 합문 위에 달아라!"

"아바마마, 소자가 죽겠나이다."

세자가 일어나 축대돌에 머리를 박았다. 머리가 터져 피가 낭자했다. 세자는 기절해버리고, 홍봉한·김상로·신만 등 대신들은 등을 돌리고 물러가버렸다. 세자가 깨어나 말했다.

"나경언과 대질해주옵소서!"

"듣기 싫다. 네놈이 죽어야 한다!"

나경언은 죽기 전에 무고임을 털어놓았다.

"김한구(왕비의 아버지)·홍계희 등이 시켜서 고변한 것이오. 하오나 세자의 종자로서 세자를 무고한 죄는 용서받을 수 없으니 죽이시오."

영조는 이 사실을 모르고 있었을까? 영조는 세자를 뒤주 속에 가두어 굶겨죽이기로 작정했다. 세자가 뉘우치고 죽기를 바랐던 것이다. 이 뒤주는 장인 홍봉한이 마련해왔다.

"뒤주 속으로 들어가라!"

영이 떨어졌다.

세자는 뒤주를 잡고 애원했다.

"아버님, 살려주소서. 글도 읽고 말씀도 잘 듣겠나이다. 살려주소서."

"듣기 싫다! 어서 들어가라!"

세자는 흐느끼면서 뒤주 속으로 들어가 몸을 웅크렸다. 영조는 뒤주의 뚜껑을 닫고 자물쇠를 채운 다음 손수 판자를 대어 못질을 했다.

윤숙이 합문 밖에 나와 있는 대신들을 보고 분통을 터뜨렸다.

"당신네들은 벼슬이 높아 녹이 많을 뿐 쓸 곳이 없구려."

대신들이 고개를 떨어뜨렸다.

영조는 세자를 폐하여 서인으로 만든다는 전지를 쓰라고 명했다. 그러나 아무도 붓을 잡으려 하지 않자 영조가 손수 썼다.

선전관이 뒤주를 지키다가 뒤주에 구멍이 나 있는 것을 발견하고 음식을 넣을 만하다고 이광현과 임성에게 말했다. 이들은 음식과 얇은 옷을 넣어주었다.

이 구멍이 임금에게 알려져 막혀버렸다. 승지 이이장 한림 임덕제 · 윤숙, 설서 권정침, 사서 임성 등은 세자를 살려달라고 영조에게 청했다가 모두 벌을 받았다.

세자는 뒤주에 갇혀 굶어죽고 말았다. 세자가 죽은 뒤 뒤주 속에서 부채 하나가 나왔다. 누가 넣어주었는지 밝혀지지 않았다.

세자를 죽인 뒤에 홍봉한이 좌의정이 되어 아첨을 떨었다.

"이런 일을 전하가 아니시면 그 누가 처리했겠나이까. 신이 진실로 흠앙하는 바이옵나이다."

영조는 세자를 죽인 후에 곧 후회했다. 김상로 등에게 속았다는 것을 알았다. 그를 파직시켜 청주로 귀양 보냈다.

영조는 세손(정조)을 안고 눈물을 흘리며 말했다.

"상로가 네 아비의 원수다."

아들을 뒤주 속에 가둬 죽인 희대의 왕 영조. 사도세자의 죽음은 역사 속에서 아직도 미궁 속에 빠져 있다.

양반 규수와 노비의 사랑

충청도 전의 땅에 이만강李萬江이라는 사노私奴가 있었다. 아버지가 전의현 급창及唱이어서 먹을 것은 제대로 먹을 수 있었다.

그는 나이 7, 8세 때부터 총명하다고 소문이 나 있었다. 양반집 자식이었으면 벌써 신동으로 널리 알려졌을 것이었다. 그러나 상놈의 자식이어서 총명함이 오히려 해가 되었다. 상놈은 상놈다워야 주인의 보살핌을 더 받을 수 있었다.

만강은 신 선생에게 글을 배웠다. 신 선생은 한양에서 문관 벼슬을 하다가 낙향하여 글을 가르쳤다. 신 선생은 만강의 뛰어난 재주가 아까워 늘 안타까워했다.

"저놈이 양반의 자식이었더라면 나라의 큰 기둥이 되었을 놈이야."

만강은 3년 동안 글을 배워 신 선생의 학문을 뛰어넘었다. 나이 열셋이 되면서부터 문리가 확 틔어 신 선생 밑에서 어린이를 가르치는 접장이 되었다.

만강은 어엿한 청년으로 자랐다. 미목이 수려하고 글공부가 뛰어났다. 양반의 자식 같으면 규수를 둔 집에서 눈독을 들일 만한 신랑감이었다.

만강은 안될 줄 알면서 신 선생에게 하소연을 늘어놓았다.

"선생님, 과거를 볼 길이 없을까요?"

"네 실력이라면 등과하고도 남을 것이지만, 세상이 받아주지를 않으니 어쩌겠느냐."

"선생님, 상놈을 면할 길이 없겠나이까?"

"휴우… 나는 너만 보면 이 나라에 양반 상놈의 계급이 왜 있는지 답답하고 안타깝구나. 내가 도움이 되지 못해 너를 볼 면목이 없구나."

"두고 보세요. 저는 꼭 양반이 되어 벼슬을 할 것입니다."

"그런 길이 있다면 내가 나서서 뚫어주마."

만강이 사는 마을 재너머에 무신년 이인좌의 난 때 난리에 가담한 죄로 몰락한 최 진사 집이 있었다. 그 집에 남자는 씨를 말리고 나이 스무 살이 꽉 찬 처녀가 하나 남아 집을 지켰다. 최 진사의 딸이었다. 역적의 딸이어서 누가 데려가지 않아 처녀귀신이 될 판이었다.

만강은 최 규수를 이용하여 양반이 되려는 꿈을 꾸었다.

어느 날 만강은 작심을 하고 최 규수를 찾아갔다. 최 규수는 몸종 하나를 데리고 살았다. 집이 폐가처럼 을씨년스러웠다. 사람의 왕래가 끊기고, 집을 돌보지 않아 귀신이 나올 것 같았다.

"아니, 만강이가 웬일이냐?"

최 규수는 어릴 적부터 만강을 알고 지냈다. 붙임성이 좋고 영리한 만강을 최 규수는 귀여워했다.

"아씨, 그동안 글공부하느라고 찾아뵙지 못했나이다. 죄송하나이다."

"죄송은… 이렇게 찾아와준 것만도 고마운데…."

최 규수는 어금니를 깨물고 눈물을 참았다. 사람의 집에 사람의 발길이 끊긴 지 오래였다.

"아씨, 시집가지 않으시려우?"

"역적 집의 딸을 누가 데려가겠니, 첩이면 모르되…."

만강은 목소리를 낮추고 속삭였다.

"아씨, 저와 멀리 달아나지 않을래요?"

"그 무슨 말이냐."

"함께 살자는 말입니다, 달아나서."

"안될 말이다. 나는 역적의 딸이다. 숨어살다가 신분이 들통나면 네 목숨마저 위태로워진다."

최 규수는 만강을 좋아했다. 만강의 장래를 망치고 싶지 않았다.

"아씨, 나는 어떻게든 양반이 되고 싶소이다."

"글쎄, 나와 함께 산다고 양반이 될 수 없다. 오히려 들키면 너나 나는 살아남지 못한다."

"방법이 없을까요?"

"네가 양반이 되는 길이라면 방법이 하나 있다."

"예에?"

"네가 양반이 되면 나를 괄시하지 않겠니?"

"그걸 말이라고 하십니까? 나를 은혜도 모르는 짐승으로 아십니까?"

"알았다. 들어가자."

최 규수는 벽장 속에서 족보를 꺼냈다.

"무엇입니까?"

"우리 외가 족보니라."

"외가가 어디입니까?"

"외조부 댁이 영월 엄씨이니라. 이것이 엄씨 족보다. 가지고 가서 엄씨 행세를 하면 양반이 될 수 있을 게다."

"아씨, 고맙습니다."

만강은 고마운 나머지 최 규수를 덥썩 안았다. 최 규수는 몸을 떨며 다소곳이 숨을 죽였다. 만강이 손을 풀려고 하자 최 규수가 두 손으로 껴안았다.

"만강아, 나는 시집을 간다 해도 첩살이가 고작이다. 네가 나의 첫 남자가 되어다오."

"아씨, 진정이옵니까?"

"너를 좋아한다."

두 사람은 인연을 맺은 뒤로 몰래 밀회를 즐겼다. 동네에 소문이 날 무렵, 만강은 고향을 떠났다. 최 규수는 만강의 앞길을 망친다며 끝내 따라나서지 않았다.

이만강은 엄택주嚴宅周로 성과 이름을 고쳤다. 그리고 영월로 가서 엄홍도의 후손이라고 했다.

엄홍도는 영월호장으로 있을 때 단종이 역적으로 몰려 죽자 죄인이라 하여 아무도 시체를 수습해주는 이가 없어, 엄홍도 자신이 쓰려고 준비해두었던 관을 가지고 야반에 몰래 단종의 시체를 염습하여 뒷동산에 묻어준 의인이었다. 그는 뒷일이 두려워 아들 호현을 데리고 타향으로 떠나버렸다. 엄홍도가 죽고 난 후 호현이 몰래 영월로 돌아와 아버지를 고향 땅에 묻었다.

노산군이 단종으로 승격되고 위패나마 종묘에 안치되게 된 것은 숙종 때의 일이었다. 그때부터 엄홍도를 충신으로 대접, 그 자손을 조정에서 돌봐주고 영조 초에 엄홍도에게 공조참판을 추증했다.

엄택주는 영월에 들어가 단종의 능에 참배한 후 홍도의 묘에도 참배했다. 그리고 그는 엄홍도의 자손이라고 사칭했다. 다행히 일가가 많지 않고 알아보는 사람도 없어 택주는 엄씨 행세를 하며 과거 준비에 몰두했다.

엄택주는 영월호장 김씨의 딸과 결혼도 했다. 첫날밤 그는 신부에게 말했다.

"여보 부인, 사람이 세상에 태어나서 과거에 급제를 못한데서야 사내라 할 수 있소? 절에 들어가 시험 준비를 하여 과거에 붙고 난 후 당신 곁으로 돌아올 테니 그때까지만 참아주시구려."

"서방님이 하는 일에 아녀자가 뭐라고 토를 달겠습니까? 부디 금의환향하셔요. 그날만을 손꼽아 기다리겠어요."

엄택주는 신행을 마치고 집을 떠나 경기도 용문사에 들어가 글공부에 매달렸다. 10년 후, 그는 드디어 과거에 급제, 연일현감이 되었다.

엄택주는 금의환향했다. 영월 고을 엄씨들이 그를 쌍수로 환영했다. 풍악을 울리고 잔치를 벌였다. 특히 처가의 기쁨이 하늘을 찔렀다. 엄씨 집안에서도 몇백 년 만에 처음 만난 경사였다. 성대한 환영식도 잠깐이었다. 연일 땅으로 소임을 다하기 위해 부임해야 했다.

그는 연일에 가서 전임 현감과 인수인계를 하고 정식으로 현감의 임무를 수행했다. 천민 출신으로 자라 산전수전 다 겪은 그는 백성들의 고통과 지방 아전들의 비리를 속속들이 알고 있었다. 한 가지씩 차근차근 고쳐나갔다. 1년도 못되어 연일현감의 선정이 인근 고을에 좍 퍼졌다. 아전들도 생각을 달리했다. 전임 현감과는 사람 다루는 방법이 달랐다.

백성들의 억울한 송사를 백성들 편에서 해결해주었다. 지방 토호들의 불평이 많았다. 엄택주는 당당히 맞섰다. 토호들이 현감의 비리를 캐보았으나 계곡물처럼 맑았다. 오히려 녹봉으로 가난한 사람들을 돌보고 있었다.

"연일현의 복일세. 현명하고 지혜로운 목민관이 우리 지방에 오다니, 연일 백성들의 복이야."

백성들은 현감을 존경하고 따랐다.

그가 역점을 두고 개선한 것은 환곡이었다. 환곡은 봄 춘궁기에 관에서 곡식을 대여해주었다가 가을 추수 후에 거둬들이는 제도였다. 이 환곡을 가지고 아전들이나 토호들이 중간에서 농간을 부렸다. 이것을 철저히 단속했다. 사또와 짜지 않으면 절대로 해먹을 수 없었다.

그는 연일 땅을 누비며 백성들을 만나 직접 고충을 듣고 해결하는 등, 잠시도 쉬는 법이 없었다. 관에서 기생을 데리고 잔치하는 일이 사라졌다. 이렇게 3년을 다스리고 임기를 마쳤다.

연일 백성들이 나서서 선정비를 세우겠다고 야단법석이었다. 엄택주는 사양했다.

"내가 무슨 일을 했다고 선정비요. 나를 욕되게 하지 마오. 나는 다만 옛 성현의 말씀을 실천에 옮겼을 뿐이오. 선정비를 세워 민폐를 끼치는 것은 성현의 말씀이 아니오."

엄택주는 올 때처럼 갈 때도 괴나리봇짐 하나를 등에 지고 떠났다. 백성들이 10리 밖에까지 나와 감사의 눈물을 뿌렸다. 그는 가슴이 뿌듯했다. 그가 떠난 뒤 백성들은 나무로 선정비를 세워 그를 기렸다.

　엄택주는 태백산 아래 봉화의 어느 산골에 들어가 아이들을 모아놓고 훈장 노릇을 했다. 벌어놓은 것이 없어 끼니가 아쉬웠다.

　한가한 생활을 하다보니 까마득히 잊고 살았던 그 옛날 전의의 고향에서 있었던 일이 주마등처럼 머리를 스쳤다. 문득 최 규수의 얼굴이 눈에 밟혔다. 성공하면 절대로 배반하지 않겠다고 큰소리친 그였다. 그러나 그 약속을 팽개치고 양반이 되어 벼슬살이까지 한 그에게 최 규수는 그냥 추억의 대상이 아니었다. 그뒤 최 규수는 어떻게 되었을까? 한번 떠올린 최 규수의 소식이 궁금하여 그냥 있을 수 없었다. 그는 집을 떠났다. 발길이 자연히 전의 땅으로 옮겨졌다.

　엄택주는 전의 근처의 고라원 주막에서 잠시 숨을 골랐다. 전의까지는 시오릿길이었다. 주막 주모를 상대로 수작을 걸었다.

　"이곳에서 오래 사셨나?"

　"왜 묻소?"

　"물어볼 만해서 묻네."

　"뭘 알고 싶으오?"

　"전의에 최 진사 댁 규수가 있었지 아마. 그 규수는 어찌되었누?"

　주모의 눈이 휘둥그래졌다.

　"그 규순가 과분가 하는 여편네는 어찌 아우?"

　"먼 친척뻘 되네."

　"친척 되는 양반이 그 여편네 소식을 모른단 말이오!"

　"객지로만 나돌았으니 모를 밖에. 그 규수 어찌됐누?"

　"농부한테 시집갔다가 지금은 과부가 되어 혼자 산다우."

　"양반댁 규수가 시집을 왜 농부에게 갔누?"

　"이 양반 깜깜하구먼. 그 규수 상놈 만강이놈과 배 맞춘 것도 모르오?"

　"엥, 그 무슨 말인가?"

만강은 짐짓 놀란 체했다.

"만강이 놈이 규수를 건드려놓고 도망쳤으니 어쩌겠소. 농부에게나마 시집을 가야지요. 그것도 복이 없었던지 지금은 과부 신세요."

"어디 사누?"

"바로 이 안말에 사우."

안말이라면 그도 아는 마을이었다. 택주는 탁배기 서너 잔을 마시고 최 규수의 집을 찾아갔다. 규수는 만강을 첫눈에 알아보았다.

"만강아! 살아 있었구나."

규수는 말문이 막혀버렸다. 이내 어깨를 들먹이며 오열을 토했다.

"미안하오. 내가 너무 무심했소."

"그래, 양반이 되어 과거는 보았누?"

"다, 당신 덕이오. 내 이름은 엄택주고, 과거에 붙어 연일현감을 지냈소."

"오, 그랬구려. 참으로 장하오."

규수는 흐느끼며 기쁨을 감추지 못했다.

"다시 한번 감사 드리오."

"아니오. 지금은 어디 사우?"

"봉화에서 훈장 노릇을 하고 있소."

"훈장도 장하오. 그동안 훤훤 장부가 초로의 늙은이로 변했구려."

"당신도 많이 변했소."

두 사람은 옛날로 돌아가 마음껏 회포를 풀었다. 엄택주는 오래 머물 수 없어 태백산 밑으로 돌아갔다. 최 규수는 택주를 기다리는 삶이 즐거워졌다.

태백산 밑에서 전 연일현감이 훈장을 하고 있다는 소문이 꼬리에 꼬리를 물고 퍼져나갔다. 차차 학동들이 늘어나 택주는 즐거웠다. 봉화현감과도 친하게 지내는 사이가 되었다. 인근의 양반들이 엄택주와 사귀는 것을 영광으로 알았다. 엄택주를 연일현감을 지냈다 하여 엄연일이라고도 불렀다.

택주가 살고 있는 동네 앞에 신라고개가 있었다. 신라 시대에 태자가 고을을 순행하다가, 고을 아전 정씨의 딸을 한 번 보고 사랑에 빠져 서라벌로 돌아갈 줄을 몰랐다. 큰일났다 싶은 아전이 딸을 감추고 태자를 고개로 유인했다. 태자는 고개에서 하룻밤을 꼬박 새우며 정씨의 딸을 기다렸으나 오지 않았다. 태자는 실망하여 서라벌로 돌아갔다. 그뒤 사람들이 그 고개를 신라고개로 불렀다. 엄택주는 신라고개만 보면 전의의 최 규수 생각이 나서 온몸이 훈훈해졌다.

엄택주는 사랑채 앞으로 흐르는 시냇물을 집 안으로 끌어와 조그마한 연못을 만들고, 태자가 몹시 그리워했을 법한 정씨의 딸을 생각하고 연못 이름을 애련당이라 이름 붙였다.

봉화는 개국공신으로 이름난 정도전의 고향이었다. 정씨의 집안이 많았고, 금씨·권씨·윤씨·석씨 들의 집성촌이 있었다. 애련당에 이들 성씨들의 양반이 모여들었다. 그중 정 진사라는 이는 어느새 택주와 벗하는 사이가 되었다.

"엄연일, 자네 조상이 엄 호장이라고 했던가?"

"그렇다네."

"자네 외엔 벼슬한 놈이 없구먼."

"아니 놈이라니, 그 무슨 망발인가?"

"벼슬을 못하면 양반도 상놈이 되네."

"내가 현감을 하지 않았나."

"쳇, 그까짓 현감도 벼슬인가? 우리 선조는 개국 일등공신이셨네."

"흘러간 조상은 뭣하러 들먹이나."

"어디 자네 조상 얘기 좀 듣세."

엄택주는 찔끔했다. 조상이래야 내놓을 분이 없었다.

"자네 춘부장(아버지)은 무얼 하셨나!"

"진사이셨네."

"언제?"

택주는 말문이 막혔다. 등에 땀이 흘렀다.

"그만두게. 양반 타령 한다고 나올 게 있나."

엄택주가 어물어물 넘어가버렸다.

세월이 10년이나 흘렀다. 택주는 아들 둘을 정씨 집안과, 딸 하나를 금씨 집안과 혼인시켰다. 그리고 전의에 가끔 들러 최 규수와 옛정을 나누었다.

영조 21년이었다. 지평 홍중효의 형이 전의현감으로 재직중이었다. 중효는 가끔 전의에 내려와 형과 집안 대소사를 의논했다. 어느 날 형이 이만강의 얘기를 들려주었다. 전의에 만강의 뜬소문이 퍼져 있었던 것이다.

"형님, 그것이 사실이라면 그냥 넘길 수 없지요."

"어디까지가 사실인지 가늠할 수 없어 여태 미룬 게야."

"천민이 양반의 규수를 범한 것 한 가지만이라도 큰일날 일입니다. 조정에 올라가는 대로 주상께 상소를 올려야겠소."

홍중효가 영조에게 상소를 올렸다.

'전의에 사는 사노 이만강은 양반의 집 규수와 정을 통하고, 양반을 사칭하고 과거를 보아 급제한 후 지방 수령으로 내려가 그 행패가 자심했다 하옵나이다. 이런 자가 나오게 된 것은 세상이 바로서지 않은 증거이오니 잡아다가 법으로 다스리옵소서.'

상놈이 양반 행세를 하고 지방 수령을 지냈다는 소문에 조정이 벌컥 뒤집혔다.

"즉시 잡아 그 진상을 밝혀라!"

영조의 영이 떨어졌다.

그러나 관리 명부를 뒤져보았으나 이만강이라는 이름은 그 어느 곳에도 없었다. 지방 수령들의 명부에도 이만강은 눈에 띄지 않았다.

전의현감은 최 규수를 심문했다. 엄택주의 과거가 속속들이 파헤쳐졌다. 엄택주는 봉화에서 한양으로 압송되었다. 봉화 양반들은 택주가 당파 싸움에 휘둘린 것이라고 안쓰러워했다.

엄택주는 국문을 받았다.

"네가 전의 급창의 아들 이만강이냐?"

"아니오. 나는 전 연일현감 엄택주요."

"다 알고 있다. 전의의 최 진사 댁 최 규수를 모른다고 할 테냐?"

"그 규수는 나와 내외종간이요."

"너 배짱 한번 두둑하다. 최 규수와 대질심문을 받겠느냐?"

택주는 대답을 보류했다. 눈앞이 캄캄했다. 한평생이 한바탕 꿈같았다. 엄택주는 자백하지 않을 수 없었다.

영조는 연일현감 시절 엄택주의 행실을 샅샅이 알아내어 보고하라고 일렀다. 그 결과 지방 수령으로서 엄택주만큼 치적을 남긴 목민관이 없었다. 영조는 그를 다시 수령으로 내보내고 싶었다. 조정 대신들이 엄택주를 사형에 처하라고 아우성이었다.

"사천私賤으로서 나라를 속인 죄는 응당 사형감이옵나이다."

"나라를 속였어도 나쁜 짓을 하지 않고 오히려 백성들을 잘 다스렸소. 무슨 죄가 있단 말이오?"

"규수와 간통한 죄가 있나이다."

"증거가 없소."

"나라의 기강을 문란시켰나이다."

"참다운 목민관이 기강 문란이라니, 말이 되지 않소."

영조는 엄택주에게 벌을 주고 싶지 않았다. 자기 어머니도 천민 출신이 아닌가. 택주의 훌륭한 모습만을 높이 사고 싶었다.

"아무리 지방을 잘 다스렸다고는 하나 나라를 속인 죄만은 피할 길 없나이다."

형조판서 이종성이 벌을 주어야 한다고 아뢰었다. 영조는 대신들의 의견을 묵살할 수 없었다.

"엄택주는 수령으로서 선정을 베풀었다. 부모를 속이고 임금을 속이고 나라를 속인 죄로 하나같이 사형에 처하라고 하나, 과인은 그의 치적을 높이 평가하여 흑산도로 귀양을 보내노라!"

엄택주는 양반에서 다시 천한 신분으로 돌아갔다.

대신들은 최 규수에게도 죄를 주라고 아우성이었다. 영조는 대신들의 주청을 물리쳤다:

"역적으로 몰린 여자로서 천민이 되었거늘 죄까지 주는 것은 참혹한 일이다."

만강은 최 규수가 무사하다는 소식을 듣고 웃는 얼굴로 귀양을 떠났다.

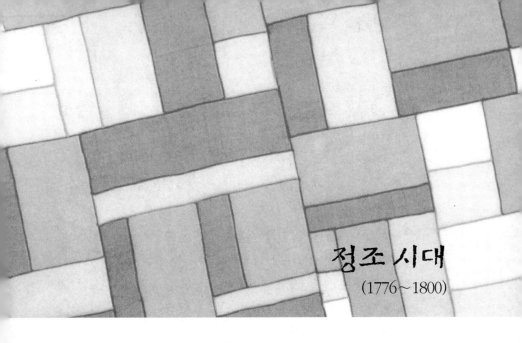

정조 시대
(1776~1800)

붕당에서 세도로

정조는 사도세자의 참변을 직접 눈으로 지켜보았다. 정조는 아버지의 참
변에 철천지한을 품었다. 할아버지 영조는 이미 80 고령으로 정신이 오락
가락했다. 그리하여 세손에게 정사를 대리케 하려고 했다.

홍인한이 김상로와 같은 당파로 사도세자를 모함한 일이 들통날까 두려
워 세손의 대리를 적극 막았다. 영의정 한익모가 이에 동조했다. 영조는 기
운이 탈진하여 눈물을 흘리며 한숨을 내쉬었다.

"더는 어쩔 수 없다. 세손이 안에서 정사를 대리하도록 하라!"

옥새를 세손에게 내주었다. 이에 이조판서 서명선이 상소를 올렸다.

'…전하의 오늘날 처사는 과연 명정하신 처분이온데, 한두 대신이 무슨
일로 그 일을 방해하겠나이까. 곧 그 죄를 다스리옵소서.'

영조가 서명선의 상소를 신하들에게 보이고 물었다.

"어이 처리하면 좋겠는가?"

"전하, 이 상소는 엄한 법률이옵나이다."

대사헌 송영중의 대답이었다.

영조는 서명선을 크게 칭찬하고 한익모·홍인한 등의 무리를 파면시키고 세손에게 정무를 맡겼다.

세손이 정무를 대리하자, 화완옹주의 아들 정후겸이 용서받지 못할 것을 알고, 홍인한과 공모하여 심상운을 시켜 동궁 신료들을 모조리 죄를 얽어 죽이라고 청했다. 세손의 우익을 제거하여 세손을 외롭게 만들려는 음모였다. 세손은 심상운을 흑산도로 귀양 보내고, 정후겸의 죄는 묻지 않았다.

그러는 사이 영조 52년 3월 5일, 영조가 승하하고 왕세손이 즉위했다. 조선 제22대 정조이다. 정조는 붕당의 폐단을 너무나 잘 알고 있었다. 할아버지의 뒤를 이어 탕평에 적극적이었다. 겉으로는 당쟁이 심하지 않고, 서로 죽이고 죽는 화는 거의 없었다.

그러나 암암리에 붕당이 조성되었다. 언관들이 사도세자의 비참한 죽음을 놓고 노론을 탄핵했다. 이 문제를 놓고 조정에서 그들의 죄를 다스려야 옳다고 주장하는 시파時派와, 반대하는 벽파僻派가 생겨나 대립했다.

정조는 그냥 넘길 수 없었다. 이미 죽은 김상로의 관직을 추탈하고 그 아들들은 절도로 귀양 보냈다. 외할아버지 홍봉한은 동부승지가 그 죄를 탄핵하고, 문 숙원은 작호를 빼앗고, 문성국은 노비로 만들고, 그의 어머니는 제주도의 관노로 만들었다. 그리고 홍인한은 여산으로 귀양 보냈다가 사약을 내리고, 문 숙원도 사사했다. 외할아버지 홍봉한도 죽이기로 결정했으나, 어머니 혜경궁 홍씨의 애절한 청을 받아들여 죽이지는 않고 모든 관직을 빼앗고 평민으로 만들어버렸다. 홍계희는 이미 죽어, 계희의 손자인 대사간 홍상간을 죽이고, 상간의 아우 상범·상길은 전주로 귀양 보냈다. 또 정조는 어머니에게 여쭙고 홍봉한의 아우 인한·정후겸·심상운을 죽였다.

정조는 아버지 사도세자의 원수를 갚은 후 당파 조정에 진력했다. 인재를 등용할 때 오로지 그 사람의 재능에 따라 결정하고 당파를 따지지 않았다.

이 과정에서 부각된 인물이 홍국영洪國榮이었다.

홍국영은 풍산 홍씨로서 가까운 일가의 할아버지뻘 되는 홍봉한·인한 등이 세력을 부리는 것을 보고 못마땅하게 여겼다. 그는 세도 가문에 아첨하지 않고 스스로 자신의 길을 개척하려고 노력했다. 그러나 세상은 그의 뜻대로 되지 않았다.

홍국영은 저잣거리의 무뢰한들과 어울려 술과 도박으로 허송세월을 했다. 이 사실을 안 큰아버지 홍낙순이 그를 불러 타일렀다.

"사람은 학문을 닦아야 옳은 길을 갈 수 있다. 너는 이미 나이 스물이 넘었는데도 부랑배들과 어울리기만 하니 장차 무엇이 되려느냐! 네 불만을 너를 수양하는 데에 써라."

홍국영은 듣지 않았다. 다만 믿는 것은 자신의 재주였다. 그는 25세 무렵에 정신을 차려 공부를 시작, 당당히 과거에 급제했다.

그는 집안이 좋아 바로 설서가 되어, 왕세손인 정조를 상대로 학문에 관심을 두었다. 당시 동궁을 중심으로 국영의 친척 되는 인한이 우두머리가 되어 벽파의 거두 김구주와 싸울 때, 국영은 중립적인 자세를 취했다. 그는 어느 당에도 몸을 담지 않았다. 세손은 이러한 홍국영을 믿고 의지하게 되었다.

정조는 즉위한 후 홍국영을 승지로 임명, 옆에 두고 왕명을 받들도록 배려했다. 국영은 스물아홉에 도승지로 승격되고, 얼마 후에는 비변사의 부제조에 올랐다.

홍국영이 권력을 잡자 김구주의 일파가 그의 밑으로 몰려들었다. 송환억·정이환·심환지 등이 국영 밑으로 들어오자 김종수·정민시·서명선이 따라왔다. 국영은 그 사이에 금위대장이 되어 대궐 안 숙위를 맡아보면서 정조의 명을 받들었다. 정조는 국사의 일부를 국영에게 맡겼다.

겨울 어느 날, 정조는 홍국영 등 여러 신하를 불러 술과 안주를 내리고 즐겁게 하루를 보냈다.

"오늘 과인이 여러 신료들을 대하게 된 것은 오직 여러분들의 충성스러운 마음에 은혜를 입어 과인의 목숨이 붙어 있게 되었기 때문이오. 지난날을 생각하면 꿈만 같으오."

정조가 파란만장한 과거를 회상했다. 그러고는 홍국영을 따로 극찬했다.

"경은 과인을 도와 국사를 반석 위에 올려놓았소. 참으로 충의의 선비요. 과인은 정치를 모르오. 오직 경만 믿으오."

모인 신료들의 눈이 휘둥그레졌다. 정조의 국영에 대한 신임이 이 정도인 줄은 미처 몰랐다. 국영이 의례적인 겸사를 떨었다.

"전하, 어인 말씀이옵나이까. 신은 용렬하여 아무 한 일이 없사옵나이다."

"그렇지 않소. 경은 도승지·부제조를 거쳐 금위대장이 되는 동안 많은 일을 했소. 앞으로도 과인을 도와 국사에 힘써주시오."

"전하, 성은이 하해와 같사옵나이다."

정조는 학문을 좋아하여 정치를 국영에게 맡기고 싶었다. 홍국영은 임금 다음 가는 막강한 실력자가 되었다. 권력의 맛을 본 국영은 자기 세력을 유지하려고 술수를 부렸다. 세상 사람들은 세도정치가 시작되었다고 수군거렸다. 국영의 권세는 나는 새도 떨어뜨릴 기세였다.

정조는 왕비와의 사이에 아들이 없었다. 국영은 자신의 누이를 후궁으로 집어넣어 영구히 세도를 누리려고 마음먹었다. 어느 날 국영이 정조에게 은밀히 간했다.

"전하, 춘추 한창이신데 아직 왕자를 얻지 못하시와 만백성이 염려하는 바이옵나이다. 하루속히 빈어嬪御를 간택하시옵소서."

"어디 적당한 규수가 있소?"

"신의 누이가 불민하오나 빈으로서는 합당한 줄 아뢰옵나이다."

"경의 집안이면 빈어로는 넉넉하오."

정조는 국영의 누이를 후궁으로 맞아들였다. 국영은 회심의 미소를 띠었다. 정조의 신임이 두터운데다가 누이까지 주어 매부를 삼았으니, 앞날이 이보다 탄탄대로일 수 없었다.

국영은 정조보다 더 권력을 휘둘렀다. 조정에 드나드는 대신을 비롯하여 임금의 시종들까지 대궐에 드나들 때면 으레 홍국영의 처소에 가서 문안인 사를 올렸다. 홍국영이 집에 있을 때는 찾는 사람들로 문전성시를 이루었다. 조정은 홍국영의 손에서 농단되었다. 그의 말이 즉 어명이며, 그 누구도 반대하는 자가 없었다. 국영의 아저씨뻘 되는 홍낙성은 이런 모습을 보고 탄식했다.

"국사를 돌보는 자가 세력만을 기르고 자기에게 아부하는 자만 챙기니 이는 나라를 망치는 지름길이다."

낙성은 국영을 상대하지 않았다.

국영의 누이였던 원빈元嬪이 후궁으로 들어간 지 얼마 되지 않아 그만 세상을 떠났다. 국영은 넋을 잃을 정도로 낙담이 되었다. 한 팔이 꺾인 셈이었다. 그는 궁리 끝에 묘안을 내놓았다. 원빈의 상청을 맡을 대전관을 뽑을 때 국영은 은언군의 아들 완풍군을 추천했다.

"완풍군을 원빈의 아들로 입계했으니 가동궁假東宮이 되는 셈이오."

신료들에게 이렇게 말했다.

국영은 완풍군을 양자로 맞으라고 권했다. 정조가 다시 후궁을 맞아 아들이라도 얻으면 자기의 세력이 꺾일까 봐 미리 포석을 놓으려는 수작이었다.

국영은 송덕상을 사주하여, 후궁을 들이지 말고 완풍군을 보호하였다가 후계자로 삼도록 상소를 올리라고 했다. 상소를 올린 후 국영은 완풍군을 생질이라고 떠들고 다녔다.

홍낙성을 비롯하여 사헌부에서 이 문제로 들고일어났다.

'…전하, 홍국영이 완풍군을 생질이라고 하는 데는 다른 뜻이 있는 것이 옵나이다. 이런 자를 궁중에 두면 후일 불상사가 일어날 것이오니 즉시 추방하시옵소서.'

홍국영에 대한 탄핵이 처음 나온 것이다. 당시 완풍군의 아버지 은언군은 역적 누명을 쓰고 있었다. 홍국영을 탄핵하는 신료들이 이 점을 물고 늘어졌다.

"홍국영이 역적 은언군의 아들을 생질이라고 부르는 것은 장차 역모를 도모할 생각으로 부리는 수작이오. 장차 무슨 일이 일어날지 알 수 없소."

이런 소문이 조정 안팎에 좍 퍼졌다. 홍국영은 여론에 밀려 성밖으로 나가 상소를 올려 변명했다. 정조는 지난 일을 생각하여 대궐에 들어오라고 전했다. 그는 자기의 잘못을 알고 있었으므로 대궐에 들어오지 않았다.

그러자 3사에서 홍국영 탄핵 상소가 빗발쳤다. 홍국영과 친하게 지냈던 이조판서 이종수까지 들고일어났다.

"전하, 홍국영은 방자한 자이옵나이다. 멀리 귀양 보내시옵소서."

영의정 김상철까지 나서서 홍국영을 처벌하라고 정조에게 압력을 넣었다. 정조는 조정의 들끓는 여론을 잠재워야 했다.

"홍국영을 강릉으로 귀양 보내라!"

제아무리 세도가라도 임금의 영이 떨어지면 죽은 목숨이나 매한가지였다. 홍국영의 영화가 여지없이 스러졌다. 그는 조선 후기 세도정치의 문을 연 인물이었다.

서얼 검서관들

정조는 호학好學의 군주로서, 세손 시절부터 역대로 내려오던 전 임금들의 저서나 어필·화본 등을 보관할 만한 곳을 만들려고 했다. 전대 임금의 시대에 이런 곳이 없었던 것은 아니었다. 세조 시대에는 양성지의 상주로 역대 임금들의 저서를 후일 자손에게 보여주기 위해 따로이 집을 짓고 보관하게 되었다. 어제御製만을 인지각 동쪽 별당에 두고 규장각奎章閣이라 이름했고, 임금이 보던 여러 서책을 따로 보관하던 곳은 비서각秘書閣이라고 했다. 그뿐만이 아니라, 세조는 필요한 인원까지 보충하려고 했으나 뜻대로 되지 않았다.

숙종 시대에는 종정사宗正寺 옆에 조그마한 집을 짓고 역대 임금의 어제와 어서를 두어 규장각이라는 이름을 붙였다.

정조는 즉위 후 창덕궁 후원 앞에 건물을 짓고 역대 임금의 서적을 봉안한 후 어제각이라 이름했다. 그후 숙종 때 붙여놓은 규장각이라는 현관이 있어 이름을 규장각이라고 고쳤다. 그리고 그곳의 책임관리를 두었다. 황경원·이복원 두 사람을 제학으로, 홍국영·유언호를 직제학으로 삼아 사무를 주관케 했다. 그 밑에 직각 1명, 대교 1명을 임명하여 보조토록 했다. 정조는 세조 때부터 생각하던 내부의 도서를 한 곳에 모아놓았다.

규장각을 내각內閣이라고도 불렀다. 그후 정조는 규장각 제학 서명응의 제안을 받아들여 교서관校書館을 규장각의 외각이라 칭하고, 그곳에 있던 서적도 규장각에서 관장하도록 했다. 그후 내각 검서관檢書館 4명을 뽑았다. 이들 4명은 모두 서얼 출신으로 파격적인 인사였다. 원래 서얼을 차별 없이 등용하자는 주장은 오래 전부터 내려왔으나, 실천으로 옮기는 일은 드물었다.

조선 시대에 관리는 물론 양반이라면 으레 정실부인이 있고 첩을 두어, 자연히 첩의 소생이 생기게 마련이었다. 그런데 같은 핏줄이라도 첩의 소생은 서얼이라 하여 아무리 재주가 뛰어나고 학문이 깊어도 과거에 응시조차 못하여 벼슬과는 거리가 멀었다.

그러나 왕실은 달랐다. 조선이 개국된 후 후궁, 즉 첩 소생의 왕자가 왕위에 오른 예는 얼마든지 있었다. 예를 들면, 명종은 아들이 없어서 중종의 서손 되는 선조가 대통을 잇고, 선조의 서자 광해가 그뒤를 이은 것이다.

완고한 양반들은 서얼이 잘되는 것을 싫어하여, 한번 서얼의 소생으로 떨어지면 대대손손이 다시 회복되지 못하여 비극을 낳는 예가 많았다.

정조는 이러한 모순을 제거하려고 기왕에 법에 정해진 대로 실천에 옮기려고 했다. 판관 이하의 벼슬 낭관·감찰 등을 서얼 출신을 허락하고 또 문무 당하관은 부사까지, 당상관은 목사까지 길을 터놓았다. 또한 생원이나 진사시에 합격하지 못한 자는 현령까지 길을 열어주고, 그 가운데 학문이나 행실이 뛰어난 자를 발탁한다는 부칙도 정했다. 이러한 조건으로 당시 서얼 출신 네 명을 검서관으로 채용하여 규장각의 도서 정리와 저서를 하도록 길을 터주었다. 이들이 이덕무李德懋·박제가朴齊家·유득공柳得恭·서이수徐理修 등이다.

검서관 박제가는 정조 2년에 사신으로 가는 채제공의 수행원으로 북경에 들어갔다. 박제가는 규장각 안의 서적만 보다가, 청나라의 여러 문헌을 접하고 고증학이 크게 발달한 것을 깨닫고 깜짝 놀랐다. 박제가는 자기가 견문한 것을 기록하고 북학北學을 해야 한다고 주장하며 〈북학의〉 내외 두 편을 지어 정조에게 바쳤다.

정조가 〈북학의〉를 보고 청나라의 고증학이 발달된 것을 알고 청나라의 학문을 배우고자 했다. 이후 박제가는 북경에 여러 차례 왕래하며 당시 청나라의 문학자 수원 선생이라고 불리는 원매原枚와 각별한 교분을 맺고 서로 시詩로써 의를 돈독히 했다. 이것이 시초가 되어 북경에 들어가는 조선 관리들은 청나라 학자들과 교류하는 것을 영광으로 알았다.

박제가의 친구 이덕무도 검서관이었다. 그는 독특한 문장으로 이름을 날렸다. 지금까지 쓰던 문장을 버리고 새로운 문체를 배워, 규장각에서 저술이 있을 때마다 참여했다. 우리 나라의 옛날 학문의 전교典敎를 많이 공부했다.

유득공은 청나라에 들어가 열하(북경)의 폐서산장에서 건륭제의 80수연을 보았으며, 그동안의 일을 기행문과 시로 남기는 한편, 청나라 학자들과 활발히 교유했다. 귀국 후 그는 오랫동안 검서관으로 있으면서 나라의 편찬사업에 공헌했다.

서이수는 검서관으로 있다가 후에 용인·포천·토산 등의 군수를 지내며 목민관으로서의 임무를 잘 수행하여 고을 백성들의 존경을 받았다.

이들 검서관들의 활약으로 새로운 학풍이 수입되었다. 그러나 양반들은 검서관들의 학문을 신통치 않게 여기고 좋아하지 않았다. 자기들의 문벌만을 자랑할 뿐이었다.

규장각에서는 중국 서적을 3만여 권이나 사들였다. 네 검서관들의 영향이 컸던 것이다.

수빈 박씨의 인생역전

정조는 아들 복이 없었다. 후사를 생산하지 못해 종실과 조정 대신들의 걱정이 태산같았다. 효의왕후가 대군을 생산하지 못하고 뒤이어 후궁으로 들어온 선빈 성씨가 낳은 문효세자마저 어린 나이에 세상을 떴다. 정조는 속으로 은근히 후사 걱정을 하면서도 겉으로 내색하지는 않았다.

정조의 고모부 되는 박명원이 누구보다도 후사 문제에 대해 적극적이었다. 박명원은 영조의 딸인 화평옹주의 남편으로 정조의 고모부였다. 그에게는 사촌 조카딸이 있었다. 인물이 빼어나고 예의가 발랐다. 명원은 이 조카딸을 염두에 두고 정조의 마음을 은밀히 떠보았다.

"전하, 후궁 간택령을 내리시옵소서. 후사가 늦었나이다."

"그 일이 맘대로 되는 일이오? 얻은 자식마저 잃은 내 팔자입니다."

"그런 말씀 마시옵고, 더 늦기 전에 후궁을 들이시어 왕자를 생산하셔야 하옵나이다."

"그런 줄은 아는데… 자신이 없소이다."

"전하, 즉시 간택령을 내리셔야 하나이다."

"후궁을 들이더라도 간택령은 내리지 않겠소. 그런 일로 조야를 번거롭게 하기는 싫소."

"그리하시오면 조용히 맞아들이시옵소서."

"혹여, 고모부님께서 마땅한 규수를 알고 계십니까?"

"전하, 신이 천거하시면 받아들이시겠나이까?"

"여부가 있겠소."

"실은 신의 일가 중에 마땅한 규수가 있나이다."

"잘되었소. 우리끼리 소문 없이 해결하십시다."

정조의 허락을 받은 박명원은 신바람이 났다. 대궐에서 집으로 돌아오는 즉시 사촌 아우를 불렀다.

"이보게 아우, 우리 가문에 경사가 났네."

"형님, 무슨 말씀이십니까?"

"자네의 딸이 후궁으로 들어가게 되었네."

"예에?"

"자네가 임금의 장인이 된단 말일세."

"형님, 그만두세요."

"아니, 가문의 영광을 차버리겠다는 것인가?"

"나는 임금의 장인 싫소이다."

"왜 그러나?"

"임금의 후궁이란 게 아들을 낳지 못하면 하루아침에 찬밥 신세가 되는 팔자입니다. 딸아이를 그런 불행한 곳에 보내기 싫소이다."

"싫어도 할 수 없네. 이미 주상과 약속이 되었네."

"형님, 나는 모르는 일이었소. 형님이 알아서 처리하시오. 나는 죽어도 임금의 장인 되기는 싫소."

명원의 사촌 동생은 자리를 털고 일어섰다.

"이보게 아우님, 이러지 말고 나를 좀 살려주게."

"형님이야말로 저와 제 딸을 살려주십시오."

사촌 동생은 찬바람을 일으키며 떠나버렸다.

박명원은 낭패였다. 임금과 약속을 한 터라 일가 친척 중에서 규수를 찾아야 했다.

여름 장마철이어서 비가 오락가락했다. 명원은 사랑에 앉아 처마에서 떨어지는 낙숫물 소리에 시름을 달래고 있었다.

"대감 마님, 전라도 여수에서 박 생원이라는 분이 오셔서 마님을 뵙고자 하나이다."

"응? 그 양반이 웬일이라더냐? 모셔라."

박 생원은 전라도 여수에 사는 명원의 친척 아저씨뻘이었다.

"조카님, 오랜만일세."

"아저씨, 한양에는 어인 일이십니까?"

"말도 말게나. 이번 장마통에 집이고 땅이고 다 떠내려가버렸네. 한양에서 입이라도 붙일까 무작정 상경했네."

"큰일입니다그려. 어디에 묵고 계십니까?"

"남대문 밖 주막거리에 묵고 있는데, 과년한 딸아이가 걱정이구만."

"아저씨에게 딸아이가 있습니까?"

"그렇다네. 어쩌다가 혼기를 놓쳤네. 방년 19세일세."

박명원이 반색을 했다.

"당장 집으로 데려오세요. 과년한 딸을 주막거리에 묵게 할 수는 없지요."

"그래도 되겠는가?"

"되다마다요."

박 생원은 식솔들을 데리고 명원의 집으로 옮겼다. 올망졸망 딸린 식구가 여나믄 명이나 되었다.

명원은 박 생원의 딸을 보고 그만 입이 딱 벌어져버렸다. 진흙 속에서 보석을 캐낸 기분이었다. 아름다운 얼굴에 자태마저 고왔다. 게다가 품성마저 선해 보였다. 말소리가 맑고 깨끗하며 은은히 풍기는 인자함마저 느껴졌다.

'음… 보옥이로구나.'

명원은 즉시 입궐했다.

"전하, 규수를 입궐시키리이까?"

"말썽 없는 집안이오?"

"집안이 한천한 것이 흠이나이다."

"오히려 잘되었소. 벌족이면 뭘 하오. 말들이 무성할 테고…."

"택일하여 규수를 들이겠나이까?"

"그리하시오."

정조와 명원이 약속하고 그제서야 후궁을 맞게 되었다는 말을 조야에 알렸다.

그동안 박명원의 집에서는 명원의 부인 화평옹주가 규수에게 궁중 법도를 가르쳤다. 박 생원은 뜻밖의 횡제에 믿기지 않아 제 볼을 꼬집어보았다.

"아저씨, 이제는 시골 농사꾼이 아닙니다. 어엿한 임금의 장인이십니다. 언행에 각별히 조심하소서."

"알겠네. 조카님 덕에 내가 임금을 만나게 되다니 믿기지 않는구먼."

"그래서 세상일이란 알 수 없는 게지요."

박 규수는 총명하고 지혜로웠다. 화평옹주에게 궁중 법도를 익혀 어엿한 궁중 여인으로 변신했다.

정조는 날짜를 잡아 박 규수를 맞았다. 첫눈에 반해버렸다. 정조로서는 셋째 부인을 맞은 것이었다.

시골 처녀는 운 좋게 왕자를 생산하여 수빈이 되었다. 이 수빈 박씨의 배에서 태어난 왕자가 뒷날 조선 제23대 순조 임금이다.

수빈 박씨로서는 전화위복이었다. 고향에서 장마로 재산을 다 잃고 빈털터리가 되어 한양에 올라와 임금의 어머니가 되었으니, 이보다 더 큰 광영도 드물 것이었다.

서학과 신유사옥

조선 왕조에서 서학을 먼저 안 사람은 광해군 때의 허균으로 알려져 있다. 이밖에도 이수광·유몽인 등이 광해군 때에 북경에 들어가 서양의 선교사와 접촉한 일이 있다.

인조 이후 서양의 기계가 들어오면서부터 서양 학문이 어떤 것인가에 관심을 갖는 학자들이 늘어났다. 특히 소현세자는 볼모로 잡혀가 있는 동안 서양 문물에 지대한 관심을 보였다. 아담 샬과 친하여 천문·과학에 관한 서양의 문물과 성교정도聖敎正道(가톨릭)에 관한 번역 서적, 그리고 지구의·천주상 등을 가지고 귀국했다.

영조 이후부터는 천주실의에 대한 학문 연구가 성해져, 성호 이익, 그의 제자 안정복 등은 천주교보다는 서양인들의 천문학·지리학·산수학 등에 재미를 붙여, 청나라를 오고가는 사신들을 통해 서양인의 저서를 가져다가 탐독했다.

정조는 서양 학문을 좋아하여 과학 서적을 사들여 규장각에 두었다. 그러나 천주교가 확산됨에 따라 왕실에서는 서양 서적을 버리기에 이르렀다.

북경 남천주당에서 그라몽 신부에게 영세를 받고 온 이승훈은 서울의 상류·중인·하류 계급에 이르기까지 총망라하여 포교활동을 벌여 교세를 넓혀나갔다.

천주교가 확산되어가자 정언 이경명이 상소를 올렸다.

'…세상에서 말하는 서학이란 것은 해괴망측한 것이옵나이다. 수년 전에 서학을 엄하게 다스렸사오나 요사이 다시 성해졌나이다. 서울을 비롯하여 먼 시골까지 전염병처럼 퍼져나가고 있사옵나이다. 이대로 두었다가는 그 수가 점점 더 늘어날 추세이옵나이다. 각 지방 수령 방백을 엄중히 단속하시어, 후일 피해가 생기지 않도록 하시옵소서.'

정조는 여러 대신들을 불러들여 의논했다.

우의정 채제공은 남인 사이에 천주교를 믿는 사람이 많다는 것을 알고 있었다.

"전하, 근자에 서학이 성행하는 것은 사실이옵나이다. 신이 그 책자(天主實義)를 보았사온데, 내용이 우리의 풍속에 맞지 않았나이다. 묵자와 근사했나이다."

"어느 점이 근사한 게요?"

"부모 형제를 차별치 않고 모두 같이 취급하는 점이옵나이다."

정조도 〈천주실의〉를 읽은 바 있어 대강은 짐작하고 있었다.

"경의 지적이 맞소."

"그자들이 말하는 천당과 지옥설은 어리석은 백성을 우롱하기에 안성맞춤이나이다. 하오나 서학을 금할 수는 없사옵나이다."

"우리가 가는 공맹孔孟의 길은 정당한 것이오. 정학(성리학)을 크게 일으키면 그러한 서학은 저절로 없어질 것이오."

"전하, 서학 가운데 좋은 것도 있다 하옵나이다."

"그것이 뭐요?"

"상제上帝께서 내려오시어 사람을 지도한다는 점이옵나이다."

"나쁜 점은 뭐요?"

"임금에 대한 충성을 다한다는 말이 없사옵고, 먼저 옥황상제, 다음은 조화옹造化翁, 그 다음은 아버지를 대한다는 점이옵나이다."

"천당과 지옥을 설명한 것은 뭐요?"

"불가에서 말하는 것과 비슷하나이다."

"그다지 나쁜 교는 아닌 것 같소."

"그러하옵나이다."

정조는 서학을 학문으로 관대하게 볼 뜻을 은근히 내비쳤다.

조정 대신들은 정조와 채제공의 대화를 들으면서 깜깜한 벽을 느꼈다. 서학이 성리학을 방해한다는 생각뿐이었다. 물리치지 않으면 세상이 거덜 날 것만 같았으나, 임금이 학문으로 받아들일 의향이 있어서 서학에 대한 확고한 반대 이론이 없는 대신들은 그저 난감할 뿐이었다.

채제공은 천주학에 남인들이 대거 빠져들고 있어서, 같은 남인으로서 그들을 보호하는 차원에서라도 서학을 옹호할 필요가 있었다.

비변사에서도 서학을 엄히 다스려야 한다는 말이 나왔다. 정조는 관대하게 보았다.

"서학 서적을 불태우라는 말도 타당하나 잘못되면 폐단이 더 크오. 아직 서학의 전파가 심하지 않으니 집에 있는 것만 내버리라고 하오."

남인들은 주로 서학을 전파하여 그들은 기회가 닿으면 파당적으로 움직이려고 했다. 그러나 서학에 반대하는 학자와 신료들이 훨씬 많았다. 이들은 서학을 무너뜨리려고 기회를 노리고 있었다. 조정에 풍운이 감돌았다.

서학의 버팀목이 되었던 채제공이 세상을 떠났다. 조정이 서학 타파의 분위기로 돌아섰다. 좌의정 이병모가 드디어 앞장섰다. 천주교 문제를 들고나와 이가환에게 총부리를 들이댔다. 천주교를 빙자하여 반대파를 숙청하려는 음모가 도사리고 있었다.

"전하, 근자에 사학의 폐단이 심하옵나이다. 그 괴수는 이가환으로서, 그자의 조상에 증직한 것까지도 삭제하시옵소서."

정조는 이병모의 말을 묵살해버렸다.

이가환은 이승훈의 숙부였다. 그는 천주교 교리서를 어문으로 번역하는 등 천주교 운동에 적극적이었다. 그러나 영세를 받아 신자가 되는 것은 꺼려했다. 그는 주문모 입국 사건 때 반대당의 모함을 받아 형조판서에서 충주목사로 쫓겨나 있었다.

정조가 단호히 말했다.

"과인의 뜻은 그렇지 않소. 이가환에게 과거의 잘못을 속죄하라고 했소. 지나간 일을 재론하지 마오."

그후로도 벽파는 이가환·정약종이 사학의 괴수라며 엄중히 처벌하라는 상소가 빗발쳤다. 정조는 듣지 않았다.

정조는 어린 세자를 관례冠禮시키고 세자빈을 간택하려고 하던 중 온몸에 종기가 났다. 더구나 여름이어서 종기는 쉽사리 낫지 않았다. 의원을 불러

들여 첩약을 발랐으나 종기는 좀처럼 낫지 않고 오히려 머리 · 등에까지 생겨났다. 내의원 도제조 이시수가 말했다.

"전하, 과로하시어 종기가 심해지는 듯하옵나이다. 평안히 쉬시는 게 좋을 듯하나이다."

정조는 그동안 탕평에 힘을 쏟고 책을 한시도 손에서 떼지 않고, 서양 학문에 깊은 관심을 기울여 피로가 누적되어 있었다. 도제조의 말대로 정조는 휴식을 취했으나 차도가 없었다. 종기가 심하고 피고름을 동이로 짜냈다.

어느 날 정조는 기분이 좀 나은 듯싶어 규장각 직제학 서정수 · 서용보 · 이만수 등을 불러 무슨 말을 하려고 했다. 그러나 아무 말도 못하고 그만 승하하고 말았다. 모든 죽음이 그렇듯 허무한 떠남이었다.

세자가 창덕궁 인정문에서 어린 나이에 등극했다. 조선 제23대 순조였다. 증조모 정순왕후(영조의 계비) 김씨가 수렴청정을 했다. 따라서 조정의 권력은 경주 김씨인 대왕대비의 손에 쥐어졌다.

대비는 벽파를 조정에 기용하여 세력을 뻗어나갔다. 심환지 · 이병문 등이 대비를 조종했다. 심환지는 영의정이 되어 대비를 수족처럼 따랐다. 대비가 선전포고를 했다.

"선왕이 20년을 집권했소. 선왕의 의지에 배치되어 아직도 깨닫지 못한 신료가 있소. 이러한 자는 자수토록 하시오!"

시파에 대한 공격이었다. 그러나 자수하는 자가 없었다. 대비는 이에 시파에 대한 앙심을 품었다. 대비는 신유년 정월 교서를 내렸다.

'…사학邪學(西學)을 엄금하노라.'

이리하여 조정 안팎에 비상이 걸렸다.

서학 핍박의 일단계로 충청도 내포의 포교자 이존창을 잡아 호서 감영에 가두고, 그의 도당을 심문하여 관련자를 모조리 잡아들였다. 그런 후 이가환 · 이승훈 · 정약종 · 정약전 · 정약용 · 권철신 · 권일신 · 홍교만 · 홍낙민 등 이름 있는 신료들을 잡아들여 심문했다.

위관으로는 대비의 오른팔인 이병모를 비롯하여 서정수·이서구 등이 임명되었다. 그리고 사학의 죄인들을 잘 안다고 자처하는 목만중을 대사간으로 임명, 죄인을 다루는 데 협조토록 했다. 조정에 피바람이 불었다.

권엄 등 60여 명이 연명 상소를 올렸다.

'…이가환·이승훈·권철신 등은 사람을 유혹했으며, 도당을 만들어 나라의 법을 떡먹듯이 범하고, 죽음을 초개같이 여겨 형구刑具를 천당이라고까지 말한 자들이옵나이다. 이자들은 서양 오랑캐들을 자기의 조상같이 믿고 있사오니 극형에 처하심이 마땅하옵나이다.'

이가환이 심문을 받았다.

"죄인은 선왕 때부터 사교를 믿었느냐?"

"그렇소."

"선왕께서 너를 우대하여 다시는 사교에 물들지 말도록 했거늘 어찌하여 버리지 않았느냐?"

이가환은 싱긋 웃으며 손으로 십자가를 그리고 나서 말했다.

"나는 사교라 생각지 않소이다. 서양 사람들이 위하는 하느님이나 중국 사람이 믿는 하늘이나 뭐가 다르오? 따라서 우리가 믿는다고 죄될 게 뭐가 있겠소?"

"죄가 없다? 어디 죄가 없는지 두고 보자."

권철신에게 위관이 물었다.

"너는 양반집 자손이다. 서양 오랑캐의 하느님을 믿느냐?"

"그렇소. 서양 학문을 연구하는 것이 뭐가 잘못되었소?"

"잘못이 없다? 어디 두고 보자."

정약종이 끌려나왔다.

"서학을 믿는 까닭이 뭐냐?"

"나는 서학을 정학과 같은 학문으로 생각하고 있소."

"정학과 같다고?"

"그러하오. 사람을 차별하지 않고 착한 일을 하며 남을 속이지 않고 서로 사랑하는 박애정신이 정학에 비해 뭐가 다르단 말이오."

"너는 공자의 가르침을 잊었느냐?"

"그럴 리 있소? 다만 하느님은 대군大君이고 우리 아버지요."

"미쳐도 단단히 미쳤구나."

"앞으로 하느님의 정신을 받들어야 하오. 조상의 제사를 지내는 사람은 죄가 많은 사람이오."

"군주도 없고 아비도 없다는 말이더냐?"

"하느님 앞에서는 그렇소."

이들은 자신들의 주장을 굽히지 않았다. 그러나 개중에는 하느님을 배반하는 자들이 있었다.

최필몽 같은 사람은 고문을 견디지 못하여 사교를 믿지 않겠다고 맹세했다가 마지막 진술에서 번복했다.

"내 비록 악형을 못 견뎌 사교를 믿지 않는다고 했으나, 나는 배교하는 것이 죄가 된다는 것을 깨달았소. 나는 하느님의 가르침을 배반하지 않고 끝까지 따르겠소."

이승훈은 서찰을 서양인에게 전하고 사학의 서적을 널리 퍼뜨렸다는 죄로 즉시 처형되었다.

이승훈은 북경을 다녀온 후 교세를 확장하기 위해 중국이나 서양의 신부들을 모셔오라고 동지들에게 주장했다. 그리하여 북경 남당으로 사람을 보내어 조선에 신부를 보내달라고 요청했다.

북경 남당에서도 조선에서 청해오기를 손꼽아 기다렸다. 소식이 오자 남당에서는 중국인 신부 주문모를 보내기로 했다. 주문모는 사신 일행을 따라 압록강까지 왔다. 역관으로 따라간 천주교인 지황·윤유일·최인길이 주문모를 수행했다. 최인길이 말했다.

"신부님, 강을 건너면 조선입니다. 조선 사람의 옷으로 갈아입으소서."

"조선 옷을 준비해왔소?"

"그렇소이다."

주문모는 상복喪服으로 갈아입고 겉에 두루마기를 걸쳤다. 그리고 머리에는 상립喪笠을 쓰고 포선布扇까지 쳐 눈 앞을 막았다. 상제로 변장한 것이다. 당시는 부모의 상중에 있는 사람은 검문을 심하게 하지 않았다.

주문모는 여러 관문을 무사히 통과하여 서울에 잠입했다. 우선 신도 김여삼의 집에 잠시 머문 후 전부터 안면이 있는 이승훈을 만났다.

"베데르 님, 그동안 서신으로만 연락하여 북경의 사정을 충분히 말씀 드리지 못했소이다."

"피차 그렇소이다. 조선에 들어오시느라 고생이 많으셨소이다."

"주께서 하시는 일이니 고생을 모르오."

"옳으신 말씀이오."

이승훈은 주문모를 안국동의 신자 과부의 집으로 은신시켰다. 주문모와 언어 소통이 되는 신자는 이승훈과 역관 출신인 최인길·지황·윤유일 등이었다.

이승훈은 주문모에게 정조가 학문을 좋아하여 서학에도 관심이 깊다는 말과 당파 싸움으로 조정이 늘 시끄럽다는 말을 전했다. 그리고 포교에 대해 의논했다. 주문모는 말이 통하지 않아 포교에 큰 차질이 왔다. 하루라도 빨리 조선말을 배워야 했다. 그는 예배일에 대해 말하고, 주님의 박애정신을 늘 강조했다.

노소와 신분을 초월한 모임에 핍박받는 백성들이 소문을 듣고 몰래 모여들었다. 그들은 하느님 앞에서는 상하 귀천도 없다는 말에 새 세상을 만난 것 같았다.

어느 날이었다. 비가 추적추적 내렸다. 남녀 신도들이 비밀리에 주 신부의 설교를 듣고 헤어졌다. 비가 내려 남자 신도들이 여신도를 바래다주었다. 김여삼이 김소사 여인과 동행했다. 안국동 네거리를 지나면서 비는 폭우로 변했다. 캄캄한 칠흑밤에 김소사의 뒤를 김여삼이 따랐다. 깜박거리던 등불마저 꺼져버렸다. 김여삼은 할 수 없이 김소사의 손을 잡았다.

"저 때문에 공연히 고생하시네요."

"고생이라니요. 우리는 주님의 은혜로…."

"쉬잇!"

김소사가 김여삼의 손을 잡아당겼다.

"말조심하셔야지요."

"알겠소이다."

김소사의 집에 닿았다.

"집에 들어가 비 좀 그치면 가세요."

"그래도 될까요?"

김여삼이 염치없이 따라들어갔다. 김소사는 첩살림을 하고 있었다. 살림살이가 한눈에 보아도 부자티가 났다.

김소사는 젖은 옷을 갈아입고 마루로 나왔다.

두 사람은 주로 신자들의 얘기며 주 신부를 화제로 삼아 무료한 시간을 떼웠다. 폭우는 좀체 그치지 않았다. 밤이 깊어갔다.

김여삼이 일어섰다.

"그칠 것 같지 않소이다. 그냥 가봐야겠소."

"이 빗속에 어디를 가신다고 그러세요. 불편하시지만 주무시고 가세요."

"제가 어떻게 혼자 계시는 집에서 자겠소이까."

"어때요? 제가 건넌방에 가서 자면 돼요."

"안될 말씀이오."

"그럼 얘기를 나누며 밤을 새워요."

그들은 남녀 사이의 내외법을 없애야 한다는 등, 신도들 모두 황제처럼 지내라고 한 교리를 따라야 한다는 등, 의기투합이 되어 시간 가는 줄 모르고 얘기를 나누었다. 이런 일이 있은 후 두 사람 사이가 뜨거운 관계로 발전해갔다.

무슨 일이든 비밀은 오래 가지 않았다. 두 사람 사이를 눈치 챈 지황과 최인길이 김여삼을 불러 질책했다.

"너는 천주교를 모욕하고 있다. 여자를 유혹하여 추잡한 짓을 하고 있다니, 그냥 둘 수 없다!"

김여삼은 할 말이 없었다.

"출교하라!"

"그리는 못하오. 우리는 하느님이 맺어준 인연이오."

"이런 나쁜 자식! 하느님을 팔아 네 색욕을 채웠더란 말이냐! 당장 출교하라."

"못하겠소. 당신네들이 나를 강제로 출교시키면 나는 관가에 천주교를 고발하겠소."

김여삼이 대들었다.

이 사실을 최인길 등이 주문모에게 알렸다. 주문모는 오히려 최인길 등을 달래었다.

"남을 못 믿는 것은 죄악이오. 김여삼이나 김소사는 아직 신의 섭리를 깨닫지 못해 그러는 것이오. 두 사람의 마음이 합해졌으면 부부가 되는 것도 좋지요."

"두 사람은 우리 나라에서 간음죄에 해당됩니다."

"두 사람이 주의 이름으로 합친다면 무슨 죄가 되겠소."

주 신부는 그들을 너그럽게 용서했으나 최인길 등은 달랐다. 어떻게든 두 사람을 출교시키려고 여론몰이를 해갔다.

"간음하는 자는 신도가 될 수 없다. 하느님께서도 간음하지 말라고 하셨다."

궁지에 몰린 김여삼이 최인길과 지황이 천주교를 믿는다고 관가에 고발해버렸다.

어느 날 안국동 과부집에서 신도들이 모여 예배를 보고 있을 때 포도청 포졸들이 들이닥쳤다.

"천주쟁이들아, 꼼짝 말고 오라를 받아라!"

신도들은 당황하여 어찌할 바를 모르고 있었다.

"신부님, 제 뒤를 따르소서."

김소사가 주 신부의 손을 끌어 뒷문으로 빠져나갔다. 주문모는 김소사의 안방으로 숨어들었다.

한편, 신도들은 허둥지둥 달아나고, 최인길 · 지황 · 윤유일 등은 관가에 잡혀갔다. 주문모는 위기를 모면하고 화동 어느 집으로 옮겨가 흩어진 신도들을 모았다.

"어린 양들이여! 누가 그대들을 보호하겠는가! 오직 하늘에 계신 천주님이 돌보아주실 것이다. 하느님 아버지시여, 이 어려운 나라를 복되게 해주시고 헤매는 양떼를 보호해주시옵소서!"

주문모의 기도 소리가 애절했다.

주문모는 5년 동안 잡히지 않고 포교활동을 열심히 했다. 그리하여 그가 오기 전 3천여 명의 신자가 5년 동안 1만여 명으로 불어났다.

신유년 3월 12일, 주문모는 박해받는 신자들을 보다 못해 의금부에 자진 출두하여 자수했다. 그는 4월 20일 한강가 새남터에서 순교했다.

신유사옥으로 주문모 · 이승훈이 순교하고, 이가환 · 권철신 · 정약종 · 최필공 · 홍교만 · 홍낙민 · 최창현 등의 간부들이 참수당했다. 이 옥사로 1년 동안 학살당한 신도 수가 300명을 넘었다.

이밖에 정약전 · 정약용 형제처럼 귀양을 떠난 신도들이 많았다.

설상가상으로 황사영 백서사건이 터져 신도들의 박해가 더욱 심해졌다. 이 백서가 조정에 천주교 탄압의 좋은 구실을 주어 희생자들이 더욱 늘어난 것이다.

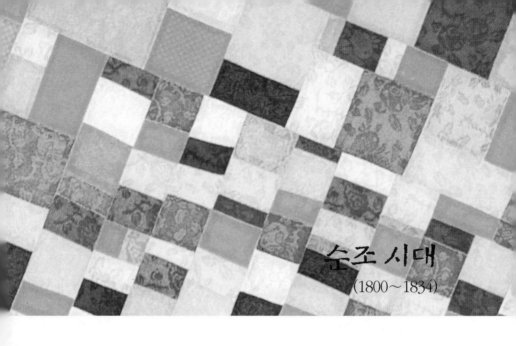

좌절한 평서대원수의 꿈

어린 나이에 등극한 순조는 신유사옥의 큰 사건을 치렀다. 그 다음해에 순조는 13세에 김조순의 딸과 혼인하여 14세 된 왕비를 맞이했다.

대왕대비는 자신의 친정 일족의 딸을 왕비로 맞으려고 김관주 일파를 은밀히 움직였으나 뜻을 이루지 못했다. 순조 생모의 친정 박씨들이 김조순의 손을 들어주어서였다. 김조순은 안동 김씨였다. 이때부터 안동 김씨의 세도정치가 세력을 폈다. 안동 김씨들은 순조의 외가인 반남 박씨들과 혼인을 맺어 자연히 협조를 유도했다.

순조의 외사촌 박종경이 선혜청의 당상관이 되어 나라 재정의 실권을 틀어쥐었다. 안동 김씨들은 나이 어린 순조를 제쳐두고 정권을 마음대로 농단했다. 안동 김씨의 뒷배가 없으면 벼슬을 얻을 수 없었고, 벼슬을 하고 있더라도 요직에 앉지를 못했다. 반남 박씨들도 틈새를 노려 자기들의 세력을 뻗어갔다. 이들 두 문중에 사람들이 꼬여들었다.

늘 피를 보게 되는 것은 백성들이었다. 지방의 수령들이 돈을 들여 벼슬을 사서 한밑천 벌어들이려면 백성의 고혈을 짜는 수밖에 없었다. 백성들의 원성이 커져가고 드디어 민란의 시기를 맞게 되었다. 그 대표적인 인물이 평안도 용강 다미현 출신의 홍경래洪景來이다.

홍경래는 19세에 사마시에 응시하여 낙방한 뒤, 부정부패한 조정과 지방 관들의 비리를 일찌감치 깨달았다. 그는 방랑생활에 들어갔다.

가산 다복동에 여러 해 전부터 젊은 사나이가 이사 와 둥지를 틀었다. 위인의 허우대가 훤출하고 얼굴이 썩 잘나 보였다. 글도 잘하고 아는 것이 많았다.

어느 해 봄이었다. 사나이가 인근 청룡사로 나들이를 나갔다. 사나이는 많은 인파 속에서 다른 사내와 눈이 맞았다.

"혼자 왔수?"

"그렇소만. 누구를 찾소?"

"찾는 사람은 없소만, 쓸 만한 사람을 찾소."

"거 참 묘한 말이오. 어디서 왔수?"

"다복동 사오."

"성씨는 뭬요?"

"알아서 뭘하겠소, 홍가요."

경래가 퉁명스럽게 쏘아붙였다. 그런데 사내는 떠나지 않고 홍경래 주변을 맴돌며 이것저것 묻고는 그의 일거수일투족을 찬찬히 뜯어보았다.

이 사내는 점을 치고 관상을 보고 땅을 보는 술사 우군칙禹君則이었다. 때마침 가산의 부자 이희저가 친구 몇 사람과 더불어 절에 나들이를 나왔다. 우군칙이 희저를 발견하고 먼저 아는 체했다.

"이게 누구시오? 이 생원 아니시오."

"아니 우 술사도 놀러왔남?"

"봄나들이를 나왔소이다."

"곁에 계신 분은 뉘신지?"

"예에, 다복동에서 온 홍이라고 하오."

세 사람은 금세 의기투합이 되었다. 희저가 음식을 장만해와서 절 바깥에 진수성찬이 차려졌다.

"세월은 좋다마는 세상은 도둑놈 판이구나. 제기럴."

희저가 투덜거리며 술을 입에 부었다. 우군칙과는 구면이어서 대수롭지 않게 여겼다.

"임금의 나이는 어리고 측근들은 욕심을 부려 세상이 도둑놈 소굴처럼 보이는 게요."

우군칙이 받았다.

"우선 임금의 곁에서 권력을 쥐고 나라를 좌지우지하는 자들부터 쓸어내야 해!"

"지당하신 말씀이오. 홍 선달은 어찌 생각하오."

우군칙이 경래에게 물었다. 경래는 웃음으로 대답을 대신했다.

"보아하니, 보통 선비는 아닌 것 같구려. 다복동이 원 고향이오?"

희저가 물었다.

"아니오. 선천 검산 일월봉 아래에서 태어났소."

우군칙이 눈이 똥그래졌다. 옛날부터 일월봉 아래에서 성인이 태어난다는 전설이 있었다. 우군칙은 홍경래가 예사 인물로 보이지 않았다. 무엇인가 분명히 있어 보였다.

우군칙은 홍경래가 전설로 내려오는 성인이라는 생각이 들었다. 희저도 홍경래를 평범한 인물로 보지 않았다.

"혹시 내 도움이 필요하면 언제든지 연락하시오. 돈은 꽤 벌어놨소."

"말씀만이라도 고맙소."

홍경래가 고맙게 받아들였다. 희저는 친구들과 어울리려고 자리를 떴다.

"희저란 사람, 가산에서는 제일 부자요. 저 사람, 조정에 불만이 많소이다. 더욱이 서북 사람을 조정에서 무시하는 것을 철천지한으로 가슴에 품고 있소."

"그렇소이까?"

경래의 피가 거꾸로 도는 것 같았다. 힘이 솟았다. 기다리던 기회가 찾아온 것이다.

"언제 다복동에 한번 들러주시오."

"그럽시다."

며칠 후 우군칙이 다복동에 왔다. 홍경래는 속내를 털어놓았다.

"내 그동안 세상을 돌아본 바로는 백성들이 천지개벽을 바라고 있다는 것이오. 백성들은 탐관오리에 시달림을 당해 죽지 못해 사는 실정이오. 특히 함경도는 더하오."

"세상을 바꿔야 하오. 이대로는 아니되오."

"바꿔야지요. 백성들이 우리를 기다리고 있소."

이로부터 홍경래는 동지를 규합했다. 우군칙이 옆에서 도왔다. 먼저 이희저를 포섭했다. 곽산의 김창시도 홍경래 편으로 끌어들였다. 그 다음 태천·개천·안주 등지에서 동지를 모았다.

신미년에 곡산 일대에 흉년이 들었다. 농부들의 걱정이 태산같았다. 유랑민들이 떠돌며 강도짓을 했다. 조정에서는 아는지 모르는지 대책이 없었다. 홍경래는 떠도는 유랑민을 다복동에 모아 비밀리에 군사훈련을 시켰다. 자금 조달은 희저가 맡아 해주었다. 홍경래는 거사할 시기를 노렸다. 그동안 각 지방에 유언비어를 퍼뜨렸다.

"선천 일월봉 아래에서 성인이 나시어 나라를 구한다더라."

"서울의 나이 어린 임금은 외척들의 허수아비에 다름없다."

"홍씨가 한번 나오니 세상이 조용해진다."

심지어 다복동에서 군사훈련을 한다는 소문이 나도는데도 가산군수 정기는 귀를 막고 지냈다.

홍경래는 봉기할 계획을 차곡차곡 세워나갔다. 우선 섣달 열나흘에 평양을 습격하여 민심을 소란시키려고 대동관에 불을 질렀다. 그러나 사건은 흐지부지되고 말았다.

홍경래는 가산 관아부터 접수하기로 작전을 변경했다.

이희저가 거사를 하기 전에 홍경래를 대원수로 추대했다.

"우리는 존경하는 대원수 홍경래 장군의 명령에 따라 생사를 같이할 것이오!"

"홍경래 장군 만세!"

홍경래는 평서대원수平西大元帥가 되어 군대를 편성했다.

부원수에 김사용, 군사에 우군칙, 도총에 이희저, 모사에 김창시, 선봉장에 홍총각 · 이제초가 각각 임명되었다.

홍경래는 거사 격문을 읽었다.

"…관서지방은 옛날 기자의 땅이요 단군의 도읍지다. 임진왜란 때는 정봉수가 충성을 다해 나라를 구했다. 선우협 · 홍경우 등의 학자가 나왔으나 조정에서는 우리 고장 사람들을 멀리했다 … 김조순 · 박종경의 무리들은 정권을 농락하고 있다. 그리하여 근자에 천재지변이 이어서 일어나고 있다. 이러한 때에 다행히도 성인이 일월봉 아래에서 나시어 이제 세상에 나오셨다. 이에 황명皇明의 유신들이 철기 10만 명을 거느리고 나라를 깨끗하게 하려고 한다. 각 지방의 수령들은 이 격문을 읽는 즉시 우리의 의로운 군대를 맞아라. 만약 반항하는 자가 있다면 모조리 목을 치겠다…."

"대원수 만세!"

"우선 가산 관아부터 점령하고 서울로 가자!"

선봉장 홍총각 · 이제초가 각각 50여 명의 기병을 거느리고 먼저 떠났다. 그뒤를 대원수군이 따랐다.

가산 관아에 도착한 홍총각이 외쳤다.

"가산군수는 항복하라! 개죽음을 당하지 말라!"

가산군수 정기는 도망치려다가 내아로 들어와 대책회의를 열었다. 그 사이 관군들이 도망쳐 한 놈도 없었다. 군수는 아전 몇을 데리고 적을 맞았다.

"항복하라!"

"이 역적 놈들아, 하늘이 두렵지 않느냐!"

"죽고 싶어 환장한 게로구나!"

반항하는 정 군수를 홍총각의 휘하 장수가 목을 쳐버렸다. 가산이 싸움 한번 제대로 못해보고 관아를 비워주었다. 봉기군들의 사기가 하늘을 찔렀다. 홍경래는 천천히 가산 관아로 들어갔다.

함경도·평안도 일대의 수령들이 도망치기 바빴다. 곽산군수 이영신은 김사용과 김창시가 쳐들어가자 관인을 버리고 달아났다.

정주성은 목사 이근주가 항복하라는 말을 듣고 도망쳐버렸다. 선천부사 김익순과 철산부사 이장겸은 싸워보지도 않고 항복해버렸다. 용천부사 권수는 의주로 도망치고, 태천현감 유정양은 영변으로 줄행랑을 놓았다. 박천군수 임성고는 달아나다가 반란군에게 붙잡혔다. 이로써 여덟 개 고을이 봉기군의 수중에 떨어졌다. 불과 사흘 만의 일이었다.

조정에 장계가 올라왔다. 정만석을 관서위무사 겸 감진사로, 이요헌·박기풍을 순무사로, 김처한을 선봉장으로 삼아 출동시켰다. 그런데 김처한은 겁을 먹고 출동하지 않아 박기풍이 선봉장이 되었다.

가산의 농민 봉기 소식을 듣고 황주에서 이에 호응하여, 농부 노인남·곽성줍 등이 홍경래군과 합세하여 봉기했다. 다행히도 황주 병사 조계가 즉각 토벌하여 봉기가 세를 꺾이고 말았다. 그러나 황주 관아는 약탈당하고 말았다.

이러는 사이에 박천이 관군에게 패했다. 관군은 다복동까지 습격하여 봉기군에게 큰 타격을 안겼다. 이 소식을 듣고 달아나던 수령들이 뒤돌아서 봉기군과 힘을 내어 싸웠다. 또 전국에서 의병장들이 일어나 봉기군을 압박해왔다.

홍경래는 정주성으로 들어가 관군과 대치했다. 의병들이 관군과 함께 정주성을 에워싸고 공격을 퍼부었다. 그러나 관군이 피해만 입고 후퇴했다. 관군은 작전을 달리했다. 총공격을 시도하기보다는 각개 약진으로 백병전을 구사했다. 봉기군도 만만치는 않았다. 성을 지키지 않으면 살 길이 없어

필사적이었다.

서울에서 박기풍이 성 공격용 무기인 안구(대포)·자모포·운제(사다리) 등을 가지고 왔다. 이 무기들로 총공격을 퍼부었으나 손해만 보았다.

정주성은 무려 4개월이나 버텼다. 박기풍은 성이 쉽사리 함락되지 않으므로 정주성 밖에서 군사들을 조련하고 군량미를 모았다. 장기전에 대비했다. 그러는 사이에 관군이 백성들을 괴롭히는 예가 늘어갔다. 조정에서는 박기풍을 삭직시키고 유효운으로 바꿨다. 관군은 8천 3백여 명이나 되었다. 여기저기에서 국지전이 벌어졌다. 성 밑을 파고들어가는 토굴군까지 동원했으나 실패했다.

홍경래는 직접 군사를 이끌고 동남문 밖으로 나와 관군 진영을 습격했으나 실패했다. 경래는 성안으로 들어가지 않고 여염집으로 달아났다. 관군이 봉기군을 잡아 심문했다. 성안의 식량이 떨어졌다는 것을 알아냈다. 봉기군이 관군에게 교섭해왔다.

"성안의 민간인을 내보내면 죽이지 않겠는가?"

"반란에 가담하지 않았으면 죽이지 않는다."

"백성들이 어찌 가담하겠는가?"

"그렇다면 안심하고 나오라! 또한 항복하는 자도 죽이지 않겠다."

성안에서 여자 60여 명과 늙은이·병자·아이 들이 나오기 시작했다. 이로써 성안의 식량이 바닥났다는 것을 알 수 있었다.

유효원은 성을 총공격하라고 명령을 내렸다. 화약을 성문 근처 지하도에 묻고 화승으로 멀리서 불을 댕겼다. 화승이 타들어가자 화약에 옮겨 폭발과 함께 복장대 부근의 성이 수십 간 무너져내렸다.

"와아!"

관군이 무너진 성을 넘어 뛰어들었다. 봉기군은 끝까지 싸워 스스로를 불태웠다.

홍경래는 최후의 시각이 다가오자 참모들에게 말했다.

"그동안 여러분의 고생이 많았소. 다시 재기할 사람은 우군칙과 이희저 두 분이오. 성문 밖으로 나가 북으로 달아나 앞날을 도모하시오."

"아니될 말씀이오. 대원수와 함께라면 모르지만…."

"내가 무슨 염치로 살기를 바라겠소. 어서 도망치시오!"

홍경래는 그들과 작별하고 싸움터로 뛰어들었다. 달려드는 관군을 향해 칼을 휘둘렀다. 관군 대여섯 명이 눈 깜짝하는 사이에 목이 달아났다. 다시 달려오는 관군을 향해 칼을 휘두르는 순간 가슴에서 쿵 하는 진동이 울렸다. 대포알이 날아와 홍경래의 가슴팍을 뚫었다.

홍총각이 달려와 쓰러진 홍경래를 안았다.

"대원수, 이대로 가시면 아니되오!"

"가라! 어서 가라!"

홍경래는 숨가쁘게 말하고 눈을 뜬 채로 숨을 멈췄다. 봉기군의 장수들은 싸움을 그치고 오열했다. 관군이 그들을 에워쌌다. 관군들은 봉기군 2천여 명의 목을 베었다. 봉기군이 아닌 백성들의 희생이 컸다. 항복하는 봉기군마저 목을 쳤다. 홍총각 등은 붙잡혀 압송되었다.

홍경래의 백일천하가 막을 내렸다. 그는 농민들의 대변자로서 썩은 대관·지방관 들에게 큰 경종을 울렸다. 그러나 조정은 애매한 백성들마저 봉기군으로 몰아 많은 희생자를 냈다. 복수의 화신 같았다.

홍경래의 농민봉기는 전국 백성들에게 막대한 영향을 주었다. 그뒤에 제주도 양제해의 음모사건, 성천읍의 중 학상이 홍경래의 여당이라 자칭하며 소요를 일으키는 등, 그 여파가 철종 때까지 전국 곳곳의 민란 사태로 이어졌다.

북경에서 눈을 뜬 추사

순조 10년, 황해도 장연의 어부 김봉영 등이 청나라 산동성 등주부 영성현에 표류한 것을, 청나라에서 육로로 귀국시켰다. 조선에서는 청나라에 감사의 뜻으로 사은사를 보내야 했다. 때마침 동지사를 보낼 시기가 되어 동지정사에 예조판서 박종래가, 부사에 이조판서 김노경이 임명되었다. 김노경은 시파에 속했다. 정순대비와는 사이가 좋지 않았다.

이 사신 일행에 김노경의 아들 추사秋史 김정희金正喜가 따라나섰다.

김정희는 고향 예산 용산월궁龍山月宮에서 태어나, 10여 세 무렵에 한양에 올라와 장동 큰집에서 살았다. 큰아버지의 양자로 들어간 것이었다.

김정희는 한양에서 글을 읽으면서 박제가 등 북경학파들의 소문을 들었으나, 신분이 낮은 그들과 직접적으로 교제하지는 않았다. 그는 세상을 알게 되면서부터 청나라를 동경하게 되고 북경학파에 관심을 갖게 되었다. 그는 박제가와 교류의 물꼬를 텄다.

"북경에는 청나라의 대학자가 많소. 현재 대학자로는 옹방강과 기효람이 있지요. 조선에서는 그런 대학자들을 까맣게 모르고 있어요."

박제가의 말에 청년 김정희의 가슴이 뛰었다.

"그분들을 꼭 만나고 싶소이다."

"추사야 언제든지 가서 만날 수 있는 여건이 되지를 않으오?"

김정희는 박제가에 대해 미안한 마음이 들었다. 서얼의 마음 고생이 어떻다는 것을 잘 알고 있어서였다.

추사가 그리던 북경 땅에 도착한 것은 그의 나이 24세 때였다. 청나라에서 우리의 사신을 맞기 위해 제독이라는 사람이 옥하관에 와서 성밖 동악묘 앞까지 나와 기다리고 있었다. 사신 일행은 공복公服으로 옷을 갈아입고 앞에 가던 의장도 거두고 제화문으로 들어가 옥하관에 이르렀다. 영접관들이 대문 밖에 나와 일제히 읍했다. 우리 사신 일행도 답례의 읍을 하고 옥하관으로 들어섰다.

이때부터 양국의 통역들은 바빠졌다. 국서를 바칠 일을 의논하고 황제를 만나는 절차에 대해 세세히 계획을 짰다. 우리의 정·부사, 서장관 일행이 아침부터 조복을 입고 청나라 대궐로 들어가 오문 밖에서 기다렸다.

동짓날이 밝아와 태양이 동쪽에서 떠오를 때 오봉루에서는 북과 종을 쳐서 알렸다. 태화전 앞 뜰에서 편鞭을 세 번 울리면 내외의 모든 반班에서 공복을 입은 궁인宮人이 나오고 황제가 태화전 안으로 들어갔다. 이때 각 관아의 수천 명이 태화전 앞 넓은 뜰로 들어오고, 지방에서 올라온 지방관들은 오문 앞에서 기다렸다. 우리의 사신은 이 지방관 다음에 서 있었다.

잠시 후 오문이 열리고 홍로시 관원이 나와 사신을 안내했다. 사신들은 관원을 따라 황제가 지나간 길에서 태화전을 향해 다섯 번 절하고 세 번 머리를 조아리는 예(五拜三叩頭)를 올리고, 좁은 액문을 지나 태화전 뜰 앞으로 들어가 청나라의 문무백관들과 함께 서 있었다. 잠시 후 홍로시의 고관이 나와 큰 소리로 외쳤다.

"조선국 국왕이 보낸 배신陪臣 예조판서 박종래, 이조판서 김노경 등 정·부사와 서장관 등이 수행원 10명을 거느리고 황제께 아뢰오."

우리 사신 일행은 황제를 향해 세 번 머리를 조아렸다. 그리고 그 자리에 꿇어앉았다.

"멀리서 온 사신들에게 음식을 내리노라!"

황제의 목소리가 들려왔다. 이때 김정희는 아버지의 뒤에서 먼 발치에서나마 황제의 용안을 볼 수 있었다. 가경嘉慶 황제의 나이는 쉰이 넘었으나, 김정희의 눈에는 귀공자처럼 보였다.

우리 사신들은 다시 세 번 머리를 조아리는 예를 올렸다.

그 다음 광록시의 고관이 안내하는 대로 따라 액문을 나와 광록시로 들어가 황제가 하사한 술과 음식을 맛보았다. 그런 후 조선에서 가지고 간 예물을 바치고, 정·부사 일행은 실무에 들어가 바삐 움직였다. 김정희는 아버지를 따라 북경의 여기저기를 구경했다.

김정희는 북경에서 해를 넘겼다. 전부터 만나고 싶던 조강曹江을 찾아가 유리창에 있는 오류거 책사(서점)에 산처럼 쌓여 있는 중국의 고서를 구경하고는 입이 떡 벌어졌다. 그는 동방의 작은 나라에서 태어난 것을 한스럽게 여겼다.

김정희는 조강과 어울려 술도 마시고 시도 읊었다. 청나라 음식은 기름이 많았다. 느끼했으나 맛은 일품이었다.

김정희는 술이 얼큰해지자 대범하게 물었다.

"황상의 정치가 어떠하오?"

"황상께서는 학문을 즐기시오. 백성들도 잘 굽어살피시오."

"세상이 평안하고 백성들이 태평성대를 만났구려."

"100여 년간 평화가 이어져 백성들은 격앙가를 부르고 있소."

김정희는 부러웠다. 조선은 당파 싸움, 세도 싸움으로 밤낮을 지내는데 청나라는 태평가를 부르고 있다니, 천국과 지옥으로 비교되었다.

추사는 유명한 법원사를 구경했다. 시내에 있는 법원사는 당시 문인·학자 들의 놀이터 격인 절이었다. 주지는 이들을 반가이 맞아 좋은 차를 대접했다. 김정희는 법원사 차 맛을 보고 조강에 대한 시정詩情이 솟아 한 수 읊었다.

명가의 자제 조옥수(조강의 호)는
가을 물같이 맑고 옥같이 깨끗하구나

조강은 추사의 시보다 글씨를 보고 눈이 휘둥그래졌다. 추사는 벌써부터 자기 나름대로 독특한 서체를 개발하여 써왔던 것이다.

"추사 선생, 참으로 좋은 글씨외다. 이 나라의 옹방강의 당에 들어간 감이 나외다."

추사는 옹방강翁方綱의 이름을 듣자 귀가 번쩍 틔었다.

"옹방강 선생을 뵙고자 하오. 옥수 선생께서 다리를 놓아주실 수 있으신지요?"

"어렵지 않으오. 내 친구 서송이 옹방강의 제자외다."

다음날 서송이 추사와 조강을 옹방강의 처소로 안내했다.

옹방강이 추사를 반갑게 맞아 서재로 안내했다. 추사는 입을 벌린 채 다물 줄을 몰랐다. 유리창의 서사에 쌓여 있는 책보다 더 많은 서적이 눈에 띄었다. 부럽고 질투가 났다.

"젊은 학자여, 나는 박초정(박제가)에게 그대의 이름을 들었소."

박제가는 서신으로 옹방강에게 김정희를 소개해주었다.

"영광이옵나이다. 직접 선생을 뵙다니 꿈만 같나이다."

"고마울 따름이오. 이렇게 찾아주니…."

옹방강의 서재에서 특히 탁본拓本이 눈에 띄었다. 탁본에는 유래가 자세히 적혀 있었다. 특히 눈에 띄는 것은 송나라 때에 탁본한 화도사 교승 옹선사의 사리탑명이었다. 당나라 초기 서예가 구양순이 쓴 선사의 유적을 적은 것을 정서正書로 써서 그의 필치를 분명하게 나타내고 있었다.

김정희가 탁본에 관심이 있는 것을 보고 옹방강이 물었다.

"조선에도 금석문이 많이 있소?"

"예에, 있습지요."

거짓말이었다. 추사는 조선에 금석문이 어디에 무엇이 있는지 알지 못했다. 옹방강은 소동파의 글씨도 보여주었다. 추사는 그저 감탄사를 연발할 뿐이었다.

옹방강의 아들 옹수곤은 추사 또래의 나이였다. 두 사람은 금세 친해졌다. 옹수곤은 금석문을 연구하고 있었다. 추사는 그에게 감명을 받고 조선의 금석문에 대해 생각하게 되었다. 옹씨와 추사의 금석문에 대한 인연은 이렇게 시작되었다.

며칠 후 추사는 당대의 석학 완원阮元을 찾아보았다. 완원은 진秦나라 연희 연간에 새긴 화산묘의 비석 중 두 비의 탁본을 얻어, 자기가 거처하는 연성공저에 새 집을 짓고 그 집을 태화쌍비지관이라고 했다. 이 연성공은 공자의 후손으로 나라에서 오랫동안 보호하기 위해 공자의 직계손에게 연성공이라는 칭호를 하사하고 또 집까지 하사한 것이다. 완원의 부인이 연성공 공헌증孔憲增의 딸이었으므로, 완원은 북경에 오면 이 연성공저에 묵었다.

완원은 추사를 맞아 차를 대접했다. 맛이 특이하고 향이 그윽했다. 처음 맛보는 차였다.

"어디서 만든 차이옵니까?"

"남쪽 복건성에서 만든 차로, 구우면 그 잎이 눈보다 더 희게 되므로 승설차勝雪茶라 한다오."

차를 마신 후 완원은 남송 때의 학자 우연지가 가지고 있던 문선을 보여주었다. 희귀한 송본宋本이었다.

"해동에는 고려 때 문선을 간행한 일이 있는데 보셨소?"

추사는 대답을 망설였다. 조선에서는 문선을 읽지 않고 고문진보古文眞寶만을 읽었기 때문이다.

"전에 고려 간본이 있었으나 지금은 볼 수 없나이다. 더구나 과거 시험 때 문선을 읽지 않아 거의 잊혀질 지경이나이다."

"아, 그렇군요. 귀국은 명나라 때의 법을 고수하고 있구려."

"그래서 학문 발달이 늦어지고 있나이다."

"학문은 발달을 목표로 하오. 경학이든 다른 학문이든 우선 문자와 훈고訓詁를 잘 알아야 하오."

완원은 훈고학자로서 추사에게 따끔한 충고를 해주었다. 추사는 절로 머리가 숙여졌다.

완원의 집에서 그의 아들 상생常生을 소개받았다. 완상생은 자기 아버지가 편찬하는 책은 무엇이든 보내주겠다고 약속했다. 큰 소득이었다.

이밖에도 추사는 박제가가 소개한 청나라의 학자 이정원·오난설·주야운·이심언·김의원·김근원 등을 만나, 필묵으로써 교류를 트고 친하게 되었다.

추사는 두 달 동안 북경에서 여러 학자들과 교분을 맺은 후 귀국했다. 박제가를 만난 그가 알고 지내는 청나라 학자들의 소식을 전해주고, 친구 권돈인·신작에게 청나라 학자와 학문을 말해주었다.

추사는 특히 완원의 학문을 찬양했다. 완원을 기려 자신의 호를 완당阮堂이라 했고, 또 완원의 집에서 대접받은 승설차의 맛을 잊지 못해 승설동인勝雪洞人이라는 호를 쓰기도 했다.

순조 16년, 추사는 김경연과 북한산 비봉에 올랐다. 그리고 거기에 세워진 비를 보았다. 돌에 이끼가 끼어 바위옷이 퍼렇게 돋아, 일일이 긁어내며 글자를 한자한자 찾아 읽었다. 그대로 방치된 비여서 판독하기가 여간 힘드는 게 아니었다.

드디어 추사는 여기까지 읽어내렸다.

'진흥태왕급중신등순수眞興太王及衆臣等巡狩'

추사는 감격에 떨었다. 전하는 말로는 이 비가 고려 때 세워졌다는 것이었다. 그러나 아니었다. 역사를 훨씬 거슬러올라가 신라 진흥왕이 이곳을 왔다 갔다는 표시로 세운 비였다.

그뒤에 추사는 조인영과 함께 비봉에 와서 비문을 심정한 결과, 68자를 판독하기에 이르렀다. 이로써 진흥왕 순수비가 세상에 널리 알려지고, 김정희의 학자적 면모를 세상이 알게 되었다. 김정희는 금석학 연구의 큰 성과를 세상에 발표했다.

아버지를 따라 북경에 간 조선의 청년학자 김정희는 넓은 세상에서 비상한 안목을 길러와, 금석학을 연구하고 독특한 필체인 추사체로 조선 후기의 학문과 예술에 큰 족적을 남겼다.

순색한 세자의 죽음

순조는 38세의 한창 나이로 세자 영에게 나랏일을 맡기고 자기는 일선에서 물러나려고 했다. 효명세자는 불과 4세에 왕세자로 책봉되어 19세가 되었다. 어느 모로 보나 왕성한 나이의 임금이 일선에서 뒷전으로 물러앉고 혈기방장한 세자가 나랏일을 본다는 것은 어울리지 않았다.

그러나 순조는 천재지변이 많이 일어나 세상 인심이 임금을 떠나고 권위가 땅에 떨어져, 세자를 앞세워 인심을 만회해보려는 고육책으로 세자에게 대리청정의 영을 내렸다. 신료들의 반발이 심했으나 순조는 밀고 나갔다.

효명세자는 할 수 없이 정무를 떠맡았다. 우선 일반 사무를 세자가 맡아 처리하고, 국가의 중대사는 임금과 의논하여 처리해나가기로 합의를 보았다. 그러나 사실은 안동 김씨들이 정권을 농단하고 있어서 조정에 달라진 것은 하나도 없었다. 세자의 외할아버지 김조순이 정권을 틀어쥐고 그의 아들 유근과 함께 조정을 좌지우지했다. 그 누구도 이들 부자를 건드리지 못했다.

김유근이 평양감사로 내려가게 되었다. 그런데 감사 일행과는 달리, 한 사내가 일행을 앞세우고 뒤를 따랐다. 그 사내는 평안도 덕천군 아전 출신이었다. 김유근이 덕천군에 잠시 머물 때 여러 가지로 원한을 품은 사내였다.

감사 일행은 개성에서 며칠 쉬고 다시 길을 떠나 황해도 지방으로 들어섰다. 때는 초여름이었다. 신록이 우거지고 산들바람에 나뭇잎이 살랑거렸다. 서늘한 그늘에 앉으면 금세 졸음이 몰려올 것만 같은 계절이었다.

일행이 서흥에 닿았다. 해가 아직 남았으나 이곳에서 묵으려고 일행은 역사를 깨끗이 치우고 감사를 모셨다. 뒤를 밟아오던 사내도 서흥에서 묵으려고 주막으로 찾아들었다.

그는 성이 장가로, 이방을 지냈다 해서 보통 장 이방으로 불렸다. 장 이방은 주막에 숙소를 정해놓고 역사로 감사를 찾아갔다.

"뉘신데 함부로 감사를 뵙자는 게요?"

통인이 장의 위아래를 훑어보며 퉁명스럽게 물었다.

"나는 장 이방이라고 하오. 감사께 말씀 드리면 아실 게요."

"내일 만나면 안되겠소?"

"연통을 넣으라면 넣을 일이지 웬 잔소리가 그리 많으냐!"

장 이방이 화를 버럭 냈다. 통인이 안으로 달려갔다가 나와 말했다.

"대감께서 지금 주무시오. 내일 아침에 보셔야겠소."

"뭣이야? 역사에 들어간 지 얼마 안되는데 벌써 잔단 말이냐!"

장 이방이 무턱대고 들어가려고 하자 통인이 가로막았다.

"아니되오. 대감께서 만나지 않으신다고 했소이다."

"어째서 만나지 않는다더냐?"

"그건 모르오. 어서 돌아가시오."

"그리는 못한다, 저리 비켜!"

떠들썩하는 소란에 안에서 아전들이 몰려나왔다. 장을 알아보고 점잖게 대했다.

"무슨 일이오? 내일 오면 안되겠소?"

"안되오. 지금 만나야겠소."

"그러지 말고 내일 오시오."

늙은 아전이 타일렀으나 장은 막무가내였다.

늙은 아전이 감사에게 가서 사실대로 말했다. 감사가 화를 발끈 냈다.

"내가 그놈을 왜 만나나. 냉큼 내쫓아버려라!"

이 소리를 밖에서 장이 들었다.

"무엇이 어쩌고 어째!"

장이 저돌적으로 나왔다. 이속들이 문 앞을 몇 겹으로 막아섰다.

"이놈들! 물러서지 못하겠느냐!"

장이 으르렁댔다. 이속들은 겁에 질려 주춤주춤 물러섰다. 장은 칼을 뽑아들었다.

"나를 막는 자는 목을 베겠다!"

이속들이 저만큼 물러섰다. 장은 방으로 뛰어들었다. 거기에는 평양감사의 첩과 서얼, 동생의 아내 즉 제수가 숙소로 정하여 여자들만 모여 있었다.

"무슨 짓이냐! 물러가지 못할까!"

감사의 제수가 장의 앞을 막아섰다.

"네 이년들! 너희년들이 내 재산을 빼앗아가고 그것도 모자라 내 마누라까지 빼돌렸지?"

장이 칼을 휘둘렀다. 감사의 제수가 비명을 지르며 쓰러졌다. 감사의 첩을 따르는 몸종이 장을 막아섰다. 장이 몸종을 베어버렸다. 첩이 도망치려다가 장의 칼을 맞았다. 삽시간에 일어난 일이어서 모두 어찌할 바를 모르고 있었다.

장이 안방에서 사람을 죽이는 것을 보고 이속들이 안방 마루로 몰려왔다. 장이 옷에 피를 묻히고 칼을 들고 설쳐댔다. 통이 큰 아전 하나가 나서며 외쳤다.

"이놈아! 왜 생사람을 죽이느냐!"

"생사람 좋아하네. 이 늙은 종년이 내 며느리를 감사에게 바쳐 첩살이를 시켰다. 나는 지금 원수를 갚는 거다!"

"그만 진정하고 칼을 버려라."

"못 버리겠다!"

"우리 얘기나 하자."

"너하고 할 얘기 없다."

두 사람이 옥신각신하는 사이에 다른 아전들이 장을 덮쳐 칼을 빼앗았다.

이 사건으로 역사가 발칵 뒤집혔다. 수근거림이 심상찮았다.

"감사가 남의 색시를 빼앗았다가 봉변을 톡톡히 당하는구면."

"칼을 맞아도 싸지."

살인사건이 터지자 평양감사 김유근은 임지로 떠나지 못하고 사직 상소를 올렸다. 왕세자는 즉시 김유근을 불러들였다. 그리고 장 이방은 살인죄로 몰아 여러 사람 앞에서 목을 베었다.

소문이 조정에 번졌다. 사헌부 집의 조경진이 김유근의 행적을 탄핵했다.

'…평양감사 김유근은 권력만을 믿고 천한 사람을 거느리고 다녔으며, 소행도 좋지 못하여 살인사건까지 일어났나이다. 엄중히 견책하여 다시는 등용시키지 마시옵소서.'

왕세자가 말했다.

"남의 불행을 구실삼아 벌주라고 하는데, 그 뜻이 어디에 있는지 알 수 없소. 조경진을 귀양 보내도록 하오."

이에 사헌부 언관들이 들고일어났다.

"언관을 죄주는 것은 부당하오."

그러나 김유근의 세력은 당할 수가 없었다. 세자에게 압력을 넣어 조경진을 멀리 흑산도로 귀양 보냈다. 그뿐만이 아니었다. 얼마 지나지 않아 김유근은 병조판서에 기용되었다.

백성들의 비난이 들끓었다.

"바른말한 사람은 귀양 가고, 남의 집 계집을 빼앗은 자는 벼슬이 올라가는 세상이구나."

그후 김유근은 수년간 벙어리가 되어 고생하다가 세상을 떠났다.

효명세자는 풍양 조씨 조만영을 빈으로 맞아 헌종을 낳았다. 처음 대리청정에 들어가 현명한 인재를 등용하고, 함부로 형벌을 쓰지 않고 백성들 편에 서서 정치를 하려고 애썼다.

그러나 세자는 알려지지 않은 호색한이었다. 여자를 밝히다가 대리청정 4년 만에 피를 토하고 혼수상태에 빠졌다. 순조는 세자를 살리려고 온갖 수단방법을 다 동원했다. 실학자 정약용의 의술이 뛰어나다고 하여 귀양을 사면시켜 데려다가 세자의 병을 보였으나 헛수고였다. 전국의 명의라는 명의는 다 불러보았으나 신통치 않았다.

세자는 끝내 자리를 털고 일어나지 못하고 세상을 떴다. 스물두 살의 한창 나이였다. 세자의 죽음을 두고 조정이 시끄러웠다. 사헌부 지평 오치순이 약원의 제조로 있던 예조판서 홍기섭을 탄핵했다.

'왕세자의 죽음은 약원 제조의 책임이 따르옵나이다. 약을 잘못 써서 세자께옵서 세상을 떠났으므로 엄벌해야 하옵나이다.'

이를 계기로 파당 싸움이 일어났다. 세자를 감싸고돌던 벽파는 그동안 세자 대리청정 때 세도를 부렸다. 세자가 죽자 그 반대파들이 일어나 말썽을 일으켰다.

세자 대리 때는 김노·김노경·홍기섭 등이 득세했다. 그러나 세자가 죽고 세자빈이 빈궁을 지키고 있었으나, 반대파의 거센 저항이 밀려왔다.

정언 송성룡과 홍문관 교리 윤석영이 합계를 올려 공격했다.

'…전하, 김노는 의약을 알지도 못하면서 세자의 병세가 위중할 때 약원 제조 홍기섭을 찾아가 약에 대해 간섭했나이다. 김노는 간사한 재주를 부려 왕세자의 뜻이라 하여 조정의 중신들을 해치려 했사옵나이다. 작년에 벽파에 속하는 자들을 두둔했고, 이인부와 신의학과 어울려 조정을 어지럽힌 자이옵나이다. 그들의 죄상이 드러났사오니, 김노·홍기섭을 처벌하시옵소서.'

이리하여 예조판서 홍기섭은 파직되고, 공조판서 김노도 조정에서 쫓겨났다. 사건은 여기에서 그치지 않았다. 대사헌 권비응이 왕세자 지문誌文 중의 글자를 김노가 고쳤다는 트집을 잡았다.

홍기섭 문제가 확대되어 왕세자의 병을 맡아본 오천근·이유탁이 귀양 갔다. 그런데 왕세자의 시신을 모신 빈궁에 불이 일어나 재실梓室이 전부 타버리고, 화염 속에서 겨우 관을 꺼냈다. 잘못되었으면 세자를 화장시킬 뻔했다. 사건은 꼬리를 물고 일어나 빈궁에 일어난 불로 어영대장이 쫓겨나고, 그곳을 지키던 중관들이 귀양 갔다.

조정이 시끄러운 판에 김우명이 김노경을 쳤다.

"전하, 김노경은 성품이 인색하고 더러워 이익을 위해서는 무슨 짓이든 하는 자이옵나이다. 왕세자 대리 때 겁을 먹고 김노에게 아부하여 여러 사람이 모인 데서 좋지 않은 말을 서슴지 않았나이다. 또한 의금부에 있을 때 이조원의 옥을 제대로 다스리지 않고 죄인을 도와주었나이다. 그의 요사스 러운 자식들과 조카들이 그를 도와주고 있사오니 속히 법으로 다스리옵소 서."

이에 사간원의 정언 신윤록이 김노·홍기섭·이인부·김노경을 4간四 奸으로 몰자 엄중 처단하라고 탄핵했다.

순조는 할 수 없이 이들을 모두 귀양 보냈다. 여기에서 그치지 않았다. 3 정승인 남공철·이상황·정만석을 처단하라는 상소가 빗발쳤다. 이런 데 에는 뒤에 안동 김씨들이 버티고 앉아 3사의 언관들을 사주하고 있었기 때 문이다. 이는 안동 김씨와 경주 김씨의 권력 싸움이었다. 안동 김씨가 승기 를 잡았다.

김정희는 아버지 김노경의 억울한 누명을 벗겨보려고 했으나 일이 자 풀 리지 않았다. 김정희는 탄식을 내뱉었다.

"작은 나라에서 싸움이 많구나. 성현의 학문을 닦지 않는 자는 언제나 소 인을 면치 못하리라."

김정희는 학문에 뜻을 두고 청나라의 경학을 열심히 연구했다. 순조의 왕세자 대리청정은 실패작이었다. 순조도 44세의 젊은 나이로 세상을 떠났 다.

헌종 시대
(1834~1849)

기해사옥과 여전도사, 권진이

조선 제28대 헌종 임금은 순조의 손자이다.

아버지는 효명세자로서 대리청정을 하다가 요절하고, 어머니는 풍양 조씨였다. 태어난 지 4년 만에 왕세손에 책봉되고, 8세 때에 경희궁 숭정문에서 즉위했다. 8세의 어린 임금을 앞에 두고 뒤에서 발을 내린 대왕대비 순원왕후(순조의 비)가 수렴청정을 했다. 따라서 할머니의 친정 안동 김씨와 어머니의 친정 풍양 조씨 사이에 세도 싸움이 치열해져갔다.

헌종이 즉위한 지 5년에 천주교 박해사건인 기해사옥己亥邪獄이 일어났다. 순조 1년에 일어난 신유사옥에 버금가는 사건이었다.

천주교는 신유사옥으로 한때 교세가 꺾였으나, 그후 교세가 점차 다시 일어나기 시작했다.

헌종 2년에 입국한 프랑스 신부 모방의 뒤를 이어 샤스탕, 앙베르 등이 들어와, 엄한 감시하에서도 선교사업에 전념한 결과, 헌종 1년에 6천 명이던 신도수가 헌종 5년에는 9천 명을 넘어섰다.

기해년은 대왕대비의 망륙望六(51세)의 해로서 어린 임금은 할머니의 수를 축하하기 위해 친히 인정전에서 송수의 글을 올렸다. 대왕대비는 기뻐하여 대사령을 내리고 각 지방의 묵은 환곡을 탕감해주었다.

그해 3월, 여자 신도 몇 명이 잡혀 좌우 포청에 갇혔다. 우의정 이지연이 사학邪學을 엄히 다스리라는 상소를 올렸다. 이에 대왕대비는 엄벌론을 주장했다. 그러자 풍양 조씨들이 나섰다. 이조판서 조만영과 형조판서 조병연 등이 앞장서서 무자비한 박해의 선풍을 일으켰다. 모방·샤스탕·앙베르 신부가 잡혀 참형당하고, 권인득·정하상·유진길 등 10여 명이 참수당해 수뇌부가 무너졌다. 이 기해사옥으로 70여 명이 무자비하게 참수당하고, 다른 방법으로 살해당한 교도수가 60여 명이었다.

그 당시 청나라는 아편 밀수 문제로 영국과 치열한 분쟁을 일으키던 시기여서, 이에 자극을 받은 조선 조정은 이 기회에 천주교를 근절하여 서세西勢의 동침東侵을 막자는 의도를 가지고 있었다.

기해사옥에 걸려든 사람은 남자보다 여자가 많았다. 특히 전경협·허계인·홍금주·김효임·김유리대·박봉손 등은 양반집 딸로서 재주가 뛰어났다. 그중에서도 권용좌의 딸 권진이는 20세 미만의 규수로서 단정한 용모에, 시·글씨·그림에 뛰어난 재주를 지녀 칭찬이 자자했다.

권진이는 천주교를 접하면서 성서를 거의 다 외우다시피 했다. 신부들이 설교를 하면 그 설교마저 외울 정도로 재주가 비상했다. 때때로 여자들만 모여 있을 때는 진이가 실제로 설교를 맡아 낭랑한 목소리로 청산유수를 흘러 내렸다.

서양 선교사를 비롯하여 정하상·유진길·조신철 등이 형장의 이슬로 사라지자 남은 교도들이 재건을 위해 나섰다. 이때 권진이는 이경이와 여자 신도들을 모아 전도했다. 모인 사람은 이성례·이인덕·손소벽 등 10여 명이었다. 권진이가 비장한 각오로 말했다.

"우리들은 지도자를 잃었습니다. 악독한 탄압은 계속될 것입니다. 또한 북경으로 연락할 사람도 없으니 우리끼리 우리의 힘으로 하나님의 말씀을 전해야 합니다."

듣는 여자들의 가슴이 저려왔다. 늘 함께하던 신도들이 하루아침에 형장의 이슬로 사라졌기 때문이었다.

"우리 신도들은 어떠한 액운이 닥치더라도 서로 시기하거나 비교하는 짓거리는 말아야 합니다. 우리끼리 싸우는 것을 하늘에 계신 주님께서 보시면 미련하다고 할 것입니다. 관에서 아무리 단속하고 탄압해도 우리가 단결해나가면 아무리 가시밭길이라도 헤쳐나갈 수 있습니다."

진이의 말이 신도들의 가슴에 박혔다. 서로 성호를 그으며 눈물을 흘렸다. 권진이의 전도는 오래 가지 못했다.

남이관과 여러 신도들이 잡힐 때 진이도 좌포청 남간南間에 갇혔다. 이 남간은 죽일 사람을 가두는 곳이었다. 진이는 죽음을 앞두고 살아남은 신도들이 복음을 전해달라고 기도했다. 남간에서도 그녀는 단연 돋보였다. 비록 큰칼을 쓰고 앉아 있어도 맵시가 고와, 포교나 옥사장들이 진이를 보고 애처러워했다.

"아가씨, 천주교를 믿지 않았다고 하면 살려줄 거요. 그리 대답하시오."

옥사장이 은근히 알려주었다.

"고마운 말씀이오. 하지만 우리 천주님은 거짓말하지 말라 하셨소. 내 목숨 살자고 거짓말을 할 수 없지요."

옥사장들은 진이의 고집에 절로 고개가 숙여졌다.

진이는 국문청에 끌려가 심문을 받았다. 우의정 이지연이 위관으로 앉아 진이에게 물었다.

"너는 서양 귀신을 믿느냐?"

"말씀 삼가소서. 나는 주님을 믿었지 서양 귀신을 믿지 않았소."

"너희들 소위 천주교 신도라는 것들이 미풍양속을 해치고 조상 제사도 지내지 않는다는데, 그것이 서양 귀신에 홀린 것이 아니고 무엇이냐!"

"주님의 복음은 우리 나라를 금수의 나라로 만들지 않습니다. 연약한 여자의 몸이지만 복음을 전하여 새 세상을 만들려고 했소. 세상에서는 신부님들이 우리 여자들과 간음했다고 모함하지만 참으로 천벌을 받을 소리요. 부디 억지로 사람의 목숨을 파리 목숨처럼 가벼이 알지 말고 살생을 삼가시오."

진이의 말에 이지연은 속으로 혀를 찼다.

'아까운 규수로고. 남자로 태어났으면 나라의 동량지재가 되었을 게야.'

진이는 옥에 갇혀 있어도 행복감을 느꼈다. 주님과 함께라는 생각에 마음속에서 행복감이 우러났다. 그녀는 늘 밝은 얼굴이었다. 웃음을 잃지 않고 누구한테나 다정했다. 이러한 권진이를 살려주려고 어느 날 옥사장이 옥문을 열고 진이에게 말했다.

"도망치시오. 내가 대신 죽겠소. 어서 피하시오."

권진이와 이경이는 옥사장의 도움으로 자유의 몸이 되었다. 그러나 워낙 알려진 인물이어서 곧 다시 잡혀들어왔다. 세상에는 탈옥했다고 소문이 나 있었으나 실은 옥사장이 문을 열어주어 나온 것이다.

다음날 권진이와 이경이는 새남터 형장으로 끌려갔다. 형리가 물었다.

"할 말이 있으면 해보오."

"내 말을 전해주겠소?"

"그러리다."

"이 나라의 여자들에게 복음을 전하고 새싹을 길러달라고 전해주오."

"알겠소. 당신이 말하는 천당에 가시오."

좌포도대장 이완식은 권진이의 죽음이 너무도 아까워 무심코 한마디했다.

"청춘이 아까운 규수로고. 이런 짓을 하는 왕실이 오래 갈까?'

왕실의 처사를 비난했다. 이 말이 문제가 되어 이완식은 파직되고 임성고가 좌포도대장이 되었다.

이때 전라도에서 사학죄인 홍낙민의 아들 재영과 그의 부인, 아들 봉주 · 달주 일가족이 체포되었다. 재영은 성서를 수백 번씩이나 암기한 인물이며, 봉주는 전라도 지방에서 천주교를 일으킨 인물이었다. 기해년 겨울에는 혹한이 밀어닥치고 흉년이 들어 거지떼가 서울로 몰려왔다. 거지떼 가운데 동사자들이 많았는데, 그중에는 천주교도들의 가족도 끼어 있었다.

사헌부 집의 김정원이 천주교도의 근본 원인은 남인 채제공에게 있다고 당쟁을 일으키려다가 조정에서 쫓겨났다. 그런 와중에 경모전(장헌세자의 사당)에 불이나 신주와 어진御眞이 전부 타버렸다.

"대왕대비가 문제야."

백성들의 불만이 높아만 갔다.

방랑시인 김병연의 상갓

강원도 영월 관아에서 백일장이 열렸다. 김병연金炳淵도 그 백일장에 참가했다. 병연의 자는 성심性深이요 호는 난고蘭皐였다. 그는 순조 7년 경기도 양주에서 태어났다. 그의 나이 6세 때 홍경래의 농민봉기가 일어났다. 이 봉기와 병연의 가정이 악연을 맺었다.

병연은 홍경래의 농민봉기 이후 영문도 모르고 강원도 영월 땅으로 들어와 세상과 담을 쌓고 살았다. 어렸을 때부터 글재주가 뛰어나, 어머니는 병연에게 글공부를 시켰다.

청년이 된 병연은 그동안 갈고 닦은 학문을 시험해보기 위해 영월 관아에서 여는 백일장에 응시해보기로 했다. 백일장 당일, 병연은 새벽에 일어나 첩첩산중의 고개를 넘고 넘어 겨우 과장에 닿을 수 있었다.

영월 고을 백일장에는 응시자들이 구름같이 모여들었다. 늙은이에서부터 어린 소년에 이르기까지 청운의 뜻을 품은 선비들이 자신의 실력을 발휘해보기 위해 모여든 것이다. 병연은 그들이 두렵지 않았다. 이제껏 공부한 실력을 욕심 없이 발휘할 각오가 되어 있었다.

좀처럼 과제가 나붙지 않았다. 응시자들이 과제가 내걸리기를 손꼽아 기다렸다. 제각기 비장한 각오가 서린 얼굴들이었다.

한낮이 되었다. 그제서야 이방이 나와 동헌 기둥에 과제를 붙여놓았다. 병연은 눈을 부릅뜨고 보았다. 이 백일장에서 장원하면 영월부사의 추천을 받아 향시鄕試에 응시할 수 있었다. 병연은 다시 한번 과제를 보았다.

'논정가산충절사論鄭嘉山忠節死 탄김익순죄통우천嘆金益淳罪通于天'이었다. 즉 '가산군수 정기의 충성스러운 절개를 기리고, 선천부사였던 김익순의 하늘까지 사무칠 죄를 통탄한다'는 시제였다.

병연은 홍경래의 농민봉기가 일어났을 때의 정황을 잘 알고 있었다. 삽시에 여덟 고을이 봉기군에게 함락될 때, 각 고을 수령들은 가산군수처럼 충절을 지켜 죽은 사람도 있고, 선천부사 김익순처럼 봉기군에게 투항하여 가문의 명예를 더럽히고 국가의 존망을 위태롭게 한 사람도 있었다. 백일장의 과제는 충절을 기리고 나라를 배반한 수령을 탄하라는 것이었다.

김병연은 정신을 집중시키고 홍경래의 농민봉기 때 상황을 머릿속에서 정리한 후 붓을 들어 일필휘지로 써나갔다.

'김익순, 너는 대대로 나라의 녹을 먹어온 신하로서 시골 선비인 정공(정기)만도 못하다. 저 도리(복숭아와 오얏꽃)처럼 일컬어진 장군(前漢의 李陵을 말하는데, 이능은 농서에서 흉노와 싸우다가 포로가 된 뒤 절의를 굽혀 치욕을 남김)도 농서 땅에서 한번 무릎 꿇자 열사(같은 시대의 蘇武를 일컬으며, 흉노의 포로가 된 후 19년간 절의를 지키다가 석방됨)의 공을 기리는 그림만이 말대에 이르도록 높지 않은가. 이 일을 돌이켜볼 때 시인이 또한 분개하지 않을 수 없어, 가을의 맑은 물가에서 칼을 어루만지며 슬프고 애절한 노래를 읊게 하는구나.'

김병연은 잠시 붓을 멈추었다. 김익순의 가련한 모습이 눈에 어른거렸다. 하지만 그는 곧 분노로 가슴이 끓어올랐다. 붓을 놀렸다.

'선천은 예로부터 대장이 지키던 고을로서, 가산에 비한다면 먼저 절의를 지켜야 할 곳이다. 그렇건만 한 조정에서 함께 일하며 한 임금을 섬기는 신하로서, 죽음 앞에 이르러 어찌 두 마음을 가졌단 말이냐. 태평세월을 구가하던 신미년에 비바람이 서북도에서 몰아치고 변란이 있었음은 어찌해서냐. 주나라를 받들고 그릇됨을 막은 이에 노중련(전국 시대의 제나라 사람으로 변설가임. 용기와 절개로 알려짐)이 있고, 제갈량처럼 쓰러져가는 한나라를 도운 이가 많도다. 우리도 벼슬아치로서 정공 같은 충신이 있어, 맨주먹으로 바람과 티끌을 막아내며 죽음으로써 절개를 세웠구나. 이에 가산의 늙은 아전이 공을 기리는 영전을 높이 들어 가을하늘처럼 맑고 드높은 기개를 천하에 드러냈다. 혼백은 남쪽 양지바른 언덕에 돌아가 악비(南宋의 충신)와 짝할 것이고, 뼈는 북쪽 한 백이(숙제와 함께 殷나라 충신) 곁에 묻힐 것이다. 한편 서도로부터 들려온 한심스러운 소식도 많았으나, 이를 묻는 이마다 대체 나라의 녹을 먹는 어떤 집안의 작자냐고 하더라.'

병연은 잠시 붓을 놓았다. 김익순의 가문을 들먹이다니, 그 집안에 너무 가혹한 것 같아 잠시 망설였다. 그러나 곧 김익순을 생각하면 피가 끓었다. 그는 붓을 들어 익순의 가문을 비웃었다.

'가문은 장동의 일등 명족인 김가라 했고, 이름자 항렬은 장안에서도 떵떵거리는 순자라고 했다. 집안이 이와 같고 상감의 은혜가 무겁기만 하므로, 백만대군의 앞이라도 의를 버리지 못할 것이다. 게다가 청천강 물에 씻은 병마와 철통같이 단단한 산성에 활과 화살을 걸어놓고서 어찌 그랬단 말이냐. 임금의 어전 뜰 아래에서 나아가거나 물러갈 때 꿇을 무릎을 서도의 흉포한 적도 앞에 순순히 꿇다니, 죽어 혼백이라도 저 세상에 가지 못하리라. 지하에 아직도 선대왕이 계시니, 이날 너는 임금의 은혜와 어버이의 은혜를 저버린 것이다. 따라서 한 번 죽음은 가볍고 만 번 죽음이 마땅하다. 너는 역사의 기록을 아느냐 모르느냐. 이 일은 우리 역사에 길이 전할 것이다.'

병연은 붓을 던졌다. 속이 후련했으나 왠지 통쾌하지 않았다.

병연은 한 번 검토한 후 두루마리를 말아 시험관에게 제출했다. 그는 동헌 뜰에 서 있는 커다란 팽나무 아래 앉아 다시 한 번 홍경래의 농민봉기를 떠올리고 김익순의 행동에 대해 몸서리를 쳤다. 그럴 수는 없었다. 사대부

집의 선비로서 그리 쉽게 적도에게 무릎 꿇을 수는 없었다. 병연은 마음속으로 울분을 토하다가 지쳐 설핏 잠이 들었다. 새벽부터 서둔 백일장 나들이었다.

해거름 무렵에 발표가 있었다. 응시자들이 동헌 뜰에 모여들었다. 시험관이 나와 발표했다.

"장원 김병연!"

병연은 손을 번쩍 들었다. 부러움의 눈초리 수천 개가 삽시에 병연의 얼굴에 꽂혔다.

병연은 동헌 마루에 올라 사또의 환영을 받았다.

"글 솜씨가 빼어났다. 스승이 누구냐?"

"두메산골에서 혼자 글을 읽었나이다."

사또는 눈이 휘둥그래졌다. 스승도 없이 독학으로 빼어난 글을 짓다니, 천재임이 분명했다.

"관향은 어디냐?"

"황송하나이다. 두메산골에서 농사나 짓는 촌것이라 어디 김가인지 잘 모르오이다. 소인이 어렸을 때 조부와 부친이 일찍 세상 떠나시어 소인의 뿌리를 모르오나 어머님의 말씀이 장동 김가라 했나이다."

"장동 김이라고? 역시 왕대 밭에서 왕대가 나는 법이지. 장동 김씨는 두메산골에 묻혀 살아도 그 뿌리를 못 속이는구나."

사또는 축하주를 권하고 또 상품으로 비단을 주었다.

병연은 사또를 하직하고 서둘러 귀갓길에 올랐다. 이미 해는 서산으로 넘어가고 어둑어둑 땅거미가 지고 있었다. 집까지 장장 50여 리를 걸어야 했다. 산을 몇 굽이 넘고 넘어야 병연이 사는 두메산골 마을이 나왔다. 다행이 달이 휘영청 밝아 달 그림자를 밟으며 병연은 당나라의 기라성 같은 시인들의 시를 떠올렸다. 밤길이 외롭고 지루하지만은 않았다. 옆구리에는 어머니와 아내를 기쁘게 해줄 비단이 껴 있었다. 병연의 발걸음은 가볍기만 했다.

자정을 훨씬 넘겨 집에 닿았다. 어머니, 형님 내외, 아내가 잠을 자지 않고 기다리고 있었다.

"어머님, 장원을 따왔습니다."

"오냐, 장하구나 내 아들…."

말로는 칭찬했으나 어머니의 얼굴은 밝지 않았다. 역적의 가족으로 몰려 병연이 아무리 학식이 높아도 벼슬과는 거리가 멀었다. 병연은 비극적인 가족사를 전혀 모르고 있었다. 형도 별로 반기는 기색이 아니었다.

"농사꾼이 농사를 잘 지을 머리를 써야지, 글을 잘해서 뭣하냐. 네 글공부 시험은 이번 한 번으로 됐다."

"형님, 그런 말씀 마세요. 향시에 나갈 자격을 얻은 것이라구요. 앞으로 향시에 응시하여 장원을 하고 대과에도 도전하여 꼭 붙고 말겠어요. 우리라고 언제까지 이 산골에서 썩으라는 법은 없지요."

"글쎄, 이번 한 번으로 만족하다니까 그러는구나."

형이 짜증을 부렸다.

"형, 왜 그래요? 내가 장원한 것이 못마땅한 모양입니다."

"병연아, 형 말이 맞다. 글공부는 접어두고 농사일에나 전념해라. 그까짓 골치 아픈 벼슬을 해서 무엇하겠느냐."

어머니가 속으로 피눈물을 흘리며 말했다. 병연은 말문이 막혔다. 도무지 이해할 수가 없었다.

병연은 화제를 바꿨다.

"어머니, 오늘 과제가 뭔 줄 아세요?"

"그래, 무얼 지으라고 했더냐?"

어머니 대신 형이 물었다.

"형, 홍경래 난 알지?"

"홍경래 난?"

순간 형의 얼굴이 굳어졌다. 어머니는 당황하여 어찌할 바를 몰랐다.

"홍경래 난 때 가산군수 정기는 절의를 지켜 폭도들에게 죽고, 선천부사 김익순은 무릎 꿇고 항복했지 않습니까? 오늘의 과제는 정기의 충절을 기리고 김익순의 죄를 탄하라는 것이었어요."

"무엇이야? 김익순의 죄상을 밝히라는 것이었다고?"

형이 놀라서 말했다. 어머니가 다급하게 물었다.

"뭐라고 글을 지었느냐?"

"김익순을 신나게 두들겨팼더니, 장원으로 뽑아주고 상으로 비단을 주었어요."

"아이고 이를 어쩌나. 네가 네 발등을 찍었구나!"

어머니가 통곡을 터뜨렸다. 형도 어깨를 들먹였다.

"어머니, 형, 왜 이러십니까? 제가 잘못이라도 저질렀다는 것입니까?"

"병연아! 익자 순자 그분이 네 친할아버지시다. 우리가 산골에 숨어사는 까닭을 알겠느냐?"

형이 울먹이며 일러주었다.

"어머니, 형님 말이 맞아요? 선천부사가 내 친할아버지였다구요?"

"그렇단다. 너는 오늘 네 할아버지를 매도하고 비단을 상으로 타온 것이다."

어머니의 얼굴이 백짓장처럼 핏기를 잃어갔다. 병연은 두 다리 사이에 고개를 박고 꺼이꺼이 울음을 토해냈다. 기구한 운명이었다. 어머니와 형이 자기의 글솜씨를 외면한 까닭이 이제야 밝혀졌다.

병연은 자기 방에 들어가 아내도 들이지 않고 닷새를 꼬박 식음을 전폐하고 앓아누워 있다가 자리에서 일어났다. 한 사흘 넋 나간 사람처럼 몸을 추스렸다.

그는 괴나리봇짐을 등에 맸다. 가족들에게 간단한 작별인사를 했다.

"바람이나 좀 쐬고 오겠습니다."

이 바람을 쐬러 떠난 길이 가족과는 영원한 이별이 되었다. 어머니 · 형 · 아내 · 자식들을 뿌리치고 김병연은 삿갓을 쓰고 8도를 유랑했다. 그가 삿갓으로 얼굴을 가린 까닭은 친할아버지를 욕되게 함으로써 하늘을 볼 수 없는 부끄러움 때문이었다. 세월이 흐를수록 김병연이란 이름은 묻히고 김삿갓이란 이름만이 8도를 누볐다.

그의 방랑생활은 기생방에서부터 시작되었다. 기녀를 끼고 수작을 부린 시가 절창이었다.

한창 젊은 나이에 기생을 품으니 천금인들 검불 같고
밝은 한낮에 술잔을 대하니 만사가 뜬구름 같도다
기러기가 먼 하늘을 날 때 물을 따르기 쉽고
나비가 청산을 지날 때 꽃을 피하기가 어렵잖은가

그는 8도를 누비며 풍자와 해학이 깃든 시를 남기기도 하고, 때로는 세상을 개탄 · 저주 · 조소하는 기발한 시를 쏟아냈다.

그가 금강산 유점사에서 선비와 스님을 상대로 지은 시는 폭소를 자아내게 한다. 선비와 스님이 김삿갓의 심사를 건드렸던 모양이다. 김삿갓은 선비와 스님을 싸잡아 희롱했다.

둥글둥글한 중의 머리는 땀난 말 불알 같고
뾰족뾰족한 선비의 대가리는 앉은 개좆 같구나
목소리는 구리 방울이 구리 솥에 부딪는 것 같고
눈깔은 검은 후추가 흰 죽에 빠진 것 같구나

김삿갓은 풍자와 해학만을 능사로 삼은 것은 아니었다. 때로는 자연의 아름다움을 진솔하게 읊은 시편도 많다. 특히 금강산 시편들은 자연을 보고 느낀 그의 순수한 감정이 물씬 배어 있다.

한 봉우리 두 봉우리 다섯 봉우리요
다섯 봉우리 여섯 봉우리 일고여덟 봉우리로다

잠깐 동안에 다시 천만 봉우리를 만드니
구만 장천에 도무지 이 봉우리뿐이구나

김삿갓은 순조 · 헌종 · 철종 3대에 걸쳐 전국을 방랑하다가, 56세가 되던 해인 철종 14년, 전라도 동복에서 세상을 떠났다. 그가 세상을 떠나며 아마 고향 생각을 했으리라.

네 다리 소나무상에 죽이 한 그릇인데
하늘빛과 구름 그림자가 함께 떠돌고 있구나
주인이시여, 부끄럽다고는 하지 마오
나는 본디 물에 드리운 푸름을 사랑하오

발톱을 숨긴 흥선군

헌종 2년 흥선군興宣君의 아버지 남연군南延君이 세상을 떠났다. 아들 4형제는 아무런 준비도 없이 아버지가 세상을 떠나자 몹시 당황했다.

남연군은 종친으로서 청나라에 하정사로 다녀오기도 하는 등, 종친의 어른으로 행세했다. 게다가 흥녕군(昌應) · 흥완군(晸應) · 흥인군(最應) · 흥선군(昰應) 등 네 아들이 있어 종친 가운데 드물게 번성해 있었다.

남연군의 가계는 좀 복잡했다. 순조 15년, 정조의 어머니 혜경궁 홍씨가 세상을 떠나자 그녀의 종척을 모아보았으나, 가까운 집안은 역적으로 몰려 죽은 까닭에 종친으로서 국상에 집사를 맡을 사람도 없었다.

그전부터 정조는 자기의 동생인 은신군의 사자를 세워 종친을 많이 만들려고 했다. 가장 가까운 일가를 알아보니, 선조대왕 왕자들의 자손, 인조대왕 왕자들의 자손, 인조대왕 동생 능원대군의 자손, 능창대군의 자손 중에서 끌어올 수밖에 없었다. 이때부터 종친은 멀어져 있었다.

능창대군에게 양자로 간 인평대군의 후손이 몇 명 남아 있었다. 즉 대군의 아들 복녕군, 그의 둘째아들 의원군, 의원군의 아들 안흥군, 다시 그의 아들 진익鎭翼, 진익의 둘째아들 병원秉源이 아들 3형제를 두었다. 정조는 그중 둘째아들 채중寀重을 은신군의 양자로 들여보내고, 이름을 구球로 고쳐서 남연군으로 봉군했다.

남연군은 이렇게 하여 정조의 조카가 된 것이다. 남연군은 양조모 되는 혜경궁의 능을 조석으로 참배했다. 그는 양자로 들어오기 전에 이미 왕족과는 거리가 멀어, 난봉꾼으로 돌아다니며 빈축을 샀다. 조정에서 남연군을 배척하자는 소리가 나왔으나 순조는 더 두고 보자고 버티었다.

그후 남연군은 신임을 받아 종친의 어른이 되었다. 남연군이 세상을 떠나자, 큰아들 흥녕군은 묘소를 정하려고 지사地師(지관)를 여러 곳으로 보냈으나 좋은 자리가 잡히지 않았다. 막내아들 흥선군이 나섰다.

"형님, 나도 아들이오. 내가 장지를 구하겠소."

"보아둔 자리라도 있느냐?"

"내가 전부터 보아둔 곳이 있소. 저랑 답사해보시죠."

"그곳이 어디냐?"

"한양에서 좀 먼 곳이오."

"자리만 좋으면 멀어도 상관 있겠느냐."

형제들은 흥선군이 보아두었다는 산소에 말을 달려 답사를 갔다. 그들은 충청도 덕산으로 달려가 옛날 절터 앞에 섰다. 예로부터 절터는 명당이라는 속설이 있었다. 형제들은 나이 어린 동생이 언제 이런 곳을 정해놓았는지 신통하기만 했다. 함께 간 지관이 절터 위 산봉우리에 올라가 고개를 끄덕였다.

"과연 길지올습니다. 앞보다는 뒤가 더 실합니다. 뒷산이 꿈틀거리며 내려오다가 이곳에 와서 맺혀 작은 안산이 잘 받쳐주고 있소이다."

"무슨 혈이오?"

"꿩이 알을 품고 있는 복치혈伏稚穴이올시다. 여기에 명인을 모시면…."

지사는 입을 다물고 여러 형제를 돌아다보았다.

"아니 왜 그러나? 역적이라도 나올 땅인가?"

"아니올시다. 임금이 나올 자리인데 한 가지 흠이 있나이다."

"좋은 땅이라고 흠 없는 곳이 있겠나. 말해보게."

"복치혈은 부귀영화가 오래 간다고 알려져 있나이다. 허나 이 자리는 안산이 낮아 흠입니다."

명당을 보조해주는 앞산, 즉 안산이 약하다는 것이었다.

"괜찮네. 이곳으로 정하세나."

큰아들 흥녕군이 결단을 내렸다. 아들 4형제는 덕산 인부들에게 산역을 맡기고 한양에서 영구를 모셔오도록 했다.

남연군의 묘를 쓰고 보니 볼수록 명당으로 여겨졌다. 장사를 치른 그날 밤 큰아들 흥녕군이 꿈을 꾸었다. 늙은 선비가 나타나 고함을 질렀다.

"네 이놈! 내 집을 빼앗아가고도 태평이로구나. 너희 아비가 누운 자리는 내 자리이니라! 냉큼 물리거라!"

흥녕군은 어찌나 무서운지 꿈에서 얼른 대답하고 놀라 잠이 깨었다.

"예, 명령대로 따르겠나이다."

맏아들은 자다가 깨어나 악몽을 되새겨봤다. 그런데 아우들도 꿈을 꾸었는지 자다가 깨어났다.

"더 자지 않고 왜 일어났느냐?"

맏이가 둘째에게 물었다.

"악몽을 꾸었어요."

"악몽?"

"예에, 노인네가 나타나 너희들이 내 집을 빼앗으면 나라가 망한다고 호통을 치는 바람에 놀라서 깨어났어요."

셋째도 눈을 부비며 일어나 같은 꿈을 꾸었노라고 얘기했다.

다만 막내 흥선군만은 세상 모르고 자고 있었다. 아침이 되어 일어난 흥선군에게 꿈을 꾸지 않았느냐고 물었다.

"꿈이오? 어쩌나 피곤한지 꿈을 꿀 새도 없었어요."

맏이는 꿈 얘기를 하고 나서 다른 곳으로 옮기자고 했다. 홍선군이 펄쩍 뛰었다.

"그까짓 꿈을 믿고 아버님을 이리저리 모시고 다녀서야 자식 된 도리가 아니지요. 지관이 좋은 땅이라고 했으니 믿어봅시다."

홍선군의 말에 형들은 할 말을 잃었다. 아버지의 관을 이리저리 끌고다니는 것도 도리가 아닌 것 같았다.

헌종의 왕비 김씨가 승하하자 홍선군은 처음으로 궁중 출입을 했다. 그는 난봉꾼이었던 아버지 남연군과는 달리 수릉관을 제수받아 능을 잘 수호하여 장래가 촉망되었다.

당시의 세태는 종친이 아무리 똑똑하다고 해도 장동 김씨의 세도 앞에 꼼짝하지 못하는 분위기였다.

이 무렵, 김정희는 독특한 글씨체로 이름을 날렸다. 추사체가 세상에 알려지고 있었다. 홍선군은 김정희를 찾아가 글씨를 배웠다. 김정희는 홍선군에게 글씨 외에 다른 가르침도 주었다.

"청나라는 학문이 발달되어 있고 정치도 잘 되어 안정감이 있소. 우리의 세도정치는 큰 문제요. 세도정치를 하는 나라는 오래 가지 못할 것이오."

홍선군은 김정희의 말에 귀를 기울였다.

'추사의 말이 백 번 옳다. 벌써 3대째 내려오며 임금은 젖혀두고 뒤에서 과부들이 수렴청정을 하고 있다. 치마폭에 싸인 정권은 외척들이 주무르고 있지 않은가.'

홍선군은 언제인가는 세도정치를 깨부수어야만 나라가 살 수 있다고 결심을 굳혔다.

홍선군의 서예 솜씨는 일취월장이었다. 김정희의 칭찬이 대단했다.

"홍선군의 글씨는 우리 나라의 독특한 서체가 되겠소."

"아직 멀었소이다."

"아니오, 그렇지 않소. 곧 홍선군의 글씨가 이름을 얻을 것이오."

그런데 김정희·권동인 등이 철종 초년에 실각을 당했다. 흥선군은 김정희와의 교유를 삼갔다. 장동 김씨의 눈밖에 나면 살아남기 힘든 세상이었다.

흥선군은 집에서 묵화를 치며 세월을 낚았다. 청나라 사람들이 그린 묵화를 대본삼아 난초를 그리기 시작했다. 원래 뛰어난 재주꾼인 흥선군은 종이에 붓을 대면 저절로 난초 그림이 그려졌다.

그 당시 백성들은 굶주림에 떠는데, 세도가들은 청나라에서 들여온 비단으로 몸을 감싸고 가는 곳이 기생집이었다. 남북촌의 건달들은 기생집에 모여 말씨름을 소일거리로 삼았다. 기생집에서는 말 잘하는 놈이 왕이었다. 흥선군도 때때로 기생집에 나가 건달들과 어울렸다.

주로 연홍의 집에 출입하는 흥선군은 기생 연홍과 수작을 부렸다.

"대감, 묵란 치는 법을 가르쳐주세요."

"그런 것 배워 뭘 하게? 소리 잘하고 가야금 잘 타면 그만이지."

"기생도 묵란을 칠 줄 알아야 일류가 되지요."

"일류가 되어 무얼 하나?"

"청나라 사신이 오면 어전에서 춤도 추고 그림도 그리다가 임금의 눈에 들어 왕자라도 하나 생산하면 팔자 고치는 것이지요."

"꿈 깨게. 꿈을 깨라고 묵란 치는 법을 가르쳐줌세."

흥선군은 연홍에게 묵란 치는 법을 가르쳤다. 두 사람 사이에 는실난실 추파가 오고갔다. 연홍이 붓을 잡고 난초를 쳤다. 그 손을 흥선군이 덥석 잡고 붓을 놀렸다.

"아파요. 가만히 잡고 살살 쳐요."

연홍이 앙탈을 부렸다. 흘겨보는 눈이 매혹적이었다. 흥선군은 연홍을 안고 방바닥에 나뒹굴었다. 연홍은 앙탈을 부리는 체하다가 흥선군에게 몸을 열어주었다. 단꿈을 꾸고 일어난 자리가 엉망이었다. 동시에 그리던 묵란이 범벅되어 있었다.

"대감, 난초 그림을 망쳐놓았네요. 이를 어째?"

"그것이 망나니 난이구만."

"묵란을 그리다가 망나니를 그렸군요. 호호호…."

"쳇, 묵란이면 어떻고 망란忘亂이면 어떤가. 한 장 멋들어지게 쳐줌세."

홍선군은 정신을 가다듬고 묵란을 쳤다. 빼어난 솜씨였다.

홍선군은 어려운 시절 망나니짓을 하며 때를 기다렸던 것이다.

그뒤 그는 종친부의 당상관과 오위도총부의 도총관이 되어 왕궁 경비를 맡았다. 사람이 하루아침에 변했다. 망나니짓을 언제 했더냐 싶게 맡은 일에 열심이었다. 그는 관상감 안에 왕기王氣가 있다고 소문이 돈다는 부인의 말을 듣고 기생집 출입을 끊고 몸조심을 게을리하지 않았다.

철종 시대
(1849~1863)

나주 합부인

헌종 15년 5월 보름날은 대왕대비의 환갑날이었다. 헌종은 친히 글을 지어올리고, 대신들을 비롯하여 각 지방의 수령들까지 예물과 음식을 올려보내어 궁중은 주지육림에 쌓였다.

4월부터 헌종은 먹은 음식이 소화되지 않고 설사를 자주 하거나 체하여 하루도 성한 날이 없었다. 헌종은 대왕대비의 환갑을 치른 이튿날 설사가 나서 매화틀을 깔고 앉아 끙끙거렸다. 얼굴이 부어올라 묘하게 일그러져갔다. 즉시 약원에서 탕약을 지어 올려 복용했으나 듣지 않았다.

6월 들어 날씨마저 무더워 성한 사람도 소화가 잘 되지 않았다. 헌종은 소화불량과 설사로 몸을 잘 추스르지 못할 지경이었다.

헌종은 후사가 없었다. 행여나 왕자를 생산할까 봐 조정에서는 아직까지 후계자를 정해놓지 않았다. 대왕대비는 일이 다급해지자 궁성의 경비를 강화하라 이르고, 손수 대보(옥새)를 대비전으로 들여놓았다. 그리고 원임대신을 비롯한 중신들을 불러들였다. 신료들은 다음 대통을 누가 이을지 몰라 가슴을 졸였다.

희정당 한복판에 발을 늘이고, 그 앞에 정원용·김도희·권돈인·김좌근·김보근 등이 꿇어앉아 있었다. 대왕대비는 발 뒤에서 흐느껴 울었다. 꿇어앉은 대신들은 대왕대비가 다음 임금에 누구를 세울지 궁금하여 목이 탈 지경이었다.

그러나 안동 김씨들은 후계자가 누가 될 것인지 알고 있었다.

"대왕대비 마마, 종사의 대계이오니 즉시 하교하시옵소서."

정원용이 떨리는 목소리로 말했다.

"다행히 원범이 강화에 살아 있구려."

원범이 헌종의 뒤를 이을 임금으로 정해졌다. 바로 그 시각 헌종이 세상을 떠나 국상이 발표되었다. 정원용이 원범을 데리러 강화로 떠났다.

영조의 손자 은언군恩彦君인 은의 아들 상계군 담이 반역을 꾀했다고 하여 정조 10년 강화로 귀양 갔다. 순조 1년 신유사옥으로 그의 처 송씨와 며느리 신씨가 주문모의 세례를 받은 천주교인으로 처형되었다. 은언군도 이때 강화도 귀양지에서 처형되었다. 그 은언군에게 아들 3형제가 있었다.

큰아들은 상계군, 둘째는 풍계군, 셋째는 전계군이었다. 큰아들은 역모로 몰려 죽고, 둘째는 은전군의 양자로 갔다. 셋째 전계군이 아들 3형제를 두었다. 그런데 큰아들 운경은 역적으로 몰려 18세 때에 죽고, 둘째아들 경응도 일찍 죽어, 셋째 원범元範만이 강화에 살아 있었다.

원범은 전계군 계실 염씨의 소생이었다. 대왕대비 김씨는 용케도 종친 중에 이 원범을 찾아내어 조선 제25대 임금으로 앉혔다. 이분이 바로 강화도령으로 일컬어지는 철종이다. 이때 나이 19세로서, 학문과는 거리가 먼 농사꾼이었다. 철종은 그야말로 허수아비 군주였다. 조정의 실권은 안동 김씨들이 장악하고 있었다.

따라서 김씨들의 세도정치는 온갖 해악이 넘쳐났다. 3정으로 말해지는 군정·전정·환곡은 김씨들이 백성들의 고혈을 짜는 정치수단으로 악용되었다. 특히 환곡은 농민들에게 선정을 베푸는 것이 목적이었으나, 그와는 반대로 여기서 긁어모아 국가의 경비를 쓰도록 했다. 이러한 폐단은 농민을 악랄하게 착취하지 않으면 안되었다. 게다가 뇌물정치의 끝은 보이지 않았다. 그리하여 이곳저곳에서 농민들이 들고일어날 기미를 보였다.

이것을 아는지 모르는지, 세도가 김씨들의 착취와 횡포는 나라를 거덜내고 있었다. 그중에서 김좌근의 첩실 나주羅州 합부인閤夫人의 착취가 장안의 화제가 되었다.

김좌근은 김조순의 첫째 아들로서 29세 되던 해에 아버지의 회갑 기념으로 6품관에 올라 42세 되던 해에 과거에 급제하여 얼마 후 참판으로 승진했다. 그후 승승장구하여 병조 · 이조 판서를 지내고, 철종 때는 우의정을 거쳐 영의정에 올라 천하를 호령했다. 그는 정실부인에게 아들이 없어 늘 불만이었다.

그의 나이 40을 넘어 나주기생 양씨를 첩으로 앉혔다. 본처 윤씨는 윤두수의 후손으로, 전에 김씨들과 많이 혼인한 집안이었다.

김좌근의 세력이 커지자 양씨는 영리하게 처신했다. 뇌물을 가져오라고 손을 벌리지 않아도 척척 들어오는 바람에 양씨는 습관이 되어 빈손으로 오는 사람을 달갑게 여기지 않게 되었다. 지방의 방백 수령이 되어 나가려면 으레 세도가에 줄을 대어 진상을 해야만 했다.

김좌근은 본가에 양아들밖에 없어, 자연히 첩실 양씨의 집에 머무는 날이 많았다. 그리하여 양씨가 김좌근의 실세가 된 것이다. 사람들은 양씨의 집을 나주댁으로 부르다가 나중에는 나합(나주 합부인)으로 불렀다. 나합의 말 한 마디면 지방의 수령 한 자리가 왔다갔다 했다. 그 집에 들어오는 뇌물이 다른 세도가보다 많았다. 양씨는 사람들이 찾아와 떠받들어주니 어느덧 대갓집 본부인처럼 행세했다. 긴 비단치마를 늘어뜨리고, 육간 대청에서 종을 부르는 목소리에 위엄이 서렸다.

어느 날이었다. 대감이 퇴청해오자 양씨가 맞으며 말했다.

"앞집이 우리 집보다 높아 갑갑지 않우?"

"할 수 없지. 남의 집을 헐라고 할 수도 없고."

"대감, 그 앞집을 헐어버릴 만한 권력도 없단 말이에요?"

"이 사람아, 안동 김씨들이 세력을 부린다고 말썽이 많은데 앞집을 헐어봐, 어찌되겠나."

"대감, 권력 좋다는 게 뭐유. 답답해 못살겠어요."

"그러면 못 쓰는 법이야."

김좌근은 나합을 달랬다. 한참 있다가 나합이 또 청을 넣었다.

"대감, 내 소원이 하나 있수. 들어주셔야 해요."

"또 뭔가?"

나합의 집에 물을 길어 대는 함경도 북청 사람이 있었다. 그 사람은 나합에게 환심을 사려고 '아씨 마님' 이라고 부르며 아첨을 떨었다. 나합은 기분이 좋아 그 사내를 곱게 보았다. 그 사내가 나합에게 간곡히 청을 넣었다.

"아씨 마님, 소인에게 형이 한 분 계신데 글줄께나 아나이다. 영의정 대감께 말씀 드려 지방 수령 한 자리 부탁드리겠나이다."

"자네 집 관향이 어디인가?"

"안동 김가입니다."

"대감 댁하고 일가구만."

"그렇나이다."

나합은 물장수 김 서방의 청을 김좌근에게 넣었다.

"대감, 우리 집에 물을 대주는 김 서방 형이 글을 잘한답니다. 지방 수령 자리 하나 주어 내보내어요."

"이 사람, 보자보자 하니 큰일을 내겠구만."

"알고 보니 안동 김씨로 대감의 일가였어요."

"지방 수령을 아무나 하나."

"글도 잘 한답디다."

"두고 보세나."

"내일 당장 서울로 올라오라고 하겠어요. 대감이 책임지세요."

나합이 한번 조르면 김좌근은 들어주지 않고는 못 배겼다. 베개 밑 송사로 코맹맹이소리를 하면 아무리 질긴 사내일지라도 견디지 못했다. 나합은 김 서방에게 연락하여 형님을 즉시 서울로 불러올렸다.

김 서방의 형은 자기가 지방 원님이 되었다는 말을 듣고 손사례를 쳤다.

"예끼 이 사람, 내가 무슨 수로 지방 원님을 한단 말인가?"

"형님, 전에 북청 동원에 가보시지 않았소? 걸상에 가만히 앉아 있기만 하면 일이 척척 해결되던데요, 뭘."

"그래도 뭘 알아야 원님이고 사또고 해먹지."

"염려 마세요. 일은 좌수나 아전들이 다 하고 형님은 먹을 것만 찾아 챙기면 되는 거예요. 김좌근 대감이 뒤에서 돌봐주실 테니 먹을 것을 챙겨 나합 부인에게 나눠주면 된다구요."

형은 이튿날 임금에게 사은숙배를 하러 궁에 들어갔다. 궁궐 예절을 몰라 동생에게 물어 여러 번 연습을 해두었다. 그런데 임금에게 자기를 신이라고 칭하는 신자를 어쩐 일인지 잘 외지 못하고 까먹었다.

"형님, 발에 신는 신을 생각하면 신자를 잊지 않을 겝니다. 명심하세요."

"오, 그러면 되겠군."

형은 임금을 보고 또 신자를 잊어버렸다. 얼른 발을 내려다보았다. 버선이 눈에 띄었다.

"버선이 이참에 함경도 지방 사또로 나가게 되어 성은에 감사하옵니다."

이런 자들이 지방 수령으로 나가 가렴주구를 일삼았다.

나합에게 잘만 보이고, 또 뇌물을 주면 지방 수령쯤은 얼마든지 가능했다. 나합의 세력은 드디어 답답한 앞집을 헐어내고야 말았다. 하옥荷屋(김좌근의 호) 대감도 나합의 말이라면 들어주지 않고는 버틸 수 없었다. 수완 좋고 애교 넘치고 통이 큰 첩이 세상을 뒤흔들었다.

그러나 아무것도 모르는 강화도령 철종은 세도가와 왕대비 · 대비의 치맛바람에 그저 목을 움츠리고 있을 뿐이었다.

터지는 민중 봉기

3대(순조·헌종·철종) 60년간을 외척들이 정권을 농락했다. 자연히 백성들의 원성이 드높아갔다. 백성들은 조정의 악정을 꾹 참고 이겨내다가 한계에 부딪힌 것이다. 온 백성들이 술렁거리더니 드디어 민중 봉기가 들불처럼 일어났다. 나라가 법과 질서를 잃고 비틀거렸다.

세도정치의 악정에 반기를 들고 먼저 일어난 곳은 영남의 큰 도시 진주였다. 그날 진주의 관원들은 남강 맑은 물을 굽어보며 촉석루에서 연회를 즐겼다. 오늘의 주빈격인 경상우도 병마절도사 백낙신과 그를 초대한 진주목사 홍병원이 상석에 앉아 기생을 옆에 끼고 희희낙락이었다.

"진주기생은 역시 미색이 빼어나구려."

백낙신은 흡족했다. 부족한 것이 하나도 없었다. 주위 경관이 빼어나고 기생들의 미색 또한 돋보이는데다가 기름진 안주에 맛좋은 술이 있으니 더 바랄 것이 무엇이겠는가? 백성들은 지방 수령에게 착취를 당해 허리가 휘거늘, 관리라는 것들이 주지육림에 묻혀 세월 가는 줄 모르는 세상을 가만 둘 리가 없었다.

술이 거나해지자 그래도 지각 있는 관리 하나가 병사를 꼬집었다.

"병사 영감, 세금을 그만 올릴 수 없소이까?"

"이 교리는 몰라서 그러오? 안동 김씨에게 바친 뇌물이 얼마인데 그러오. 본전을 빼려면 아직 멀었소."

"너무 심하오. 백성들의 원성을 어찌 감당하시려오?"

"그깟 무지랭이들이야 밟으면 짓밟힐 수밖에 별 수 있겠소."

"그렇지 않소. 지렁이도 밟으면 꿈틀거린다 했소. 이 지방 백성들의 분위기가 심상치 않소이다."

"제까짓 것들이 뭘 어쩌겠소. 술맛 떨어지오. 그만하십시다."

병마절도사가 그 모양이니, 목사·부사·군수·현령 들은 말해 무엇하겠는가. 또 각 관아에 딸린 이속들의 가렴주구는 또 어떻겠는가.

진주 관아 이방 김희순은 조카딸을 기생으로 관아에 집어넣어놓고 서로 짜고 착취를 일삼았다.

농민들의 불만은 환곡에 있었다. 환곡은 관리들이 먹기 좋게 되어 있었다. 환곡을 맡아보는 아전은 탄정呑停이라 하여 흉년에 한몫 단단히 챙겼다. 흉년이 들면 농민들이 먹고 살 수 없어 환곡을 탕감해주었다. 그러나 지방 수령들은 나라에서 탕감해준 환곡을 백성들을 고혈을 짜듯 받아 착복했다. 게다가 흉년 다음해에는 곡식 섬 속에 짚이나 왕겨를 넣어 섞어서 강제로 농민들에게 대부해주었다. 작년에 흉년이 들어 곡식이 형편없다고 강제로 떠맡기는 것이었다.

환곡은 나라의 것으로 각지에 있는 곡식을 반은 농민들에게 대부하고 반은 그대로 두게 되어 있었다. 이것을 가분加分이라고 했다. 예를 들어 벼 3천 석이 있다면 1천 5백 석은 남겨두어야 했다. 그런데 지방 수령들은 그것까지 농민들에게 대부해주고 1할의 이익을 챙겼다. 그밖에 곡식이 해마다 늘어나게 되면 이것을 기화로 전부 사복을 채우고 허위문서를 작성하여 없는 곡식을 있는 것처럼 꾸며놓고, 흉년이나 다른 기회를 노려 탕감해달라고 했다.

철종 13년 무렵, 환곡의 총량은 990만여 석으로, 그 이식은 1할로 쳐서 1백만 석이었다. 그 당시 우리 나라 벼 생산량은 1천만 석이 못되었다. 그렇다면 1년 생산량 이상으로 대부해주었다는 것인데, 어느 곳의 문서건 허위임을 알 수 있었다.

아전에게는 녹봉이 없었다. 그들은 먹고 살 길이 없어 자연히 착취에 나서게 되었다. 그들은 알량한 관권으로 백성들을 쥐어짰다. 환곡작전還穀作錢이라 하여, 환곡을 돈으로 대신 받을 때 곡가를 올려받으니, 이것이 백성들의 가장 큰 괴로움이었다.

백낙신의 부하들은 도둑질을 일삼았다. 또 그의 서울에 있는 아전 문영진은 여러 해 동안 허위문서를 작성하여 그 채금이 1만 냥 가까이 되었다. 그 대부분이 백낙신의 손을 거쳐 서울에 있는 세도가의 집으로 흘러들어갔다.

백낙신은 이보다 손쉬운 방법을 생각해내고, 진주의 부호들을 강제로 소집하여 촉석루에서 연회를 베풀고 법에도 없는 도결都結을 올려 6만 냥을 만들려고 했다. 너무나 큰 돈이어서 부호들은 응하려 하지 않았다. 백낙신은 김희순을 앞세워 불응하는 부호를 감옥에 가두도록 했다.

전 교리 이명윤은 이 소식을 듣고 동네 양반들을 모아 의논했다.

"도결은 호전戶典에도 없는 세금이오. 이것을 물다가는 파산할 것이오. 반대해야 하오."

"어찌 그걸 모르겠소. 앞에 나서는 사람이 없어 끙끙 앓는 소리만 내고 있는 게요."

"우리끼리 똘똘 뭉쳐 병마절도사를 갈아치웁시다."

유계춘이란 사람이 말했다.

"어떻게요? 방법이 있소?"

"우선 우리 동네부터 단결하고 이웃 마을에 우리의 뜻을 알려 뜻을 같이 한 다음, 진주 시장 사람들을 모아 병영으로 쳐들어가는 겝니다."

그러나 막상 봉기를 하자고 하자 모두 뒤로 숨었다. 유계춘은 외지에서 온 이귀재·김수만 등을 만났다. 김수만은 포졸로 있다가 김희순의 농간에 쫓겨나 원한이 깊었다. 이들은 이 교리의 6촌 되는 이계열을 좌상으로 모시고 진주 수곡水谷 시장에 나가 외쳤다.

"우리는 더 이상 두고 볼 수 없다. 우리가 살려면 포악한 병마절도사를 쫓아내야 한다! 우리 뒤에서 이 교리가 영도하고 있다! 모여라, 가자! 병영으로!"

"그놈은 날강도다! 놈을 때려잡자!"

백성들은 머리에 띠를 두르고 자칭 나뭇군(樵軍)이라고 했다.

철종 13년 2월 19일, 장날을 이용하여 민중 봉기가 일어난 것이다. 이들은 절도사의 병영으로 쳐들어갔다.

"우리를 괴롭힌 아전놈들을 엄중히 처단하시오!"

유계춘이 봉기군에게 외쳤다. 그리고 백낙신을 찾았다. 삼문 안에 있던 백낙신이 부리나케 달려왔다.

"너희들의 뜻을 잘 알겠다. 백성의 돈을 먹는 자들을 엄중히 처단할 것이니 돌아들 가라!"

백낙신은 자기의 죄를 슬쩍 아전들에게 떠넘기고 있었다. 그는 김희순과 권범준을 잡아들여 동헌 뜰에 형틀을 내놓고 그들에게 곤장을 쳤다. 눈속임하려는 짓이었다.

"장난을 집어치워라!"

성난 백성들이 두 아전을 형틀째로 불속에 던져넣어버렸다. 포교나 군졸들이 겁이 나서 도망쳐버렸다. 백낙신은 위엄을 차리고 호령했다.

"너희들은 폭동을 일으켰다. 모조리 잡아넣겠다!"

"병마절도사를 잡아라!"

성난 봉기군이 백낙신을 에워쌌다.

"이놈아! 네 놈이 처먹은 곡식을 내놓아라."

백낙신은 다급해지자 창고문을 열라고 외쳤다.

"어서, 창고의 자물통을 열어라!"

"병마절도사 놈과 창고를 지키고, 일부는 아전놈들의 집을 부숴라!"

성난 봉기군은 김희순과 권범준의 집을 불살라버렸다. 봉기군은 창고를 열어 밥을 짓고 국을 끓였다. 오랜만에 봉기군은 고깃국과 쌀밥으로 포식했다.

유계춘은 백낙신을 밧줄로 꽁꽁 묶어놓고 돈을 찾아내어 백성들에게 나누어주었다. 봉기군은 닷새 동안 병마절도사의 병영에 머물며, 병영 안을 모조리 뒤져 문서를 죄다 불사르고 곡식을 진주읍 백성들에게 나누어주었다.

유계춘은 어디론가 사라졌다. 봉기군은 각자 집으로 돌아갔다. 진주읍은 조용해지고 관아만이 상처를 입었다.

백낙신은 조정에 장계를 올렸다.

'…진주의 폭도들이 환곡과 도결에 불만을 품고 작당하여 관아를 파괴하고 아전을 죽였나이다…'

조정에서는 박규수를 안핵사로 내려보냈다. 병마절도사가 신명순으로 바뀌었다. 박규수는 봉기군 주동자 전 교리 이명순을 잡아 심문했다. 그리고 유계춘을 비롯하여 70여 명을 잡아들였다. 박규수는 문서가 불타버려 조사할 방법이 없었다. 할 수 없이 탐문수사를 할 수밖에 없었다. 인근 백성 모두가 백낙신의 잘못이라고 증언했다.

백낙신이 부임한 후 환곡은 작전할 때 부당하게 적어 4100만 냥을 남겼고, 병고미兵庫米도 작전하여 3천 냥, 그밖의 것을 합쳐 1년에 1만 냥을 가로챈 사실이 드러났다. 조정에서는 백낙신을 제주도에 위리안치시키고 이명윤도 원악도로 귀양 보냈다. 그리고 유계춘·이귀재·김수만은 난동 주모자라 하여 죽이고, 나머지는 방면하거나 충군充軍시켰다. 관 자체가 잘못하여 3정(전정·군정·환곡)의 폐단이 심해 조정에서는 관대한 처벌로 사건을 종결지었다. 그러나 진주 봉기 소식이 전국에 퍼져 여기저기서 봉기군이 들불처럼 일어났다.

개령·함흥·제주에서 큰 봉기가 있었고, 익산·함평·회덕·공주·은진·고산·금구·부안·순천·단성·함양·선산·성주·밀양·인동·거창 등지에서 크고 작은 봉기군이 들불처럼 일어나 온 나라를 불태웠다. 조정에서는 이를 민란民亂이라고 일컬었다.

전국이 봉기군의 함성에 휩싸이자, 도적떼들이 일어났다. 권양산·이만길·노방숙 등은 충청도 각지로 돌아다니며 농민 봉기 때 한몫 보다가 나중에는 온양 광덕산에 들어가 도둑질을 했다.

이밖에도 도둑떼가 이곳저곳에서 설쳐대어 백성들은 불안에 떨었다. 백성들은 임금과 조정에 등을 돌렸다. 새로운 지도자를 원했다.

서학은 음이요 동학은 양이다

서학, 즉 천주교는 아무리 탄압해도 사라지지 않았다. 의지할 곳 없는 백성들을 파고들어 널리 퍼져나갔다. 공공연히 낮에 예배도 보고 관원들이 막으면 이에 대항하여 국법을 무시하기에 이르렀다.

경상도 김해와 기장 등지에서는 관원이 선교하는 장소를 습격했으나 교도들의 수가 많아 싸움이 벌어지기도 했다. 어떤 지방은 관에서 묵인해주기도 했다. 백성들 사이에서는 곧 서학 천지가 될 것이라고 개탄하는 목소리가 높아갔다. 서양 오랑캐의 땅이 되어 서양 귀신이 될 것이라고 걱정들을 했다. 백성들이 갈 곳을 몰라 비틀거렸다.

그런데 경상도 경주 견곡 용담리에서 백성을 비추는 작은 등불이 켜졌다. 최복술崔福述이란 사람이 이런 말을 했다.

"서학에 대항할 학문을 만들어내야 한다. 우리 동방 사람은 우리의 전래의 학문으로써 서학을 막아낼 수 있다."

그는 유교·불교·선교의 가르침을 중심으로 하여 새로운 종교를 창시했다. 이것을 동학東學이라고 했다.

"서학은 음이요, 동학은 양이니라. 양으로 음을 제거하려면 공경해야 한다. 천주는 따로이 있는 것이 아니라 하늘에 순종하는 마음이 곧 천주이니라."

그는 '시천주조화정영세불망만지사侍天主造化定永世不忘萬知事'라는 열세 자의 주문을 만들어, 이것만 있으면 무엇이든 된다고 선전했다. 천주는 다른 것이 아니라 경천敬天하는 것이라고 크게 내세웠다. 또 '지기금지至氣수至 원위대강願爲大降'이라는 여덟 자의 주문을 만들어, 누구나 이 주문만 외우면 만사성취하게 된다고 선전했다.

최복술은 최제우崔濟愚의 어릴 때 이름이다. 호는 수운水雲 또는 수운재水雲齋였다. 그는 이름을 제우로 고치고 민중을 구제하겠다고 나섰다. 산중에 단을 쌓아 제물을 차려놓고 하늘에 제사지내고 주문을 외었다. 또 강도

講道를 할 때엔 주문인 포덕문布德文·수덕문修德文 등을 외우고, 목검을 가지고 춤을 추며 용천검龍泉劍 노래를 불렀다.

때여 때여! 우리의 때로다! 용천이검을 쓰지 않으면 어찌 만세의 한 장부요, 5년의 때라 하리오. 용천이검을 쓰지 않으면 어찌 긴 소매로 춤춘다고 하리오. 이 칼 저 칼을 잡고 호호망망한 천지에 일신이 칼춤 추고 노래 부를 때로다.

그는 용천의 이검으로써 세상의 모든 요사스러운 것을 없애버리려고 했다. 최제우의 동조자들이 전국에서 모여들었다. 최자원·이내겸 등이 먼저 동학에 입교했다. 그들은 촌부나 우민을 모집하려면 신기한 힘이 없으면 안된다는 생각이었다. 그래서 고안해낸 것이 주문을 외우고 '이재궁궁利在弓弓' 이라고 쓴 부적을 태워 물에 섞어 마시면 만병통치한다는 말이었다.

최제우는 원래 경주 사람으로, 백목白木(무명베) 행상을 하다가 다시 경주로 돌아왔다.

"내가 그동안 심산유곡에 가서 하늘에 치성을 드려 하늘과 통하고, 하느님이 내리신 책을 배운 후 이제 주문을 받았노라. 이 주문만 있으면 병도 고치고 소원도 성취되느니라."

실제로 한 사람이 그대로 하여 병을 고치고 자기의 뜻을 이뤘다. 이 소문이 퍼져나가 사람들이 모여들기 시작했다. 몇 년 사이에 경상도 일대는 동학을 믿는 사람들이 서학을 믿는 사람 못지않게 많아졌다.

조정에서는 동학이 서학에 대항하여 일어나 크게 문제삼지 않았다. 그러나 경상도 일대에 동학의 도당이 수만 명에 이르자 이때부터 이를 문제삼기 시작했다. 경주부에서 도당들을 잡아다가 문초했다. 최제우의 제자들 수백 명이 들고일어나는 바람에 최제우를 문초한 후 석방했다. 동학이 백성을 해롭게 하거나 풍속을 문란케 하지 않아 용서해주었던 것이다.

그후 1년도 못되어 백성들에게 금품을 강요하고 도당을 만들어 큰 세력으로 뻗어나간다는 소문을 듣고, 조정에서는 혹세무민惑世誣民한다는 죄목으로 동학을 중국의 황건적과 똑같이 보았다.

철종 14년 겨울, 선전관 정운구가 어명을 받고 무예별감 양유풍·장한익, 군관 이은식 등을 데리고 최제우를 잡으러 경주로 내려갔다. 그들이 조령을 넘어서자 촌락이나 주막거리에서 온통 동학 얘기였다. 정운구는 양유풍 등과 행인 차림으로 최제우의 처소인 용담리로 들어섰다. 그들은 신도를 가장하여 최제우의 집으로 갔다. 신도들은 사랑에 들어가 최제우에게 큰절을 올렸다. 정운구 등이 사랑으로 들어가 신도인 척 큰절을 올렸다. 최제우는 큰 갓을 쓰고 사랑방 아랫목에 단정히 앉아 있었다.

"어디서 왔는고?"

"충청도 충주에서 왔습니다."

정운구가 둘러댔다.

"충주라면 그곳에 접주接主가 있어 동학에 입교할 수 있거늘 공연히 먼 길을 왔구먼."

"직접 교주님을 뵙고 싶어 왔나이다."

"오, 그러신가?"

잠시 후 점심상이 들어왔다. 상에는 돼지고기가 가득 놓여 있고 과일도 눈에 보였다.

"오늘은 큰 치성을 드려 음식이 푸짐하구먼. 어서 드시게."

"선생님은 안 드시나이까?"

"나는 안에 들어가 들겠네."

정운구 등은 점심을 흠벅지게 얻어 먹은 후 집 안 동태를 살폈다. 그 사이 신도가 20여 명이나 찾아오고 빈손이 아니었다. 온갖 물건을 바치고 돈을 내어놓았다. 서기가 있어 일일이 기록했다.

정운구 등은 경주 읍내로 나가 경주부로 들어갔다. 포교와 군졸 30명을 부윤에게 달라고 청했다. 경주부에서는 최제우와 연통하는 자가 있어 대구 감영이나 서울에서 잡으러 오면 어느새 피한 후였다. 그것을 안 정운구는 용담리의 지형을 살피고, 미리 연통을 못하도록 행인 차림으로 경주부에 들러 포교와 군졸을 갑자기 청한 것이다.

정운구는 양유풍 등과 경주부 소속 포교 군졸들을 거느리고 용담리를 덮쳤다.

위기에 처한 최제우는 위엄을 갖춰 큰 소리로 나무랐다.

"이 잡귀들을 모조리 잡아라!"

신도들이 멈칫거렸다. 창칼 앞에 맨손으로 나설 수 없었다.

"선생님, 주문을 외어 이들을 물리치시옵소서."

신도들이 외치고 나서 주문을 외었다. 아무런 효험이 없었다.

"선생님, 동학 앞에서는 모든 것이 굴복한다 하시더니 이것이 웬일입니까!"

오랏줄에 묶인 최제우를 보고 신도들이 울부짖으며 원망 섞인 푸념을 늘어놓았다.

정운구는 최제우를 대구 감영으로 압송하고 신도들은 경주부로 잡아들였다. 경주부에 있던 최자원과 이내겸은 벌써 피하고 없었다.

동학의 제1대 교주 최제우는 대구 감영에서 관찰사 서헌순의 문초를 받았다. 그 결과를 조정에 보고했다. 조정에서는 그의 죄목이 애매하여 의논이 분분했다. 결국 백성을 현혹시키고 재산을 약탈한 죄가 홍건적과 다를 바 없다고 하여 최제우를 죽이고, 교도들은 섬으로 귀양 보냈다.

이로써 민족종교인 천도교 제1대 교주가 희생당하고, 제2대 최시형이 교세를 크게 일으켜 갑오년 동학농민전쟁을 일으켰으며, 제3대 손병희는 3월 1일 민족대표 33인의 대표가 되어 만세운동을 일으켜 민족 정기를 크게 되살렸다.

천주교나 천도교는 주자학에 대한 반동으로 새로운 민중운동을 일으켰으나 사문난적으로 찍혀 핍박받았다. 그러나 이 시기는 백성들의 안목이 트이는 시기였다.

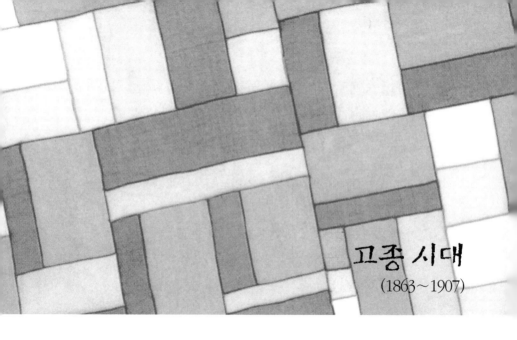

천리 지척, 태산 평지, 남대문 3층

강화도령 철종이 14년간 허수아비 임금 노릇을 하다가 한 많은 세상을
떠났다. 외척들의 세도에 숨 한번 제대로 쉬어보지 못하고 눈치만 보다가,
후사 하나 없이 눈을 감은 것이다.

홍선군은 재빨리 조 대비와 짜고 자기의 둘째아들 명복을 순조의 세자 익
종의 대통을 계승토록 지명하여, 익성군에 봉하고 관례를 거행하여 철종의
뒤를 잇게 했다. 12세의 어린 명복이 왕위에 올라 조선 제26대 고종이 되었
다. 운현궁에서 때를 기다리던 홍선군은 이제야 물을 만난 잉어가 되었다.
아들을 보위에 앉히고 배후에서 권력을 휘두를 수 있었다. 천하가 대원군의
손에 달려 있었다.

철종이 죽었다는 소식을 듣고 홍선군은 느긋한 마음이었다. 형님이 종친
의 집사가 되어 홍선군이 서둘러 대궐에 들어가지 않더라도 조 대비의 조카
들과 미리 얘기가 된 대로 일이 진행될 것이었다.

홍선군은 지난날 안동 김씨들에게 당한 수모가 눈앞에 어른거렸다.

서울 북문 밖은 산수가 수려했다. 돈과 세력 있는 시인 묵객들이 많이 즐기는 곳이었다. 안동 김씨들은 다른 사람들을 얼씬도 못하게 삼계동 경치 좋은 곳에 별장을 짓고 거드름을 피웠다. 흐르는 시냇물에 위루危樓를 지어 놓고 반석이 좋은 곳을 골라 탁족대濯足臺도 만들어놓았다. 여기저기 숲 사이에 기와집·초가집·정자를 지어놓고, 오늘은 이곳, 내일은 저곳을 골라 풍류를 즐겼다.

그중 김흥근의 별장이 이름 나 있었다. 홍선군은 삼계동 김흥근의 별장이 보고 싶어 좀이 쑤셨다. 그러나 김흥근은 홍선군을 거지 취급 했다. 몰락한 왕족은 거지나 다름없었다.

한번은 김병학이 김흥근의 별장으로 놀러간다는 소문을 듣고 염치 불구하고 따라나섰다. 홍선군을 보고 별장에 모인 김씨들이 모욕을 주었다.

"망나니를 누가 데려온 게야?"

"영초穎樵(김병학의 호)의 친구로 왔다네."

"영초가 저자하고 친구란 말인가?"

하지만 손님이라 홍선군에게 음식 대접은 해주었다. 홍선군은 별천지에 온 느낌이었다. 온갖 수모를 잠시 접어두었다. 그중에도 주인 김흥근이 가끔 거처하는 유관재는 경치가 빼어났다. 북으로는 북한산 연봉이 긴 담처럼 휘둘러 있고, 서쪽으로는 굽이치는 개울물이 소리치며 흘러내렸다. 홍선군은 굴욕을 씹으며, 언제인가는 이곳 주인의 콧대를 꺾어놓겠다고 마음속으로 다짐했다.

홍선군이 잠시 회상에 잠겨 있을 때 문 밖에서 시윗 소리가 나더니 늙은 재상 정원용이 들어섰다. 명복을 데리러온 것이다.

"재상께서 나오셨구려."

"예에, 나으리의 둘째 아드님을 익성군으로 봉군하라는 대비마마의 영을 받고 나왔나이다."

"잠시 사랑에서 기다리시구려."

홍선군은 안으로 들어갔다. 그 사이 명복은 입궐할 준비를 갖추고 있었다. 홍선군은 틈틈이 어린 명복에게 궁중 법도를 가르쳤다. 명복의 어머니 민씨 부인이 눈물을 흘렸다.

"이제 입궐하면 너는 임금이 되고 나는 신하가 된다. 하늘과 땅으로 갈라지겠구나."

"어머님, 울지 마셔요. 자주 찾아뵙겠나이다."

"어디 그리 된다더냐. 한번 안아보자꾸나."

민씨 부인이 아들을 품에 안았다. 홍선군이 목소리에 힘을 주었다.

"임금은 사친私親에 대해 사사로운 정을 가지면 안되는 법이오."

홍선군은 아들을 벌써부터 임금으로 대하여 말을 높였다.

"아버님, 벌써부터 왜 이러시옵니까?"

"대궐에서 원로 재상이 나와 계시오. 자, 그만 어미의 품안에서 떨어지오소서."

명복은 아버지의 말에 따랐다.

소문이 퍼져 홍선군의 집 근처에 사람들이 모여들었다. 길을 비키라는 의장병, 호위를 맡아보는 친군영의 병정이 길가에 늘어선 백성들을 정리하며 앞뒤로 늘어서 있었다.

임금이 될 익성군, 즉 명복이 정원용의 인솔하에 대궐로 향했다. 도승지 민치상이 좌우를 살피며 뒤를 따랐다.

조 대비가 익성군을 반갑게 맞았다.

"익종의 대통을 이을 임금이 오셨구려."

명복은 어리둥절할 뿐이었다.

다음날 임금의 생부 홍선군에 대한 대우문제가 거론되었다. 영의정 김좌근이 말했다.

"자고로 우리 나라에 생존한 대원군이 없소이다. 익성군의 생부를 대원군으로 봉하면 정치에 관여할까 염려되오."

"영상의 뜻은 알았소. 그보다 우선 익성군을 빨리 즉위시키시오."

조 대비가 언짢은 투로 말했다.

안동 김씨 일족은 즉위식을 되도록이면 늦추려고 했다. 흥선군의 조정 진출이 눈에 밟혀 내키지 않았다. 그러나 대왕대비 조씨의 영을 거역할 수 없었다. 철종의 대렴을 마치고 서둘러 성복을 치른 후, 창덕궁 인정전에서 즉위식을 거행했다. 흥선군은 자연히 대원군에 봉해졌다. 김씨들은 대원군의 정계 진출을 막으려고 온갖 수작을 부렸다.

조정은 대원군 반대파와 지지파로 나뉘어져 암투가 시작되었다. 대왕대비 조씨가 수렴청정을 한다지만 대원군이 버티고 앉아 조정에 은근히 영향력을 행사했다.

철종의 죽음과 함께 김씨들의 세력이 빛이 바래어갔다. 김씨들이 모여 대원군과 맞설 계획을 의논했다.

"대원군이 우리를 무시하고 일할 수 있을 것 같소."

"그렇지 않아요. 대원군은 새로운 정치를 하려고 기회를 노리고 있소."

"그건 그렇고 영초, 자네의 딸과 대원군의 아들 사이에 혼삿말이 있었지? 어찌되어 가는가?"

"다 옛말이오. 대원군이 우리 안동 김씨와 혼인하겠소?"

"아무튼 우리를 무시하고는 아무 일도 할 수 없을 게야."

안동 김씨들은 대원군에 대한 대비책을 세우려고 했으나 김병학은 별로 신경쓰지 않았다.

"대원군이 당장 우리를 어쩌겠소? 두고 보십시다."

어느 날 김병기가 대원군의 마음을 떠보려고 초대했다. 대원군은 거절하지 않았다. 김병기는 그가 측근들을 거느리고 올 줄 알았는데 혼자 나타났다.

"나으리께서 제 집에 오시어 영광이나이다."

"원 별말씀을."

대원군이 상석에 앉고 김병학·김병국 등이 병기와 나란히 앉아 술을 마셨다.

"나으리, 날씨가 춥습니다. 한 잔 드시지요."

"그럽시다."

그들은 권커니자커니 얼큰히 취해갔다.

"나으리, 한 잔 더 드시지요."

김병기가 술을 권했다.

"찬성(김병기의 벼슬)이 주는 잔은 받지 못하겠소. 그 술잔에 독이 들어 있는 것 같소이다."

"예에? 그 무슨 말씀이오. 제가 먼저 마셔보이리다."

김병기는 잔을 들이켜고 그 잔에 술을 따라 권했다. 대원군이 껄껄 웃으며 잔을 받았다. 대원군이 김씨들을 놀리고 있었다. 술은 취해가는데 좌석에는 냉기가 돌았다. 서로 겉돌고 있었다.

대원군은 바로 김병기의 사랑방 이 자리에서 면박을 당한 일이 생각났다.

"궁상맞게 궁도령宮都令이 뭣하러 대갓집에 드나드는고! 남의 눈치도 모르는 자로군."

대원군은 냉소를 지었다. 주인이 눈치를 채고 아첨의 말을 했다.

"나으리, 좋은 말씀 한마디 들려주시지요."

"그래요? 내 말 잘 들으시오. 나는 이제부터 천리를 지척으로 만들고, 태산을 평지로 만들고, 남대문을 3층으로 지을 것이오."

좌중은 숙연해졌다. 눈치 빠른 김병기가 아첨했다.

"나으리의 힘으로 너끈히 하실 것이외다."

"내가 무슨 말을 했소?"

"천리 원거리를 지척으로 만든다는 것은 종친을 가깝게 하신다는 말씀이옵고…."

"또 무엇이오?"

"태산을 평지로 만든다는 것은 산림山林의 태두泰斗를 깎아내린다는 말씀입지요."

"김 찬성은 눈치가 빠르오."

"남대문은 남인을 가리킨 말씀으로, 그들을 두텁게 기용하시겠다는 뜻 같습니다."

"쉬운 일은 아닐 테지…."

대원군은 벌떡 일어나 찬바람을 일으키며 떠나버렸다. 안동 김씨들의 세도 떨어지는 소리가 낙엽지는 소리처럼 들렸다.

흥선군이 대원군이 된 후 김흥근을 찾아갔다.

"대감, 유관재 구경 좀 합시다."

김흥근은 머리를 짰다.

"안될 말씀이지요. 나라의 국태공께서 소풍만을 하셔서 되겠나이까?"

"잠시 탁족이나 하려는 게요."

"어렵소이다."

"뭣이라고?"

"신하들이 놀던 곳에서 국태공이 노시면 세상의 물의가 두렵사옵니다."

"나야 전과 같은 일개 종친이오."

김흥근은 좀체 응하지 않았다. 대원군은 감언이설로 꾀여 겨우 허락을 받았다.

'이 별장을 먹어치우리라.'

대원군은 흑심을 품고 그날 하루 즐겁게 놀고 간 후 며칠 있다가 고종을 모시고 나왔다.

궁중에만 갇혀 있던 고종은 경치 좋은 유관재에 나와 매우 흡족하게 여겼다. 고종이 따르는 신하들에게 물었다.

"이곳이 누구의 별장이오?"

"김흥근의 별장이옵나이다."

"좋은 곳이오."

"전하, 마음에 드시오이까?"

"하루쯤 나와 놀기는 적당한 곳이구려."

고종은 환궁했으나, 대원군은 천하장사로 알려진 천가·하가·장가·안가 등 네 명을 비롯하여 장안의 잡놈들을 불러놓고 기생 10여 명을 불러 재미있게 놀았다.

"나으리, 좋은 별장을 얻으셨소이다."

"무슨 말이더냐?"

"이제는 나으리 소유가 아니오이까?"

"아니다. 김흥근의 소유이니라."

"아니지요. 자고로 임금이 노시던 곳을 신하가 차지하는 법은 없소이다."

"이치가 그런가?"

대원군은 밤이 깊었는데도 돌아갈 생각을 하지 않았다.

김흥근은 대원군이 무슨 짓을 하며 노는지 궁금하여 밤에 몇 사람을 데리고 와서 유관재 근처에서 눈치를 살폈다. 대원군은 김흥근이 아끼는 유관재에 촛불을 환하게 밝혀놓고 시중 잡놈들과 어울려 가야금을 뜯으며 놀고 있었다.

숲 속에서 숨어서 이 광경을 지켜보던 김흥근이 일행에게 말했다.

"돌아들 가세. 대원군의 욕심이 구렁이 속 같구먼."

대원군은 발톱 빠진 사자 같은 김흥근의 코를 이런 식으로 납작하게 만들고 별장마저 차지해버렸다. 철종 때 재상까지 지내며 세도를 부리던 김흥근은 권력의 무상함을 새삼 깨달았다.

대원군은 유관재 현판을 떼고 대신 석파산장石坡山莊이라는 현판을 내걸었다. 석파는 대원군의 호였다. 유관재는 명실공히 대원군의 소유가 되었다.

3대 60년 동안 세도정치의 패악으로 관리들은 부패하고 나라는 거의 기울어가고 있었다. 대원군은 나라를 일으켜세우려고 큰 포부를 가졌으나 뜻대로 되지 않았다. 이씨 조선은 황혼을 맞고 있었다.

병인양요와 신미양요

병인년(1866) 9월, 프랑스 군함이 강화에 정박했다. 군함의 목적이 강화 침략은 아닌 듯싶었다. 그러나 소문에 따르면 프랑스 신부들이 사형을 당해 보복하러 온 군함이라고 수군거렸다. 강화유수 이인기는 미리 겁을 먹고 도망쳐버렸다. 프랑스 함장이 무혈 입성했다. 이들은 10일 동안 강화를 점령하고 많은 귀한 책들을 비롯, 많은 물품을 약탈해갔다(그때 뺏어간 책들을 아직도 돌려주지 않고 있다).

조정에서는 강화를 천험의 요새로 여겨 군량·무기·보화 등을 많이 비축해두었다. 이 물건들이 프랑스 군함에 실렸다. 금은보화가 약탈당하는데도 순무사 이경하와 중군 이원희는 병졸 5천 명을 거느리고 문수산에서 강화도를 바라보고 있을 뿐, 프랑스 군대를 칠 엄두를 내지 못했다.

천총 양헌수가 보다 못해 이원희에게 간청했다.

"장군! 소장에게 군사를 주십시오. 가만히 앉아서 당할 수는 없소."

"기다리시오. 순무사께서도 아무 말씀이 없으시오."

"적을 앞에 두고 구경하는 군사도 있습니까? 말도 안됩니다."

"명령이오. 잠자코 있으시오."

"나 혼자라도 가겠소. 나라의 보물이 서양 오랑캐 놈들의 수중에 들어가고 있단 말이외다."

"명령 불복종죄를 모르는가! 처형당하고 싶어 안달이 난 게로군."

"장군, 죽기는 마찬가지요. 차라리 적과 싸우다 죽게 해주오!"

이원희는 양헌수의 충성심에 감명받아 포수 300명을 주었다. 양헌수는 이들을 거느리고 손석포를 건너 정족산성으로 들어갔다.

다음날 프랑스 군이 강화부에 나와 군함을 타고 내려오려고 했다. 그러나 조수가 얕아 산성에서 물길을 기다리기 위해 산성 남문 밖에 도착했다.

이때였다. 산성에 매복해 있던 양헌수의 포수들이 함성을 지르며 일제히 일어났다. 당황한 프랑스 군은 황급히 후퇴했다. 양헌수는 그들을 추격하여 30여 명의 목을 베었다. 양헌수로 하여 그나마 조선 군사의 체면을 세운 것이다. 이 공로로 양헌수는 천총에서 황해병사가 되고, 1년 후에는 대장으로 발탁되었다.

병인양요가 있은 후 고종은 사학邪學을 금지하는 척사윤음이라는 것을 반포했다.

이 양요가 일어나자 판서를 지낸 이시원李是遠이 약을 마시고 자결했다. 그는 강화 사곡沙谷에서 은거하고 있었다. 성품이 강직하고 맑아 늘 나라를 위해 순직할 뜻을 품고 있었다. 그러다가 강화가 서양 오랑캐에게 짓밟혔다는 소식을 듣고 그의 동생 지원과 함께 독약을 마셨다. 그때 77세로 아무나 흉내낼 수 없는 용기였다. 이시원의 아들이 이건창이다.

이시원의 호는 사기沙磯이다. 그는 27세 때 등과하여 벼슬길에 나섰다. 그의 5대조인 진급眞伋은 진유眞濡·진검眞儉 등과 형제간이었다. 이진유·진검은 신임사화의 주모자로 처형되었다.

진급의 손자 충익이 강화의 초봉椒峯 밑에서 은거했다. 의술과 지리에 능통하고 문장에도 뛰어났다. 충익을 사람들은 삼절三絶이라고 칭했다.

그는 돈둔포에 선조의 묘를 쓰고 이런 말을 했다.

"우리 자손 중에 반드시 세상에 유명한 사람이 나올 것이다."

그리고 이런 말도 했다.

"이곳은 백로가 물에 내려오는 형국이므로, 백로가 모여들기만 하면 바람이 날 것이다."

그뒤 그의 아들 면백이 진사시에 합격했다. 사람들이 축하하자 충익이 말했다.

"아직 바람이 나지 않았소."

이시원이 과거에 급제하기 2년 전에 백로가 모여들기 시작했다. 충익은 손가락을 꼽아보며 고개를 갸웃거렸다.

"괴상한 일이야, 왜 틀리지?"

시원이 과거에 급제하여 순조를 알현했다는 기별을 받고 충익은 환하게 웃었다.

"이런 일이 있을 줄 알았다."

이시원은 명성과 기절氣節로, 그의 아들 건창은 문장으로 한 시대를 주름 잡고, 일찍 조정에 나아가 명신이 되었다.

이시원이 태천군수로 있을 때 선정을 베풀었다. 그가 춘천부사로 있을 때 왕비의 아버지 조병구가 그의 경내에서 장례를 치렀다. 도내의 수령들이 뒤질세라 몰려갔으나, 이시원은 가지 않아 얼마 후에 파면당했다.

그가 경기도 암행어사 시절이었다. 장계를 올려 탄핵한 사람이 참판 이상 8명이었고, 그 이하가 10여 명이었다.

이시원은 정원용(뒤에 영의정)이 권문세가에 아첨하는 것이 못마땅했다. 원용은 철종 때에 철종이 시원을 아끼는 것을 보고 변방의 관리를 추천할 때 시원을 언급했다. 시원은 함경감사로 임명되었다.

철종은 천성이 나약하고 온유한데다가 안동 김씨들에게 심한 견제를 받아, 관리 하나를 임명할 때도 결단을 내리지 못했다. 철종의 잠저 시절, 이시원과는 강화 한 고을에 살아 이시원이 좋은 관리라는 말을 듣고 마음속으로 기억하고 있다가, 인사발령 때 시원의 이름이 후보 명단에 있으면 서열을 초월하여 임명했다.

한때 개성유수 자리가 공석중이었다. 철종은 이시원의 이름을 첨서하여 낙점했다. 그는 개성에서 3년 동안 머물렀다. 그 사이 아들 건창을 낳아 아명을 송열松悅이라고 지었다. 송도에서 따온 아명이었다. 시원은 조정에서 퇴청하면 돗자리를 짰다. 어려서부터 돗자리를 짜 부모님의 반찬을 마련하던 습관이 들어 돗자리 짜기를 즐겨했다.

이시원은 경상좌도의 주시관이 되어 명성이 자자했다. 그후 3년 만에 다시 경상우도의 주시관이 되었다.

대구는 경상좌도의 관할이었다. 이 대구에서 급제한 이씨는 과거를 이시원에 의해 선발된 인물로 그해에 우연히 서울에 가게 되었다. 그는 조령에 닿아 이시원이 경상우도의 주시관이 되었다는 말을 듣고 우도로 발길을 돌렸다.

"이분이 오실 줄 알았으면 한성에 가려고 나설 필요가 없지. 나는 이번에도 급제할 게야."

이런 말을 했는데, 과연 장원 급제했다.

장원 급제자는 시험 답안지를 가시울타리에 걸어놓았다. 이것을 휘장麾旌이라고 했다. 그 휘장을 보고 이시원이 여러 사람에게 외쳤다.

"이번 장원 급제자는 대구의 이 모씨입니다. 이 사람을 내가 선발했는데, 이 사람이 아니면 이런 글을 지을 수 없을 것이오. 아마 내가 경상우도의 주시관으로 왔다고 하여 온 것일 겝니다. 이 사람은 장원을 했으나 증서가 없어 범법을 한 것입니다. 어찌하면 좋겠습니까? 부득이 발거하더라도 원한을 갖지 마십시오."

이씨가 거기에 있다가 펄쩍 뛰며 외쳤다.

"세상에는 장원도 있고, 발거拔去도 있소이다. 허나 주시관처럼 신감神鑑을 가진 분이 있으니, 나와 같이 오늘 이런 기구한 운명을 당한 사람이야말로 말할 필요가 있겠습니까."

이씨는 춤을 덩실덩실 추고 나서 눈물을 흘리며 떠났다.

고종 17년(1880) 봄에 왕세자의 마마(천연두)가 쾌유되자 증광경과增廣慶科를 설치했다. 한성의 1소와 2소에서 방榜이 나붙은 뒤 물의를 일으켰다. 이에 고종은 화가 나서 파방을 명하고 다른 도에서도 방을 파했다.

그후 다시 과거장을 설치하여 전시관前試官에게 주관토록 했다. 이때 경상우도의 주서관인 조병필이 친상을 당해 집으로 돌아가자 이교하李敎夏를 대리로 내세웠다. 그가 도착하기 전 이시원의 아들 건창이 온다고 잘못된 소문이 났다. 종종 과거를 보던 두메산골에서 온 늙은 선비 7, 80명은 서로 손을 잡고 말했다.

"우리는 이 판서(시원)가 주시관일 때 과거를 본 사람들인데, 이 판서의 아들이 온다고 하여 다시 한번 과거에 응시하려고 했소. 그런데 아니라는 게요."

늙은 선비들은 되돌아가버렸다. 이시원에 대한 선비들의 신뢰가 이 정도 였다. 그런 그가 서양 오랑캐가 강호를 짓밟았다 하여 울분을 참지 못하고 자결한 것이다.

신미년(1871) 여름에 또 서양 오랑캐들이 강화도를 침범했다. 이번에는 미국이었다.

전병사 어재연魚在淵이 순무중군으로 그들을 방어하다가 전사했다.

어재연은 금위여단을 인솔하고 광성보로 들어가서 배수진을 치고 척후 병도 두지 않았다. 적군은 안개가 자욱이 낀 틈을 타서 광성보를 넘어 엄습 했다. 어재연은 칼을 들고 싸우다가 칼이 부러지자 납으로 된 탄환을 쥐고 적군을 향해 던졌다. 그 탄환에 맞는 적군은 즉사했다. 그가 가지고 있던 탄환이 다 떨어지자 적군은 그를 창으로 난자했다. 그는 반 발자국도 옮기 지 못하고 죽었다. 적군은 그의 머리를 베어갔다.

어재연이 전사했으나 적군은 수비가 잘 되어 있는 줄 알고 도망쳤다. 패 전 소식이 전해지자 조정 안팎이 시끄러웠다.

어재연에게 병조판서가 증직되고 충장忠壯의 시호가 내려졌다. 그의 상 구喪具가 서울로 들어오자 조정에서 큰소리쳤다.

"어병사의 상구를 맞아들이지 않는 사람은 모두 천주쟁이이다!"

그리하여 온 조정이 출영을 나가 수레와 말이 수십 리에 이르렀다.

재연의 아우 재순도 백의종군으로 형과 함께 전사했다. 그에게도 이조참 의를 증직했다. 조정에서는 두 차례나 큰 양요를 겪으면서도 외세에 대한 대책을 전혀 세우지 않았다. 우물 안 개구리들이었다.

권불 10년의 대원군

고종은 아버지 대원군의 그늘에 묻혀 명목만이 임금이었다. 실제로는 대원군이 임금 노릇을 했다. 대원군이 10년 동안 실권을 쥐고 섭정을 하는 동안 나라에는 큰 변고가 없었다. 그야말로 대원군으로서는 다시없는 좋은 기회였다.

만약 대원군이 주나라 문왕처럼 밥을 먹다가 뱉어내고, 머리를 씻다가도 상투를 움켜쥐고 나올 만큼 분주하고, 현사賢士를 대우하여 양법良法을 강구하고, 국가 경비를 절약하여 백성을 사랑하고, 인자와 겸양과 측은한 마음으로 문화와 법률 등 그 이외의 범위까지 빛을 내어 원우元祐(宋나라 哲宗) 연간의 사마광(《자치통감》의 저자)처럼 하였더라면, 기화氣化의 추세로 비록 극치에 달한 정치를 회복하지는 못했더라도, 하늘이 운을 주어 인재들이 그 시기를 타서 모여들었을 것이다. 그들을 10년 동안 좋은 교육을 시켰더라면 천하에 어찌 못할 일이 있었겠는가?

그러나 대원군은 장김壯金(안동 김씨)의 부귀를 탐내고 있다가 하루아침에 뜻을 얻은 후에, 음행과 사치와 교만과 폭행을 자행하여 장동 김씨들보다도 더 지나친 일을 감행했다. 그는 원기를 손상시키고 백성들에게 원한을 샀으며 공연히 토목공사(경복궁 복원)을 일으키고 사색당파를 두둔했다. 이것이 그의 10년간의 사업이다.

그는 10년 동안 위세를 내외에 떨쳤다. '대원위분부大院位分付'라는 다섯 글자가 삼천리 강토를 풍미하여 그 위세가 우레와 불같았으므로, 모든 관리와 백성들은 두려움에 휩싸여 항상 관청의 법을 우려했다. 또 아침저녁으로 유언비어가 판을 쳐 한성에 온 시골 사람들을 체포하여 죽이므로, 궁벽한 산중 촌민과 멀고 먼 해변의 어민들은 살고 싶은 마음을 잃게 되었다.

대원군이 섭정 당시 10년 동안 김보현金輔鉉의 망단望單(벼슬 후보단자)을 정지했다. 김은 사계 김장생(조선 禮學의 1인자)의 후손으로 어릴 때부터 교묘한 재주가 있어 약관에 급제했다.

김이 나귀를 산 지 3일 만에 나귀가 죽었다. 김이 청탁을 넣기 위해 나귀를 너무 많이 타고 다녀 힘이 빠져 죽은 것이다. 김은 안동 김씨들과 친하게 지내어 철종 때 참판까지 지냈다. 대원군은 김의 사람됨을 늘 비루하게 생각했다.

김이 상을 당해 상청을 지키고 있었다. 그는 대원군이 조문하러 오지 않는 것을 수치로 여겼다. 그리하여 대원군의 식객에게 이런 말을 했다.

"나의 선친의 아명이 구자狗子인데, 자네는 대원군에게 이 말을 절대로 하지 말게나. 대원군은 남에게 욕을 잘하는 분이니 내가 욕을 먹을까 두렵네."

김은 대원군이 사람들에게 욕을 잘한다는 것을 알고, 욕할 일이 생기면 대원군이 문상을 올 것이라고 생각하고 머리를 쓴 것이다.

대원군의 식객이 돌아가 대원군에게 일러바쳤다.

"나으리, 김보현의 부친 아명이 소구라고 하더이다. 나으리께서는 아직 모르고 계시오이까?"

이 말을 들은 대원군은 크게 기뻐하며 즉시 김에게 문상을 갔다. 대원군은 상청에 가서 두어 번 '오요오요' 하고 소리를 낸 후 김을 돌아보고 말했다.

"나는 가겠소이다."

대원군은 상주에게 위로의 말 한마디 없이 가버렸다.

그래도 김보현은 기뻐하며 조객록에 '모일 대원군 입곡某日 大院君 入哭'이라고 기록했다. 이 기록을 본 사람들이 뱃살을 쥐고 웃었다.

'오요오요'라는 말은 방언으로 개를 부르는 소리다. 남의 집 초상집에 가서 곡을 할 때 '어이어이' 하고 소리를 내는데 '오요오요'와 '어이어이'의 소리가 매우 비슷했다. 그것을 이용하여 대원군은 김에게 개를 부르는 소리로 모욕을 준 것이다.

김은 대원군이 실각한 후에 민승호와 인연이 되어 이조판서에 발탁된 후 선혜청 당상관을 겸했다.

이 대원군의 섭정을 심히 못마땅해하는 올곧은 선비 관리가 있었다. 최익현崔益鉉으로 본관은 경주이고, 윗대로부터 포천에서 살았다. 그는 이항로 문하에서 학문을 닦고, 철종 때 명경과明經科에 급제한 후 신창군수로 있으면서 선정을 베풀어 이름이 났다.

그는 집안이 항시 가난했다. 그러나 익현은 늙은 아버지를 잘 봉양하며 효성을 다했다. 날씨가 차가울 때는 그는 아버지 방에 손수 군불을 때면서 말했다.

"나 대신 수고할 사람이 없어서가 아니라, 따숩게 하고 시원하게 하는 일을 알맞게 하기가 어렵기 때문에 내가 손수 불을 때는 것이다."

그는 손수 경작하여 식생활을 해결하고 땔나무도 마련했다. 심지어 울을 막고 밭일을 하는 것마저 손수 했다. 한성에 일이 있으면 도보로 왕래했다.

그 최익현이 계유년(1873) 겨울에 상소를 올려 대원군을 배척했다. 죽음을 각오한 용기였다. 대원군을 권신으로 지목하고 10년 동안의 실정失政을 낱낱이 들추었다. 고종은 아버지의 독단에 염증을 느끼고 있었다. 그리하여 최익현의 상소에 대한 비답을 부드러운 글로써 내렸다.

대원군은 고종의 이런 조치에 분통이 터져 문을 닫고 나오지 않았다. 물론 정사를 돌보지도 않았다. 고종은 그런 아버지를 외면해버렸다.

이에 서석보 등이 최익현을 골육을 이간시켰다고 공격했다. 그리고 고종까지 천륜에 야박하다고 떠들었다. 고종은 화가 나서 서석보를 친히 국문하고 그를 묶어 매달아놓았다. 거의 목숨이 끊어질 무렵에 풀어주고 임자도에 위리안치시켜버렸다.

고종은 최익현에게 호조참판을 제수했으나 최익현은 이를 사양했다.

최익현은 대원군을 배척하는 상소를 두번째 올렸다. 고종은 고의로 대원군의 동정을 살피기 위해 최익현을 금부에 가두었다. 그후 그가 출옥할 때 한성의 사녀士女들이 술을 들고 다니기도 하고, 향화香火를 머리에 이고 다니기도 하여 그 불빛이 거리를 찬란하게 비추었다. 그녀들은 최익현이 살아난 것을 경축했다.

최익현의 이름이 온 나라에 알려지고, 그의 상소문이 집집마다 전달되어 옛날 명신의 장주章奏처럼 여겨졌다. 이를 필사하기 위해 종이가 불티나게 팔렸다. 그러자 일부 유식한 사람들은 그가 대원군을 권신으로 몰아세운 것은 윤리에 크게 저해되는 일이라고 지적했다.

그후 고종이 대원군을 야박하게 대우하자, 세상 사람들은 최익현의 상소에 영향을 받은 것이라고들 했다. 자고로 권신은 친척과 인척 및 환관·훈신 이외에 다른 사람들에 의해 생긴 것이다. 그러나 고종과 대원군은 부자 사이로 그 누구도 이간시킬 수 없는 일이다. 모든 사람들은 대원군이 세도를 종신토록 누리고야 말 것이라고 했으나, 하루아침에 배척되어 문로門路가 봉쇄된 것이 다른 사람이 실세한 것보다 더욱 심했다. 그것은 득세를 매우 화급히 하여 실세도 매우 처량했던 것이다. 사물의 이치가 그러한 것이다.

최익현의 상소로 10년 동안의 권세가 하루아침에 실추된 대원군은 갑술년(1874) 봄에 운현궁을 나와 양주 직동直洞으로 내려갔다. 그러나 고종의 배려는 박하였다. 이때 민비의 오라비 민승호가 집권하여 청반淸班에 있는 남인들을 도태시켜버렸다.

어사들을 파견하여 남인·북인 및 대원군의 빈객으로 있다가 수령이 된 사람들의 파직을 거론하여 이들이 거의 다 사직했다. 이에 성균관 유생들과 팔도 유생들이 줄을 이어 대궐 문 앞에서 규탄하고 원망했으나 고종은 이들마저 모두 물리쳤다.

그후 영남의 유도석과 호남의 조병만 등이 상소를 올리자, 고종은 크게 노하여 두 사람을 포도청에 가두고 처형하려고 했다. 이에 대원군이 직동에서 곧바로 대궐로 향하여 격렬하게 항의하면서 자결하려고 했다. 고종은 부득이 그들을 석방하고 승정원에 영을 내려 대원군에 관계된 상소를 일절 받아들이지 못하도록 했다.

민씨들이 집권한 이후 백성들이 그들의 착취를 견디지 못해 종종 한탄하며 도리어 대원군의 정치를 그리워했다.

세상 사람들은 최익현이 상소를 올린 후 발탁된 것을 보고, 그가 누군가의 사주를 받은 것으로 알았다. 그러나 병자년(1876) 일본과 강화하자는 여론이 있을 때, 최익현이 도끼를 들고 상소하여 강력히 척화를 주장하다가 흑산도로 유배되는 것을 보고 의심이 사라졌다. 최익현의 날카로운 붓이 대원군 10년의 권력 아성을 무너뜨린 것이다.

'화무십일홍이요, 권불십년'이란 말이 틀리지 않는 모양이다.

이 정승의 탐욕과 아부

영의정을 지낸 이유원李裕元의 자는 경춘景春, 호는 귤산橘山·묵농墨農이다. 그의 별장이 양주 가오곡嘉梧谷에 있었는데, 한성에서 80리 길이었다.

그 무렵, 사람들은 가오곡 80리 거리를 왕래하는 길이 모두 그의 밭두렁이라고 했다. 다른 사람의 땅을 한 평도 밟지 않고 자기 땅만 밟으며 별장을 오고갔다. 이유원의 전답이 그토록 많았다는 표현이었다.

그가 꾸며놓은 별장의 기화괴석奇花怪石은 근세에 보기 드문 것이었다. 그는 동녀童女들을 뽑아 남장을 하게 하고 그들에게 심부름을 시키는 호사가였다. 다른 음란 시설도 별장에 갖춰놓고 있었다.

그의 아버지 이계조가 사신으로 북경에 갔을 때 점술가에게 아들 이유원의 수명을 물었다.

"만일 정승의 자리에 앉게 되면 곱게 죽지 못할 것이오."

이계조는 임종할 때 이 말을 이유원에게 유언으로 남겼다.

"벼슬을 하되 절대로 정승의 반열에는 오르지 마라. 내 말 명심하거라."

그후 이유원은 정승을 임명할 때마다 눈물을 흘리며 사양했으나 끝내 거절하지는 못했다.

그가 정승에 오르자 고종은 그를 매우 총애했다. 그는 민승호와 결탁하여 병부兵符 열두 개를 찼다. 병부는 발병부發兵符로서, 한쪽에 '발병'이란 글자를 쓰고, 다른 한쪽에는 관찰사·절도사·진호 등을 기록한 둥글고 납작한 나무패로, 발병 명령을 내릴 때 이 패를 쪼개어 오른쪽은 책임자를 주고 왼쪽은 임금이 갖고 있다가 왕의 교시와 함께 그 왼쪽 패를 내리면, 지방관은 그 두 쪽을 맞추어 보고 틀림이 없을 때 군대를 동원한다.

이 병부 열두 개를 찬 이유원의 집은 그를 찾는 사람들로 문전성시를 이루었다. 세상 사람들은 그를 남촌南村 세도가라 일컬었다.

이상학李象學이 태조의 능인 건원릉 영令으로 있을 때였다. 이유원이 별장에서 쉬다가 서울로 올라올 때 건원릉 밑에 사는 이상학을 방문했다.

때마침 이상학에게 은어를 갖다준 사람이 있었다. 아직 반찬을 만들지 않은 상태였다. 이상학이 하인을 불러 말했다.

"안에 들어가 은어를 회로 만들어 술상을 차리라 일러라!"

이유원이 깜짝 놀라며 말했다.

"이 근처에 은어가 나는 곳이 없을 터, 그 귀한 것을 내가 어찌 먹겠소. 회를 만들지 말고 날것으로 그냥 가져오라고 하시오."

"뭘 하시게요?"

"가져와보면 압니다."

이유원은 버들가지를 꺾어오게 하여 은어를 꿴 후 포장을 하고 표지에 '이유원 진상품'이라고 썼다. 그리고 하인을 시켜 즉시 고종에게 진상토록 했다.

이상학은 입이 벌어져 다물지 못했다. 그는 서울 집에 왔을 때 아들들에게 말했다.

"그런 짓을 어찌 대신이 할 수 있단 말이더냐. 이러니 온 나라 관리들이 재물을 탐하여 경쟁하지 않을 수 있겠느냐."

이상학은 나라의 장래가 걱정되어 땅이 꺼지게 한숨을 내쉬었다.

이유원은 세자가 어렸을 때 어떤 노리개든 가지고 놀기를 좋아하자, 동궁으로 가서 다람쥐를 바쳐 빈축을 샀다. 아첨이 이 정도면 정승 자리를 딸 만도 했다.

이유원의 아들 이수영이 풍기가 있었다. 그는 과거에 급제했는데, 그날로 세도가 김병학을 보러 갔다. 그는 얼굴에 종기가 심하여 냄새가 지독했다. 김병학은 옆에 앉아 있는 손님을 돌아보며 말했다.

"누가 이 정승의 아들을 병들었다고 합디까? 또 오성 대감 한 분 나셨습니다 그려."

오성 대감은 백사 이항복을 말한다. 오성은 오성五成과 음이 같다. 김병학은 해학에 능한 인물이었다. 이수영이 중풍기가 있다는 말을 들은 터라, 이항복이 낳다고 치켜세우는 체했으나, 실은 중풍이 다섯 가지 색채를 띠고 있다는 의미로 말한 것이다.

이수영은 벼슬을 하다가 세상을 떠났다. 이유원은 외아들을 잃고 양손養孫을 맞이했다. 양손이 이수영의 처의 나이와 비슷했다. 양손이 양어머니 즉 수영의 아내와 정분이 나버렸다. 모자가 음행을 저지른 것이다.

이유원이 고종에게 아뢰었다.

"전하, 신의 손자가 그의 어머니와 간통하였사와 양손을 파기해야겠사옵나이다. 윤허해주시옵소서."

함께 있던 대신들이 낯이 뜨거워 외면해버렸다.

고종은 양손을 파기하라는 교지를 내렸다. 이유원은 그 교지를 내보이며 일가인 판서 이유승의 아들 이석영을 빼앗아 양손으로 삼았다. 양손이 얼마 후 급제했다. 영남의 선비 송영경이 이유원을 탄핵한 글 중에 이런 구절이 있었다.

'병든 아들이 과거에 급제했으니, 고약하게 종기가 난 근시近侍는 돌보지 말아야 한다.'

이 글귀가 전국에 퍼져 이유원은 망신을 당했다.

갑술년(1874) 이후 이유원과 박규수朴珪壽는 서로 번갈아가며 좌의정과 우의정을 지냈다. 이유원은 탐욕스럽고 교활하여, 늙은 후에도 그 마음을 버리지 못했다. 소론 중에서 갑부라는 말을 들었으나 한없이 재물을 탐했다. 그러나 그는 담소를 잘하고 거동에 품위가 있었다. 고종은 그의 이런 점을 좋아했다.

그는 고종 앞에서 손뼉을 치고 즐겁게 놀아 마치 한 집안의 부자관계처럼 화기롭고 자유롭게 지냈다. 대궐을 자기 집 드나들듯 하는 간사스러운 종친이라도 그를 따를 수 없었다.

박규수는 문학을 잘하고 풍채도 뛰어난데다가 지혜도 있어, 수시로 강인한 기운을 드러내어 사람들의 칭찬을 받았다.

어느 날 박규수와 이유원이 고종을 찾아뵈었다가 그 자리에서 언쟁을 벌였다. 고종은 난색을 보이며 묵묵히 지켜보았다.

이유원은 대들지 못했으나 박규수는 큰 소리로 말했다.

"사관史官은 어디 있소! 모월 모일에 이유원과 박규수가 주상 앞에서 국사를 논하다가 이유원이 위축되어 감히 말 한마디 못했다고 쓰시오!"

박규수가 이유원을 똑바로 쳐다보며 쏘아붙였다.

"공은 소인을 면키 어려울 것이오. 공 같은 사람에게 어찌 기풍이 있다 하겠소!"

이유원은 면박을 당하고도 반박 한마디 못했다. 자신의 떳떳치 못한 삶이 그를 왜소하고 하찮게 만든 것이다.

동학농민전쟁

최제우가 처형된 후 최시형崔時亨이 뒤를 이었다. 그는 충청도 보은의 산중에 숨어살면서 요술을 전파하며 이를 동학이라고 했다. 그리고 유언비어를 퍼뜨렸다.

"세상이 장차 큰 난리가 나므로 동학이 아니면 살 수가 없다. 앞으로 진인眞人이 나와 계룡산에 도읍을 정하는데, 그 장상將相과 좌명공신佐命功臣들은 모두 동학도들이다.”

동학도들은 사방으로 돌아다니며 선동했다. 백성들은 학정에 시달리던 터라 동학도에 호응하여 전라도·충청도에 널리 퍼져갔다.

그들은 경인년(1890)과 신묘년(1891) 이후 여러 차례 통문通文을 보내어 총회를 갖고, 10명 또는 100명이 떼를 지어 공청公廳을 왕래했다. 지방관들은 그들이 아무런 말썽을 피우지 않아 그들의 행사를 금하지 않았다. 그들은 ‘조정에서도 우리를 어떻게 할 수 없을 것이다’ 라고 판단, 한번 농락을 부려보자는 속셈으로 2월 중에 그들 수천 명이 대궐 앞에 엎드려 상소를 올렸다.

최제우의 신원을 요청한 것이다. 이때 성균관 유생들은 먼저 성토해야 한다는 의견을 내고, 신정희는 그들을 다 처형하여 난을 방지해야 한다는 주장이었다.

고종은 그들을 효유하여 물러가게 했다. 이때의 여론은 울분에 싸여 있어 전 사간 전봉희가 상소를 올려 타개책을 말했으나, 상소는 고종의 손에 들어가지 않았다.

2월에 동학도들의 대궐 앞 상소가 있고 나서 4월, 보은에 8만여 명의 동학도들이 운집했다. 그들은 성루를 쌓고 기치를 세워 방어태세를 갖추었다. 행인들은 자취를 감추고 주변 지역이 모두 술렁거렸다.

조정에서는 보고를 받고 어윤중과 홍계훈에게 한밤중에 남쪽 지방으로 내려가도록 했다. 그들은 고종의 교지를 받들었다.

홍계훈이 인솔한 군사는 500명이었다. 그는 현지에 도착하여 대포를 쏘아 그들을 위협했다. 동학도들은 숫자가 많았으나 맨손으로 깃발만 꽂아놓고 있었으므로 감히 저항하지 못하고, 관군의 선유宣諭를 들을 의사가 있었다. 어윤중은 고종의 말씀을 전했다.

‘여러 민중에게 묻노니 … 이 나라 종사가 500년이 되었소이다 … 그대들은 창의倡義가 아니라 창란倡亂을 한 것이오. 그대들은 한 고을을 점거하고 군중을 조종하여 군중의 힘을 믿고 함부로 날뛰면서, 조정의 정책이 골고루 미치지 못하도록 하고 또 명령도 시행하지 못하도록 하니 고금을 통해 보더라도 어찌 이와 같은 이치가 있겠소? … 그대들은 마음을 바꾸어 스스로 왕장王章을 범하는 일이 없도록 하오.'

이에 동학도들이 해산했다. 홍계훈은 관군을 이끌고 한양으로 돌아왔다. 조정에서는 얼굴을 폈지만 동학도들은 깊숙이 숨어 다음을 준비하고 있었다. 그리하여 충청 · 전라도 양반들은 선유사 어윤중의 실책이라고 비난했다.

어윤중은 보은에서 한양으로 올라올 때 여러 고을을 순찰하면서 왔다.

이도재의 형 이모라는 자가 충청도에 살면서 무단武斷을 자행하다가 사민士民들에게 살해당했다. 이도재는 유배중이어서 형의 복수를 하지 못하고 있었다. 이도재는 갑신정변의 여당으로 몰려 고조도에 귀양 가 있었다.

어윤중이 선무사의 위세를 빙자하여 도재의 형을 죽인 주동자를 찾아 곤장으로 때려 죽이고, 한 사람을 시켜 악양(지리산 하동 동명)에 사는 손씨의 선영에 가묘假墓를 해주었다. 가묘를 한 것은 옛날 암장과 같고, 국법에 남의 무덤을 침범하는 것을 금하고 있었다.

송씨들은 어윤중이 두려워 감히 말을 못하고 있었다. 사람들은 선무사가 그런 일을 한 것을 잘못이라고 수군거렸다. 어윤중은 평소에 풍수에 현혹되어 자신의 풍수지리에 자신감을 갖고 있었다. 또한 어윤중은 장계에서 동학도를 동비東匪라고 칭하지 않고 민당民黨이라고 칭했다. 이것은 서양의 민권을 주장하는 것과 같았다.

민영준은 동학이 성한 이후 예절이 행해지지 않아 풍속이 피폐해졌다고 주장, 고종에게 호남과 영남 수령들에게 칙령을 내려 호남에는 향약鄕約, 영남에는 향유주례鄕飮酒禮를 빠른 시일 내에 시행토록 하라고 청했다. 이에 양도의 수령들은 다른 고을에 뒤질세라 더운 때에 백성들에게 강요하므로 그들은 땀을 흘리며 무릎 꿇고 절을 했다. 그들은 돈을 갹출하여 음식을 장만하느라 농사에 방해가 되고 일을 못해 마을마다 불평이 많았다.

또 나이 많은 노인들에게 쌀과 고기를 나누어주고 통정·가선 등의 직첩을 나누어주었다. 이런 것들을 강제로 하기 위해 돈을 거두어들이려고 노인들의 자손들을 옥에 가두어 독촉했고, 노인들은 돈을 꾸어다 바쳤다. 이것을 노인 난리라고 했다.

이해 12월에는 개성에서 민중 봉기가 일어났다. 개성유수 김세기金世基가 숨겨놓은 인삼을 색출한다는 핑계로 백성들의 재산을 약탈했다. 이에 김흔 등이 군중을 모아 소란을 피웠다. 김세기는 변장을 하고 도망쳤다.

이때 탐관오리가 많아 고을마다 소란스럽지 않은 곳이 없었다. 그중에서도 더욱 심한 자를 색출하여 죄를 주었다. 이돈하·이용익·정광연·이근호·이원일·홍시형·김영적·심인택·윤병관·조준구·이용직·조만승·김세기 등이 귀양을 갔다. 그러나 뇌물을 많이 챙긴 고관들은 법망을 빠져나가 벌을 받지 않았다.

갑오년(1894)이 돌아왔다. 2월 12일 밤에 천둥이 두 번이나 울렸다.

3월 1일, 전라도 고부에서 민초들이 일어나 고부군수 조병갑이 도망쳤다. 고종은 그를 체포하여 심문하라는 영을 내리고, 용안현감 박원명을 고부군수에 임명했다. 그리고 장흥부사 이용태를 안핵사로 임명했다.

조병갑은 조규순의 서자로 부임하는 곳마다 뇌물을 탐하고 가혹한 행위를 일삼았다. 계사년(1893) 가뭄이 극심하여 흉년이 들었다. 조병갑은 재해를 숨기고 조세와 수세水稅를 징수하다가 민중 봉기를 자초했다.

고부에서 동학도 전봉준全琫準이 크게 봉기하자, 박원명이 봉기군에게 잔치를 베풀어 호의를 보였다. 그리고 그들의 죄를 불문에 부치고 집으로 돌려보내자 모두 해산했다.

그러나 전봉준 등 수십 명은 불복하고 자취를 감췄다. 그후 이용태가 와서 박원명과는 달리 백성들을 역적으로 몰아 다 죽이려고 했다. 또 토호들에게는 봉기를 주도했다는 구실을 붙여 뇌물을 요구했다. 그리고 감사 김문현과 공모하여 감옥으로 이감된 백성들이 줄을 이었다. 백성들은 울분을 참지 못하고 들불처럼 일어났다.

전봉준은 집이 가난한데다가 의지할 곳이 없었다. 그는 오랫동안 동학에 몸담아 울분을 품고 있었다. 봉기할 때 전봉준을 추대하여 장수로 삼았다. 그는 1차 봉기군이 해산할 때 몸을 피했다.

그후 순찰사가 그를 수색하자 김기범·손화중·최경선과 모의, 대사大 事를 꾀했다. 그들은 백성들에게 동학이 하늘을 대신하여 세상을 다스리고, 또 나라를 보호하고 백성들을 편하게 하며, 살인과 약탈을 하지 않고 오직 탐관오리들만을 용서하지 않는다고 했다. 그리하여 10여 고을 농민들이 일시에 일어나 10일 만에 수만 명이 모였다. 동학도와 농민 봉기군이 합류한 것은 이때부터이다.

조정에서는 홍계훈을 양호초토사로 임명, 병사를 인솔하고 농민 봉기군을 토벌토록 했다. 그리고 4월에 김학진을 전라감사로 임명하고 전라병사 이문영을 파직, 서병묵을 임명했다.

동학 봉기군의 소식이 시시각각 전해지자, 여론이 힘있는 관리들이 직무 유기를 한 결과라며 그 허물을 민영준에게 뒤집어씌웠다.

김학진은 전라감사직을 사양하면서 편의대로 일을 보게 해주면 부임하겠다는 조건을 달았다. 고종은 억지로 대답했다.

"경이 하고 싶은 대로 하시오."

김학진은 문관이라 봉기군을 진압할 자신이 없었다. 가족과 작별할 때 눈물을 보여 이 소문을 들은 사람들의 걱정이 태산같았다.

고종은 홍계훈으로부터 승전 소식이 없자 이원회를 양호순변사로 삼아 강화병과 청주병을 원병으로 주어 내려보내고 홍계훈의 병사를 통제하도록 밀지를 내렸다. 홍계훈은 청나라 군함 청원호와 우리 군함 창룡호 및 함양호에 병사 800명을 싣고 군산항에서 전주로 들어가고, 2대 병력을 동원하여 금구와 태인에 진주하도록 했다.

동학 농민 봉기군은 황토현에서 관군과 맞서 대승을 거둔 다음 전주성을 함락시켰다. 홍계훈은 장성 월평에서 봉기군과 싸워 대패했다.

전주 경기전은 태조의 영정을 모신 곳이다. 그곳에 큰 은행나무 한 그루가 있었다. 지난 무자년(1888) 봄에 까치와 백로 수백 마리가 은행나무를 둘러싸고 싸우다가 까치가 패한 일이 있었다. 기축년(1889) 정월에는 노비들과 이속들이 몽둥이를 들고 싸워 수십 명의 사망자를 냈다. 그리고 반석리에서는 불이 나서 1천여 호가 불에 타자 사람들은 까치가 싸운 응보라고 했다.

이에 태조의 어진이 피란을 가고, 노비들이 봉기군에게 투항하여 이속들을 다 죽이려 하므로, 이속들은 도망칠 때 그들의 집을 불태우고 약탈을 감행했다. 전주성은 그야말로 아비규환이었다.

홍계훈이 전주성을 포위했다. 그는 봉기군이 북쪽으로 달아났다는 소식을 듣고 전주에 도착해보니 전주성은 이미 함락된 뒤였다. 홍계훈은 관군이 모인 틈을 타서 일거에 섬멸하려고 했다.

이때 기호지방의 지원병들이 모여들고 호남에서 새로 모집한 의병들도 속속 도착했다. 홍계훈은 초병哨兵을 나눈 후 요충지를 수비하고 봉기군의 돌격에 대비했다. 또 서로 연락할 수 있도록 포진한 후 전주성을 장기전으로 끌고 가려고 포위망을 강화했다.

관군과 봉기군 사이에 싸움이 벌어졌다. 오합지졸인 봉기군이 여러 차례 패했다. 홍계훈은 포위망을 풀고 봉기군들이 해산하도록 유도했다. 고종은 홍계훈에게 봉기군이 항복해오면 풀어주라고 영을 내렸다. 농민들의 봉기를 고종은 넓은 아량으로 이해하려고 했던 것이다.

봉기군은 북문을 열고 도망치려다가 관군과 한바탕 접전을 벌인 후 서쪽으로 떠났다. 그들은 사방으로 흩어져 약탈을 일삼기도 했다.

홍계훈은 봉기군이 전주성을 비운 후 이틀 만에 입성했다. 날씨가 더워 시체 썩는 냄새가 거리에 가득했다.

전주는 3남에서 갑부들이 많이 살았다. 그중에서도 서문 밖 부호들의 상점을 금굴金屈로 칭할 만큼 부자들이 사는 곳이었는데, 이때 모두 불타버리기와 조각들이 시체와 범벅이 된 온 마을과 읍이 스산해 보였다.

그뒤 청나라 군대와 일본 군대가 인천에 상륙하여 왕궁을 점령하고 드디어 청일전쟁이 일어났다. 이 전쟁은 일본의 승리로 끝나 일본군이 관군과 함께 봉기군 토벌에 나섰다.

봉기군은 전봉준의 10만 호남군과 손병희의 10만 호서군이 세 길로 나누어, 논산을 거쳐 공주 우금치에서 조·일 연합군에게 대패한 후 뿔뿔이 흩어져버렸다.

흩어진 일부 봉기군은 장흥·강진에서 장흥부사 박천양을 살해하고 강진의 중군 정규찬을 죽였다. 두 고을을 점령한 후 한동안 재기를 꿈꾸었으나 이두황·이유태 및 일본군이 합세하여 봉기군을 토벌해버렸다. 이때 봉기군 3만 3천여 명이 희생당했다.

전봉준은 순창에 숨어 있다가 배반자의 밀고로 체포되어 이듬해 서울에서 처형되었다.

임금이 황제가 되었건만

1875년 일본은 운양호 사건을 조작하여 이듬해에 강화도조약(병자수호조약)을 강압적으로 체결했다. 그리하여 그동안 쇄국정책을 써오던 조선의 문호를 개방하지 않을 수 없었다. 이 조약 이후 일본 세력이 점차 국내에 침투하여 협박과 간계를 일삼았다.

그뒤 1882년 한미수호통상조약을 비롯하여, 영국·독일·러시아·이탈리아·프랑스·오스트리아·벨기에·덴마크 등과도 조약을 맺었다. 이 같은 조약 체결은 당시 일본의 세력진출을 두려워하던 청나라의 강력한 입김으로 이루어진 것이다. 그러나 조선 사회는 극도의 혼란을 겪게 되고 정치적 부패와 재정적 타격을 받았다.

조선을 둘러싼 열강의 세력다툼이 치열하여 조선 약체화를 조장했다. 열강 가운데 러시아의 조선 진출과 영국 세력 확장이 두드러졌다. 영국은 동양함대로 거문도를 점령하고 러시아와 무력충돌 사태를 벌이기도 했다. 러시아는 조선에 세력진출을 지속적으로 해왔다. 외교 수완이 능숙한 웨베르를 내세워 조선 조정에 친로파를 형성, 고종을 러시아 공관에 물게 하고 친로파 내각을 조직해 조선의 정치를 주무른 적이 있었다. 이를 아관파천이라 한다.

러시아의 조선 진출은 일본·청나라의 세력과 대립되어, 마침내 러·청·일 삼각의 각축전을 벌이기에 이르렀다. 그리하여 청·일, 러·일 전쟁이 일어났다. 그 결과 일본의 승리로 다른 열강의 세력은 막혀버렸다. 일본이 조선 병합의 길로 나선 것이다.

1884년 사대파인 수구당과 혁신파인 개화당 사이에 일어난 변란은 개화당의 3일 천하로 막을 내리고, 그후 1894년 갑오경장으로 재래의 문물제도를 진보적인 서양의 법식法式으로 본받아 고쳐나갔다.

동학농민전쟁을 계기로 조선에 침입한 일본은 청나라 세력을 등에 업은 민씨 세력인 보수당을 없애고 조선의 정치를 혁신케 하려고 했다. 갑신정변 때 개화당의 의도와 맥이 통했다.

조선 사회도 빠르게 변해갔다. 연호를 건양建陽으로 고치고 단발령斷髮令을 내렸다. 고종이 삭발한 후 조정 안팎의 관료와 백성들에게 영을 내려 삭발하도록 했다. 조선 500년 동안 머리에 똬리를 틀고 있던 상투가 잘려나가는 아픔을 견디지 못해 자살하는 자가 속출했다. 민족 자존심이 흔들리는 대변혁이었다.

고종의 삭발은 일본공사의 위협하에 이루어진 것이다. 유길준·조희연 등이 일본인을 인도하여 궁궐 주위에 대포를 묻고 삭발하지 않는 사람은 모조리 살해하겠다고 엄포를 놓았다. 고종은 긴 탄식을 터뜨리며 조병하에게 말했다.

"그대가 내 머리를 깎으라!"

조병하는 고종의 머리를 가위로 자르고, 유길준은 태자의 머리를 잘랐다.

경무사 허진許璡은 순검들과 함께 가위를 들고 길을 막고 있다가 지나가는 행인들의 머리를 잘랐다. 또한 아무 집이나 들어가 남자를 보면 가위를 들이댔다. 서울에 왔다가 머리를 잘린 사람들은 잘린 상투를 들고 통곡을 터 뜨렸다.

이어 학부대신 이도재는 연호 개정과 단발령에 관한 상소를 올리고 관직을 버린 후 고향으로 돌아갔다.

'…신이 생각해보니 전하를 존경하는 사람은 그 명예를 중시하지 않고 실상을 중시한 것이오며, 백성을 교화하는 사람은 그 형식에 있는 것이 아니라 마음에 있다고 보옵나이다 … 지금 연호를 개정한 것은 허명을 치장한 것이옵나이다. 단발령으로 말씀 드리면 나라에 이익이 된다면 신이 어찌 한줌에 쥘 수 있는 단발을 아껴 나라를 위하지 않겠나이까….'

고종은 이 상소문을 보지도 못했다. 유길준이 막아서였다.

전국 각지에서 의병이 일어났다. 경기도의 유인석, 강원도의 서상열, 호서의 주용규, 안동의 권세연, 진주의 노응규·정한용 등이 단발령에 반발, 거세게 항의했다.

또 백정들을 면천免賤해주었다. 그러자 백정들은 칠립漆笠을 쓰고 다녔다. 그전에는 영·호남 백정들이 감히 칠립을 쓰지 못하고 평량자平涼子만 썼으나 조정에서 여러 차례 칙령을 내려 백정들도 평민과 같이 칠립을 쓰도록 했다.

갑작스러운 변혁에 의병들이 전국을 휩쓸었다. 삭발을 당한 의병들에게 살해된 지방 관료들이 속출했다. 춘천관찰사 조인승, 안동관찰사 김석중, 충주관찰사 김규식, 의성군수 김관영, 영덕군수 정재관, 예천군수 유인형, 청풍군수 서상기, 양명군수 권숙, 천안군수 김병집, 양양군수 양명학, 고성군수 홍종헌, 삼수군수 유관수, 지평군수 맹영재, 광주부윤 박기일 등이 의병들에게 살해당했다.

1897년 7월, 심순택이 영의정으로 임명되어 연호 개정을 의논한 끝에, 건양을 광무光武로 고쳤다. 그리고 9월 17일, 고종이 황제로 즉위하고, 국호를 대한으로 고쳤다. 그리하여 조선이 대한제국이 된 것이다.

1895년부터 조정에서 고종의 마음을 헤아려 황제 즉위를 권했다. 이에 러시아·프랑스·미국 등 여러 공사들은 불가하다고 말했다. 일본공사조차 좀더 기다리는 것이 좋겠다는 의견을 냈다.

러시아 공사는 이런 말로 위협하기까지 했다.

"귀국이 제국의 호(帝號)를 쓰면 단교할 것이오."

고종은 두려운 마음이었으나 수가 없었다. 조정에서는 심순택을 중심으로 황제 추대 계획이 진행되었다. 이들은 연명 상소를 올리고 선비들을 동원하여 합문 밖에 엎드려 읍소하기로 했다.

'…대황제의 위호로 높이는 것은 옛날의 것을 법으로 삼아 오늘의 감각을 맞추는 것으로서, 그 시기를 고려해보아도 타당하고 예의를 근거로 해도 타당하옵나이다 … 온 나라가 대동단결한 의견에 따르시옵소서….'

심순택 등은 연명으로 이틀 동안 일곱 차례나 상소를 올렸다.

고종은 못 이기는 체 수락 교지를 내렸다.

'짐이 덕이 없어 임어한 지 34년 동안 많은 어려움을 겪고 있다가 결국 만고에도 없는 변을 당하였노라. 정치도 짐의 뜻대로 되지 않아 눈에 근심이 가득 차 있고, 늘 혼자서 생각할 때는 등에서 땀이 흐르도다. 지금 막대한 의식으로 걸맞지도 않은 재위에 올리기 위해 신료들과 재상들이 소장을 올려 간청하고 백성들도 합문 밖에 엎드려 간청하고 있으니 상하가 서로 고집만을 피우고 있으면 그칠 날이 없으므로, 그 대동단결한 여론을 끝까지 외롭게 할 수 없어 오랜 시일 동안 상의한 끝에 부득이 여론을 따르기로 결심했노라. 허나 이런 대사는 예의를 참작하여 시행해야 할 것이노라.'

고종은 황제에 오른 후 종묘와 사직에 고하고 정전에 앉아 백관의 축하를 받았다. 이로써 망국의 황제가 탄생한 것이다.

순종 시대
(1907~1910)

조선 왕조의 황혼을 껴안은 총리대신 이완용

고종과 명성황후의 둘째아들로 태어난 척拓은 비운의 황태자였다. 일본
이 대한제국의 외교권을 박탈하기 위해 체결한 1905년의 을사보호조약 이
후 1907년 한·일신협약(정미조약)에 이르기까지 일본은 내정간섭, 군사기
지 확보, 고문정치顧問政治, 보호정치, 통감부 정치 등 조선을 식민지화시키
기 위해 조선 매국노들을 매수하여 하나하나 계산 속에 풀어나가는 과정을
척은 황태자로서 지켜보아야 했다.

1907년 이토 히로부미와 이완용이 정미조약을 체결하여 차관정치次官政
治로 들어갔다. 일본은 통감부를 두고 조선의 내정을 간섭하던 중, 헤이그
밀사 사건을 계기로 한층 강력한 침략행위를 수행할 방법을 강구했다. 우
선 사건의 책임을 물어 고종을 퇴위시키기로 결정했다.

고종은 책임을 지고 허울좋은 황제 자리를 아들에게 물려주어야만 했다.
황태자로 책봉된 척이 아버지의 보위를 물려받아 조선 제27대 마지막 임금
순종이 된다. 순종은 1907년부터 1910년 한일합병으로 조선이 일본의 식민

지로 넘어가기까지 4년 동안 비운의 황제로 꼭두각시 노릇을 해야만 했다.

모든 정치적 실권은 일본 통감부와 매국 대신들에게 있었다. 순종은 연호를 융희隆熙로 고치고, 1907년(정미년) 7월 19일, 순덕전에서 즉위식을 가졌다. 그리고 이은李垠을 황태자로 책봉했다.

이때 조선 침략의 원흉 이토 히로부미와 배짱이 맞은 조선 매국 대신 제1호가 이완용李完用이었다. 이완용은 본관이 우봉으로, 자는 경덕敬德, 호는 일당一堂이었다. 고종 19년에 문과에 급제, 벼슬길에 나서 1905년 학부대신이 되어, 이해 11월에 입국한 일본 특파대사 이토가 보호조약 체결을 제의하자 참정대신 한규설의 반대에도 불구하고 어전회의를 열었다. 이완용은 이토의 무력적 협박을 등에 업고 외부대신 박제순, 내부대신 이지용, 군부대신 이근택, 농상공부대신 권중현 등과 고종을 위협, 조약을 체결했다. 이로써 이완용 등 4대신은 을사오적신乙巳五賊臣이 되었다.

그뒤 이완용은 의정대신 서리에 외부대신 서리를 겸직하며, 1907년 이토의 한일협약을 체결한 후 의정부참정이 되어 의정부를 내각으로 고치고, 통감 이토의 추천으로 내각 총리대신에 궁내부대신 서리를 겸임했다. 이완용 악역의 시대를 맞은 것이다.

이완용은 나라에는 매국노요, 한 가정에는 패륜이었다. 이명구는 이완용의 아들이다. 아들이 일본으로 유학 가 있는 동안 아버지는 며느리를 간통했다. 이명구는 임대준의 딸과 결혼한 후 유학을 떠났던 것이다.

명구가 귀국하여 하루는 안채의 방문을 열었다가 질겁을 하고 뒷걸음질했다. 아버지가 아내를 끌어안고 용을 쓰고 있었다. 명구는 하늘을 우러러 보며 탄식한 후 자살해버렸다.

"나라와 가정이 다 망했거늘 죽지 않고 어찌 하늘을 보겠는가."

이완용은 아들이 죽은 뒤 며느리를 애첩으로 삼아 온양 온천 나들이에 데리고 다녔다.

이 무렵에 민형식은 그의 첩의 딸과 동거하여 아이를 낳았다. 그는 그녀와 아들 셋을 두었는데 손님들에게 자랑했다.

"점쟁이가 내게 아들 넷을 둘 것이라 했는데 정말 그렇게 되었소. 귀신같은 점쟁이오."

이밖에도 전판서 홍종원의 조카가 과부 종매從妹를 첩으로 맞이하는 등, 상류층의 배꼽 밑 사정이 문란하기 짝이 없었다.

이완용의 사진이 우연히 미국으로 유입되었다. 그것을 본 청나라 사신이 크게 꾸짖었다.

"이 사람은 조선을 망하게 한 매국노의 괴수이므로, 내가 비록 우방의 한 사람이지만 이 사람의 얼굴을 대하기 싫다."

그 사람은 이완용의 사진을 찢어버렸다.

또한 뉴욕에서 구걸하던 우리 교민 한 사람은 은화 10원을 모아놓고 배가 고파도 한푼 쓰지 않았다. 그 이유를 묻자 걸인 교민이 말했다.

"이완용이 죽었다는 소식을 들으면 부의하려고 아낀 돈인데 어찌 낭비하겠는가."

이 무렵, 이완용의 집에서 들보가 울고 샘물이 부글부글 끓었다. 아울러 호랑이가 창덕궁으로 들어오는 기이한 일이 벌어졌다.

이완용은 자신의 권력을 한껏 활용하여 친인척을 대거 기용했다. 그의 아들 항구와 조카 명구를 시종侍從으로, 종질인 회구를 부경副卿, 용구를 기주관記注官, 삼종제인 인용을 예식관禮式官, 삼종손인 병찬을 전무관典務官으로 임명했다. 그리고 궁내부대신 민병석 등 18명은 모두 이완용과 인척관계로 시종을 지냈고, 박선빈 등 47명은 모두 이완용과 친한 사람으로, 이들을 일컬어 가족정부라고 비아냥거렸다.

어느 날 이완용이 이토를 집으로 초청하여 연회를 베풀었다. 이 자리에 서정순·남정철이 참석했다.

이토는 흥이 나서 시 한수를 이완용에게 지어주었다.

만릿길 푸른 바다에 외로운 배 한 척은
절반쯤 광란 속에 파묻혀 헤엄을 치고 있다

만일 이 세상에 부침하는 당신의 자취를 묻는다면
저 창천은 의당 물 속의 거품을 가리키리라

잠시 연회석이 숙연해졌다. 아무리 철면피한 이토일지라도 어찌 조선 통치에 대한 감회가 없었겠는가.

이완용이 이토와 신5조약을 체결한 후 민심이 소란스러우므로 각도에 시찰원을 파견하여 민심을 살폈다. 그는 먼저 정만조를 전라 선유사로 파견했다. 정만조는 일본인을 대동하고 광주로 내려가 군중 앞에서 연설했다.

"황태자(이은)가 영명하여 이웃 나라에서 유학을 하고 있으므로 국가의 중흥은 그리 멀지 않으니 여러분은 생업에 열중하여 태평시대를 기다리시오!"

군중들은 입을 삐쭉거리며 자리를 떠버렸다. 정만조는 망신스러워 서울로 올라와버렸다.

이완용을 죽이려 하는 자들이 기회를 노렸다. 미국 유학생 이재명李在明은 합방론이 떠돌자 혼자 탄식했다.

"이용구李容九(一進會長)를 불가분 없애야겠구나."

그후 그는 결심을 바꾸었다.

"화를 일으킨 장본인은 이완용이다. 이자를 처단하자!"

이완용이 종현성당(지금의 명동성당)에 마련된 벨기에 황제 추도회에 참석했다. 이때 이재명은 교회 밖에서 엿보고 있다가, 이완용이 인력거를 타고 나타나자 칼을 휘둘러 인력거꾼 박원문을 찔러 쓰러뜨린 후, 인력거에 뛰어올라 피하는 이완용의 허리와 등 세 군데를 찔렀다. 그러나 이완용은 죽지 않았다. 이재명은 순사들의 칼에 찔려 쓰러졌다.

이완용은 머리를 깎은데다가 양복을 입어 붙잡기가 불편했고, 또 융단으로 두껍게 단장하고 있어서 급소를 찌르지 못했던 것이다. 이완용은 병원에 실려가 치료를 받았다. 의사는 칼이 그의 폐를 찔렀으나 다행히 깊지 않아 무사하다는 진단을 내렸다.

이재명은 결박되어 탄식을 터뜨렸다.

"이완용을 죽이지 못했으니 이용구를 죽여야겠다."

그의 꿈은 실현되지 못했다. 그는 평양 사람으로 겨우 21세였다. 그는 한 일합병의 한을 가슴에 묻고 형장의 이슬로 사라졌다.

이완용은 병상에 누워 시 한 수를 지었다.

대한의원에서 설날을 맞아
조용한 책상과 밝은 창을 대하여 혼자 앉아 있다
생사를 어찌 말할 필요가 있으랴
이 마음은 오직 후인들이 알 것이다

그도 역사에서 옳은 일을 한 사람으로 평가받기를 바란 것인가.

이완용은 철저한 매국노일 뿐이었다. 그의 철도보수금 착취 사건은 치사하고 던적스럽다.

미국인 콜브란이 전차회사를 설립할 때, 이완용과 이윤용이 고종에게 권하여 1백만 원을 보조금으로 희사하도록 했다. 이완용은 고종의 희사금 1백만 원 가운데 40만 원을 가로채고 나머지 60만 원을 콜브란에게 전했다. 그후 콜브란이 차도를 보수할 때 고종은 또 70만 원을 희사했다.

그러나 콜브란이 회사를 일본인에게 팔아넘기자 고종은 두 번에 걸쳐 회사한 금액을 이완용을 통해 반납토록 했다. 고종은 콜브란이 회사를 팔았다는 소식을 듣고 원금이 반납되지 않은 것을 이상하게 여겨 사람을 보내어 콜브란에게 그 이유를 물었다. 콜브란은 어새가 찍힌 영수증을 직접 고종에게 바쳤다. 영수증에 찍힌 어새를 보니, 고종이 평소에 사용하던 사각의 작은 도장이었다. 이완용은 콜브란이 반납한 희사금을 착취하고, 어새를 도용하여 영수증을 올릴 때 그 착취 내용을 감춘 것이다.

고종은 화가 나서 원인 규명에 나섰다. 이완용의 하인 조남승은 심부름을 다녀 중죄를 받을까 봐 도망쳤으나 체포되었다. 이완용의 음모가 다 드러났다. 이완용은 자신의 죄를 무마하기 위해 통감부에 고종의 갑오년 이후의 배일 행위에 대한 모든 사건을 폭로했다. 그리고 배일 행위에 대한 전후의 문서가 프랑스 영사관에 보관되어 있다고 고종에게 협박했다.

일본은 프랑스 영사관과 교섭하여 그 문서를 입수했다. 고종 집정시 모든 외교문서 및 헤이그 밀사 사건 문서도 거기에 있었다. 일본은 그 문서를 철궤에 넣어 일본으로 보냈다. 고종은 할 수 없이 조남승을 석방했다.

이완용의 파렴치가 이토록 천인공노할 짓거리였다. 권력은 하늘을 찔렀으나, 나라와 백성들에게 죄를 짓고 사는지라 자객이 두려워 어느 곳을 갈 때나 행선지를 밝히지 않았다. 언제나 남문 밖에서는 마차에서 내리지 않고 길을 돌아 서문 밖으로 내려갔으며 집에 도착할 때까지 경비를 엄하게 했다. 그는 백성들에게 감옥살이를 하고 있는 셈이었다.

그런 그는 기어코 조국을 일본에 팔아넘기는 조약을 1910년 8월 22일 일본의 육군대신 데라우치와 체결하고야 만다. 조약 내용은 이랬다.

한국 황제폐하는 완전하고도 영구히 한국에 관련된 일체의 통치권을 일본제국 황제폐하에게 양여한다.

일본국 황제폐하는 전조약에 게재한 양여를 수락하고 또 한국 전역을 일본제국에 병합할 것을 승낙한다.

일본국 황제폐하는 한국 황제폐하, 태황제폐하, 황태자 전하와 그 후비 및 후예에게 그 지위에 상당한 존칭·위엄 및 명예를 갖게 하고 또 이것을 유지할 것이며, 이것을 유지하는 데 필요한 자금을 제공하기로 약속한다.

일본국 황제폐하는 공훈이 있는 한국인에게 특히 그에 적당한 표창을 인정하여 영작을 제수하고 또 은사금도 지급한다.

일본 정부는 한국인에 대한 전기 병합 결과를 담임擔任하여 한국의 사정을 모두 준수하고 해지(해당 지역)에 시행할 법규는 그 신체와 재산을 십분 보호하고 또 그 복리의 증진을 도모한다.

일본 정부는 한국인이 성의를 가지고 충실하게 신제도를 존중하여 상당한 자격이 있는 사람에게는 그 사정이 허용하는 범위 내에서 한국의 제국관리帝國官吏로 기용한다.

본조약은 한국 황제폐하와 일본국 황제폐하가 재가한 것이므로 공포일로부터 시행한다.

합병조약을 체결한 지 일주일 후인 8월 29일, 한국을 일본에 합병하여 한국 국호를 조선이라 하고 통감부를 조선총독부라고 했다. 그리고 한국의 대신 이하 모든 관리를 귀속시켜 잔무를 정리토록 했다.

순종은 소문訴文 한 장을 남기고 이씨 조선 500년 역사를 고스란히 일본에 바치고 역사의 뒤안길로 사라졌다. 나라가 망하고 일본 식민통치 시대를 맞은 것이다.

소문의 내용은 구차하기 이를 데 없었다.

'짐이 동양의 평화를 위하여 한일 양국이 친밀한 관계로 피차가 서로 한 국가로 합하는 것은 상호 만세의 행복을 위한 것이오. 그러므로 이에 한국의 통치권을 짐이 극히 신뢰하고 있는 대일본 황제폐하에게 양여하기로 결정하고, 그 필요한 조약을 규정하여 장래 우리 황실의 영구한 안녕과 민생의 복리 및 보장을 위하여 총리대신 이완용에게 전권위원을 임명하여 대일본제국 통감 데라우치와 회동하여 이 일을 상의 협정하도록 했으니, 제신들도 짐의 뜻을 본받아 확실하게 봉행하기 바라노라.'

망국의 주역 이완용은 식민지 시절 부귀영화를 누리며 천수를 다하고 1926년 68세를 일기로 세상을 떠났다. 그는 조선 왕조의 황혼을 껴안고 영화를 누린 대신이었다.

짧은 총성, 긴 암흑

을사조약이 체결된 후 1910년 한일병합이 이루어지기까지 전국 각지에서 선비와 민초들이 일어나 의병활동을 벌였다. 크게는 몇천 명, 작게는 몇십 명이 뭉쳐 나라를 빼앗기지 않으려고 일본군과 맞섰다. 나라가 망하게 되면 일어서는 것은 언제나 민초의 몫이었다.

순종 즉위 후 관동·호서·영남 지방에서 대규모 의병이 일어나 서울 동쪽 여러 고을에서 호응했다. 일본군이 계속 정병을 파견하여 큰 손실을 입었다. 의병 활동은 들불처럼 번져 전국 방방곡곡에서 스러지지 않았다.

전참판 허위가 경기도 연천에서 의병을 일으켜 민중호·이강년 등이 호응했다. 이러한 사례들은 헤아릴 수 없이 많았다. 순천의 유인석, 관동 일대의 민긍호, 양주의 이인영, 호남의 김태원, 해주의 신단곡, 경기도의 김석하, 평산의 이근수, 경기의 하상태, 변산의 조성팔, 전남의 심남일, 이원의 문태수, 호남의 김사임·전해산, 연천의 연기우, 공주의 맹달성, 노성의 오용문, 해서의 이택양 등이 알려져 있으나, 이밖에도 민초 의병장들이 헤아릴 수 없이 망해가는 나라를 끌어안고 죽어갔다.

의병장 연기우는 길을 가다가 춥고 굶주려 곧 죽어가는 그의 아들을 발견했다. 그의 부하가 불쌍하게 여겨 남모르게 50환을 주었다. 그 사실을 알고 화를 버럭 냈다.

"군수에 사용할 돈을 누가 감히 사사로이 쓰라고 했느냐!"

그는 그 돈을 빼앗아버렸다.

원주에 사는 김운선은 국권이 타락하는 것을 보고 울분이 치밀어 죽으려다가 일본군을 토멸하기로 결심하고 그의 아내에게 말했다.

"내가 의병을 일으키면 화가 당신에게 미칠 것이오. 그러니 당신을 내 손으로 죽여 내가 장례식을 치르면 어떻겠소?"

그의 아내가 웃으면서 대답했다.

"그것이 나의 뜻이어요."

그의 아내는 목을 내밀었다. 김운선은 아내를 죽여 시신을 짚으로 싸서 장례를 치르고, 자기 혼자 대포를 끌면서 원주와 제천 사이를 왕래하며 10일 사이에 일본군 30여 명을 사살했다. 일본군은 매우 두려워하여 떨면서 말했다.

"한 장군이 하늘에서 내려왔다!"

의병장 허위는 널리 알려진 인물이었다. 일본군이 허위를 미행하기 위해 깊은 산골짜기에 있는 소굴로 가보았으나 허위가 없어 돌아오고 있었다. 그때 누군가 뒤따라오며 외쳤다.

"내가 허위다!"

일본군이 의심스러워 물었다.

"왜 자수를 하느냐?"

"이토와 한번 통쾌하게 얘기를 나누고 싶어서 나타났다."

그는 즉시 체포되었다. 그 사람은 하는 일이 없어 죽으려고 허위를 팔았던 것이다.

진짜 허위가 체포되어 사령부에 수감되었다. 오뉴월 염천인데도 허위는 감옥에서 속옷을 입고, 휘파람을 불며 거리낌없이 행동했다.

심문관이 물었다.

"주동자는 누구이며 대장은 누구냐?"

허위가 껄껄 웃으며 대답했다.

"주동자는 이등박문(이토 히로부미)이며 대장은 나다!"

"어찌하여 이토를 지칭하는가?"

"이등박문이 우리 나라를 망하게 하지 않았으면 의병이 일어나지 않았을 것이다. 그렇다면 이등박문이 주동한 것이 아니고 누가 한 것이냐!"

허위는 일본 심문관을 꾸짖었다.

국내에서 의병들의 활동이 끊임없이 이어지는 그때에 중국 하얼빈 역에서 한 방의 총성이 울렸다. 이 총성은 대동아공영권을 노리는 일본에 대한 경고였다. 우리의 안중근安重根이 조선 침략의 원흉 이토 히로부미를 쓰러뜨린 것이다.

안중근도 의병 출신이었다. 그는 황해도 해주에서 태어나 어려서부터 한학을 배웠다. 14세 때 신천에 와 있던 프랑스 신부 밑에서 천주교 신자가 되었다. 기질이 활달하여 사냥을 다니면서 총쏘기를 즐겨 사격 솜씨가 작은 새를 쏘아 맞출 경지였다.

1905년 을사조약이 체결되자 일본에 대한 적개심이 불타 1907년 강원도에서 의병을 일으켜 싸우다가, 북간도를 거쳐 노령 블라디보스토크로 망명했다. 1909년 이범윤·최재형과 의용군을 조직하고 좌익장군이 되어, 두만강을 건너 경흥에 들어와 일본군 50여 명을 사살하고 회령까지 진격, 일본군과 교전했다.

이해 10월, 이토가 러시아 장상藏相 코코프체프와 만주 하얼빈에서 만나는 정보를 입수하고, 안중근은 10월 26일, 하얼빈 역에서 일본인으로 가장, 이토의 가슴에 권총을 쏘아 쓰러뜨렸다.

이때 안중근은 공모자 10여 명과 함께 결박되었다. 그는 웃으면서 말했다.

"나의 일이 이미 끝났으니 누가 이 사실을 알겠는가?"

이 소식이 서울에 알려졌다. 사람들은 마음속으로 통쾌하게 여겼으나 말을 함부로 하지 못했다. 백성들의 어깨가 들썩 올라갔으며, 깊은 밤에 앉아서 술을 마시며 서로 경하해 마지않았다.

이때 이완용·윤덕영·조민희·유길준 등은 즉시 대련으로 가서 이토를 조문했다. 순종은 친히 통감부로 거둥, 조문을 마친 후 이토에게 문충공이라는 시호를 내리고 3만 원을 부조하고 유족에게 10만 원을 하사했다.

이학재李學宰 등은 이토의 송덕비를 건립하자고 건의하고, 민영우는 그의 동상을 세우자고 건의하며 미친 듯이 설치므로, 일본인들이 오히려 그들의 언행을 저지했다.

순종은 민병석을, 고종은 박제빈을 조문사로 파견하고, 김윤식은 원로 대표 자격으로 일본으로 갔다. 일본은 이토를 국장으로 장례를 치렀다. 일본인들의 분노는 민병석 등의 조선 조문단에 위해를 가하려고 할 정도였다. 일본 관리들의 엄한 경호로 무사할 수 있었다.

우리의 황태자 이은은 이토를 태사太師로 모시었으므로 스승을 위해 3개월 동안 상복을 입었다.

이토는 살해당하기 며칠 전에 그의 추종자인 소산小山에게 이런 말을 했다.

"나는 어떤 사람에게 암살되기를 바란다."

그의 소원대로 된 것이지만 미리 불길한 예감이 있었던 것일까.

안중근은 중국 여순 감옥에 수감되어 있었다. 안중근 사건에 연루되어 구속된 사람은 모두 아홉 명이었다. 그들은 홍원의 조도선, 서울의 우연준, 명천의 김여생, 풍기의 유강로, 서울의 정대준·김성옥, 경북의 김구담, 하얼빈의 김형재·정공경이었다.

이들의 나이는 모두 30여 세였으나, 김성옥은 49세였고, 유강로는 18세였다. 중근의 아우 정근은 28세로 서울 양정의숙에 재학중이었고, 공근은 24세로 진남도의 보통학교 부훈도를 지내고 있었다. 형의 사건을 듣고 스스로 자퇴하고 말았다.

고종은 이토 살해 소식을 듣고 크게 기뻐하며 오랫동안 웃음을 잃지 않았다. 이 소문을 들은 일본 경시관 호자우일랑(呼子右一郞)은 화를 내며 소문의 진위를 파악하고 심지어 사람들을 잡아다가 심문했다. 소문에 따르면 시종 이용한이 일본에 아첨하기 위해 일러바친 것이라고 했다.

신령의 지방의원 황응두는 이토 사망에 대한 사죄를 해야 한다고 주장했다. 이에 윤대섭·김태환·양정환 등이 호응, 각군에 위협을 가해 각군의 위원들을 일본에 파견했다. 그 경비를 거두어들여 각 지방에 소란이 벌어졌다. 신령군수 이종국은 이토 추도회를 조직, 박상기·황응두 등과 군민들을 상대로 애국자들을 매도했다.

"지난번 민영환·최익현과 같이 고루한 사람들이 사망할 때도 거국적으로 애도하여 친척이 작고한 것처럼 여겼는데, 지금 우리의 은인인 이토 공이 작고한 마당에 한 사람도 슬퍼하는 사람이 없으면 되겠습니까? 우리 한국이 망한 것은 하루아침에 그리된 것이 아닙니다."

이종국은 황응두 등을 격려하며 사죄단을 편성, 일본으로 보냈다.

민영익이 상하이에서 4만 원을 내어 프랑스와 러시아 변호사를 사서 안중근 재판을 도왔다. 여순으로 달려간 안정근·공근 형제는 서울의 변호사협회에 편지를 보내어 한국 변호사 1명이 중근의 변호를 맡아달라고 청했다. 서울 변호사들은 서로 눈치를 보며 선뜻 나서는 자가 없었다. 평양 변호사 안병찬이 자원하여 여순으로 달려갔다.

중근의 어머니가 평양의 안병찬을 만나보았다. 그때 어머니의 언행이 여장부 같고 얼굴빛이 의연했다. 사람들의 칭찬이 자자했다.

"이러한 어머니가 있기에 이런 아들을 두었다."

참으로 장한 어머니였다.

안중근은 거사하기 전 하얼빈에 도착하여 동행한 우덕순과 시를 지어 서로 화답했다.

> 장부의 처세는 그 뜻이 커야 할 것이오
> 시대가 영웅을 만들고 영웅이 시대를 만들기도 하네
> 천하를 웅시雄視하고 있으나 어느 때 그 일을 이루랴!
> 봄바람 점점 차가우니 반드시 목적을 이루리라
> 저 쥐들이 엿보고 있으니 어찌 이 목숨 붙어 있으랴
> 어찌 이곳에 올 줄 생각이나 했겠는가 시국이 그렇게 만드누나
> 동포여 동포들이여! 속히 대업을 이루어라
> 만세! 만세! 대한독립 만세!

일본인이 관동도독부로 들어가 여순에 재판정을 설치하여 중근을 공판했다. 안중근 사형, 우덕순 징역 3년, 조도선·유종하(유강근) 각각 징역 1

년 6개월의 언도가 내려졌다.

중근의 사형 집행일자가 1910년 3월 26일로 정해졌다. 중근은 사형 통보를 받고도 침식을 평일처럼 하고 전혀 동요의 빛이 없었다.

그는 유언시를 남겼다.

장부는 죽더라도 마음이 철석 같고
의사義士는 위기에 처해도 기개가 치솟는다

그는 이런 유언도 남겼다.

"국권이 회복되기 전에는 고향으로 내 시체를 가져가지 말고 하얼빈에 임시 묘소를 만들어 나의 비통한 마음을 표하라."

안중근은 이토의 죄상 15개항을 들어 죽이지 않으면 안될 인물임을 역설했다.

1. 명성황후를 시해한 일

2. 광무 9년(1905) 11월에 5조약을 강제 체결한 일

3. 융희(1907) 원년 7월에 7조 협약을 강제 체결한 일

4. 태황제(고종)를 폐위한 일

5. 군대를 해산한 일

6. 양민을 살육한 일

7. 이권을 약탈하는 일

8. 한국 교과서를 금지한 일

9. 신문 구독을 금지하는 일

10. 은행권을 사용한 일

11. 동양의 평화를 교란하는 일

12. 일본 천황을 기만하는 일

13. 교과서를 금기禁棄한 일

14. 일본 효명천황을 시해한 일

15항은 결항缺項이다.

1910년 3월 26일, 안중근은 여순 감옥 근처의 형장에서 총살형을 당했다. 당년 31세였다.

그의 유언대로 가족들은 하얼빈에서 장례를 치르려 했으나, 일본인들의 방해로 여순 감옥 내에서 장례를 치렀다.

이때 서울에서는 안중근의 초상을 팔아 10일 사이에 일확천금을 하므로 일본은 초상을 팔지 못하도록 막았다.

안중근이 사형당한 석 달 후 조선은 일본에 병합되어 긴 식민지의 암흑 시대로 들어갔다.

한 권으로 보는 한국 최초 101장면

김은신 지음 | 신국판 | 값 9,000원
'파마 값이 쌀 두 섬이었던 최초의 미장원'에서부터,
남자가 애 받는 '해괴망측한 산부인과 병원'까지 우리
근대문화의 뿌리를 들춰 보는 재미있는 문화기행.

한 권으로 보는 한국미술사 101장면

임두빈 지음 | 변형 4*6배판 | 올 컬러 | 값 20,000원
선사시대 원시인들의 암각화에서 현대미술에 이르기
까지 101개의 주요 작품을 위주로 일목요연하게 해설,
부담없이 읽어나가는 동안 한국미술 5000년의 역사를
파악할 수 있도록 한 역작.
〈98 한국간행물윤리위원회 제32차 청소년 권장도서〉 선정.

한 권으로 보는 중국미술사 101장면

장훈 지음 | 노승현 옮김 | 변형 4*6배판 | 올 컬러 | 값 20,000원
동양미술의 첫 샘, 중국미술을 이해하지 않고서는 우
리 미술을 이해할 수 없다. 반파 채도에서 제백석까지,
7000년 중국미술사로의 재미있는 여행.
〈99 이달의 청소년도서〉 선정.

한 권으로 보는 스페인 역사 100장면

이강혁 지음 | 신국판 | 값 12,000원
알타미라 동굴 벽화에서 유로화까지, 한때는 세계 제
패를 꿈꾸던 강대국에서 내전의 소용돌이와 민주화를
위한 소용돌이를 거쳐 다시 부활을 꿈꾸기까지 스페
인의 길고 웅대했던 역사가 펼쳐진다.

서양음악사 100장면

박을미 · 김용환 지음 | 변형 4*6배판 | 올 컬러
값 1권 18,000원, 2권 22,000원
모차르트, 베토벤 등 고전시대 이후를 다룬 책은 많아
도 바흐 이전의 고음악을 쉽게 알려주는 책은 거의 없
던 터라 반갑다. 고음악 애호가들에게는 좀더 지적인
감상을 위한 나침반이고, 고음악을 잘 모르던 사람에
게는 호기심을 일으키는 자극제다. ─〈한국일보〉

이 책은 오랜 세월의 소리가 묻어 있는 문화예술의 결
정체 음악의 자취를 더듬는다. 또한 르네상스 시대 레
오나르도 다빈치가 건축과 회화 외에 음향악에도 조
예가 깊었다는 새로운 사실을 발견하는 즐거움도 준
다. ─〈세계일보〉